金融情报学

FINANCIAL INTELLIGENCE STUDIES

王幸平 著

金城出版社
GOLD WALL PRESS

图书在版编目（CIP）数据

金融情报学 / 王幸平著. —北京：金城出版社，2017.11
ISBN 978-7-5155-1553-3

Ⅰ.①金… Ⅱ.①王… Ⅲ.①金融－情报学 Ⅳ.① F830

中国版本图书馆 CIP 数据核字（2017）第 235978 号

Financial Intelligence Studies ©2018 by GOLD WALL PRESS, China
All Rights Reserved.

本作品一切权利归金城出版社所有，未经合法授权，严禁任何方式使用。

金融情报学
JINRONG QINGBAOXUE

作　　者	王幸平
责任编辑	朱策英
特邀编辑	王　砚
开　　本	710 毫米 ×1000 毫米 1/16
印　　张	24
字　　数	404 千字
版　　次	2018 年 6 月第 1 版
印　　次	2018 年 6 月第 1 次印刷
印　　刷	三河市百盛印装有限公司
书　　号	ISBN 978-7-5155-1553-3
定　　价	88.00 元
出版发行	金城出版社 北京市朝阳区利泽东二路 3 号　邮编：100102
发 行 部	(010)84254364
编 辑 部	(010)64271423
投稿邮箱	gwpbooks@yahoo.com
总 编 室	(010)64228516
网　　址	http://www.jccb.com.cn
电子邮箱	jinchengchuban@163.com

序　言

一

中国的军事情报专家认为："以情报工作为研究对象，探索情报工作规律，研究改进情报工作途径的学科，在西方称为情报研究，在中国则称为军事情报学。名称各不相同，但本质是一样的。"

不过，从世界情报发展研究的潮流来看，情报研究是一个内涵丰富、外延开阔的大概念，它包含了工业、农业的情报，还有能源、粮食等经济情报，甚至包括针对目标国意识形态领域的宣传与渗透行动。这些情报搜集与情报攻击手段的运用，使国家情报的分类更加专业化、系统化，出现了许多亟待开拓的新的情报领域，这其中就包含"金融情报"。例如，美国国家情报的类型划分就有科技情报、军事情报、政治情报和经济社会情报这四大类型。作为美国情报部门最高情报协调机构的国家安全委员会，其常规会议的内阁成员就包括财政部。但在普通民众眼里，美国财政部在金融方面的职责仅是一个给商业银行发放牌照及日常监管金融机构的政府管理部门。

当今社会，由于互联网的高度发达，高清卫星图像的广泛运用，情报工作已经较少涉及"跟踪、窃听或者撬开保险柜"式的窥探活动，窃密与偷拍已经不是情报搜集的主要方式。情报工作的演变方向更多的是成为社会科学的一个分支，更加注重综合分析对手的政治、经济、社会、军事问题，并进行综合评估、预测，情报搜集不再是偷偷摸摸的行为。尽管情报研究机构依旧有必要对特别重要的秘密信息来源进行保护，但许多关于政治、经济、社会、技术、人口等方面的情况和社会的基本发展趋势与宏观政策及数据，都是公开的，可以在互联网上搜索获取、在官方发布的文件里轻易得到。在世界范围来看，从国家治理逐步走向政务公开是一种趋势，这些政策与数据的公开推动了一个国家政治的透明度与行政执法的合理性。因此，公开讨论情报问题将成为一种可能、一种现实。而随着情报的神秘面纱被逐步揭开，情报研究将成为社会科学的分支，情报机构也将变得更像一个为执政党建言献策的"智库"。

我们今天的"国家安全"概念也由过去的传统领域向非传统领域转换，国际社会呈现着军事斗争与经济较量并存的复杂态势。中国共产党十八届三中全会决定成立国家安全委员会，该委员会第一次会议就强调要坚持总体国家安全观，走中国特色国家安全道路。

当前，我国国家安全的内涵和外延比历史上任何时候都要丰富，时空领域比历史上任何时候都要宽广，内外因素比历史上任何时候都要复杂。习近平总书记在国家安全委员会第一次会议中指出："必须坚持总体国家安全观，以人民安全为宗旨，以政治安全为根本，以经济安全为基础，以军事、文化、社会安全为保障，以促进国际安全为依托，走出一条中国特色国家安全道路……既重视传统安全，又重视非传统安全，构建集政治安全、国土安全、军事安全、经济安全、文化安全、社会安全、科技安全、信息安全、生态安全、资源安全、核安全等于一体的国家安全体系……"

显然，在上述各个关系到国家安全体系建设的领域内，国家情报机构要力图做到的是，区分哪一类是需要高度戒备防范的、容易受到外来势力攻击或威胁的安全领域；哪一类是容易导致自身认知不足、因判断失误引发决策失误的安全领域；哪一类是经济结构失衡或自身行政努力不足的安全领域。

美国情报专家指出，今天对美国国家安全的威胁是非对称性的，几乎不存在敌方发动常规交战的威胁，但看似松散的恐怖组织发起非常规却高度致命的攻击威胁确实是存在的，就像2011年的"9·11"事件那样。

在当今世界，由于各国的经济、金融实力与地位各不相同，因此对大多数国家而言，金融安全的威胁也是非对称性的。中国现在外汇储备总量是世界第一，但几乎不存在我们可以利用庞大的外汇储备作为武器去攻击他国的机会。因为我们的外汇储备就是他国的本币，必要时，他国本币的印制与发行可以是无限的，而我们要提防的严重金融安全问题则是防止对手国利用通胀、汇率的大幅波动来

| 序 言 |

"剪羊毛"。

很显然,在军事与经济、金融领域,大部分新兴国家容易遭受来自国际敌对势力的渗透和攻击,而由外部因素引发的金融危机对一国经济的摧毁和破坏绝不亚于核武器的打击。例如,韩国在1996年时,人均国内生产总值(GDP)是10610美元,到1998年年初,就只剩下6000多美元了,国家外汇储备也近乎枯竭。试想有哪一种战争、哪一种武器的破坏力能使一个国家的人均GDP在这样短的时间内下降40%?可见,1997年爆发的亚洲金融危机再次印证了金融战在国际经济博弈中的重要地位。

2008年6月,一款由美国著名投资银行雷曼兄弟公司制作出售的迷你债券登陆中国香港,全港的各大商业银行竞相加入销售行列。然而,在代销协议签约的前一周,香港最大的、实力最雄厚的某英资银行突然退出代销业务,如此异常举动,并未引起参与认购的香港中资银行集团及相关机构的警觉。于是,签约照常进行,销售如期铺开。不到半年,情况急转直下,美国爆发次贷危机,雷曼兄弟公司因高达6130亿美元的负债轰然倒下。市场上的雷曼迷你债券成了无主的空头支票。仅此一项,参与承销的香港中资银行集团,当年对雷曼债券的损失拨备就高达130亿港元。其后数年,香港无数雷曼苦主的游行抗议追索行动对当事银行机构造成的声誉损失更是无法计量。

上述两个金融博弈的案例,展示了金融战的破坏力,也彰显了金融情报信息的重要性。从情报学的角度来说,后一个案例的英资银行得益于情报的搜集,中资银行则疏于情报的分析;但不可否认的是,金融情报信息使用不当或误判,会对国家利益、民族福祉造成损害。

因此,无论是面对国家之间的经济较量、金融博弈,甚至是军事斗争,金融情报都有存在的价值,应该在中国的情报搜集、研究和分析领域占有一席之地。

二

2007年8月,美国贝尔斯登投行倒闭,一场席卷全球的"次贷危机"渐次爆发。在这场危机来临之初,我国最高金融决策层对国内外形势存在严重的误判。到了后来,随着危机事件的演变,各种各样的报告数据汇集起来,我们对待危机的态度才发生180度的转变。我也恰好是在那段时间，凑巧写下一份银行流动性预警报告，开始参与金融情报工作并领略到它独特的魅力。

一个星期天的下午，我突然接到市银监局外资银行监管处王科长打来的电话，她要求我赶回银行办公室，接收一份由中国银监会下发给全国各金融机构的"排查流动性风险"的紧急通知。我感到事情有点蹊跷，便随口问道："你们不休息啊？今天是星期天呀！"她说："我们这两天都没休息！这次是国务院要我们查的。"

我心里微微一怔，难道是我写的那篇情况报告产生的反应？

我的第一篇动态类金融情况报告，是反映在华的外资银行在此次金融海啸的冲击下，或将由于其与母行的资产负债存在密切的联动关系而产生风险的传递，继而面临流动性风险。

在此后将近10年的时间里，通过在金融情报方面的理论思考与实践体会，我感觉很有必要系统地梳理一下我在这方面的探索与反思，写成一本书，探讨金融情报学的理论与实践。

体制内专做政策研究工作的专家学者可以在国内外到处走动，甚至在国际论坛上与各国财长、央行行长一起谈论世界经济形势，可以直接与诺贝尔经济学家讨论国际经济、金融问题。与他们不同，我却35年如一日，在基层银行工作至今，这使得我能够以银行一线人员的视角来审视国家在金融博弈中的宏观金融策略与微观局势。

我们的判断为什么失误？这是情报工作者在忽略某些重大事件发生前的征兆后常常反躬自问的一句话。英国外交部近期解密的一份文件披露，1979年，英国驻德黑兰大使馆的情报官员没能及时预测伊朗革命爆发，原因在于使馆的情报官员日常接触的全是伊朗王室的家族成员，上流社会的宴席和舞厅成了他们获取伊朗国内情报信息的唯一渠道。

同样，近年来我国与英国政商两界高层互动频繁、关系融洽，英国不仅是首个加入我国发起的亚投行的西方国家，其首都伦敦还是中英两国政府倾力打造人民币离岸中心的重镇。但是，2016年6月24日英国脱欧公投的结果，却出乎我国金融决策层的意料，国际金融市场顿时变天、英镑贬值12%以上，我国在英国的巨额英镑资产，顷刻之间变成了一个巨大的风险敞口。

这两个情报失误的事例有一个共同之处，就是对（突发）事件演变的判断过于依赖源自精英阶层的信息，而忽略了搜集普罗大众感受的民调。

由于在基层银行工作的缘故，我的关注点更多的是国家金融业末端的细节，这或许是草根情报的生命力所在。我想把我这些年的心得体会写下来，把经历与经验记录下来；把金融信息的要素与情报工作的性质相结合，写一本关于金融情报学的书。我搜集了大量情报专业的书籍来阅读，却发现中国作者写的探讨情报理论的书籍几乎是空白的，这或许与我们的保密制度有关，与相关的研究禁区有关。毕竟，我们在概念上把"情报"定义为"军事情报"，自然不可能产生其他类别的情报学科了。

于是，我通过阅读大量世界情报理论书籍恶补了这方面的知识。近年来，国内也出版了一些西方的情报理论书籍，而美国中情局退休高官谢尔曼·肯特（Sherman Kent）写的那本《战略情报：为美国世界政策服务》（*Strategic Intelligence for American World Policy*）对我的影响很大。

三

我认为金融情报学是社会科学的一个分支。如前述，涉及国家安全的诸多问题也并非仅仅局限于军事领域。

这是一门集金融学、情报学乃至经济学、博弈论等学科交叉而成的独立学科，是一门研究与探讨情报理论知识在金融领域里运用与决策的科学。

在金融领域，首先，我们研究和探索金融改革和发展中的许多重大问题，我们的金融监管和决策部门进行的国家金融发展和部署的重大决策，其出发点和归宿点都应该是我们国家的根本利益，都要建立在充分调查研究的基础上。其次，经过30多年的改革，我国在金融体系方面建立起以中央银行为核心，国有商业银行和政策性银行为主体，多种金融机构并存的比较完善的金融机构体系，建立起包括货币市场、债券市场、股票市场、期货市场、保险市场、外汇市场等比较健全的金融市场体系，但影响国家经济平稳健康发展的金融安全问题依然不少。因而，本书试图建立的理论框架是，宏观的金融研究与决策是一门关系到国家政权稳定与民族复兴的科学，它必须以相应的金融信息情报作为支撑。

就情报的本质而言，它是一种为决策层提供参考的信息资料。也就是说，情报的实质是要减少冲突的不确定性，为决策提供依据。这里所说的冲突并不一定是实际发生的兵戎相见的格斗，而应该是因双方或多方观点、利益分歧而造成的竞争与博弈行为。同时，各类经济问题、金融市场发展的不确定性又为情报工作增添了丰富多彩的细节与斗智斗勇的空间。金融博弈通常没有特定对象，借用二战时期英国首相丘吉尔的那句著名言论：没有永恒的朋友，也没有永恒的敌人，只有我大英帝国永恒的利益。

要减少决策的盲目性与不确定性，情报机构就需要去获取对手刻意隐藏的信息，或者是对方不经意间公开披露的但我方决策层未能充分了解到的信息。据此而论，金融情报就是指发生在经济、金融领域里的一些被对手刻意隐瞒或已经披露的信息，以及在己方业务操作中存在的问题，比如辖内机构违反规定而刻意为之却不为决策层所掌握的情报信息。

那么，一个关心国家金融发展、金融改革的商业银行基层工作者，是否具备参与国家金融情报系统开发的条件呢？对于这些问题，我在书中将会有详细的论述。其实，情报工作并没有我们想象中的那么神秘，毕竟情报工作本质上就是在决策前寻找最佳答案的过程。情报工作者对知识的完善，对完美答案的寻求，可能有些要通过秘密手段来获取，但更主要的则是经由平常、公开的观察和研究来获得。

四

现代社会科学研究体系里的各种学科日益细化，金融情报学应该成为一门与军事情报学并列的专业学科。

我希望这本书能催生出这样一门新学科的研究。

可是，如何更好地掌握、了解金融情报的理论与应用呢？这正是本书要尝试解决的问题。而将金融学与情报学相结合，是我对本书写作构建的一个框架。

早在20世纪50年代，西方情报界就开展了情报工作的学术研究与探讨。例如，美国中情局高官都曾著书立说，把情报工作作为社会科学中的一门独立学科来研究，以达到改进情报工作方法、提高情报工作效率的目的。因此，西方情报机构的专业人士在不泄露秘密的前提下，公开发表了大量有关情报研究的专著或学术论文，他们的研究在该领域处于领先地位。但在我国，情报研究处于保密状态，仅有少部分外国论著或翻译的论文在内部刊物上交流，且内容又多集中在军事情报学与公安情报学领域。故此，本书涉及的金融情报领域是有待开发的一块处女地，笔者希望能通过本书的探讨迈出这重要的一步。

这本书的写作，主要基于以下两点：

1. 目前，假如一名体制内的情报工作者公开发表纪实作品——即便是退休后撰写回忆录，也会受到严格限制。但首先声明，我不属于体制内人员，自20年前从中国人民银行离职后，我一直在外资银行工作，再也没有接触过标注有"机密""绝密"字样的政府文件。我在书中引用的资料、数据、事例，都来源于公开发表的报纸杂志、国内外书籍，以及网络、电视、广播等。书中所有的观点与思考均属于我个人，并不代表任何机构。

2. 为什么要著书立说？这是由金融情报学的性质特点决定的。

国际情报界的主流观念认为，情报与智力活动的区别在于"情报是知识，情报是组织，情报是活动"。情报工作中有关现代经济、金融市场发展趋势的评估，更多的是立足于公开研究。因为金融本身就是一种市场资金融通的经济活动。可以说，许多公开发表的有针对性、有可操作性的金融论文就是很好的金融情报，关键在于只有通过相应渠道的传递与评估，才能提供给决策层参考，才可以为国家宏观决策提供新的思路和形势判断。在此借用美国中情局在其《情报用户指南》中的箴言予以概述："情报是对我们周围世界的知与先知，是美国决策和行动的先导。"

金融工作与医务工作相类似，在掌握相关学科的理论基础上，比较倚重于用实践经验来判断病情，并把握其发展趋势。作为一名在职的金融机构高级管理人员，我有自己的职业，但我又是一名业余的财经作家，是香港《信报财经》杂志、国内财经杂志《证券市场周刊》的专栏作家。在对金融情报信息的处理过程中，我希望能做到效用最大化，我对工作中发现的与国家利益相关的某些金融问题的看法与思考，在作为金融情报提供给国家相关部门做决策参考的同时，也会作为学术研究成果在专业杂志上发表。因此，书中的某些章节是我过往公开发表过的文章或亲身经历的事情；每个章节末尾"案例分析"中引用的事例，都可以

| 金融情报学 |

在公开媒体上找到。

近几年来,写作的冲动一直萦绕于心,有关金融情报学的纷繁思绪常常把我带到很远的地方。但是,坐在书桌前,却又感觉不知从何下笔,总觉得自己在知识结构和材料收集方面还有所欠缺,总觉得自己还应该有更多的理论储备与实践经历来为这本书增砖加瓦。这其中,既有无数次难以释然的困惑,也有很多思如泉涌、豁然开朗的欣喜。无论是那2000多个辗转难眠、备受煎熬的午夜,还是眺望东方晨曦的梦醒时分,我都在苦苦思索:金融情报学的现实意义何在?金融情报学的理论框架如何搭建?它能为我们丰富多彩的经济生活与日益繁荣的思想市场带来什么有益的启迪吗?

本书付梓之际,我首先要感谢的是北京《财经》杂志的(前)编辑卢彦铮女士,《证券市场周刊》的编辑何凌枫女士、吴晓兵先生,香港《信报财经》杂志(前)总编辑文灼菲先生、总编辑邓传锵先生,央行深圳分行《深圳金融》杂志社的李强主任、何顺强主任等等。这10余年来,他们所在的传媒机构给了我一块公开发表财经文章的阵地,这是我能够在金融情报理论与实践等领域笔耕不辍的重要原因。

其次,我要感谢本书的策划编辑、金城出版社的朱策英先生。当初我携此书稿投石问路,与他第一次通电话时,就得到了热情洋溢的答复与肯定。在其后的半年多时间里,他对书稿的修改提出了许多具有建设性的宝贵意见。

我还要感谢的是金城出版社近年来出版的那套《情报与反情报丛书》的作者、译者和策划者,该套丛书介绍的西方情报理论知识与实证分析令我茅塞顿开、受益匪浅,从中获得了大量的写作灵感,以至于能够在3年的时间内搭建起这个略显粗糙的"金融情报学"的理论框架。

最后,真诚希望国家金融政策的制定者、金融机构的监管者、广大的金融从业人员,以及金融事业的关注者读读本书。我相信,大家从中一定会获得意想不到的启发。

王幸平
2017年12月于深圳百花园

目 录

第一章 金融与金融情报 001
一、金融 002
1. 金融的产生 002
2. 国际金融的风险 003
3. 货币与战争 004

二、金融博弈 006
1. 金融博弈的形式 006
2. 金融博弈源于信息不对称 008
3. 金融博弈的手段 014

三、金融情报 017
1. 情报理论的多样性 017
2. 金融与情报的渊源 019
3. 金融情报的特征 023

四、金融情报学 026
1. 金融情报学的概念 026
2. 金融情报学的范畴 027
3. 金融情报学的研究方法 028

案例分析
运河危机下的金融博弈 031

| 第二章 | 金融情报的搜集 | 036 |

一、金融情报搜集的原则 036
1. 针对性原则 037
2. 真实性原则 038
3. 时效性原则 038

二、金融情报搜集的特点 039
1. 情报信息的广泛性 039
2. 部分情报来源的公开性 039
3. 数据选择的多样性 040
4. 数据的真实性 044

三、金融情报搜集的方式 046
1. 传统手段与非传统手段相结合 046
2. 内部资料与外部信息相结合 047
3. 公开搜集与秘密获取相结合 048

四、金融情报搜集的范畴 050
1. 金融为主，政治相辅 050
2. 大局与细节相互印证 051
3. 政治与经济适当延伸 051

五、跨境资金流动情报的搜集 051
1. 资金流向的判断 052
2. 非经济因素的影响 054
3. 多方数据的衔接 057

六、大数据时代的金融情报搜集 059
1. 数据应用的广泛性 059
2. 数据采集的多样性 060
3. 数据使用的前瞻性 062

案例分析

"惯性思维"是情报搜集的陷阱 063

| 目 录 |

第三章 金融情报的编撰与评估 072
一、金融情报材料的选择 072
1. 材料的可靠性 073
2. 材料的时效性 074
3. 材料的适用性 074

二、金融情报主题的拟定 075
1. 自定主题 076
2. 上级布置 077
3. 临时拟定 079

三、金融情报的格式 080
1. 标题鲜明醒目 080
2. 现象描述简略 081
3. 原因分析中肯 081
4. 建议与对策可行 082
5. 篇幅不宜太长 083

四、金融情报的评估 084
1. 评估是情报之魂 084
2. 评估切忌急功近利 087
3. 避开情报评估的陷阱 090

五、金融情报的预测与预警 093
1. 预测要合理 093
2. 预警要慎重 096
3. 把握预测与预警的度 097

六、金融情报的报送与传递 100
1. 信息垄断与信息共享 101
2. 情报扣压 102
3. 情报终止 103

案例分析
一、一份关于人民币跨境套利的预测报告 104

二、用逆向思维观察货币现象——对加息悖论的研究 114

第四章 金融战略情报与金融战术情报 119
一、金融战略的制约因素 119
1. 经济基础 120
2. 国家利益 121
3. 军事实力 121
4. 科技发展 121
5. 地理条件 122

二、金融战略的实施条件 122
1. 综合布局 122
2. 与时俱进 123
3. 长远规划 123
4. 周密部署 124

三、金融战略情报的类型 124
1. 基本描述类 125
2. 动态报告类 125
3. 预测评估类 126

四、金融战术情报 127
1. 金融战术情报的形式 127
2. 金融战术情报的运用 127

五、战略情报与战术情报的关系 128
1. 战略与战术的转变 128
2. 战略情报与战术情报的协调 132

案例分析
一、一份建议我国银行暂缓在A股上市的战术情报 133
二、一份价值连城的金融战略情报 137

| 目 录 |

第五章　金融情报人员　　141
一、金融情报人员的素质　　141
1. 基本素质　　141
2. 人员水平决定情报质量　　143

二、金融情报人员的基本条件　　145
1. 专业基础好　　145
2. 思维灵敏度高　　146
3. 写作能力强　　147
4. 工作经验丰富　　147

三、金融情报人员的职业　　147
1. 国家情报机构人员　　147
2. 专业研究机构人员　　148
3. 金融从业人员　　150

四、金融情报人员的定位　　152
1. 持续学习的能力　　152
2. 宽广的胸襟　　153
3. 立足本职工作　　154

案例分析
一、一份来自基层的金融情报　　155
二、银行业务引发的一份"建议与对策"　　161

第六章　金融情报机构　　169
一、反洗钱的金融情报机构　　169
1. 金融情报机构的多样性　　169
2. 国际反洗钱金融情报机构　　171
3. 中国反洗钱金融情报机构　　172

二、金融体制内的情报信息机构　　173
1. 美国的金融情报署　　173

  2. 中国"一行三会"金融情报信息网络　　　　　　　　　175
  3. 中国金融体制内情报信息的局限性　　　　　　　　　178

三、国家情报机构　　　　　　　　　　　　　　　　　　180
  1. 美国国家情报部门　　　　　　　　　　　　　　　　180
  2. 中国国家情报机构　　　　　　　　　　　　　　　　181
  3. 美国中情局的金融情报研究　　　　　　　　　　　　182

四、综合性的信息情报机构　　　　　　　　　　　　　　185
  1. 经济新闻机构　　　　　　　　　　　　　　　　　　185
  2. 中国的政务信息系统　　　　　　　　　　　　　　　189
  3. 经济、金融研究的智库　　　　　　　　　　　　　　191

案例分析
  情报失误引发的金融风险　　　　　　　　　　　　　　192

第七章　金融决策机构　　　　　　　　　　　　　　　　199

一、高层金融决策机构　　　　　　　　　　　　　　　　199
  1. 国家安全委员会　　　　　　　　　　　　　　　　　199
  2. 中国的金融决策机构　　　　　　　　　　　　　　　201
  3. 国际金融武器的运用　　　　　　　　　　　　　　　203

二、高层金融监管机构（一）　　　　　　　　　　　　　204
  1. 美国的财政部　　　　　　　　　　　　　　　　　　205
  2. 中国的财政部　　　　　　　　　　　　　　　　　　206
  3. 中美财政部的区别　　　　　　　　　　　　　　　　207
  4. 财政部的两种类型　　　　　　　　　　　　　　　　208

三、高层金融监管机构（二）　　　　　　　　　　　　　209
  1. 中央银行产生的渊源　　　　　　　　　　　　　　　209
  2. 美国联邦储备银行　　　　　　　　　　　　　　　　215
  3. 中国的"一行三会"　　　　　　　　　　　　　　　219

四、中美高层次的情报产品　　　　　　　　　　　　　　221
  1. 美国高层的情报产品　　　　　　　　　　　　　　　221

| 目 录 |

  2. 中国高层的信息简报 222
  3. 情报产品的整合 224

案例分析
  民意与专家决策 225

第八章 金融情报机构与决策机构的关系 234
一、情报机构与决策机构的复杂关联 234
  1. 情报与决策的相互影响 234
  2. 情报机构与决策机构应相互独立 235
  3. 情报失误的危害 237
二、金融情报机构与决策机构的统一性 238
  1. 金融决策的盲点 238
  2. 金融情报引导金融决策 240
  3. 金融决策中的部门利益 242
三、金融情报独立的倾向 244
  1. 中央银行的独立性 245
  2. 决策中的民粹主义思潮 249
  3. 精英治国的实践 250
四、金融情报机构的定位 253
  1. 情报分析为真理服务 253
  2. 情报机构不制定政策 254
  3. 决策失误与责任追究 254

案例分析
  部门利益与金融改革 256

第九章 金融反情报 267
一、金融反情报 268
  1. 金融业防谍的必要性 268
  2. 金融业的数据保密 269

3. 数据泄密的危害 ... 270
二、金融反情报的防卫 ... 273
1. 关键岗位人员的背景审查 ... 275
2. "测谎仪"的使用 ... 277
3. 杜绝"裸官" ... 279
三、金融反情报的进攻（一） ... 280
1. 噪声干扰 ... 280
2. 拒止与欺骗 ... 281
3. 隐蔽行动 ... 282
四、金融反情报的进攻（二） ... 284
1. 舆论对金融战略的影响与误导 ... 285
2. 献计献策的"造纸厂" ... 286
3. "华盛顿共识"诱发的金融危机 ... 289
五、影响金融决策的间谍 ... 290
1. 一种特殊的间谍 ... 290
2. 冀朝鼎的故事 ... 291
3. 间谍怀特的故事 ... 294
4. 他们改写了历史 ... 298
案例分析
"千人计划"与金融人才引进 ... 301

第十章 香港的金融情报 ... 305
一、香港的特殊性 ... 305
1. 香港是世界情报之都 ... 306
2. 香港是世界金融中心 ... 307
3. 香港金融与中国内地高度关联 ... 307
二、香港的金融情报搜集 ... 308
1. 香港的金融情报人员 ... 309
2. 香港的金融情报搜集手段 ... 310

　　　3. 香港的金融情报评估　　311
三、香港的金融情报要点　　312
　　1. 对金融体系稳定的观察　　312
　　2. 人民币离岸中心的研究　　314
　　3. 外资金融机构的动向　　320
四、香港的反洗钱情报　　321
　　1. 香港的反洗钱定义　　321
　　2. 香港的反洗钱法规　　322
　　3. 香港的反洗钱情报共享　　324

案例分析
　　一、人民币汇率遭遇一场特别攻击　　324
　　二、人民币与美元再次决战香港的兵棋推演　　331

附　录　　341
　　一、参考文献　　341
　　二、政策法规　　342
　　三、全球智库排行榜　　352
　　四、埃格蒙特集团：全球金融情报机构名录　　356

第一章
金融与金融情报

金融是一种资金融通的交易活动。金融交易本身有可能令以货币形式表现购买力的商品价格产生波动,即增加或减少,于是在金融交易中就存在风险。在纸币信用时代,从本质上说,金融交易已经演变为一种将未来收入提前变现的方式,即明天的钱今天来花。发达的商品交易又衍生出纷繁复杂的金融交易,而金融交易的频繁程度实际上是反映一个地区、区域,乃至国家经济繁荣能力的重要指标。同时,金融业是国民经济的神经中枢。

和平时期,国家利益之间的博弈,是经济利益的博弈,即贸易形式的博弈,以及金融机构之间各种金融手段的博弈。为了减少金融博弈决策中的盲目性与不确定性,对金融情报的需求就产生了。

如今,中国有3.1万亿美元的外汇储备,其中的1.1万亿美元为美国国债(2017年2月数据)。作为最大的债权国,我们不会怀疑美国政府对美国债务的承诺与毁约问题,不会怀疑美联储打压通胀、捍卫币值的货币政策,因为美国发生严重的通胀乃至美元崩溃,最大的输家还是货币发行国政府本身。因此,除非发生战争、刀枪出鞘、兵戎相见,否则利用货币作为武器去攻击对方,乃至冻结资产,这些不惜一切代价将对方置于死地的手段都不会出现。但是,国际间的金融博弈从未停止,商业机构为获取利益最大化,针对本国或其他国家金融政策的漏洞,进行大规模套利攻击的案例并不鲜见。

在国际间的金融博弈过程中,金融情报有着举足轻重的作用,影响到国家宏观政策的制定。就我国的现状而言,无论是进行利率、汇率的改革,资本流动的限制或取消,还是逐步放开资本市场采取价格自由调节机制,或者政府宏观干预等措施，这些决策的制定都离不开准确的金融情报。对金融情报的搜集、分析、研究和利用，可以克服或消除资本流动博弈过程中"信息不对称"带来的不确定性。加快发展金融情报的研究和搜集工作，既是当前应对全球不断出现的他国货币政策的"溢出效应"，或金融危机的传导机制对我国经济社会发展影响的一项重要措施，也是我国扩大金融市场的改革开放，迎接全球经济科技一体化挑战的必然要求。

一、金融

1. 金融的产生

金融，是指资金的融通。金融学（Finance）是研究价值判断和价值规律的学科。

市场经济发展了几千年，在最初的商品经济萌芽时，交易的形式是以物易物，一切都是公开透明的。例如，一把石刀换两斤红薯，交易的商品对双方而言，是看得见、摸得着的。但是，随着货币成为商品交换的等价物（交换中介）出现在商品交易中，"信息不对称"问题就开始显现出来。因为出售红薯的农民拿到货币以后，他并不知道将要换回的石刀的具体状况，如此一来，原本交易的现货变成了期货。未来他能换回的商品品质和数量都存在着不确定性。

在商品交易中，物物交换可以获得即期收益。而货币的出现，让物物交换变成商品与货币之间的交换。再有，由于货币存在的存储与支付延期功能，又使即期收益变成远期收益。然而，远期收益是否能得到保障，是否会因货币的贬值（如金属货币的磨损）而缩水，都会存在一定的风险。

1817年，英国古典经济学家大卫·李嘉图（David Ricardo）发现了"比较优势"原理，证明资源禀赋不同的国家根据各自优势，扬长避短，通过国际贸易可以各取所需，同时造福富国与穷国。但是，与易货贸易不同的是，国际贸易出超国积赚下来的大量他国货币，则有可能面临贬值的风险和严重的损失。例如，1971年以来，几乎世界上所有的信用货币都在贬值，以黄金价格为参照，目前 1 美元的购买力仅相当于当时的 5 美分。因此，那些依靠出口本国独特资源的国家，积累起来的大量国际储备货币必须得到妥善的保值增值，才能应付将来资源开采枯竭时出现的困境。比如，中国依靠人口红利，以牺牲部分国内环境参与世界分工、承担"世界工厂"角色，从而积累起巨额外汇财富，如何将这些外汇储备保值增值，如何避免在人口红利消失的时候，国民经济发展不会跌入滞涨的陷阱，这些都是需要切实考虑的重要问题。

2. 国际金融的风险

国家之间金融活动的产生源于国际贸易的发展。而国际贸易的产生过程却是一种原始的、粗放式的国家利益的博弈过程。

大卫·李嘉图的"生产绝对优势"论认为，资源丰富的富国与资源匮乏的穷国，通过国际贸易的手段，将各自生产的优势产品进行交换，使得彼此之间各获所需，可以达到同时造福富国与穷国的目的。

而亚当·斯密（Adam Smith）则提出了"绝对成本"说，进一步阐述了国际贸易造就分工发展的"机会成本"理论，其主要内容如下：

分工可以提高劳动生产率，增加国民财富。交换是出于利己心并为达到利己目的而进行的活动，是人类的一种天然倾向。人类的交换倾向促使分工的产生，而分工对提高劳动生产率、增加国民财富有益。

分工的好处是保证成本的绝对优势或绝对利益。分工可以极大地提高劳动生产率，每个人专门从事他最有优势的产品的生产，然后彼此交换，这对每个人都有利。

国际分工是各种分工形式中的最高级别。每一个国家都按照其绝对有利的生产条件（即生产成本绝对低）去进行专业化生产，然后彼此进行交换，则对所有国家都是有利的，世界的财富也会因此而增加。

因此，各国都尽可能生产对自己有利的商品，在国际贸易中谋取最大的利益。但随着国际贸易货币的出现、国际储备货币的产生和国际金融业的发展，世界贸易的博弈变成了各国货币之间的博弈，进而变成了国际金融机构之间的博弈。

金融博弈中存在的"信息不对称"问题，在由货币构筑虚拟经济（如金融衍生品）的交易中，将这种看不见、摸不着的不确定性上升到了极致。

在全球经济一体化的大潮中，由于商品、资本、劳动力等生产要素跨越国界的流动，一国与国际市场紧紧地联系在一起，国际金融促进了国际贸易的发展，方便各国对商品与货币剩余闲置资本的使用。但是，如同商品之间存在不等价交换一样，在国际金融的结算之间、在货币兑换之间，也存在着不等价交换，这会造成国家利益的损失、民族财富的转移，甚至导致社会动荡、政权更迭。

3. 货币与战争

历史上，国与国之间由于国际贸易引发巨额的出超和入超，从而导致贸易纠纷升级为战争的事例不胜枚举。例如，1840 年的中英鸦片战争，起因就与贸易纠纷有关。当时，中国将大量的瓷器、丝绸、茶叶输往英国，而英国却没有相应的产品输出来参与对华贸易，以至于贸易入超严重，从而导致英国的白银大量外流，国库渐渐空虚。于是，英国不法商人在印度大量种植鸦片，通过东印度公司开展对华的毒品输入替代商品贸易。鸦片随即大量输入中国，贸易争端渐起，引发虎门销烟事件，继而中英两国兵戎相见，最终酿成一场以鸦片为导火索的战争，史称鸦片战争。

当今世界，一些主要经济体的财政官员出于本国利益考虑，不断改变本国货币的币值，导致各国之间、各个经济体之间的金融摩擦日益升级，关系日趋紧张。这属于货币战争，或者仅仅是一场货币币值估算的冲突？

巴西财政部长吉多·曼特加（Guido Mantega）曾于 2010 年 9 月公开表示，"国际货币战争"已经爆发。

彼时，有好事者曾发邮件请教美国财政部的一位新闻发言人，到底何谓"货币战争"？其收到的邮件回复如下："让我们来定义这个词并不合适。就我所知，该词由巴西财长一手创造，所以也许你们应该直接去请教他吧。"2010 年，时任美国财政部长蒂姆·盖特纳接受记者采访时明确表示，不会爆发"货币战争"，当前的货币冲突不会升级为货币战争。

假使全球经济局势持续紧张,贸易争端或许会演变为兵戎相见的战争。但将各国间的汇率竞相贬值、贸易争端、金融争端都称之为"货币战争",似乎有点牵强。毕竟,贸易往来、金融交易的双方是一种相互依存、共同发展的关系。

从本质上说,战争是一种有组织地互相使用暴力的行为,是敌对双方为了达到一定的政治、经济、军事等目的而进行的武装战斗。战争的根本目的是"保存自己、消灭敌人"。那么,利用货币作为武器去攻击对方的"货币战争"是否存在?

实际上,由国家出面伪造他国货币、扰乱敌方经济的做法,至少已经有200多年的历史。美国独立战争期间,英王乔治三世曾下令伪造北美的"大陆票"以破坏殖民地经济。法国大革命期间,英国故伎重演,伪造了大量法国教会地产券。拿破仑也曾如法炮制。1806年,他下令没收奥地利维也纳国家银行的印钞原版,并在巴黎和意大利等地批量印刷十分逼真的5盾、8盾、10盾和25盾的奥地利钞票,然后用这些伪造钞票在奥地利购买物资。法俄开战后,拿破仑还下令伪造卢布纸币。

二战期间,苏联、英国和美国都曾经印刷大量他国货币,既有敌国货币,也有被占领国家的货币,如捷克克朗、荷兰盾、法国和比利时法郎。德国也曾大量伪造英镑,像著名的"伯恩哈德钞票"几乎可以以假乱真,纳粹用这种方法为其间谍活动积累了大量资金。

在抗日战争期间,日本陆军最高指挥部曾密令日本在华机构特高课,配合日军展开中日假钞之战。1941年12月,日军攻占香港,查获了国民政府设在香港的造币厂、造币机器,以及还未来得及运走的其他器械,并且在香港九龙的中华书局截获了一批刚刚印刷好的10元面额纸币及印钞机器。随后,日军又在商务印书馆查获了一批5元面额法币半成品及印钞机、法币编码、暗账底册等。最终,这些造币资料悉数被秘密运往东京的陆军第九科学研究所进行仿冒研究。

1942年,日本在印尼的占领区截获了20亿元中国银行小额法币半成品。巧合的是,德国海军也在太平洋拦截到一艘美国商船,在上面查获了美国造币公司为中国交通银行印刷的 10 余亿元法币半成品。这些半成品就差号码和符号还未印好。日本得知消息后，立马从德国方面买回了这批半成品。至此，日本掌握了印刷中国法币的全部秘密。从 1939 年到 1945 年，日本侵略者共制造假的国民政府法币达 40 亿元之巨，极大地扰乱了抗战大后方的经济、金融秩序，这就是货币战争。

同时期，重庆国民政府以其人之道还治其人之身，亦制定并实施了"以假对假"的货币战策略，力图扰乱日伪统治下的财政金融秩序。国民政府密令军统局与英美两国造币公司达成合作协议，并秘密策划在重庆歌乐山建立了一座伪造日本钞票的造币工厂，不惜花重金从美国购买纸张和印钞设备，又挑选了原中国银行造币厂的技术精英会聚歌乐山，昼夜钻研，精心制作了大批假币。当时，日本在沦陷区内流通有各种面值的日本钞票、伪币和军用票，每当日军发行一种新版纸币时，国民政府的情报部门就通过内线从汪伪政权手里获取日伪银行的印钞模版，再带回歌乐山复制并日夜赶印，总数达 15000 多箱。然后，他们将成品运至江西上饶，在交通部门的配合下，源源不断地偷运到汪伪政权控制的沦陷区，混入金融流通领域。这些伪钞与沦陷区市场上流通的真钞一模一样，连日本制币专家也难以鉴别。国民政府由此轻而易举地套购了大量黄金、棉纱、布匹等紧俏物品，给日本沦陷区金融市场以沉重打击，加剧了日伪统治区的通货膨胀。

二、金融博弈

1. 金融博弈的形式

在和平年代，国际、国内金融市场交易中，各方此赢彼亏的结果又该如何定义？笔者认为，谓之"金融博弈"较为合适。通俗地说，"博弈"就是"游戏"的意思，或者说，是可以分出胜负的"游戏"。因此，有人将博弈论（Game Theory）称作"游戏理论"。

作为一门学科，博弈论，亦名"对策论"或"赛局理论"，属应用数学的一个分支，已成为经济学的标准分析工具之一，目前在生物学、经济学、计算机科学、政治学、国际关系、军事战略和其他很多学科中都有广泛的应用。

博弈论是研究互动决策的理论。通俗地讲，博弈论是指二人或多人在平等的对局中，各自利用对方的策略变换自己的对抗策略，达到取胜目标的理论。通过博弈我们可以分析自己与对手的利弊关系，从而确定自己在博弈中的优势。对弈者在决定采取何种行动时，不仅要根据自身的利益和目的行事，也要考虑到己方决策行为给对手带来的影响，以及对手的行为对自己的影响，然后通过选择最佳行动计划，来寻求收益或效用的最大化。

通常，我们所说的博弈是一种策略的相互依存状况，即参与者选择的策略将会得到什么结果，取决于另一个或者另一群有目的的行动者的选择。因此，在一次博弈当中，参与者的利益可能严格对立，一人所得永远等于另一人所失。这样的博弈称为零和博弈。

不过，更常见的情况是，博弈双方既有共同利益，也有利益冲突，从而可能出现导致共同受益或者共同受害的策略组合。

有赢者，也有输家。但和扑克之类的游戏不同，市场竞争中的博弈不一定是一个零和游戏。假如参与者都是完全理性的并拥有完备的信息，那么博弈的结果有可能双方都是赢家。例如，大卫·李嘉图阐述的国际分工、国际贸易理论，通过贸易达到各国共同获益的观点，所描述的就是一个双赢或者多赢的结局。

在一个自由的市场中，长期来看，博弈过程中，获得的利益总和将远远超过失去的利益总和，而战争是不惜采用一切手段置对方于死地，二者之间有本质的区别。

本书讨论的金融博弈，又分为国际市场博弈与国内市场博弈。国际市场方面，主要是防范外部金融集团势力通过大规模的跨境资金流动对本国金融市场进行攻击。国内市场的博弈则更多地体现在对国内金融机构的政策性套利的监管，以及金融法规的时效性与有效性等方面。

纵观近百年来，世界上由于资本盲目逐利，引发金融风险与危机，造成社会动荡、财富损失，其危害程度已远远超过大规模战争给人类带来的灾难。这种金融危机，甚至会使许多国家几十年里积累的财富，在短时间内化为乌有。随着世界经济一体化进程的加快和经济金融化的发展，世界各国之间由资本跨地区流动博弈引起的金融风险也日益加剧，各国金融体系的安全、高效、稳健运行对经济社会全局的稳定和发展发挥着至关重要的作用。如20世纪30年代的经济大萧条，90年代后期的亚洲金融危机，以及2008年美国次贷危机引发的金融海啸，都给世界经济社会的稳定发展带来了灾难性影响，导致一些国家的经济发展和社会环境长期处于动荡之中。所以，如何降低金融活动的不确定性，减少资本盲目逐利对金融秩序的冲击，有效防范可能发生的金融风险，就成为各国政府在维护本国利益时需要解决的重大问题。而造成这种状况的其中一个重要原因就在于：资本全球化流动过程中，各利益相关者之间的信息获取与利用能力不对称，使得占有信息优势的一方往往能够在金融博弈中获得更大的收益。而另一个原因是，金融危机的出现常常以一系列经济、金融信息的恶化为先兆，如果能够根据金融指标的异常变化等信息，积极开展有效的金融情报活动，对金融活动中的异常征兆进行事先预警，这些措施都将有利于防止金融危机的发生或减少金融危机的负面影响。

2. 金融博弈源于信息不对称

2001年度诺贝尔经济学奖授予了三位美国经济学家：约瑟夫·斯蒂格利茨、乔治·阿克尔洛夫和迈克尔·斯彭斯，以表彰他们20世纪70年代在"使用不对称信息进行市场分析"领域所做出的重要贡献。

巧合的是，2013年10月，诺贝尔经济学奖也授予了美国的三位经济学家：尤金·法玛、拉尔斯·彼得·汉森和罗伯特·希勒，他们的研究对象都是市场要素中的信息与价格的关系。以尤金·法玛为代表的"有效市场假说"支持方认为，如果证券市场中价格完全反映了所有可获信息，这样的市场就是有效市场；而罗伯特·希勒则是"有效市场理论"的反方，他倾向于用更广阔的视角来分析问题，并倡导引入"动物精神"来解释现实中的经济现象和价格波动。罗伯特·希勒认为是投资者的心理（对信息的占有）等非经济动机和非理性行为决定着资产价格，他甚至认为"有效市场理论"是"经济思想史上最大的错误之一"，因为它会误导大家认为金融（股票）市场的每一次波动都有一个理性的基础。

回顾历史，在市场经济活动中，各类人员对有关信息的了解是有差异的。掌握信息比较充分的人员，往往在金融交易中处于比较有利的地位，而信息贫乏的人员，则处于不利地位。

市场经济理论的发展也是在信息理论的认知上循环往复、螺旋上升的。例如，亚当·斯密可算是市场经济最重要的阐释者。他在1759年出版的《道德情操论》（*The Theory of Moral Sentiments*）中剖析了人类的心理特质，1776年出版的《国富论》（*The Wealth of Nations*）则阐述了市场的运行机制，即在资本主义发展的最初几百年间，市场并没有显示出明显的由信息不对称带来的缺陷，亚当·斯密甚至对"看不见的手"推崇备至，自由的市场经济理论学者都宣扬市场的自由调节，反对政府对市场的干预。然而，1929—1933年的世界经济危机就是这种自由经济调节的大爆发。

其后，信息经济学逐渐成为市场经济理论的新主流，人们打破了自由市场在完全信息条件下的假设，才终于发现生产与消费、供给与需求的双方存在信息不对称所造成的难题。1929—1933年经济危机爆发后，西方经济学界又经历了崇尚凯恩斯式的国家干预经济理论，但20世纪六七十年代出现的"英国病"（经济停滞与物价上涨并存的"滞胀"），却让当时的诺贝尔经济学奖得主弗里德曼的自由经济理论占了上风。1976年，风头正劲的他在领取诺奖时，发表即席演讲，言辞中毫不掩饰对凯恩斯式的国家干预经济理论的轻蔑与批判。可是，世界第一大央行的美联储主席格林斯潘先生，在任长达22年，一直推崇无为而治的自由经济理念，但这也正是酿就2008年全球金融风暴的原因之一。痛定思痛之后，西方经济学界又重新捡起了凯恩斯的国家干预经济理论，重视经济信息对国家干预的指导作用。真可谓此一时，彼一时。

概括而言，无论市场运行机制是自我调节，还是国家有针对性地对经济运行进行干预，经济信息对决策的指导作用都是不可或缺的。

经验告诉人们，在市场经济里，投资收益的获取与掌握信息量的大小成反比关系，预期收益越高，能获得的信息量就越少，这就是我们通常所说的高收益伴随着高风险。显然，这里的高风险就是指在投资决策中所获得的信息量太少而导致不确定性的因素太多，从而使投资失败的概率增大。

因此，高收益的投资产品由于信息量少而风险大，故参与博弈的投资者寡；低收益的产品由于信息量大而风险低，故参与投资者众。

为了便于理解，我们可以用图来表示三个或多个层次的经济现象，见图1-1：

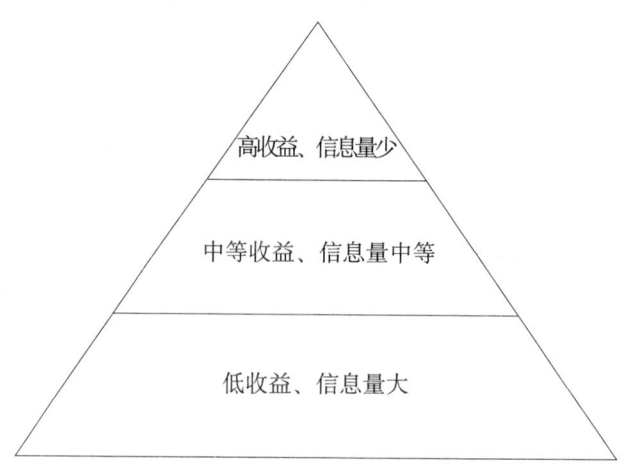

图 1-1 投资收益、信息量大小与投资者结构关系

根据经济现象的不同，则有如下多种划分。

就产业类别划分：1类为第一产业（农业）；2类为第二产业（制造业）；3类为第三产业（服务业）。

就商品类型划分：1类为生活必需品（柴米油盐）；2类为家电产品（电视、冰箱等大宗消费品）；3类为汽车、房屋等。

就商品价值划分：1类价值小、价格弹性小；2类价值中等、价格弹性中等；3类价值高、价格弹性大。

就被欺诈形式划分：1类为短斤少两、以次充好；2类为假冒伪劣产品；3类为投资欺诈（如非法集资、庞氏骗局）。

第一章 | 金融与金融情报 |

就投资、购买者的心理划分：1类为谨慎型；2类为经验型；3类为信任型（如将自己一生积蓄交给理财顾问）。

在现实生活中，对于信息量大且价格低的支出和交易，可供选择的品种较多，人们做决策时往往费时费力，经常要货比三家、斤斤计较。家庭主妇们在农贸市场遇到的农产品短斤少两，顾客损失的仅仅是几元钱。但在信息量少的投资交易方面，仅凭理财经理的游说或晦涩难懂的投资文件，投资购买者所做的决定往往盲目而冲动，损失的后果非常严重。"庞氏骗局"便是如此。

"庞氏骗局"由美国华尔街传奇人物、纳斯达克股票市场公司前董事会主席伯纳德·麦道夫一手导演。2008年12月11日，麦道夫因涉嫌证券欺诈遭警方逮捕，美国历史上涉案金额最大的"庞氏骗局"败露。麦道夫通过操纵其麾下对冲基金，以高资金回报率为诱饵，骗取投资，最终使投资者损失约500亿美元。很多大金融机构都受到损失，包括汇丰银行、野村控股银行、西班牙桑坦德银行等。

在金融交易中，投资收益与风险大小，以及信息量多寡的对应关系见图1-2：

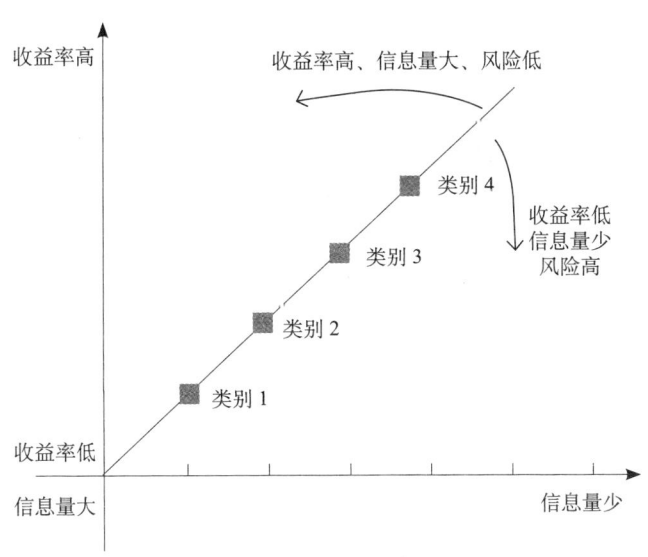

图1-2 投资收益、风险大小与信息量多寡的关系

正常情况下，消费或投资产品与信息量的关系，是一条介于 0°～90°之间的曲线。这条曲线的摆动方向，即向纵轴摆动或者向横轴摆动，主要由售卖方的承诺和购买者所获信息量的大小来决定。

实际上，金融交易中的虚假信息无处不在。例如，2008 年使全球金融消费者深受其害的雷曼迷你债券，其本质上属于一种结构性债务工具，与普通债券到期还本付息有所不同，其息票金额或最终支付金额会受到一家或一组挂钩公司首发式信贷事件及其他因素的影响。远高于市场平均收益的高回报率是雷曼迷你债券最为显著的特点，但收益总是和风险相伴而生，雷曼迷你债券表面上高回报的代价是其背后隐藏的高风险。

有一种极端状况，曲线与纵轴平行——收益率高且信息量大，这样的情况是否存在？在现实生活中，"批条子"即是这种特例。例如，位于市中心的一块地皮，被市场公认为在上面盖商品房能赚大钱，但该市领导批了个条子（无偿划拨或低价出售）将其划给某人（或某企业）经营。那么，这块商业用地就是典型的稳赚不赔的、信息透明的高收益投资品。

另一个极端状况是曲线与横轴平行——收益率低且信息量少。这样的例子也有，比如利率管制下的银行储蓄产品。收益率低是因为储蓄利率与消费者物价指数（CPI）相比，通常收益很薄，甚至为负利率；但由于在实际市场中，银行面对市场客户时，不允许在存款利率上展开竞争，同一款存款产品在甲银行与乙银行是一样的利率，因此，储户也没有必要去货比三家，了解各银行的经营信息。

但是，在金融监管部门放弃对利率的控制之后，各家银行给出的利率不尽相同；存款利率市场化之后，对同样一笔存款产品，人们既要考虑资金的收益状况，还要权衡风险，货比三家，在收益与风险之间取得平衡。

对于银行而言，面对有限的存款市场，面对如此多的同业竞争对手，它必然会给出有吸引力的利率，甚至对大额存款给出高利率，以便吸引客户。

对于储户而言，收益率的提高伴随着高风险，投资者为了防范风险，也要对银行本身的经营状况做全面深入的了解。同样，银行为了证明自己经营稳健也会加强自身的信息披露，甚至花钱聘请独立的第三方信用评级机构来审计并公示自身的经营状况，让储户放心，由此带来信息披露量的加大和收益率的提高，于是存款曲线就会向纵轴方向移动，停留在收益与信息的合理配置区间。

在信息充分披露的条件下，如果甲、乙银行之间的经营风险与收益存在差异，那么，甲、乙银行给出的以存款价格表示的利率曲线在此坐标系中会有不同的表现，假设它们的运动方向是向纵轴摆动，则说明对消费者有利。

信息不对称现象是广泛存在的，这使得交易中总有一方会因为获取信息的不完整而对交易缺乏信心，于是便增加了商品交易的成本。现实的融资交易中，解决信息不对称的一个有效办法就是提供抵押品。例如，银行在办理业务时，可以向贷款企业收取动产或不动产作为抵押品；而商业银行向央行缴纳存款保证金及存款保险制度下的保费就属于客户的抵押品。因此，存款保险制是解决处于弱势地位储户的最好的制度保证。

在金融交易中，信息量的匮乏与稀缺要比其他行业严重得多。因此，对作为市场监管者的政府监管部门及中央银行来说，一方面，要尽快推进市场经济的基础设施建设，确保公平交易、适度竞争，加强法治建设、信息披露，这样才能带来物质繁荣与精神富足，促进社会的进步与发展，这也是当今世界各国金融监管者的共识。另一方面，还要对信息量稀缺的、处于弱势地位的金融消费者给予法律上的保障。例如，2008年全球金融危机后，英国进一步强化了对金融消费者的保护。根据《2010年金融服务法案》，英国成立了消费者金融教育局，由其独立、系统、全面地开展消费者的金融教育工作。英国的金融改革是撤销了金融服务局，将其职能分拆，由金融行为局和审慎监管局两个机构承担，从体制上实现了金融消费者保护与审慎监管职能的分离。同样，金融危机暴露了美国监管体制的种种弊端，美国各界对金融监管改革的呼声也越来越高。在此背景下，2010年，美国以保护金融消费者为目的的《多德—弗兰克华尔街改革与消费者保护法》在美国各个利益阶层展开博弈，引起世界各国的关注，最终得以通过并实施。

在中国香港地区，2008年的雷曼迷你债券风波令香港银行业的信誉遭受重创，香港金管局加强了对金融消费者的保护工作。就商业银行的投诉管理工作，金管局出台了《处理投诉程序（监管政策手册IC-4)》，要求银行全面公平、迅速地处理客户投诉，从消费者的角度，全面评估商业银行遵守《银行业营运守则》的情况。此外，金管局的网站上有专门的消费者保护网页。香港政府还设立了金融纠纷调解中心，负责管理一个独立公正的调解计划，以"先调解、后仲裁"的方式解决纠纷。

近年来，中国政府也加强了对金融消费者的保护工作，依据金融监管机构的"一行三会"制度对金融消费者保护工作进行分工。在不改变现有金融监管框架的情况下，为进一步强化金融消费者权益保护工作，我国在人民银行、银监会、证监会、保监会均设立了相应的金融消费者保护部门。

同时，针对当前金融业的高风险与信息匮乏的问题，作为金融市场规则的制定者与秩序维护者的中央银行要做的是，设立规则，保护金融消费领域中作为弱势群体的消费者。一方面，加快推进利率市场化的改革，通过适度竞争来推动金融机构加强信息披露，接受市场监督，以此促进稳健经营，防范化解金融风险；另一方面，则要建立信息公开披露制度，让消费者有知情权，让客户在投资决策前能知晓风险所在，从根本上维护广大客户的合法权益。

3. 金融博弈的手段

和平时期，国家利益之间的博弈，是经济、贸易和金融的博弈。如关税壁垒、反倾销调查、出口补贴等等，都是金融博弈的原始手段。表面上看，贸易博弈所包含的关税壁垒、商品倾销，是国家间商品交换的一种攻防手段。实际上，任何商品都以货币计价，各国之间所掌握、使用的货币在国际金融市场动荡中的此升彼涨，形成升值和贬值，造成财富的变动，都关乎本国利益和国民福祉。

国际竞争引发汇率竞争。从现实主义国际关系的角度来说，国家是按实力行事而不是按意图行事，因为国家的意图和人的意图一样，随时都会改变，而实力是显性的。由于国家间博弈的存在，各国之间都是互相防范的，各国根据国家相对实力的变化而改变国家政策，尤其是大国之间的关系，毕竟主导国际秩序的是大国。这就是米尔斯·海默说的大国政治的悲剧。这也为我们研究国际经济、金融实力演变提供了一种思路。

一国的金融活动，作为国家经济发展的核心和市场经济体系的动脉，在经济发展中扮演着重要的角色。然而，金融资产流动在未来预期内产生的效果又存在着相当大的不确定性。再者，由于其本身的高风险性，它所产生的危机可能导致多米诺骨牌连锁效应，这使金融活动成为一种充满竞争和冒险的行为。

如果一个国家的经济是对外开放的，那么，其国内经济形势与国际经济状况就存在着非常紧密的联系。用经济学的术语说，即内部均衡与外部均衡是相互影响、相互作用的。英国经济学家詹姆斯·米德（James Meade）于1951年就提出了固定汇率制下的内外均衡冲突问题。他认为，在汇率固定不变时，政府主要运用影响社会总需求的政策来调节内外均衡。这种内外均衡问题可以归结为汇率对国家经济的调节问题。无论是在一国的"经济低迷时期"还是"经济扩张时期"，都会有国际收支的"顺差"或"逆差"发生，但"国际收支状况"可以通过汇率手段，改变本国货币与他国货币的兑换率来进行调节。问题在于，汇率是两国货币之间相对价格的变动，一国货币升值就意味着另一国货币贬值，因此两国间的政策利益是相互冲突的。于是，这种国内经济状况的调节，比如经济增长或衰退、通货膨胀或紧缩、失业率上升或下降等，就都转换为国家之间的货币兑换率的博弈。例如，2000年以来，我国国际收支对美大幅顺差，美国财政部就屡次对中国的人民币汇率妄加指责，认为人民币汇率是由政府操控而非由市场决定的，抨击人民币的汇率过低。

货币博弈对象存在很大的不确定性，主要表现在以下几方面：

（1）国家之间货币信用的博弈。在国际贸易的结算手段和工具里，银行开出的信用证即是一个银行信用状况的证明。在国际金融领域里，通过国家信用背书发行的纸币，则是国家信用状况的证明，是国家主权在金融领域里的延伸、是国家权威在货币领域的体现。各国在国际金融里的博弈就是国家发行的货币之间的博弈，而不同国家货币之间的兑换比例，即汇率，则是这种博弈的集中反映。

（2）国家之间货币政策的博弈。中央银行货币政策的制定与实施是一国的内政问题。一国的货币政策在本国发挥作用的同时，也可以对其周边国家经济、金融的状况产生有利的连锁反应，从而使该国在经济增长中受益。例如，

2008年金融海啸爆发后，我国采取扩张的财政政策和积极的货币政策，推出"四万亿"救市计划。消息一公布，立即使世界上多个产油国、大宗商品输出国的出口产品价格回升、企业盈利，从而带动这些国家的 GDP 稳步回暖，经济复苏。不仅如此，一国的货币政策在本国发挥作用的时候，也可以对其周边国家的经济、金融状况产生不利的连锁反应，甚至给货币资本流动带来冲击。例如，美国为应对 2008 年的金融海啸，连续推出 QE1、QE2、QE3 三轮量化宽松政策，使许多新兴市场国家遭遇跨境资本流入的冲击，面临流动性泛滥，这便是所谓货币政策的外溢性问题。

（3）国家之间金融监管及法律法规的博弈。2000 年的"9·11"事件发生后，美国颁布实施的《爱国者法案》，建立了全球金融反恐、反洗钱的监管架构，该法案第 317 条规定：对外国洗钱者行使长臂司法管辖权。因此，美国的反洗钱法又称长臂管辖法。又如，美国 2010 年 3 月 18 日推出的《美国海外账户税收遵循法案》，要求全球的银行向美国国家税务局提供美国公民的海外金融资产信息。

通常，在国际社会之间，对国际事务的处理，是在联合国宪章的框架下，以协商为前提的。一国的法律仅在本国有效，有约束力的跨国界守则必须由两国或多国政府之间协商约定，即两国间订立"条约"。国际条约的签署通常有"多边"和"双边"之分，前者是指缔约的当事方在两方以上（不包括两方）的条约。

由于美元强悍的国际货币地位，任何国际金融机构、异域银行，只要其经营国际业务，就离不开美元支付与美国的金融机构清算。美国财政部下设金融犯罪执法网（FINCEN）和海外资产控制办公室（OFAC），只要这两大机构下令切断美国的银行与其认定的"某国违规银行"的往来，断绝该银行的美元国际结算业务，便等于将其宣判了死刑。因此，这些法案的强制实施，是建立在美元霸权基础上的。

（4）利用金融处罚作为政治博弈的延伸。例如，2005 年中国政府与日本政府分别对彼此间的国有银行施以数亿元人民币（或等值日元）的罚款。同年，美国政府为了加强对朝鲜的经济制裁，以帮助朝鲜洗钱为由，下令美国金融机构停止与澳门汇业银行的商业往来，强制关闭、冻结了该银行在美国银行的美元结算账户。

三、金融情报

1. 情报理论的多样性

"情报"，从字面上解释，"情"是所见所闻，"报"是如实禀告。"情报"即是将所看到、所听到的向上级长官报告。

早在2000多年前，我国的《孙子兵法》就对情报有特别的论述，原文为："明君贤将，所以动而胜人，成功出于众者，先知也。先知者，不可取于鬼神，不可象于事，不可验于度，必取于人，知敌之情者也。"意思是说，那些著名的将帅为什么会打仗，一出手就能打胜仗，立下赫赫战功？原因就在于他们了解和掌握了敌人的情报，敌人的一举一动都在他们的掌控之中。因此，要打胜仗，必须早早地了解和掌握敌情。了解敌情，不是去装神弄鬼、算命占卜，不能凭空想象，不可凭经验猜测；了解敌情，不靠别的，就靠从熟悉敌人情况的人那里得到消息。

据语言专家考究，在现代汉语里，"情报"为外来语，来自日语的"情报"（日文：じょうほう），主要指"信息、资讯、消息"。

现代关于情报的观点认为：情报是指被传递的知识或事实，是知识的激活，是运用一定的媒体（载体），越过时间和空间传递给特定用户，解决情报使用者的具体问题所需要的特定知识和信息。情报应具有三个基本属性：一是本身属于知识或信息，二是要经过传递，三是要经过用户使用（产生效益）。因此，情报效益的最大化，不仅要求情报源真实可靠，也取决于情报用户的采纳与应用。

情报要忠于事实，但又不局限于情报员的所见所闻。人的思想是活的，情报员在情报的生产过程中，会加入自己的主观评估，并由此引导情报使用者的决策倾向。

举个例子。第一次世界大战德法交战期间，德军某士兵在阵前瞭望哨通过高倍望远镜观察法军阵地时,发现山凹处茂密的树林边凸起的土包上,有一只金黄色的波斯猫每天定时在晒太阳,这位侦察兵打算将这个"所见所闻"向上级报告。如果限于所看到的事实,那么发现一只波斯猫是不值得大惊小怪的,但这位侦察兵在向上报告时加入了自己丰富的想象与判断:波斯猫是名贵的宠物,养得起这个宠物的人非富即贵。在两军对垒的紧张气氛中,能携带宠物上阵的必是军方高层人士,由此他判断,这片树林里面隐藏有法军的一个高级指挥所。

德军军官听完侦察兵的报告,认可他的判断,随即调来重炮对这片树林狂轰。战斗结束后勘验战场时,发现藏于该树林中的确实是法军的一个军级指挥所,那只波斯猫正是军长随身携带的宠物。

这位德军侦察兵的分析有条有理:第一,这只猫不是野猫,野猫不可能在炮火纷飞的阵地上定时出没;第二,周围没有民宅,波斯猫的栖身之处就在凸起的土包附近,那里很可能就是一个地下掩蔽部;第三,波斯猫是名贵品种,在战争中还有条件养这种猫的人,绝不是一个普通的军官。因此,那个掩蔽部一定是个高级指挥所。

情报究竟是什么,时至今日,国内外对情报的定义仍然众说纷纭。据统计,如今国内外对情报的定义数以百计,不同的情报观对情报有不同的定义,概而述之,主要有以下三种:

军事情报理论对情报的解释非常原始,如"军中集种种报告,并预见之机兆,定敌情如何,而报于上官者"(1915年版《辞源》),"战时关于敌情之报告,曰情报"(1939年版《辞海》),"获得的他方有关情况以及对其分析研究的成果"(1989年版《辞海》),情报是"以侦察的手段或其他方式获取有关对方的机密情况"(2002年版《现代汉语辞海》)。

信息情报理论则认为,情报是"被人们所利用的信息""被人们感受并可交流的信息""含有最新知识的信息";"某一特定对象所需要的信息,被叫作这一特定对象的情报"。

知识情报理论对情报的解释比较全面,如《牛津英语词典》把情报定义为,"有教益的知识的传达""被传递的特殊事实、问题或事情的知识"。英国的情报学家 B. C. 布鲁克斯认为,"情报是使人原有的知识结构发生变化的那一小部分知识"。苏联情报学家 A. H. 米哈依洛夫则将情报定义为,"作为存贮、传递和转换的对象的知识"。日本《情报组织概论》一书的定义为,"情报是人与人之间传播着的一切符号系列化的知识";我国情报学界也提出了类似的定义,如"情报是运动着的知识。这种知识是使用者在得到知识之前所不知道的""情报是传播中的知识""情报就是作为人们传递、交流对象的知识"。

笔者认为,美国中情局资深情报官员谢尔曼·肯特在其论著中给情报下的定义较为贴切：情报是一种知识,情报是一种组织,情报是一种活动。

展开来说,首先,情报是一种政府制定和执行政策所需的相关知识,这种知识可以保证国家安全利益、应对现实攻击和潜在对手的威胁。情报产品所包含的可用知识与数据（无论是来源于公开渠道还是秘密渠道）,可以对局势提出综合性评估,这种评估能为政府决策提供参考。

其次,情报也是一种组织。开展情报活动要有一定的组织,这类组织最显著的特征就是其实行的保密制度,这是开展情报活动的前提条件。

最后,情报工作包含了种类繁多的搜集与报送活动。例如,搜集情报信息的方法就有多种,如谍报、空中摄影、通信拦截,对公开来源的文献、广播、电视和互联网信息进行研究等等,而情报的报送也是在一定的组织内部进行的。

总之,情报是为决策服务的,情报的种类颇多,有军事情报、公安情报、能源情报、商业情报、粮食情报等,金融情报仅是其中的一种。

2. 金融与情报的渊源

从理论上讲,在博弈的状态下,情报的作用就是要减少冲突中的不确定性。

冲突的形式是多种多样的,并不一定是兵戎相见的军事对抗。产生冲突的可能是双方或多方,他们因为重大利益分歧引发了竞争和对立活动。

情报针对的是冲突问题,比如军事行动的战斗计划、外交谈判的资料收集与准备、贸易谈判的政策底线设定,以及本国行政部门的执法行动,等等。它的目的就是为了保障各种行动的顺利进行。

那么,"金融情报"的定义又是什么呢?我们尝试从不同的角度来考证"金融"与"情报"之间是否有关联。

在我国官方发布的文件中,暂未发现对"金融情报"的定义表述。但是,在特定的国际反洗钱领域里,有关洗钱犯罪的情报信息被统称为"金融情报";而搜集洗钱情报的机构则被称为"金融情报中心(FIU)"。世界各国都有这类专门承担反洗钱职能的金融情报机构,它们是各国反洗钱组织框架中最关键的组成部分。根据金融情报机构的国际合作组织埃格蒙特集团(Egmont Group)的定义,反洗钱金融情报中心是指:一个经过授权或许可,集中接收、分析和分发与犯罪有关的金融情报,或者依据国家(地区)法律规定报告金融情报的国家机构。该机构具有四项基本功能:收集大额和可疑交易信息,整理分析交易信息,向执法、司法等部门提交分析结果,以及开展情报交流。因此,这里的"金融情报"是特指"金融交易中的大额和可疑交易信息"。

在我国,"情报"通常特指"军事情报"。《中国人民解放军军语》中对军事情报下的定义是:"已获得的敌方军事、政治、经济、科学技术、地理等方面的情况,是指挥员定下作战决心的重要依据。情报必须经过分析判断才能使用。"这是迄今为止,我国情报理论研究的著述中,将"敌方经济情况"列为情报组成因素的唯一官方表述。但这里的"敌方经济情况",被特别强调是为军事斗争服务的,是围绕军事情报展开的。

1979年出版的《辞海》阐明:"情报是以侦察手段或其他方法获得的有关敌方军事、政治、经济等方面的情况以及对这些情况进行分析研究的成果,是军事行动的重要依据之一。"在这里,《辞海》首次将"经济方面的情况"划入情报的范畴,显然"经济范畴"已经包括了"金融方面的情况"。

目前在西方,以情报工作为研究对象,探索情报工作规律,研究改进情报工作途径的学科,均称为"情报研究"。但在中国,却将所有的情报研究及分析、著述,统称为"军事情报学",这代表了我国情报专家对情报概念的认知,以及我国情报理论界开展情报工作研究的现状与水平。目前,我国的"情报研究"涉及的领域比较狭窄,视野不够开阔。

第一章 | 金融与金融情报 |

西方的情报理论研究显然比我国更加丰富。被誉为美国"战略情报之父""情报分析之父"的美国中情报专家谢尔曼·肯特,在 1950 年出版的成名作《战略情报:为美国世界政策服务》一书中指出,各交战国在第二次世界大战期间,所搜集的各类情报主要由下面几方面组成:

(1) 综合背景。位置、边境、面积、历史、政府及行政结构。
(2) 国家特征。表面形态、土壤、地被植物、气候、水的供给。
(3) 人民。民族、语言、信仰、人口分布、定居点、健康情况、社会结构。
(4) 经济。农业、工业、贸易和商业、矿产、渔业。
(5) 交通。铁路、公路、港口、机场、内陆航道。
(6) 军事地理(按地区详细分类)。
(7) 现有军事组织。陆军:战斗序列、固定防御设施、军事装备、给养;海军:战斗序列、舰队、海军岸防装备、海军航空兵、给养;空军:战斗序列、军用飞机、空军装备(见机场清单等、特别附录)、飞艇、给养。
(8) 特别附录。政府重要人物的生平资料,当地地理术语,对河流、湖泊、水道的描述,发电站清单及详细说明,对公路的描述,机场及最重要的着陆地清单,主要电话电报线路清单,货币、重量及度量衡,(用于两栖军事行动的)海滩情况。

毫无疑问,上述情报要素中的第(4)条"经济"及第(8)条"特别附录"中的货币,都与金融情报关联。肯特强调:"在评估行动的风险与所耗费精力,以及可能的攻击效果之前,需要先了解目标国的政体、社会、经济,对其薄弱环节进行评估,选择合适的施压方案。"很显然,在评估中,对经济、金融状况的分析是最重要的。他还特别提出:"经济运行情况动态里,报告类情报的任务就是跟踪当前经济的发展态势。这项工作必须时刻关注新出现的经济学说和理论,对其全方位覆盖,从高深的凯恩斯理论,到普通的火腿蛋,甚至技术论文,范围甚广"。"必须注意政府经济政策的变化,即影响工业、商业、农业、银行金融业和外贸的经济政策。必须清楚国家财富和财政收入的规模和分配的变化"。

即便在今天,美国中情局对某国或某个地区政治局势的总体评估,也首先是从经济的基本面,继而从金融的稳定性入手的。因为一国的国际地位实际上就是对本国经济的概括反映。中情局官员克拉克在《情报分析:以目标为中心的方法》一书中披露的美国中情局常用的某国政局评估分析模型,见图1-3:

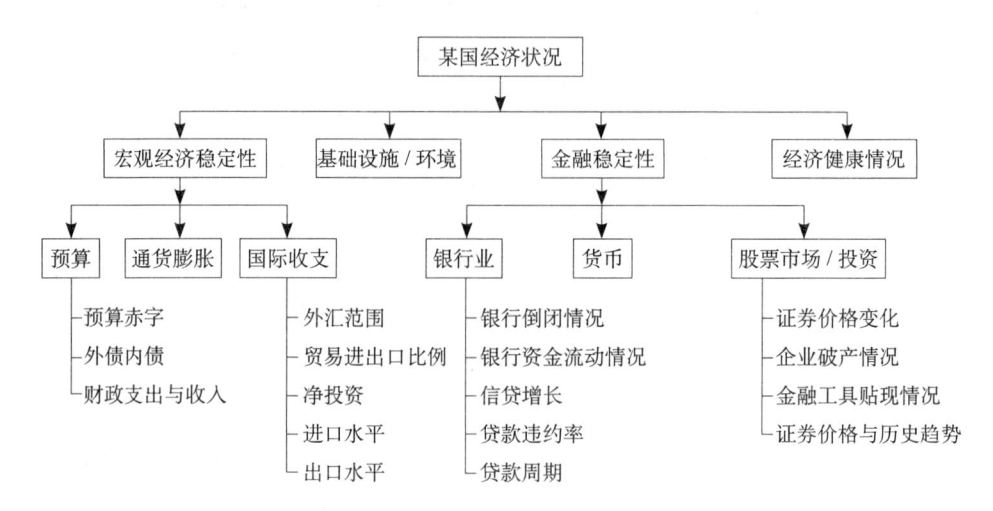

```
                            某国经济状况
          ┌──────────────┬──────────────┬──────────────┐
      宏观经济稳定性    基础设施/环境    金融稳定性    经济健康情况
    ┌─────┼─────┐                    ┌─────┼─────┐
   预算  通货膨胀 国际收支            银行业  货币  股票市场/投资
   -预算赤字  -外汇范围       -银行倒闭情况    -证券价格变化
   -外债内债  -贸易进出口比例  -银行资金流动情况 -企业破产情况
   -财政支出与收入 -净投资     -信贷增长       -金融工具贴现情况
              -进口水平       -贷款违约率     -证券价格与历史趋势
              -出口水平       -贷款周期
```

图 1-3 美国中情局对一国经济的评估分析模型

图中的"宏观经济稳定性"与"金融稳定性"两大项目构成了该国政治局势稳定的重要基础。而这两大项目下面的子项目,则囊括了该国金融信息情报的全部内容。

在美国,对于何种信息与知识可以划入情报的范畴尚无定论,但对于有资格在政府情报领域占有一席之地的情报机构,却有官方文件来明确划定其范围及职责。根据1981年12月14日,时任美国总统里根签发的规范美国情报活动的第12333号行政令,情报界(Intelligence Community)被明确划定为"中央情报局、国家安全局、国防情报局、国家侦察办公室、国务院情报研究局,以及武装部队、联邦调查局、财政部、能源部的情报机构"。这份行政令的正文登载于美国国家档案网站。

截至目前，美国情报系统共有 16 个一级单位：联邦调查局、禁毒缉私局、财政部、国务院、国土安全部、海岸警卫队、能源部、中情局、国家侦察办公室、国家地理空间情报局、国家安全局、国防情报局和四大军种情报局（陆、海、空、陆战队）。它们由国家情报总监办公室统一协调并联合行动。

其中，美国财政部是对金融情报进行搜集与分析、从事金融管理的政府机构，关于它的权限及功能，我将在另一章节进行详细分析。

美国中情局历史上任职最长的局长杜勒斯认为："最早的情报机构不是政府管理的军事部门，而是银行。"

因为银行的资金交易操作，要利用各地资金的价格差异套利，同时银行家制定的投资策略要以准确的情报为依据，只有搜集到了关键的情报，才能保证资金的安全，乃至赚钱。杜勒斯在《情报术》一书中写道：罗斯柴尔德家族在法兰克福、伦敦、巴黎、维也纳以及那不勒斯都设有办事处，专门雇佣一批人搜集情报信息，以至于他们能够比政府更早地获得许多至关重要的情报。

典型的例子是滑铁卢战役中的情报战。杜勒斯写道，在人们等候英法决战滑铁卢消息的时候，一个叫内森·罗斯柴尔德的银行家已经通过安置在前线的情报人员获知了情报。于是，他放出风声说英国已经战败，接着立刻大量抛售英国政府债券，打压市场。其他交易员信以为真，纷纷跟进，大量抛售英国政府债券和股票，这些证券价格很快就被打入到垃圾债的行列。此时，罗斯柴尔德看准机会，低位吸筹，暗中买入了大量的债券与股票。等到英国的威尔逊将军在滑铁卢大败拿破仑的战报正式传回伦敦时，全城沸腾，伦敦金融城里的英国政府债券及股票价格立即掉头直线上升，而罗斯柴尔德经过这么一次高抛低吸再高抛的操作，狠狠赚了一笔。这应该算是最早的利用金融情报牟取经济利益的案例。

3. 金融情报的特征

金融情报的用户可以是高层次的货币政策的决策者、金融监督法律法规的制定者，也可以是各级金融监管机构的行政人员，他们要根据金融情报的内容采取相应的行动。

博弈论专家罗伯特·鲍威尔（Robert Powell）将国家之间的战争原因归结为信息问题。他指出："当国家为不对称信息而战斗的时候，纯粹的信息问题就是存在的；如果存在完全的信息，就不会有战争。"这是假设交战双方在一开始就能清楚地看到彼此悬殊的军力，看到战争的结局，那么注定失败的一方便不会去做无谓的拼杀了。同样，当金融市场上的信息不对称的问题得以消除，金融交易双方的信息完全透明，彼此的底牌全部亮出，那金融博弈也就失去了存在的意义。

要减少博弈的不确定性，金融情报机构需要去了解博弈对手所刻意隐藏的信息。

由于金融博弈没有特定的目标，而且金融情报的目的也是在减少博弈的不确定性，防范攻击与执法维护是相辅相成的。通常，监管的疏忽、制度的漏洞，都可以成为对手攻击的突破口。例如，在中国金融体系中，"影子银行"的发展壮大，商业银行的货币错配，金融机构资本杠杆率过大，利用政策套利的问题等，倘若执法机构坐视不管，也会给境外热钱的攻击提供可乘之机。

如此说来，金融情报就是为实现金融管理与决策，而有意识地针对有关金融行为的事实、数据、信息、知识等要素，进行搜集、研究、分析、判断、提炼、加工的产物。

概而述之，金融情报是指金融情报人员在法律和道德规范允许的范围内，对影响国家经济安全和市场竞争地位的投资机会、运作风险、外部金融威胁或内部财务危机等方面的信息及其异常变化，进行全方位搜集、监控、预警、分析、利用的研究过程及在此过程中生产的情报产品。它是政府、金融监管部门正确了解和认识宏观经济与金融业发展态势的基础性信息来源，以及有效调控经济发展、应对金融危机的重要工具。

就金融情报而言，必须有一定的渠道能将金融情报产品送达决策机构，否则金融情报报告与一般的金融学术研究报告就没有什么区别了。

学术论文追求的是公开发表。在顶级的学术刊物上发表论文，能收获名声与威望，交流研究成果并获得业界的认同。

金融情报则是情报人员通过内部渠道报送至决策层，为高层决策做参考。金融情报人员以其报告被决策层所采纳的相关建议而获得成就感，这种成就感是不为公众所知的。

金融情报研究的任务：一是研究掌握金融动态，有限度地参与决策判断；二是提供系统资料，保障金融监管需求；三是进行情报咨询服务，回答国家决策层的问题，查询认证有关情况。

金融情报同样具有情报的三个基本属性：

知识性

知识是人对于客观世界的概括和反映。随着金融业的快速发展，每个时段都有新的金融产品产生，金融工作者通过金融实践、学术交流、参观访问等活动，都可以吸收到有用的金融知识，实现金融创新。因此，金融情报的本质是知识。没有一定的金融知识内容，就不能成为金融情报。知识性是金融情报最主要的属性。

传递性

金融现象、金融信息之所以成为情报，还必须经过传递。若不进行传递上报、让决策层知悉、为金融决策提供参考，就不能构成金融情报。因此，有效的传递性是金融情报的第二基本属性。

效用性

金融情报人员搜集情报，通过相应的渠道传递情报，其目的在于充分利用，不断提高情报的效用性。情报的效用性表现在：丰富管理层的知识结构，提高他们的认识能力，防止金融决策失误与形势误判。

金融情报所具有的这三个基本属性，与西方情报界的情报定义三原则在表述上基本相同。不论如何，情报是要讲求实效的。因此，金融情报要为用户服务，效用性是衡量金融情报服务工作好坏的重要标准。

金融情报的简单定义为：影响或左右金融交易的一切信息与知识。内涵是指与资金融通、金融交易相关的一切信息。外延则是指在金融领域方面产生的，关乎国家安全与人民福祉的一切信息与知识。

实际上，金融情报研究就像其他学科的研究一样，是探究与发现金融业运作奥妙与真相的过程。

四、金融情报学

1. 金融情报学的概念

金融情报学是从货币金融的信息角度研究国家安全、社会稳定、经济发展同时实现的一门独立学科,是金融学研究领域的一个重要分支。

作为一门新学科,金融情报学因本身的复杂性,导致它在研究对象的界定上难度较大。

金融情报主要包含金融领域里发生的事件、金融创新工具的演绎、金融市场的运行趋势,以及容易被我方决策层忽略的相关资讯。

金融情报资讯的鉴别主要从以下三方面考虑:一是金融情报资讯的可靠性,二是金融情报资讯的时效性,三是金融情报资讯的适用性。

如同军事斗争中的军事情报,金融情报也可以简单地分为金融战略情报和金融战术情报。

金融战略情报

战略亦称谋略,是筹划和指导战争全局的方略。它是战争指导者运用战争力量、战争工具和作战原则与方法,达成制止战争或实现战争目的的谋略和艺术。

而金融战略是国家金融发展的宏图伟略与大政方针。如"金融十二五规划""人民币国际化""资本项目开放"等对国家宏观经济运行产生重大影响的决策。

因此,金融战略情报是指结合国家金融发展战略宏观决策实施中产生的问题,或宏观金融活动中一些特异的反常动向,进行切实的调查研究、分析总结后做出的相关金融战略报告。如热钱流入分析,进出口贸易数据分析,利率管制对于金融资源合理配置的影响等。

金融战术情报

在军事术语中,战术是进行战斗的方法。其主要内容包括:基本战术原则，兵力部署、协同动作、战斗指挥和战斗行动的方法，以及各种保障的措施。

金融战术情报既可以是研究、分析与检讨某项金融政策的执行中出现的偏差与漏洞，进而提出的防范与改进的建议；也可以是指局部进行的某一金融机构对外金融交易要掌握的重要信息。例如，对某一跨国并购对象内部情况，及其所在国的相关法律、竞争对手等信息的搜集就属于金融战术情报。

2. 金融情报学的范畴

金融博弈是除战争手段外，各国之间进行的最高形式的博弈。其对象既可以是来自国际金融市场的对手和除本国之外的任何国家，也可以是本国内部金融系统的疏忽或漏洞。因此，金融情报学的研究范畴包含国际金融领域里各国政府的货币政策变动，以及本国政府金融监管当局在货币方针政策制定上的差错和失误。

金融情报作为金融情报学研究的主体，包括了金融情报与金融信息、金融发展动态、金融研究、金融统计、金融创新之间的关系。

金融情报学是一门涉及面广并且十分复杂的学科。这表现为：第一，金融情报学可以研究世界主要货币大国的货币政策外溢对本国金融业的影响，这使它具有宏观经济学的性质；第二，金融情报学要研究微观的银行金融实务对宏观政策贯彻执行的影响，这使它与只研究商品、货币、银行及国际金融的金融学有所区别；第三，金融情报学与金融管理学不同，它主要研究各个国家的货币博弈或市场竞争，以及汇率和国际货币体系的竞争问题等等。

金融情报学研究的是，货币博弈中金融市场的动向与趋势。这既可以是国内金融问题，也可以是国际金融问题，并涉及国际金融活动与国家金融安全相关的问题。例如，金融情报学研究国际间货币运动的动向与趋势，包括作为资本的货币、作为商品交易的货币，以及为了套利攻击产生的国际资本流动。在各种类型的国际资本流动中，套利性的资本流动尤其值得注意，这些活动与国际金融市场上的资本流动、传统的贸易性资本流动，以及国际直接投资不同，它们的流动非常迅速，对利率、汇率、股价等金融市场上各种行市的变化非常敏感，在近年来发展极为迅猛，成为各国金融情报部门、决策部门重点关注的对象。

因此，金融情报学远比传统的货币银行学、金融管理学、情报学等学科的内容要丰富得多、复杂得多。

金融情报学是一门综合性学科，研究整个社会的金融活动，因此与许多学科都有关联，其中较为密切的有以下三个：

金融学

金融学是金融情报学的基础学科。传统的金融学研究领域大致有两个方向：宏观层面的金融市场运行和微观层面的金融机构运作，金融情报的搜集与研究也大致是沿着这两方面展开的。

金融学的基础是金融理论，它只研究金融活动的共性，而不研究金融信息传递的特性。金融情报学除了关心传递中的情报结构与形式，还关心传递的知识内容。因而，金融情报学是金融学与情报学的综合体，专门研究金融情报的知识内容，分析金融学与情报学各个领域的研究动向，并进行适当归纳与综合，为国家各种宏观决策提供支持。

竞争情报学

竞争情报学属于一门新兴的交叉学科，是在市场经济条件下，关于竞争环境、竞争对手和竞争策略的信息研究。它包含竞争信息和竞争谋略两大部分，是市场竞争激烈化和社会信息化高度发展的产物。

竞争情报最重要的功能之一是充当企业的预警系统，避免企业遭受突发状况的袭击。而金融情报也一样，它是站在国家金融安全的高度上，及时地发现有可能对国家金融安全造成威胁的情报，并通过减少对手的反应时间，以增加自己的应变能力而获得竞争的优势。

经济学

经济学是研究人类社会在各个阶段中的各种经济活动和相应的经济关系，及其运行和发展规律的学科。很多经济学原理、经济问题的研究方法，都是构成金融情报理论的基础。

3. 金融情报学的研究方法

金融情报学的理论建立在"金融"与"情报"这两门学科交叉重叠的基础

之上。金融是国民经济的命脉，金融活动是一切经济活动的缩影，是看得见、摸得着的公开活动。而情报则是秘密的信息获取过程。因此，金融的公开活动与情报的秘密性质构成了金融情报独特的理论研究方法。

金融学与情报学同属于社会科学，金融情报学也是如此。社会科学领域里的诸多问题不存在某种固定的答案，对同一个目标有多种途径可以达到，有多个条件可以促进平衡。假如用研究自然科学的方法去研究它们，希望站在客观的角度去发现普遍适用的规律，是不大可能的。

"货币超发必然导致通货膨胀"是经济学定理，但是，"在特定条件下，货币超发不一定导致通货膨胀"也是讲得通的。例如，日本货币市场的利率低，货币超发，但日本通胀率多年来都在1%以下徘徊；而美国的联邦储备局推出的三轮量化宽松政策QE1、QE2、QE3已持续6年，货币政策目标为2%的通胀率却迟迟未能实现。

由于社会经济现象的参与者众多，从严谨的经济学家到大众化的经济学家、媒体经济学家数不胜数，因而对经济现象的解读总是丰富多彩的。如在每年"两会"时，热心的代表抛出的经济改革提案，甚至在搭乘出租车时，司机对某些经济现象提出的见解，都能给人许多有益的启发。

金融情报的价值并不仅仅是为决策层出谋划策，还要在各种综合的约束条件下求取最佳策略。有的经济学家在不同的经济发展阶段都急于提出自己认为的最优方案，但他很可能没有考虑到政府面临的约束条件。某一项政策建议，听起来很有施行的必要，但若真的实施，是否有相关的人、财、物的支持，是否会与另外的政策目标相冲突？政策建议者看到的可能只有1个约束条件，而现实世界中或许有10个。将各种思想、各种信息、各种方案与对策进行搜集整理，以便决策层从中择取有价值的部分，正是金融情报报告的内容。

金融情报学的重要作用在于减少金融博弈中的不确定性。曾经有大学经济学教授告诫刚踏入校门的学子：经济学的理论只在一定的条件下存在，所有经济学问题的唯一正确答案是"视情况而定"。这显然是说，在寻求对策的过程中，对情报的掌握与了解是非常关键的　步。

决策者在做出关乎国家经济、金融发展状况的重大决策时，需要尽可能多地掌握实际情况，包括国内、国际市场的现状和联系，市场调节与政府干预的力度，甚至每个利益团体的不同诉求和真实想法等等，而这些正是金融情报理论研究的基础内容。

综合以上论述，我们分析研究金融情报学的指导思想有如下三方面：

（1）国家利益，民族福祉为上；

（2）理论与实践相结合；

（3）坚持"实事求是"的原则，用发展的眼光看问题。

理论与实践相结合的原则，是指利用金融理论与情报理论的有机结合来指导金融情报的搜集、研究、分析工作。

所谓"实事求是"，就是要注重调查研究，走群众路线：没有调查就没有发言权。金融情报的来源一切以事实为依据。在撰写金融情报时，要广泛调查研究，听取各方面的观点与看法，通过翔实的资料、可靠的数据进行分析、总结，再根据自己的分析、判断，提出解决方案。

在实际的金融活动研究中，照搬教条是行不通的。须知，国际金融的发展日新月异，一切过去总结的经验、理论，在今天并不一定完全适用。例如，传统的金融学理论基本上认定加息是推行紧缩货币政策的手段之一，因为理论上，加息可以吸引更多的闲散资金存入银行，从而造成流通中的货币量减少，目的是抑制商品价格上涨过快，减缓通货膨胀。减息则正好相反，会导致资金从银行流出，存款变为投资或消费，结果是资金流动性增加。但是经济现象纷繁复杂，渐渐涌现出很多观点。其中，加息悖论说的是："在两个或多个处于经济发展周期不同阶段的国家之间，高通胀、高利率国家的中央银行采取加息手段来抽紧银根、以图抑制通胀时，会吸引低通胀、低利率国家的货币加速流入，从而进一步增加资金供给并助推通胀率上升。此时，前者的央行若进一步加息去抑制通胀，则会再次吸引热钱流入助推本国通胀。这实际上是一个怪圈。在这里，由于加息与抑制通胀互相矛盾，因此它是一个悖论。"

因此，我们在研究金融情报学的过程中，一定要具体问题、具体分析。一切应视情况而定。

---**案例分析**---

运河危机下的金融博弈

战争，是用以解决国家之间利益冲突的最高斗争形式，是为了一定政治、经济目的而进行的武装对抗，其对国家社会秩序、国民经济的摧毁和打击是其他任何形式的斗争所无法比拟的。俄国革命家列宁根据"十月革命"爆发的过程，得出了有关战争与革命的经典名言："战争引起革命、革命制止战争"。然而，历史上能够制止战争的并不仅仅是革命。近代历史上，在一触即发的战争形势下，由于一方交战国的经济、金融形势突然发生了变化，该国开放的货币体系遭受到他国的攻击，也能促使咄咄逼人的强势政府改弦易辙、放弃以武力形式解决争端。1956年年底发生的苏伊士运河危机得以和平解决，就是由突然发生的货币博弈导致战争终止的经典案例。

（一）

1956年10月31日，英国和法国军队集结，准备联合进攻埃及，并宣称要夺取苏伊士运河，英法两国的军事行动显然给平静的国际社会带来了剧烈的冲击，连埃及的盟友美国也感到非常意外。

冷战之初，美国为了笼络埃及以对抗苏联，曾经在1955年12月有意向埃及国家经济发展的重要工程——阿斯旺大坝进行资金援助，同意限期提供7000万美元的贷款，并且同时授意世界银行提供2亿美元贷款给埃及，用来支持阿斯旺大坝工程的建设。

但是，埃及总统迦玛尔·阿卜杜勒·纳赛尔（Gamal Abdel Nasser）却在苏联及其阿拉伯世界盟友的怂恿下，执意与西方社会拉开距离。他不仅大力支持当时的法属阿尔及利亚民族解放运动，对阿尔及利亚的民族主义者提供了大量武器，还支持这些民族分裂分子在法国的殖民地阿尔及利亚、利比亚，以及约旦、伊拉克和苏丹等地从事破坏活动，并容许这些国家的民族主义分子在埃及开罗建立"阿拉伯之声"电台，宣扬对西方世界的仇恨。

埃及总统纳赛尔还计划从苏伊士运河中收取高额通行费。在查封英国人控制的苏伊士运河管理公司的行动准备就绪之后，纳赛尔旋即通过国家电台发表了关于苏伊士运河国有化的演讲。然而，这种无视国际法准则的举动显然是一种挑衅，令英国感到非常愤怒。英国是当时苏伊士运河管理公司的最大股东，持有该公司44%的股份。据统计，在1955年，共有14666艘船舶通过苏伊士运河，其中有三分之一是英国的，而且苏伊士运河还是中东石油运往西欧最主要的航道。

埃及意图将苏伊士运河国有化的举动，损害了英法两国的利益，两国首脑紧急会晤后一拍即合，决定组成联军对埃及动武。

然而，英法两国的武装行动却触动了美国利益，因为这一年是美国的选举年，时任总统艾森豪威尔极力为自己连任营造世界和平缔造者的形象；再者，美国也乐见欧洲在石油资源丰富的中东地区的影响力下降。因此，时任美国国务卿杜勒斯和艾森豪威尔都反复发表声明，反对英法使用武力解决苏伊士运河危机。美国首先在联合国通过了一项要求交战双方立刻停火撤军的决议案，该项决议案以64票赞成、5票反对（含英、法两国）得到通过，这是联合国历史上，英国和法国首次在安理会上投票反对美国。

接着，艾森豪威尔在白宫召集国家安全委员会成员商讨下一步行动。国家安全委员会是美国最高决策机构，主要由美国财政部、国防部、国务院（外交部）等部门组成。在国务院动用外交手段促使英法两国停火无效后，时任美国财政部长乔治·汉弗莱（George Humphrey）提议动用货币武器对英法两国实施制裁，胁迫他们撤军，该项提议获得国家安全委员会与会人员的一致通过。

于是，1956年11月5日，汉弗莱命令美国纽约的联邦储备银行开始在国际金融市场上大举卖出英镑。在国际金融专家看来，美国的这一举动显然过于唐突，一位经济评论员在《纽约时报》专栏中写道：纽约联邦储备银行出售的英镑数量远远超出了为保持其持有的资产价值而需要调整的数量，其用意在于从政治上，即通过汇率问题来实施对英法军队的干预。

美联储抛售英镑的行为，引发英镑汇率下跌。而英国要维护英镑汇率的稳定，就必须动用外汇储备（美元或黄金）把这些本国货币接收回来，于是，英国的外汇储备急剧下降。统计显示，英国的外汇储备在9月减少了5200万美元，在10月减少了8400万美元；到11月，已经减少了2.79亿美元，占整个外汇储备总量的10%。见表1–1：

表1–1 1956年英法两国外汇储备 （单位：万美元）

	法国			英国		
	外汇储备	外汇变动	变动百分比	外汇储备	外汇变动	变动百分比
8/57	1645	—	—	2276	—	—
9/57	1655	10	0.1	2328	52	2.3
10/57	1638	-17	-1	2244	-84	3.6
11/57	1500	-138	-8.4	1965	-279	-12.43
12/57	1416	-84	-5.6	1572	-393	-20
8/57-11/57	—	-145	-8.81	—	-311	-13.66
9/57-12/57	—	-239	-14.47	—	-704	-30.93

面对国家外汇储备如此快速的流失，英国财政大臣R. A.巴特勒意识到问题的严重性，他直接致电昔日的老朋友、美国财政部长汉弗莱。然而，汉弗莱告诉他，美联储在国际金融市场上的操作既不是正常的外汇头寸的调整，也不是普通的外汇交易行为，而是有特定目的的，主要针对英国的政治行为。而且，汉弗莱在电话里对巴特勒要找美国总统申述的意图也嗤之以鼻，他直截了当地对巴特勒说："你不要找总统了，除非英国遵照联合国的决议撤军，否则总统也爱莫能助。"碰了钉子的巴特勒转而向国际货币基金组织寻求帮助，然而，他再次无功而返，因为美国在国际货币基金组织的投票决议案中拥有一票否决权。

巴特勒在英国内阁成员会议上，明确向英国首相报告了英国外汇储备急剧下降的情况，并指出，对英镑的挤兑是华盛顿刻意制造和精心策划的，美国的条件是要英国立即在埃及停火并撤军，否则美国将会乐于看到英镑在国际金融市场上一败涂地，而且不会提供任何援助。关于美国政府利用金融手段压迫英法两国就范，以及汉弗莱在这一事件中扮演的重要角色，英国驻美大使馆发回国内的一封急电是这样描述的：

"汉弗莱先生刚一回来就给经济大臣打电话。他再一次强调任何金融援助都取决于政治方面的协议。

"对此他想强调一点,答应在限期内撤走我国和法国军队几乎肯定是总统和国务院做出判断的决定性因素。汉弗莱认为用类似'迅速'这种语词来要求军队撤离是恰当的。

"汉弗莱还说,如果同意,也只能在同意该要求后,我们才能获得大规模的援助。"

此外,由于法国在埃及的军事行动导致其国际支出大增,以及美国对法郎的幕后抛售,法国法郎也面临着贬值的压力。为维护法郎汇率,法国外汇储备也急剧减少。法郎的贬值严重地打击了法国的经济,甚至还有可能造成非洲法郎区货币国家的恐慌,这一切都令法国政府感到非常难堪和无奈。

在短短3个月的时间里,法国的外汇储备由16.55亿美元下降到14.16亿美元,减少了2.39亿美元,降幅为14.47%。

英国的情况更糟,外汇储备由9月的23.28亿美元降到12月的15.72亿美元,共减少7.56亿美元,降幅为32.47%。

1956年12月,英法两国政府在一番权衡之后,向世界宣布撤出进攻苏伊士运河地区的军队。

(二)

显然,英国政府是从国际金融得失的角度来权衡这次夺取苏伊士运河行动之利弊的。美国财经作家弗朗西斯·加文撰文称:"英国人被迫服从美国政府的命令,因为缺乏美国大规模的援助,他们无力保持汇率稳定。而缺乏这些援助,英国将不得不使英镑相对其他货币贬值,这直接威胁英镑在国际贸易和金融中作为一种关键货币的地位。"英镑保留国际货币的重要地位,可以为英国带来经济、政治、外交等方面的重要利益。尽管二战后,英国的大国形象受损,但英国政府依旧希望恢复伦敦作为世界金融中心的地位,重振"日不落帝国"的雄风。而重要的是,"如果(人们)对英镑维持其价值缺乏信心,那么伦敦就不可能恢复其(世界金融中心的)地位"。

这是一场以武力行动为开局,最后因货币攻击而止戈的案例,也是二战后第一桩由一国政府把货币当筹码，要挟其他国家在国际事务中受其指挥的真实案例。讽刺的是，在布雷顿森林国际会议上宣称以维护国际经济秩序为目标、为各国经济健康发展提供保障的国际货币基金组织，在其成员国发生国际货币的流动性危机时却无动于衷，沦为落井下石、见死不救的帮凶，概因其听命于大股东美国的指挥，将国家意志凌驾于国际组织之上。

当然，在苏伊士运河问题上，英法两国都考虑过实施军事行动的预算，认为这些花费对于夺取运河来说是可以接受的；但他们却没有考虑到自己的英镑、法郎会遭到挤兑，也没有做过任何这方面的应急预案，于是美国的货币打击方案一出手，就立马让英法两国惊慌失措，这是促使他们认赌服输的真正原因。

曾经担任美国对外关系委员会顾问的弗朗西斯·加文对该事件进行了分析，他在文章中写道："英国的投降不是由于战场上的失败，也不是来自对手的军事实力威胁，而是由于美国盟友发出的金融通牒。"

（三）

这个案例表明，一国的货币走出国门，充当世界贸易的交易中介、支付工具、储藏货币，实现货币的国际化，这其实也是一把双刃剑。一方面，这样做可以获取铸币税，提高本国的国际软实力，打造金融大国的地位，谋求更多的世界经济话语权；另一方面，走出国门的货币由于被他国持有，既可以充当国际贸易的支付工具，也可以是出于某种目的，被大量地集中抛售，沦为金融博弈的筹码，被当作反攻利器。

当年，英法两国在二战中元气大伤，缺乏的是黄金和美元，而美国作为世界头号贸易大国、金融大国，手中握有大量通过贸易出超赚取的英镑、法郎，享有布雷顿森林体系中美元与黄金双挂钩的货币特权。在外汇储备上捉襟见肘的英法两国只能俯首称臣，美国人依靠金融手段兵不血刃地化解了苏伊士运河危机。

第二章
金融情报的搜集

情报搜集是进行情报撰写与分析的前提，在确定具体的主题之后，要尽可能广泛地搜集与此题材相关的各方面信息。如同工厂生产产品，必须要有原材料的投入，才可能有产品的产出。缺乏信息搜集的情报就是无源之水、无本之木。因此，情报搜集是整个金融情报工作链条中最基础、最重要的一环。

一、金融情报搜集的原则

金融情报的搜集，是指金融情报工作者通过系统的金融理论学习实践，分门别类地归纳总结金融行业的发展规律，以经济现象中的事实为依据，获取真实、不加修饰的第一手资料，并将其应用于金融情报生产与加工的过程。

在金融情报生产的链条中，搜集与撰写的区别在于，前者是客观存在的事实材料，后者是加入了作者主观判断的情况报告。

情报搜集依其来源，分为境内情报与境外情报两种。

在境内情报的搜集方面，世界各国的目标基本相同。例如，美国的情报专家认为："西方国家搜集国内情报的目的，在于防范某些团体势力、种族、宗教政党从国家内部滋事，如制造恐怖事件，或图谋推翻政府。"

而中国金融情报的搜集焦点，目前主要集中在国内金融系统运行中的遗漏与缺陷上，防止博弈对手进行恶意攻击，预防境内机构或个人利用政策的漏洞，进行非法套利而导致局部或全面的金融风险的产生。

有一定广度与深度的金融情报，其材料搜集方式与撰写金融业务报告时搜集资料的方式相似：需要围绕某一主题广泛搜集相关信息，并分门别类；对于某些关键的数据与现象，要进行多方求证，查明资料的准确来源，分辨清楚是官方的权威发布、民间学者的文稿，还是网络写手的杜撰。

故此，金融情报的搜集，大抵要遵循如下三个原则：

1. 针对性原则

这是指针对宏观或微观金融领域的某个事例、现象，提炼出某个主题后，进行有重点、有针对性地搜集相关信息的工作。材料搜集要围绕主题开展，做到目标明确，切忌漫天撒网。要注重细节，剖析事物的本质，把握形势的热点、难点，为问题的解决进言献策、释疑解惑。

所谓有针对性地搜集材料，是指每份报告、每次调研的主题不同，关注问题的角度不同，在信息搜集中既要顾及一般情况的描述，又要突出特别的目标。在国内、国际金融领域的不同时期、不同阶段，都会有各种各样需要迫切解决的问题。因此，决策层关注的问题也是随着时间的推移或者看问题角度的不同而转移变化的。例如，我国在现阶段仍然实施外汇管制，对资本的流入流出进行严格管理，但是，不同年代、不同阶段的管理手段就有重大区别。在改革开放初期，为了引进国际剩余资金与先进技术，作为改革开放的主要目标，外汇管制是针对我国外汇资金的匮乏、外汇储备的稀薄而制定的策略。当年的侧重点是严格管理外汇资金的流出，于是出台了一系列防范逃汇、套汇、骗汇等金融操作手段的法规；当时外汇管理中的信息搜集与调研，就是围绕如何堵塞我国资金外流这一主题展开的。但是，近10年来，全球性流动加速，尤其是2008年金融海啸后，美联储连续推出了QE1、QE2、QE3三轮量化宽松政策，人民币持续升值，境内外资金的汇差和利差不断扩大，在我国外汇储备跃居世界第一、高达3.8万亿美元（2015年年底数据）后，外汇管制的重点就变为防止国际游资的无序流入，限制国际热钱入境套利而衍生出的违规结汇，或虚假贸易跨境套取资金等问题上。到了2016年，情况又发生逆转，人民币贬值预期升温，资金流出境外的情况不断加剧，国家外汇储备持续减少，因此，这个阶段的外汇管制策略又转变为防止资金流出。

2. 真实性原则

这是指金融情报工作者搜集的第一手材料、原始素材要真实可靠。注意，材料的真实性与情报生产过程中加入的个人对情报进行分析的合理想象、合理判断是有重大区别的。

把握金融情报原始材料的真实性原则，就是要了解事件的来龙去脉、分析前因后果。具体操作可借鉴新闻报道写作中的五要素，即五个"W"：什么事（What，何事），谁被牵连到这个事件之中（Who，何人），这个事件是什么时候发生的（When，何时），是在什么地方发生的（Where，何地），为什么会发生这个事件（Why，何故）。

金融业营运的本质是资金的来源与运用。具体来说，其主要特征就是资金流动的方向与数量。因此，金融数据的搜集与整理是非常关键的基础工作，是一种量化了的情报；而且，这些数据必须来源可靠，是真实的、客观的、公正的。否则，搜集到的错误数据就会导致错误的结论出现在金融报告中，尤其是对一些重大问题的研究判断会产生失之毫厘、谬以千里的严重后果。

3. 时效性原则

任何经济、金融事件的发生，金融风险的演变，都是在某一时间段里产生、发展、演绎的，因而金融情报的生命就在于及时地发现情况、报告问题。金融市场的运行瞬息万变，故此，正确的金融决策与调控措施的颁布或实施，都离不开其所处的时间点上特有的环境与相关因素的存在。这都秉承了唯物论和辩证法的精髓：一切依时间、条件、地点为转移，错过了处置问题最好的时间段，也就失去了情报的价值。

综合来看，金融情报人员欲提升金融信息的搜集、分析能力，需要在日常工作中刻意修炼以下几点：

（1）主动、开阔的金融信息接纳能力与出色的提炼功夫；

（2）日积月累的经济综合知识、金融专业知识沉淀，注意加强金融知识面的广度与深度；

（3）面对纷繁复杂的经济现象、金融态势，时常启动风暴式缜密思考，促进横向思维的训练，避免坠入思维固化的意识和习惯；

（4）加强对理性和直觉的合理运用，抓住稍纵即逝的灵感并记录下来。

二、金融情报搜集的特点

1. 情报信息的广泛性

由于金融博弈的特征是金融领域里无特定时间、无特定对象的零和博弈、多因博弈，金融情报的搜集范围非常广泛，甚至跨界到与金融行业无直接关联的经济、政治事件中的现象、数据、资料。唯有透过纷繁复杂的经济现象挖掘事件的本质，通过广泛的阅读分析各类经济、金融信息，掌握关键的事实与数据，才能最终获得灵感，从而达到围绕某个有价值的主题来进行有针对性的情报信息与资料搜集的目的。

如今，我们处于互联网时代，这为金融情报的搜集提供了最方便、最快捷的渠道。在某些特定专案里，例如反洗钱案件，金融情报的搜集完全可以借助电脑系统的某些程序来实现。但这并不是说，电脑能够取代人的思维，即便是利用电脑对信息真实性进行甄别，对某些关键数据的提取，也必须由情报人员提出需求，而后通过电脑程序的设置来完成。因此，电脑程序的开发与设置就非常重要，否则会产生大量留之无用、弃之可惜的数据，甚至是垃圾数据。例如，前几年，中国的反洗钱监测分析中心要求全国各金融机构上报资产交易中超过一定数量的大额可疑交易的情报。由于标准比较宽泛、模糊，导致在这几年里，有数以百亿、千亿的金融交易可疑报告，涌向全国反洗钱监测分析中心。用该机构工作人员的话说就是，取舍标准不够明确，导致上报信息中有99%是无用信息，不仅给金融中心工作人员甄别真伪信息制造了麻烦，还给他们带来了不必要的巨额工作量。

2. 部分情报来源的公开性

金融数据资料的搜集途径多种多样。在现实生活中，有许多宏观经济运行数据或者货币流动数据是由政府及金融监管机构定期向社会公布的。因此，利用报刊、书籍、电台、电视、互联网等媒体，也可以搜集到很多关键的金融情报。

此外，各大媒体中透露出的有关国家领导人、央行负责人对某些金融方针策略的讲话及表态，也是结合宏观金融发展对微观金融运行进行观察的重要公开情报。例如，1998年3月，中国领导人在全国人民代表大会举行的记者招待会上宣布"人民币不会贬值"。据某些境外媒体事后评估认为，这位领导人的讲话成了美国量子基金攻击香港联系汇率制的重要信号——此结论仍有待考证。但在当时，这个表态至少让世界对中国人民币汇率在今后一段时间内的走势有了一个确切的了解。

1992年，在著名的量子基金操盘手索罗斯对英镑发起攻击前，德国总理对德国马克不贬值承诺的公开讲话经过媒体发布后，也成了该事件演变的重要信号。巧合的是，2012年，日本首相安倍关于促使日元贬值的承诺，也令提前布局的索罗斯量子基金狂赚了10亿美元。这些都是利用公开情报进行金融博弈的鲜活案例。

辩证唯物主义认为，现象是事物本质的反映。经济现象也是如此。在国际金融史上，著名的"劣币驱逐良币定律"（bad money drives out good）由16世纪英国伊丽莎白货币铸造局局长首先提出，也称"格雷欣法则"（Gresham's Law），就是格雷欣对市场进行长期观察发现的。他通过对商品交易的近距离接触，发现消费者保留并储存成色高的货币（贵金属含量高），使用成色低的货币进行市场交易、流通的现象。

金融情报人员搜集原始数据，其作用在于为今后金融情报的分析与研究提供素材。搜集的方式方法也有秘密搜集与公开搜集之分，但金融数据的搜集大部分源于国家机构发布的公开数据。

3. 数据选择的多样性

金融情报人员在搜集数据方面应该注意如下几点：
(1) 根据自己的研究方向，注重日常积累；

(2) 知道可以从哪些渠道获得所需的数据资料；

(3) 能够快捷地获取权威机构公开发布的相关经济和金融数据。

例如，中国经济数据的搜集可以从以下途径获取：《中国统计年鉴》《中国金融年鉴》《中国经济景气月报》《中国人民银行统计季报》《国民经济和社会发展统计公报》，以及中国国家统计局网站、中国人民银行网站、中国银监会网站、中国证监会网站、国家外汇管理局网站、财经网站等等。而国际金融的数据则可以浏览彭博资讯（Bloomberg）、国际货币基金组织网站、美国商务部网站等。

宏观数据是对整个国家或地区经济基本面的概括和反映。它由相应的政府权威机构发布，反映了国家或地区经济运行结构中的基本状况，分动态与静态运行指标。通常，在每月、每季、每年，或者每个经济计划周期结束后，由经济主管部门或统计部门发布。

最能直接体现经济基本面变动的就是政府公布的各类经济数据和指标，一些重要经济数据的公布会令市场产生大幅波动。宏观经济基本面的分析通用的四个经济指标是：国民生产总值、通货膨胀（消费者物价指数）、就业率、国际收支平衡。

国民生产总值（GNP），由国内生产总值（GDP）和国际收入两部分组成。国际上判断一国宏观经济形势的好坏，最常见的经济指标就是国内生产总值和经济增长率（RGDP）。

而国内生产总值是指，在一定时期内（一个季度或一年），一个国家或地区的经济中所生产出的全部最终产品和劳务的价值，常被公认为衡量国家经济状况的最佳指标。它反映着一个国家的经济表现，以及一国的国力与财富。

消费者物价指数（CPI），是反映与居民生活有关的产品及劳务价格而统计出来的物价变动指标，通常作为观察通货膨胀水平的重要指标。CPI数据上升，则是指用某种价格指数衡量的一般价格水平的上涨。为了抑制通货膨胀，政府往往会采取紧缩型的货币和财政政策。就宏观经济形势而言，最佳状态是温和通胀，即在经济高增长的同时保持通货温和膨胀。

就业率，也会被引述为"失业率"，其高低往往是由经济增长率和通胀率的高低决定的。政府往往根据就业率的高低来制定各项财经政策，而这些政策又会对股市产生直接或间接的影响。

国际收支平衡，是指一个国家在一定时期，从国外收进的全部货币资金和向国外支付的全部货币资金之间的对比关系。收支相等称为国际收支平衡，收入大于支出则为国际收支顺差，支出大于收入称为国际收支逆差。保持国际收支平衡是一个国家经济状况稳定的表现。

具体而言，国际收支是一国对其他国家在一定时期进行的商品、劳务和金融资产交易的记录。国际收支包括经常项目收支和资本项目收支两部分。经常项目收支主要包括贸易、劳务和单方面转移。一国国际收支状况最直接的作用结果是汇率。一国国际收支顺差，则该国货币坚挺，有升值潜力；反之，长期逆差则表明本币疲软，货币有贬值可能。

除了这四个常见的经济指标之外，还有几个国民经济运行的宏观指标也值得关注：

生产者物价指数（PPI），是衡量工业、企业产品出厂价格变动趋势和变动程度的指数，是反映某一时期工业生产领域价格变动情况的重要经济指标，也是制定有关经济政策和国民经济核算的重要依据。

采购经理人指数（PMI），是衡量一个国家制造业的重要指标。它是衡量制造业在生产、新订单、商品价格、存货、雇员、订单交货、新出口订单和进口等八方面状况的指数。PMI是以百分比来表示，常以50%作为经济强弱的分界点：当指数高于50%时，被解释为经济扩张的讯号，表示制造业向好，对货币有利；当指数低于50%时，则意味着制造业衰退，对货币不利。

克强指数，是英国著名政经杂志《经济学人》在2010年推出的用于评估中国GDP增长量的指标，源于李克强总理2007年任职辽宁省委书记时，喜欢通过耗电量、铁路货运量和贷款发放量三个指标分析当时辽宁省的经济状况。该指数是三种经济指标——工业新增用电量、铁路新增货运量和银行新增中长期贷款的结合。自推出后，受到众多国际机构认可，被认为该指数比官方GDP数字更能反映中国经济的现实状况。

另外，某些行业的实际业务管理部门也会发布一系列行业经济变动的增减量指标。这些数据反映了国内金融市场的基本面，具有重要的参考价值，对于分析和掌握经济与金融运行的基本状况是十分有用的。例如：

（1）国家央行发布的重要数据。如广义货币（M2）余额、狭义货币（M1）余额、流通中货币（M0）余额、货币存款余额及增加额、本币贷款余额、外币存款余额及增加额、外币贷款余额、银行间市场同业拆借月加权平均利率、质押式债券回购月加权平均利率、国家外汇储备余额、本币对各种主要货币的汇率。

（2）国家外汇管理部门发布的重要数据。如国际收支中的外汇储备结汇量、售汇量、汇存款、外汇贷款。

（3）海关发布的各类数据。如进出口贸易数量指标。

海关发布的进出口贸易数量指标，与外汇管理部门发布的贸易顺差或逆差的数据表示的含义有所区别。海关是以报关货物的实际进出口的货值为基础得出来的数据，而外汇管理部门的贸易数据来源于银行统计资金的流入或流出的数据，彼此之间会有一定的差额。

（4）商务部门发布的外商投资数据。

（5）国家统计机构发布的CPI数据及各类商品、能源、运输的数据。

（6）工商管理部门发布的企业变动数据。

（7）税务管理部门发布的相关数据。

如果英文阅读能力强，还应该每天浏览包括《华尔街日报》（*Wall Street Journal*）、《财富》（*Fortune*）、《商业周刊》（*Business Week*）、《福布斯》（*Forbes*）等在内的大量专业财经报刊；同时，还要关注来自彭博资讯、路透社（*Reuters*）、CNBC和CNN等媒体的最新金融报道，了解国际金融市场的动向以及境外媒体对我国经济、金融形势的评价。

通过对欧美发达国家（尤其是美国市场）的主要经济指标和统计数据的解读，可以了解外部经济形势的变化。比如，分析国民生产总值、采购经理人指数、就业指数、生产者物价指数（PPI）、消费者物价指数、零售指数、新屋开工/营建许可、耐用品订单等经济指标的含义与用途；研究综合产业、房地产、技术、电信、交通、公用事业、银行、能源、原材料和消费品等主要产业部门的推动因素和财务评估方法，等等。这些数据对欧美中央银行的货币政策的变动，对我们的国际收支、贸易和非贸易数据的变化都会产生直接影响，对我国的货币政策的制定也有间接影响。

在媒体中出现频率较高的主要经济指标和统计数据，基本上就可以让情报分析人员了解到金融市场上下波动震荡的主要原因。当然，重要指标也要做分析对比，毕竟这些经济数据的来源不同，代表着经济领域的不同方面。在某些经济指标中，大部分数据属于滞后指标（Lagging Indicator），而另一些则属于领先指标（Leading Indicator）。金融情报人员应掌握各项金融指标的定义、公布时间、用途，以及哪些指标是当前市场所关注的。更重要的是，要清楚市场期望和指标数据之间的对比性。

此外，还要有选择性地关注主要国家的经济数据与货币数据。例如，美国的经济指标和统计数据是构成美元强弱的基础。美国经济的健康与否在很大程度上影响并作用于世界其他国家的经济。因此，在全球性金融机构中，许多经济学家、统计学者、投资咨询师和分析员的主要工作内容就是准确判断美国金融市场的"健康状况"。即使这些人（如亚洲股票经纪人）的工作并没有直接涉及美国市场，他们仍然需要了解上述的金融数据，并对这些数据的变化保持高度敏感。例如，美国的利息率为全世界的利息率定了一个基调，这个数字是决定股票价格的主导因素；再者，美国消费性开支的数字决定了新兴市场国家向美国市场出口的数量，因为新兴市场国家的绝大部分出口产品都是销往美国市场的。除了美国的这些经济指标和统计数据，作为非美国市场的金融情报人员，也需要知道其他国家的相关数据（也许在深度、广度、质量和时间方面有所差别）。

总之，数据的收集要做到"大处着眼、小处着手"，从宏观面看到隐忧，从微观面探寻破解难题的办法。

4. 数据的真实性

数据的使用还必须注意到真实性问题。数据的真实性与数据来源密切相关。无论是秘密获取还是公开搜集的金融数据，都要对其真实性进行甄别。

2016年6月,国家统计局局长在云南调研时强调,要狠抓数据质量,遏制统计造假。他提出,"贯彻落实习近平总书记、李克强总理等中央领导同志重要批示精神,反对和防范统计数据弄虚作假是统计部门当前最重要、最紧迫的政治任务。"

尽管中国相关统计数据的可信度长期受到境外媒体的质疑,但中国政府宣布将反对和防范统计数据弄虚作假作为最重要、最紧迫的政治任务,这是意识到经济数据对宏观决策的重要参考作用。在经济上行周期,统计数据弄虚作假并不会带来严重的后果。但是,当经济处于下行周期,如果统计数据不能准确和全面地反映经济运行的质量和趋势,那么,就可能会因误判形势而做出错误的决策,不仅无法对经济运行中存在的问题采取针对性的措施,还可能会在市场上造成认识和预期的混乱,因为虚假数据会掩盖市场强烈怀疑的经济风险。

导致中国统计数据质量不佳的一个重要因素,是地方政府为了政绩,需要漂亮的数据,企业投其所好,上报虚假数据。由于缺乏硬性约束,很容易出现造假泛滥的现象。比如,自2008年起,国家统计局不再发布工业产出的原始分行业数据,因为市场发现,2007年规模以上企业的月度产出数据加起来超过了季度GDP数据显示的工业总产出,这暴露了虚报产出问题比较突出。

有一项特别的数据,经常能暴露虚假数据的尴尬境地。那就是每个季度、每年公布的GDP数据,媒体经常将31个省份的GDP加总,基本每次都会超过全国GDP总数据。但是,统计局又无法给出一个令人信服的理由,来解释其中的巨大差距。同样,国家统计局每年公布的固定资产投资数字也都是来自地方,但结果也是低于地方政府数据的加总。

有时候,相关部门出于某种目的而熨平经济真实波动的数据,让整个经济运行看起来比较和缓,而不是大起大落,采取的手段就是控制数据,将名义GDP换算成实际GDP的通胀指标(即所谓的GDP平减指数)。如果低估通胀,可能出现实际GDP增长比真实速度更快的效果。在过去,公众对通胀的感受远远高于CPI数据,这种与现实感受脱离的CPI数据(平减指数的基础),也是部分统计数据屡遭质疑的主要原因。

中国GDP统计方式,继承了计划经济时期苏联的生产法,在每一季度过后约 20 天，中国政府便会公布以现价计算的 GDP 绝对值，得出不变价计算的 GDP 增长率。而以支出法计算的 GDP，则只会在次年年底的中国统计年鉴中发表，并只公布支出法 GDP 的现价绝对值，从不公布以不变价计算的支出法 GDP 和它的组成部分。而按照国际惯例，大部分国家是按照支出法来计算 GDP 的。

有时候，GDP、消费品零售总额和全社会固定资产投资等主要数据的波动性很小，但是，发电量、运输数据等则波动很大，其间存在的矛盾难以解释。在经济下行期间，数据失真会带来巨大的决策与信用成本，导致决策失误，市场预期混乱，制造更大的风险。

因此，通过改善统计数据质量，提高经济透明度，可以避免数据失真带来更大风险，也可以为市场提供稳定的预期，以及理性决策的基础。

三、金融情报搜集的方式

微观是宏观的基础，微观层面千变万化的经济现象、五花八门的金融信息，都是情报人员应该重点搜集、深入分析、大力挖掘的情报富矿。

基层情报工作者需要关注的主要问题有：宏观决策是否在微观层面达到效果；货币政策对经济运行的作用能否按设想的目标推进；实际经济运行中，一些不良的经济现象与苗头（如某沿海地区、某行业出现的新情况、新问题），以及这些异常情况是处于微妙变化的过程中，还是即将酝酿成一场危机。

1. 传统手段与非传统手段相结合

作为金融监管层的政策制定者，他们不可能对基层金融市场的所有动向与趋势都了如指掌，而是需要基层情报员的协助。例如，在人民币升值较快的 2011 年，东南沿海地区基层银行中盛行的企业抵押人民币、贷款外币业务；还有 2013 年，引起高层重视的深圳与香港之间存在多年的虚假贸易等等。这些都是在基层银行工作的信息情报员在工作实践中发现，并以专门的调研报告形式，为政策制定者提供的情报资料。

可以说，在微观层面，宽泛的、网络式的情报搜集能够更好地捕捉宏观经济运行当中一些容易被忽视的经济现象与苗头。某些具有显著特征的违规金融业务，因为发现早，可以得到及时纠正。

在反洗钱工作中，需要监测可疑资金的直接汇入或汇出。比如，非法集资的操作手法是将一些零散的资金从多个账户汇集到某个账户，然后立即转移。

又例如，观察某一阶段内，在人民币汇率波动与利率上升之间，是否产生了不同币种、不同时段的套利机会。这就需要针对某个时期居民和企业对资金币种持有状况进行调查。调查内容包括：人民币存款被大量兑换成外币存款，或者大量的外币存款结汇变成人民币存款的状况；企业如何利用相关的单据凭证进行结汇和购汇；现在实施的银行结售汇登记方式是否存在缺陷等问题。

在基层工作实践中，我们通常可以观察、了解到某个具体行业或机构的一些经济数据的变动，以及这些数据与宏观经济数据的波动是相符还是背离。若相符，则可以印证宏观经济的普遍趋势；若背离，则反映了某些局部的、地域性的特殊经济现象。

许多宏观层面的经济现象，都会在微观经济生活中得到印证。例如，在某一时期，香港金融管理的政策允许海外居民汇入人民币的限额为每人每天 8 万元。但是，同一人可在多家不同银行进行操作；或一笔资金拆分至亲友多人名下在同一银行操作，积少成多，便可轻易突破限额。这些做法并未违规。因此，在境内外市场人民币利率存在差异的情况下，在境内观察境外居民汇入的人民币数量，并关注它们何时汇出，汇出时会出现什么样的问题，多做此类练习可以不断提升自己对热钱流动方向的判断水平。可见，基层的金融工作实践是发现问题的重要渠道。

2. 内部资料与外部信息相结合

通过阅读各个金融机构基层单位编辑出版的内部资料、工作总结、简报或者内部刊物上发表的一些业务研究文章，从基层工作人员提供的原始资料入手，分析报告所反映的问题，以及金融机构的实际经营状况，也是搜集金融情报信息的重要方式，可以更便捷地切入问题实质，发现事故苗头。

从这些内部刊物、内部调查中发现的问题和观点，有的甚至可以立刻作为第一手情报信息进行摘录，或直接修改与转报。但应该注意的是，对这些来自基层的动态情报，要是能转换一个角度加以分析，提炼出新的思想与主题，也很有可能升华为重要的情况报告。因为原始文章的作者是站在本单位相关的业务拓展、盈利增收的角度来探讨问题的。

如果能从这些不加掩饰与雕琢的事实、经验、数据与规划中提取有用信息，再结合宏观现象，加以展开和分析，则对决策层了解金融监管与货币政策是非常有用的。例如，在人民币持续升值、美联储不断降息至零利率的某段时期，商业银行在业务上大力支持企业用人民币向银行抵押、贷出外汇使用，这是企业回避汇率风险的操作，稳赚汇差、利差的收益。而商业银行也是因为开办这个业务获得了稳定的人民币存款资金来源，并且发放了相应的外币贷款。在此业务链上，银行与企业分别获取了相应的利润，皆大欢喜，达到双赢。但是，站在国家金融风险监控的宏观层面上分析，则可以发现，由于企业都倾向于持有人民币资产而增加外币的负债，这将造成一个企业单位的金融资产（本币）与金融负债（外币）资金的错配，此乃其风险之一；其二，由于企业结汇过多，造成国家中央银行被动地吸纳外汇（企业结汇给人民银行）和投放相应数额的人民币，以至于外汇储备增长较快，人民币的现金投放也较多，形成外汇占款规模持续扩大的趋势。

假如我们对这种结汇资金的趋势与性质缺乏了解，就会得出结论，认为是境外热钱在大规模地持续流入中国、国际游资在伺机攻击中国经济，这显然造成了对形势的误判。

另外，金融行业协会或者银行与企业联合举办的一些业务分析会、政策宣讲会，也是获取大量一手信息的地方，不容错过。多参加这些会议，收集主流专家、学者在大众讲坛上发表的潮流式观点与见解，也是金融情报信息获取的途径和启发思考的方式。

3. 公开搜集与秘密获取相结合

美国中情局的一位高级情报官员认为，公开搜集是获取经济情报的主要手段,他指出:"经济领域的学术研究和情报研究在方法上相似,该领域内几乎没有什么资料必须通过秘密手段获取。"笔者认为,在金融领域,公开资料的获取必然有其局限性,我们在撰写毕业论文时都经常会遇到资料搜集困难的问题,更何况编撰给决策部门参考的金融情报。实际上,各国的情报机构相当重视秘密搜集方式。例如,为了搜集情报,俄罗斯就派出过美女间谍。

一些媒体曾报道,海外学者对中国的研究,非常注重从"特殊渠道"获取信息。比如,美国知名学者兰普顿在其某部著作的每一章节中,几乎都有注释写道:"此问题是中国某位不愿透露姓名的高级官员或学者告诉我的。"除了官方渠道,美国学者还重视民间途径。美国外交关系委员会的一位官员在报告中自述,她每次来中国访问,无论日程安排多满,都要抽出时间与中国学生接触。中国学生的思维很活跃,可以激发她的很多灵感。此外,这些专家也愿意深入中国社会了解情况。媒体记者曾在陪同他们时发现,他们不要求任何中国官方人员参与,只是四五人一组,深入中国普通居民社区、农贸市场、老人健身中心、劳动力市场等地,随机询问一些与当地人切身利益相关的问题;甚至会走到一些巷子里,随手抄下那些提供"办证"服务的电话号码。

在获取公开信息的方式上,专门研究中国问题的美国专家多采取独特的数据抽样比较法。一位美国学者在其著作中,从明朝永乐至万历年间对外用兵的奏折里,对"主战"和"主和"问题进行量化统计,再与中国古书《武经七书》相结合,总结出在中国的战略文化中,什么是最重要的,什么是次重要的。这部著作大量引用中国古籍,令人无法相信作者竟是一位西方人。美国汉密尔顿学院的一位政治学家多次应邀访问中国。他研究的问题是:谁会成为中国下一代领导人。在其代表作中,他采用大量调查数据,计算中国前几代领导人的情况,如成为省部级领导及进入高层的年龄等,并据此分析,得出自己的结论。境外更细致的中国问题专家,则研究中国领导人每一次面对重大事件时使用的语言,进而推断中国高层对此事的重视程度。

公开搜集情报历史上还有更经典的案例。二战期间,美国战略情报局的经济学家通过使用大量公开搜集的经济数据,研究德国的国民经济生产体系及其战略物资储存与供给的分布区域，协助美国空军司令部制订了战略轰炸计划，为赢得战争胜利做出了重要贡献。

本书第四章案例分析《一份建议我国银行暂缓在Ａ股上市的战术情报》一文中，从原始材料的发现，到数据的引用与事件演变的分析，所应用的素材都是从公开出版物上搜集得来的。把这些公开的材料组合在一起，经过分析论证，同样可以成为一份有价值的、有实际效果的，能引起决策层关注的金融情报。

秘密调查也是获得第一手资料的重要途径。在二战期间，以德国记者身份活跃于日本东京的苏联间谍佐格尔，曾经获取了一份重要情报：日本军方有意放弃北上远东地区进攻苏联，并倾向于南下侵略太平洋诸岛国家抢夺战略物资。为了验证这份情报的可靠性与真实性，他亲自前往号称日本粮仓的关东平原地区旅行，实地察看当地的经济状况。他亲眼目睹那里遭遇大旱，粮食歉收，而战时政府为了保证前方战争的需要，限量向农民提供汽油，以至于许多抗旱灌溉的抽水设备无法运转，导致粮食收成锐减，灾民流离失所，在街头乞讨。据此，他得出结论，粮食与燃料不足的战争是难以为继的。日本库存燃料的供给短缺，是日本放弃北上攻打苏联计划的主要原因。

秘密调查可以印证情报的真实性。无论是公开搜集还是秘密搜集，真实性都是第一位的，要实话实说，既不能夸张也不要掩饰。

四、金融情报搜集的范畴

1. 金融为主，政治相辅

金融学本身属于经济学的一个分支，金融现象与经济运行现状是混杂交融在一起的。因此，金融情报人员要专注于研究金融问题，但又不能独立地看待某些金融现象，而要跳出小圈子看大局。一般来说，经济危机都是由金融危机引发的，而通过深入的分析，了解金融运行的独特规律与奥妙，能对整个宏观经济的运行预期有个大致的判断。

2. 大局与细节相互印证

金融学在某些方面又与大众经济学相似。在各种经济论坛上，经常有某些大牌经济学家发表鸿篇大论，谈论利率问题对中小企业融资的影响，谈论人民币升值对出口企业的打击，假如这些纯理论知识缺乏鲜活的、实际的案例做支撑，缺乏细致入微的思考，缺乏对实际金融运作的深入剖析，就很难吸引和打动受众。

同样，金融学是一门大众参与的社会科学，其研究方法重视理论分析。但金融学的理论并非一成不变，而是随着外部条件的变化、随着时间的推移而变动。在进行理论推导的同时，也不应忽视对个案的解剖和对具体情况的阐释。美国的人类学家鲁思·本尼迪克特（Ruth Benedict）在其著作《菊与刀》中曾经说过，金融学的发展将朝着"研究细节和日常琐事"的方向深入。在2008年金融危机后，美国的金融危机调查委员会向国会提交的报告就有多处提到细节信息，为探讨危机的发生与发展提供了有力的分析证据。

调查与搜集金融业务个案、观察与捕捉有价值的细节，为宏观经济决策考量提供有效的信息，这恰恰是基层金融情报人员具备的强项。

3. 政治与经济适当延伸

金融业的发展与国家对外实施的大政方针有很高的关联度。例如，当年我国加入 WTO 谈判时，就遇到过相关金融市场的开放问题、最惠国待遇的对等原则问题。实际上，在每年世界主要工业化大国领导层会面的 G20 峰会上，金融问题都是主要议题，参与会议的各国代表团中必有其本国的央行行长及财政部长出席。因此，敏锐的金融情报人员应当关注这些在国际会议上传递出来的相关信息与动向。

五、跨境资金流动情报的搜集

跨境资金流动是经济全球化的伴生物，有助于推动资金在全球范围内有效配置，并且带动先进技术和管理经验的传播和流动，有助于全球经济增长。但是，短期内资本大规模无序波动可能对经济和金融带来冲击，引发金融风险。因此，研究跨境资金流动是金融情报工作关注的重点。

1. 资金流向的判断

一般而言，跨境资金流动的主因是境内外金融市场资金的价格差异。我们可以把资金当作商品来看待，在传统的定义中，银行是经营特殊商品（货币）的企业。这个"货币商品"的价格包含了利率、汇率两大要素。当然，这两大要素是不稳定的变量，但我们可以选择某一时段，在两者处于静止状态时进行分析。通俗地讲，国际贸易产生的原因在于，同一商品在两地拥有不同的价格。货币也是如此，当两地的货币价格存在差异时：离岸价高于在岸价，表明境外需求增加，资金加速流出；离岸价等于在岸价，表明市场供需平衡，资金进出均衡；离岸价低于在岸价，表明境外需求减少，资金加速流入。

诚然，真实的贸易商品离岸价包含了运费与保险费，但货币商品的离岸价却可以省略这两项支出，仅仅产生几乎可以忽略不计的"电报费"，即银行划拨资金的手续费。具体而言，在某一特定的时段内，热钱大量流动的诱因是什么？

归纳起来，大致有如下几种：热钱流出、流入套利；通过虚假贸易骗取国家出口退税；贸易量虚高，这与地方政府追求的年度贸易增长率相关，也与各地央行追求人民币跨境贸易结算指标相关。

于是，我们研究货币价格的变动趋势就变得更为宽泛了。

在国内金融市场方面，需要关注的指标有：中国央行发布的结售汇差额、外储增减数量、外汇占款变动、中国央行发行央票（正逆回购）对冲数等；国际收支方面的资金流出入数量、贸易顺逆差、资本与金融项目顺逆差。还要注意国内企业与个人外汇存款的增减，国内银行外汇贷款的增减，国内外币同业拆放在 Hibor（香港银行同行业拆借利率）或 Libor（伦敦同业拆借利率）加点是否平稳，上海人民币 Shibor（上海银行间同业拆放利率）的变动与银行存贷款利率变动等等。甚至可以观察房市调控是否重启或结束，股市在后来走出

第二章 | 金融情报的搜集

多年的低迷期，步入上升通道，影响宏观经济的 GDP、CPI 的变化，以及投资者对中国的信心指数等。

再看看境外的金融市场，尤其是香港市场：当地同业拆借的 Libor、Hibor 是否较以往大幅下降，对未来人民币汇率走势的无本金交割远期外汇交易（NDF）变动影响如何；香港金管局发布的人民币跨境结算的发生额与流向，是进大于出还是相反；香港海关公布的对中国内地的贸易数据，顺差或逆差，是否与大陆官方数据相符或相左；香港房地产市场波动，反映股市走向的恒生指数变动；香港银行业的放款规模是否大幅提高，尤其是监管部门公布的本地银行对中国内地企业的放款量；香港居民汇入中国内地的人民币存款是否大幅提高。甚至可以观察美国市场的 GDP、CPI 的走向；纳斯达克指数、就业率、房地产市场交易量；美联储的季度报告是否透露出货币政策的走向变动；QE 量化宽松政策何时终结或延长，甚至加码。

如果香港金融市场与美国金融市场的一系列数据无特别明显的、较大的、有别于上年年底的显著变化，那么，导致跨境资金异常流动的中国金融市场系列数据的剧烈变动，就只能在国内的其他方面找原因了。毕竟，综合上述指标的比较来看，美国经济自 2008 年以来向好趋势明显，美元及其附属（挂钩）的港币在汇价上有升值的趋势，应该诱导境内资金外流才是。

由国家外汇管理局发布的人民币兑美元的汇率源自上海外汇交易中心的报价，尽管参与交易的 30 家境内中、外资银行都代表了各自客户的买进或卖出美元的真实需求，但中国央行凭借其雄厚的外汇资金实力来影响该市场的价格走势也是不容置疑的。

肮脏浮动（dirty float）是浮动汇率制度的一种，亦称有管理的浮动汇率制（managed float），是一种官方不公开汇率目标的汇率制度。中央银行或货币当局通过干预外汇市场，以使汇率维持在其不公开的目标水平，而目标水平可能会随环境的变化而改变。或者说，一国的货币当局对外汇市场采取一定的干预措施，使本币朝着有利于本国的方向浮动。

如果近期以来我国的人民币汇率是缓步上升的，理论上，本币升值会导致出口商品成本提高，从而抑制出口，促进进口。

但是，假如人民币汇率持续升值，反而会促进我国的出口贸易额大增。看来，仅以结算货币的价格因素来分析跨境资金流向并不全面，应该还有其他非市场因素在起作用。

2. 非经济因素的影响

当前，我国实施鼓励商品出口的退税政策。所谓出口退税，是通过退还出口货物的国内已纳税款来平衡国内产品的税收负担，使我国产品以不含税成本进入国际市场，与国外产品在同等条件下展开竞争，从而增强竞争能力，扩大出口创汇。显然，一个企业的出口商品数量越多，获取的"退税"资金额就会越多。于是，一些不法公司就看准了这其中的发财机会。

据媒体报道，2014年，中国警方以深圳为主要战场，在粤、湘、豫、皖四省发起打击出口骗税犯罪集中收网行动，共抓获犯罪嫌疑人37名，捣毁作案窝点23个，冻结赃款3400万元，查获102家涉案企业的各类票证重量超过13吨。另外，在公安部挂牌督办下，深圳警方又破获一起骗取进出口退税特大案件，刑拘23人。据悉，3年来，该案中的骗税团伙避开重重监管，骗取国家税款1.8亿元，虚开发票7787份，涉案金额12.8亿元。

当然，犯罪团伙在获取大量的出口退税收入时，也推高了国家的贸易数据，此乃"货物空转"式的虚假贸易。大量的货车往返深港"兜圈"，有时候一天甚至要兜十几趟。这种状况已持续多年。

某地金融监管机构向各商业银行、政策性银行下发《关于对保税区企业相关进出口贸易融资业务风险提示的通知》，警示"货物空转"式的贸易融资套利活动，并要求银行防范风险。该通知指出：该市进出口贸易出现异常增长，主要原因是两个保税区部分从事黄金、高新电子等高价值产品进出口的外贸企业，通过同一货物在境内外之间反复进出的"货物空转"方式，虚构进出口贸易。

香港作为国际金融中心，一项重要功能是货币输出。香港的M2与GDP之比为328%（2015年数据），排名世界第二，又是国际游资的聚集地。中国经济的迅猛发展，中国内地市场拥有的广度与深度，为香港银行业富余的信贷资金提供了广阔的市场。而吸引大量的香港资金流入中国内地,既符合我国30年来改革开放的一贯国策——引进国外(境外)资金与先进技术,也符合2003年6月29日中央政府与香港特别行政区共同签署的协议——《内地与香港关于建立更紧密经贸关系的安排》(简称CEPA)。CEPA的总体目标是:逐步减少或取消双方之间实质上所有货物贸易的关税和非关税壁垒;逐步实现服务贸易的自由化,减少或取消双方之间实质上的所有歧视性措施;促进贸易投资便利化。

CEPA透露出一个信号,既然可以对香港制造的本土商品实施零关税输入,那么,对于香港金融中心的特殊商品——货币资金也可做到网开一面。香港国际金融中心的主要功能在于,金融资本的输出方面具有较充裕且价格低廉的资金和简便的手续。香港金管局的统计数据显示,2013年香港银行对中国内地的放款余额为28670亿港元,仅一个季度就增加了1390亿港元。从香港银行的国际业务收益上看,来自中国内地的收益已经占到其总收益的25%左右。例如,2008年次贷风暴后,"次贷风暴"和"欧债危机"令香港金融界的富余资金纷纷掉头北上中国内地,这是香港银行的主要业务转向新兴经济市场国家的主要原因。更为直接的原因是,美联储实施的量化宽松政策,导致国际金融市场的资金量供大于求,资金价格一直在低位徘徊,引发欧债危机;日本政府实施的量化宽松、货币贬值双管齐下的货币政策,导致经济低迷、资金泛滥。而中国内地容纳和接收了香港的资本输出,这是不容回避的现实。

从香港银行的资金进入中国内地的时间看,国家外汇管理局的国际收支表显示,2013年第一季度,我国国际收支经常项目顺差552亿美元、资本和金融项目顺差(含净误差与遗漏,下同)1018亿美元,通过贸易方式与通过资本投资方式之比为1:2。往上追溯两年的第一季度,经常项目顺差235亿美元。2014年第一季度,资本和金融项目顺差561亿美元;我国国际收支经常项目顺差288亿美元,资本和金融项目顺差861亿美元。

通过以上数据,我们可以得到的规律性结论是:(以香港银行放款为特征的)跨境资金在年初流入(或年底流出)。

人民币跨境贸易结算量与贸易额的平衡关系也很重要。在人民币跨境贸易结算量方面，广东（含深圳）、北京、上海暗中较劲，已经形成三雄鼎立的格局。这既有落实国家战略实施布局的责任担当，也有当地政府与金融主管部门在区域竞赛中争强好胜的因素。例如，当地人民银行每年都对辖区内各商业银行下达人民币跨境贸易结算量的具体指标，奖勤罚懒。各家银行对此名利双收的跨境业务都全力以赴，甚至挖空心思打政策擦边球，"金融创新"花样百出，乐此不疲。盖因跨境业务结算量的攀升，对客户、上级和自己都有利，是一箭三雕的好事。银行结算业务是获利为先，至于跨境货币流动后的贸易是"空转"还是"实转"，则不去追究。该地某监管部门在总结当年第一季度跨境人民币结算情况的报告中做出风险提示：部分银行的跨境贸易融资业务（特别是在特殊监管区域内）异常增长，脱离了为进出口贸易提供短期融资或信用便利的宗旨，成为一些企业虚构贸易背景、进行套利的工具。这类所谓的跨境贸易融资业务，导致贸易进出口数据虚增，影响了国际收支统计结构的准确性，可能对宏观形势决策产生误导，已引起有关部门的高度重视。各银行，尤其是贸易融资增长较快的银行，对此类业务应切实履行贸易真实性审核职责，密切关注并有效控制风险。

该地贸易数据的异常引起广泛关注，好在海关总署、国家外管局和银监会等监管部门组成联合调查组对其进行检查后，跨境人民币结算业务结算量并未受多大影响。

此外，影响到跨境贸易数据真实性的其他因素，有一些是政府的行政改革、简政放权的措施。

例如，2012年6月，国家外汇管理局某分局向银行系统内部发布了大检查中发现问题的1.6万家企业名单。其中要注意到下列因素：

其一，2012年年初，政府为大力推进贸易便利化，进一步改进货物贸易外汇服务和管理，国家外汇管理局、海关总署、国家税务总局联合发布《关于货物贸易外汇管理制度改革的公告》，即"国家外汇管理局2012年1号文"。该文要点为：取消出口收汇核销单，企业不再办理出口收汇核销手续，国家外汇管理局分（支）局对企业的贸易外汇管理方式由现场逐笔核销改变为非现场总量核查；企业办理出口报关时不再提供核销单。

其二，该市人民政府推出的商事登记制度改革，实现了八大突破，从现行有限责任公司注册资本实缴登记制度转变为注册资本认缴登记制度。这就意味着，政府将不再审计公司注册资本是否实缴。深圳市市场监督管理局在企业注册时，无须核查企业的经营场所或办公地址，亦不必对企业进行年检，变事前审查为事后抽查，不收登记费，不再记载经营范围，不再记载注册资本和实收资本，不须验资报告，不再年审，三个工作日内颁发执照。就连市场监督管理部门与企业经营者的见面机会也省略了。这为通过社会资金创办企业提供了极大的便利。

值得思考的是，监管部门推进贸易便利化、改进货物贸易外汇服务和管理，是否诱发了虚假贸易的涌现，以及大规模骗取出口退税事件的产生，并稍带牵扯到了热钱流出、流入的严肃问题。毕竟新推出了商事登记制度改革，不法企业重新登记和轻而易举地注册大批新企业，是否会产生一大批只开办一段时间便弃之不用的"僵尸企业"，而大批新企业的产生将使监督管理部门以往采取的发布违规企业"黑名单"的监管手法失效。

3．多方数据的衔接

套利与骗税是非正常跨境资金流动的诱因。就双边贸易的资金流动趋势而言，以"骗税"为目的的贸易形式表现为进出口的大致平衡，因为它追求的是同一货物的多次进出口而达到总量的提升，即所谓的"空转"。但境外资金追求进入境内"套利"为目的的话，必然是出口大于进口，特征是货物的大量流出，资金的单边流入。不过在贸易项目大致均衡的情况下，利用资本项目的顺差大幅输入资金却也是有可能的。在进出口贸易数据大致均衡、略有顺差的情况下，货币资金大量进出的情况会被掩盖。这便是我们更要警觉的情形。

首先，在2014年上半年人民币汇率持续升值的情况下，企业可以采取利用人民币，质押开出外币信用证融资的办法，或利用信用证（1年）远期付汇的办法，其表现形式为货物进来了，但货款要等1年后才付出去，即海关实际进出口额与银行记载的资金流动额不相符。

某监管机构的报告对此表示忧虑：2014年上半年，深港两地跨境贸易的融资性套利活动再次兴起，前 4 个月深圳银行业新增跟单信用证业务量达 835 亿元，增幅高达 53.14%；新增企业保证金存款 550.83 亿元，增幅 23.50%，约占全部新增企业存款的三分之一。银行为虚构的外贸业务融资，导致企业杠杆率大幅上升，业务脆弱性增强，扩大了银行风险敞口；而跨境贸易套利中的保证金存款稳定性差，给银行流动性管理带来较大压力。

其次，在人民币升值的情况下，境外的出口商则乐于接纳人民币作为贸易结算的货币。因此，在进口方面，国内进口商付出了人民币货款（流出）；在出口方面，国内出口商收到了外币（美元或港币）货款。结果，进出口贸易数据大致平衡。正常的进出口结算，掩盖了不同币种之间的单向流动。

反观香港金管局发布的香港人民币存款变量，2014 年第一季度是持续增长的，当可佐证人民币货款流出到香港的论点。香港金管局数据显示，2014 年第一季度末，香港地区银行的人民币存款为 6680.6 亿元，达到历史最高点。

由于海关统计的贸易进出口额大致平衡，这种状况既符合"骗税"者在循环贸易量上的需求，也兼顾了套利者在资金流入方面不同币种的需求，更符合政府部门完成全年贸易增长额的计划，以及央行人民币跨境资金结算量的要求。正由于面面俱到，因而具有很大的欺骗性。

因此，在进出口贸易大致平衡的状况下，分析跨境资金流动的方向，结合宏观形势等多方面因素来对中国的外汇储备、外汇占款数量的变动进行研究，预测将来的跨境资金流动的趋势与数量，就具有很重要的参考价值。

如果导致中国外汇市场的变量主要来自国内的企业与个人的资金变动，那么，央行制定相应的货币政策调控措施，更应有针对性地结合国内经济形势。更重要的是，要充分认识到国内企业与个人对金融市场的误判产生的自发或跟风操作的能量，预估这一笔延迟支付的资金数量有多大。当出口商感到时机合适时，会将他们的外汇兑换成人民币，或者根据其对人民币的预期增加交易；而当人民币变得疲软时，便持有美元或欧元，分流中国的外汇储备。就国家外汇储备增量而言，外币流入、本币流出，或是出口货款已收、进口货款未付（利用远期信用证延期支付），这其实是一种在国家监控之外的隐性对外债务。

在分析数据、挖掘数据的同时，偶然因素总会发生，规律不一定可靠。优秀的金融信息分析人员，不仅要对境内外宏观数据的异动与变量做出敏锐的分析与判断，还要对经济社会的一些细小变化所反映的微观现象给予评判。比如，对经济活动产生重大影响的政策，因法律法规的变化而导致宏观基本面的变化、微观基本面的改革；影响企业生产经营成本的升降、效率的高低，甚至办事的便利与否，还有不为监管当局察觉的漏洞等等。

六、大数据时代的金融情报搜集

1. 数据应用的广泛性

信息量庞大是大数据（Big Data）时代的重要特征。大数据按照信息处理环节可以分为数据采集、数据清理、数据存储及管理、数据分析、数据显化，以及产业应用等六个环节。对于以资金流动为特征的金融市场，我们拥有越来越多的资金流动数据。就某个问题而言，我们可以收集、分析和研究与这个问题相关的更多数据，并从中捕捉有效信息。

据德国《明镜》周刊披露的一份文件显示，美国国家安全局在金融领域里的监视项目涉及国际信用卡和银行交易，全球知名的信用卡品牌维萨公司（VISA）和环球银行金融电信协会（SWIFT）均在其监视范围之内。

2013年美国中情局雇员爱德华·斯诺登外逃后，英国《卫报》说，美国"棱镜门"曝光者斯诺登向其提供了大量信息，迄今为止，这家报纸只公布了这些信息中的百分之一。

美国中情局能成功追捕并击毙奥萨马·本·拉登（Osama bin Laden），也是因为利用了大数据的分析对比。一家为美国中情局服务的公司成功地从各类数据中提取了关键的信息。美国作家马克·鲍登（Mark Bowden）在《终结》（Finish）一书中披露，位于美国加州硅谷的一家名叫帕兰提尔（Palantir）的数据分析公司帮助美军捕杀了本·拉登。

这家帕兰提尔公司的客户包括美国国家安全局、美国联邦调查局（FBI）、美国中央情报局和美国很多其他的反恐和执法机构。多年来，帕兰提尔公司变成了进行大规模数据挖掘以供美国情报及执法部门使用的关键公司，其软件产品有着流畅的界面，旗下程序员甚至会应邀到美国各大情报机构的总部为其研发定制程序。帕兰提尔公司的绝活是把混乱无序的大量信息变成直观、可视化的地理分布图、柱状图和关联图。只要给该公司的"前沿部署工程师们"几天时间，去分析、标记和整合所有零碎的客户数据，他们就能弄清楚各种各样的问题，如恐怖主义、灾难响应和人口贩卖等。以至于马克·鲍登在书中写道，帕兰提尔公司的软件是"名副其实的杀手级应用软件"。

大数据概念的出现与应用，为金融情报的搜集提供了广阔的空间。

2. 数据采集的多样性

金融情报的分析人员能够在数据库中提取有用的数据，源于其对金融行业的深刻理解和对经济社会运行的研究、观察与思考。身处大数据时代，我们既要有利用大数据的意识，也要有应用大数据的能力。

大数据，或称巨量资料，指的是所涉及的资料量规模巨大到无法透过目前的主流软件工具，在合理时间内对其进行撷取、管理、处理并整理成为帮助客户判断与决策的资讯。

大数据最典型的特点是：大量（Volume）、高速（Velocity）、多样（Variety）、价值（Value），简称4V。大数据带来的另一变化是，信息的搜集与表述显得更加形象化了。过去几乎所有的信息都是模拟格式的，但在今天，可以看到98%的数据已经是数字信息，只有2%的是模拟格式，变化如此翻天覆地。所带来的结果就是，我们可以更轻松地用这些信息来做模拟数据能做的事情，这非常有利于金融情报的搜集。

大数据在金融领域的应用前景非常广阔，因为资金的流动、资金的计量单位是以数字来表示的。例如，央行的货币政策调控、银行的业务监管、跨境资金的流入流出、货币兑换量的变化、银行同业之间资金的拆入或拆出的监控等，都可以用数字来表述相应的发展形态。银行的监管部门每年都要对各商业银行发放中小企业贷款的额度进行统计，以此作为评价资金是否直接流入实体经济的指标。提到为中小企业贷款的问题，通常各银行一般都能交出亮丽的成绩单，可是这些数字的真实性如何？中小企业贷款的实际情况不能仅凭商业银行单方面的说辞，这些表示贷款流向的数据，监管部门在信贷登记系统的数据库里就可以查到。发放一笔1000万元的贷款给大企业，与发放10笔、每笔100万元的贷款给小企业，所付出的劳动与收益是不同的。而且，小企业的情况千差万别，风险也大，放款投入的人力物力也多。因此，大银行都不愿服务于小企业，而倾向于"垒大户"——给大企业或上市公司放款。只要监管部门的工作人员有足够的耐心，就能通过央行的企业贷款数据库，甄别出银行监管中诸多特例情况。

在证券市场的监管方面，过去证监会对基金公司与从业人员内幕交易的查处存在一定的难度与盲点，这些机构的人通常都比较懂法律，建立"老鼠仓"的手法也一直在更新与演变。最早是通过第三人账户，在基金建仓前便买入相关股票；后来又采用证券账户多地挪移，账户资金通过亲属、朋友等10余人银行账户多道过桥，并通过MSN或Skype号码下达指令让他人下单等方式，在程序上做得滴水不漏。"老鼠仓"从开户、资金、交易等多个环节进行隐蔽，难以被发现。

2013年，证监会查处某基金公司经理制造的"老鼠仓"，采用的方式已经从传统的人工比对对抗"硕鼠"，转变为现代化精细分析的"云端"稽查。大数据监管能够瞬间比对出账户关系、交易偏好和逻辑。证监会公布的调查细节显示，该案线索来源于上海证券交易所的日常监控，正是通过海量数据筛查比对及时发现的。

这种监管流程是，一旦交易所的监控系统发现某只股票有异常交易行为，监管层便会立刻锁定在此期间交易的几十个甚全是上百个可疑账户，这些账户可能分布在全国几十个不同的营业部，监管层在进行筛选后，便会调动各省的派出机构核查人员对可疑账户同时展开调查。此外，还要找到上市公司的内幕知情人，然后逐一对这些目标账户的资金来源、社会关系进行调查。该系统能通过数据采集、预警分析、影响力分析、异动股票聚焦监测、数据挖掘，以及溯源分析等模块，对网上信息进行快速、准确的搜索与定位。针对网络虚假信息欺诈及股价操纵等问题，监管部门在数字稽查系统中专门建设市场信息传闻监测子系统，基于云计算、云定位、云搜索等领先的网络技术功能，建立全面的虚假信息监测网络。

根据中国证监会披露的信息显示，目前各个证券期货交易所都全面建立了预警驱动与信息驱动相结合的异常交易监察模式，其中，沪、深证券交易所市场监控系统已经可以实现实时监控技术、智能化调查分析功能。

3. 数据使用的前瞻性

在大数据时代，任何信息、数据都可以溯源或深究，有许多我们困惑的东西，在大数据面前可以看得很清楚。

金融服务业是世界上数据最为密集的行业之一，其数据主要包括金融交易数据、客户数据、运营数据、监管数据，以及各类衍生数据。只有深入了解和分析海量数据，才能为金融决策部门提供重要的参考情报信息。

如今，由于大数据的广泛应用，所有现实社会的活动都像镜像一样映照成数据，成为一种记录。这种海量数据对于企业来说，或许会在管理方面存在巨大的负担，但是，对于作为经济运转神经中枢的中央银行来说，利用这些社会数据，能够更好地了解社会资金的流向与各行各业的兴衰，甚至找到金融业发展的不足或隐患。

大数据可以从数据分析的层面揭示各个变量之间可能的关联，但是，数据层面上的关联如何转到行业实践中，如何制定可执行方案，如何应用大数据的结论……这要求金融情报人员既能解读大数据，又深谙金融行业发展过程中各个要素之间的关联。这一环节，不仅与大数据技术有关，还涉及金融管理和运行等方面的因素。

在数据处理环节，人的因素最为关键。从技术角度，执行人需要理解大数据技术，能够解读大数据分析的结论；从金融业务角度，执行人要了解金融行业各个经营环节和银行业务的流程关系，各要素之间的可能关联，并且将大数据得到的结论和金融行业的具体执行环节一一对应起来；从金融管理的角度，决策者需要制定出可执行的解决问题的方案，并且确保这一方案在执行中没有引发较大的冲突，在解决旧问题的同时，没有制造出新的问题。

在大数据时代，金融情报人员不仅要深谙技术，同时也应当是一个卓越的思考者，有系统论的思维，能够从复杂系统中找到合适的角度去看待大数据与本行业的关系。可以说，熟悉数据处理的金融情报人才十分稀缺，这种稀缺性制约着金融情报的搜集与研究。

如今，数据银行是现代中央银行功能的外延性发展。因此，中央银行要着手准备建立起强大的金融数据库，针对客户进行精准营销、运用维护，锻炼数据分析和输送等集约型数据服务能力。

互联网金融的兴起，加快了资金的调度，也加快了金融信息的传播，但同时也给不良信息，乃至金融风险的散布与传播提供了便利的通道。

案例分析

"惯性思维"是情报搜集的陷阱

在进行情报搜集与分析时，情报人员的思维模式与认知习惯通常会贯穿其中。这就是"惯性思维"，也称思维定式（Thinking Set）。它是指由长期进行的某种活动或经验的积累，而在大脑中形成的对同类活动的特殊心理准备状态或条件反射。在环境不变的条件下，同样情形的再现促使人运用固定的思维模式（已掌握的方法）去迅速解决问题。而在事物的本质发生变化时，它则会妨碍人采用新的方法去解决新问题。

在现实生活中，惯性思维有助于快速解决问题，例如兵来将挡、水来土掩都是约定俗成的战术套路。同样，在金融情报的搜集与分析中，惯性思维也有助于快速地得出结论，例如，黄金涨，则美元跌；美元涨，则石油跌；美国加息，则国际游资从新兴市场流出。

但是，惯性思维也是金融情报分析中最容易落入的陷阱。当某种似曾相识的社会经济状况出现时，先前形成的知识、经验、习惯，都会在大脑深处再现，这种已经形成认知的固定倾向，会直接影响对当前形势的分析、判断。形成这种思维定式的金融情报分析员通常会快速而武断地对新问题得出旧结论：过去是这样的，今天还会是这样。下面叙述的就是这方面的例子。

(一)

2012年10月20日至11月5日，为稳定港元汇价，香港金管局非常高调、频繁地出手，向市场注资322.26亿港元（即买入约43亿美元）。

这是因为，香港自1983年开始采用联系汇率制度，3家发钞银行，每发行7.8港元均需向香港金管局交出1美元作为支持，同时香港金管局承诺在7.75港元兑1美元的水平向持牌银行买入美元（强方兑换保证），以及在7.85港元兑1美元的水平向持牌银行出售美元（弱方兑换保证）。自2012年10月中旬以来，港元汇率大多数逼近在7.75水平，这意味着，一旦外汇市场内没有其他的参与者，香港金管局就必须履行强方兑换保证，以7.75的水平买入美元，卖出港元。

据当时的观察，临近年末，香港资金市场的港元需求仍然偏强，预计资金净流入情况会持续一段时间。而决定金管局交易规模的，则是对手抛盘的多寡。

这些资金的涌入对香港资产价格的影响已开始显现，具体表现为股价、房价双双走高。统计数据显示，自9月7日大涨超过3%以来，恒生指数周线收出罕见的9连阳，累计涨幅超过10%，并创出15个月新高。

面对这突如其来的巨额资金在香港搅动市场的信号，各类机构及相关的学者与官员均发表相关看法：

• 汇丰集团最新发布的研究报告称，美联储实行的新一轮量化宽松措施，令大量资金持续流入香港，虽然热钱规模可能比不上2009年美国首次实行量化宽松措施时的情形，但估计目前已经有总量超过1000亿港元的热钱流入香港。

• 花旗集团的"每周资本流向跟踪报告"显示，自前一个月美联储的QE3推出之后，全球资本市场的资本开始从发达国家大举流向新兴市场，中国（以香港地区为代表）开始吸引大量外来资本，而持续资本流出地则以北美为主，北美占到全球资本流出总量的90%以上；自9月下旬至10月，中国（包括港澳台地区）则吸引了其中80%以上的资金。

• 摩根士丹利的报告显示，目前约有1.5万亿美元的热钱计划通过资本市场进入亚洲。

• 中银（香港）副董事长兼总裁表示，自美国推出第三轮量化宽松措施

(QE3)后，市场的流动性增加了。由于中国香港地区是全球增长最快的地区，所以随着美国推行QE3及欧洲其他市场操作，热钱会继续流入该地区。

- 《明报》《东方日报》和《信报》等香港媒体分别发表多篇文章，认为热钱来港的意图是流入香港的股市和楼市。但这只是第一步，其最终目的是押注人民币升值，通过香港人民币市场进入中国内地。

- 广东省社科院《境外资金在中国内地异常流动研究》课题组在跟踪研究100多个地下钱庄的监控结果后得出结论，从9月下旬开始，境外热钱加大了流入内地的趋势，并预计，10月国际热钱流入香港和内地的总量将超过9月，热钱加速流入的势头至少延续到2012年年底。

- 以中国社科院等为首的国内研究机构及相关金融专家均表示，热钱本轮涌港是冲着人民币升值和中国内地经济企稳而来。他们认为，美国的QE3推出后，欧洲央行也实施新的量化宽松策略OMT，预测QE3对中国经济有如下几大影响：

1. 持续近一年的短期资本流出可能变为新一轮短期资本流入。预计在2012年第4季度，短期资本将转为流入中国。

2. 随着短期资本流动的逆转，中国外汇储备增量将由负转正，月度外汇占款规模也将重新上升。

3. 全球能源与大宗商品价格可能出现新一轮反弹，中国经济面临的输入性通胀压力上升。而一旦通胀反弹，中国央行进一步降息的空间将所剩无几。

4. 尽管美元兑欧元汇率走势尚难确定，但人民币兑美元汇率可能重拾升势。

5. 中国国内资产价格的拐点可能提前到来。中国股市的走向比较乐观。

- 显然，作为该次平抑市场汇率的主导者，香港金管局的态度很关键。2012年11月10日，时任香港金管局总裁陈德霖在金管局官方网站发表了一篇以"'热钱'流入香港和联系汇率的运作"为题的文章，对流入香港的资金构成做了一些分析。他认为流入资金主要有两个来源：

1. 海外投资者增加香港的资产配置。综合多项市场数据显示，海外投资者在2011年持续减少对香港股票市场的投资，但近期情况似乎有所改善。有市场人士估计全球互惠基金于2012年前10个月净购入数百亿元香港股票，扭转了2011年净卖出的现象，而这些基金在2012年9月和10月更是加快买入香港股票。背后主要原因是美联储公布QE3后，美元资金再度四处流动寻找投资机会。

2.香港企业发行外币债券换回港元使用。因为欧债危机，本地的银团贷款市场有萎缩的情况，我们留意到2012年以来，本港企业大幅增加发行外币债券进行融资，以取代部分港元银行借贷。

但是，陈德霖对该次事件所下的结论却含糊不清、语焉不详，既认可"资金因此再度流入"，又否认"游资流入"的提法。他说："最近一轮的净资金流入港元，至目前为止只有40多亿美元，相对香港资本市场的规模，并不是很大。另外，外来资金流进港元并不一定是一般人所说的游资流入。正如上述机构投资者增加香港资产配置和香港企业以外币兑换港元作为运转资金，都是正常的经济和金融活动，大家无须反应过敏。作为一个国际金融中心，香港不可能阻止资金进出，而是要保障在资金大进大出的情况下，香港的银行和金融体系能够承受资金流动可能引发的各种风险。"

（二）

笔者在银行实际业务的操作中，发现一段时间以来大量客户将资金汇出境外，便于2012年11月中旬，撰写了一份金融信息分析报告，通过缜密分析、逆向思维，提出如下观点：

"在香港这个东西方交汇处，中国因素不可低估。这次搅动香港金融市场的热钱，源自中国内地人民币在过去两年来的快速升值，以及人民币利率较之以往回落后的一种去杠杆化的矫正。"

而论及此次热钱袭港，必须厘清中国内地与香港在资金流动方面的诱因。

自2005年我国汇率改革启动，人民币升值，以及在"次贷危机""欧债危机"引发的全球主要央行量化宽松的货币政策推动下，在这样利差、汇差吸引的大环境下，有大量香港的短线资金进入中国内地。反之，人民币停止升值及我国央行连续两次降息后导致的本外币利差、汇差的消失，则必然导致相应的套利资金回流香港。其主要表现为如下几方面：

1. 香港居民在内地的人民币存款回流

近年来，人民币国际化政策的实施为香港人民币进入内地套利提供了便利条件。人民币的跨境流动形式有两种，一种是境内债务回流香港，即境内企业向香港的银行借入人民币，形成对外负债。例如，我国许多机构到香港发行人民币债券，香港三类机构投资于境内银行间债券市场、境内证券市场（RQFII）、人民币外商直接投资（FDI），以及香港居民在内地银行的存款，香港对内地的跨境贷款等。另一种形式则是境外债权回流内地，指香港的人民币持有者通过出口贸易付款，或者在外汇市场上抛售人民币，最终由中银香港接盘，以对货币占有权力的让渡，使得流到境外的人民币重新回到其货币发行国。

香港居民的人民币以债务的形式回流，主要是指2010—2011年间，广东地区的中外资银行联手在香港的关联机构推出的一系列优惠活动。如境外个人开立境内人民币账户，无须亲自到内地办理，并且免手续费、汇费等，此举令大量境外人民币存款伺机进入内地。

该类业务的合法依据是《中国人民银行关于内地银行与香港银行办理人民币业务有关问题的补充通知》（银发〔2005〕第359号）："持香港居民身份证件的个人经由清算行汇入内地银行，且以汇款人为收款人的汇款，每一汇款人每天汇入的最高限额由5万元人民币提高至8万元人民币。"虽然规定每人每天汇入8万元，但同一人可在多家不同银行进行操作；或一笔资金拆分至亲友多人名下在同一银行操作，积少成多，便可轻易突破限额。

2011年，深圳地区的外资银行资产负债规模快速扩张的形态，较好地解释了对于缺乏营业网点与吸储手段的外资银行何以存款暴增的原因。截至2011年年末，深圳外资银行资产总额2478.6亿元，同比增长40.1%；负债总额2237.56亿元，同比增长41.53%；所有者权益241.04亿元，同比增长28.13%。各项存款余额1719.33亿元，同比增长42.51%；各项贷款余额940.1亿元，同比增长3.88%。估计其中有800亿元是香港居民的人民币存款。

若加上深圳中资银行吸收的境外居民人民币存款数额，总额逾1500亿元。

但这部分境内人民币的所有权在香港人手中，只有在进行套利操作后，重新倒流回到香港才能兑现收益。

自2012年第4季度人民币汇率出现平缓式波动（贬值），及2012年以来中国央行的两次减息，令人民币对外币的利差、汇差优势逐渐消失，香港进入内地银行储蓄账户里的人民币套利条件已不存在。于是，这类存款便陆续流回香港，在下半年进入高潮。尤其要说明的是，香港居民的人民币进入内地银行时限每人每天8万元，但返回香港时可将总额一次性汇出，一笔勾销。

这批人民币回流香港后并未继续留在境外银行的私人账户里，而是直接向各商业机构兑成港币。原因在于，2012年10月31日，香港金管局公布9月底香港人民币存款为5457.01亿元，较上月减少65.55亿元，为连续第二个月下降。

问题是，为应对市民以人民币兑换港币，香港各银行在港币头寸不足的情况下，只能向香港金管局索取。而金管局是不收人民币的，在汇率制下，如金管局被动地抛出港币，则必须有相应的美元入账。于是，银行为增持港币头寸而在市场上主动地卖出美元，因此，人民币与港币之间的兑换又引发了对美元的需求，甚至不排除香港的银行向其海外机构调入美元应急。

2. "同业代付"与"内保外贷"的债务清偿

前两年，内地中资银行兴起所谓金融创新的"同业代付业务"，是一种推迟了向境外客户支付贷款的隐性负债。

同业代付业务，是指银行根据客户申请，通过境内外同业机构或本行海外分支机构，为该客户的国内或国际贸易结算提供短期融资便利和支付服务，分为境内同业代付和海外代付。

为逃避信贷监管规模，内地中资银行竞相开展同业代付业务。据各银行2011年年报披露，截至2011年年末，民生银行、兴业银行、华夏银行和深圳发展银行（现平安银行）这四家银行同业代付总额为3410亿元，比2010年增长3069亿元。

囿于同业代付作为绕过信贷规模的表外业务，难以区分其是"境内同业代付"还是"海外代付"，因此很难推算出境内与境外同业代付所占的比例，即便是以10%来估算中资银行的境外同业代付规模，也达千亿元人民币。

2012年8月，中国银监会已正式下发《关于规范同业代付业务管理的通知》，规定银行开展同业代付业务必须遵循"三真实"原则，并要求各商业银行应于2012年12月31日前，按照规定整改到位，即同业代付业务从表外纳入表内。

现在，年关清理大限将临，各银行为避免庞大的账外经营业务曝光，纷纷对外偿付境外银行（以美元居多）的欠款，是故大量美元南下涌入香港。

"内保外贷"的偿付也是一样，都是到期对外偿付银行的境外债务——向香港各银行付款。"内保外贷"业务的人民币备付信用证融资程序为：境内企业A公司将一笔人民币资金以定期存款方式押给境内银行，境内银行据此存款的金额向境外开出一张人民币备付信用证担保境外的B公司向境外银行融资。

据2011年4月香港金管局的资料显示，2010年年底的内地非银行类客户贷款上升了4440亿港元，升幅达47%，主要为美元贷款。同时，内地非银行类客户贷款在港获取贷款的主要手法在于，使用内地银行开出的人民币备付信用证担保，即"内保外贷"。

3. 均衡汇率下的提前还款

由于美元升值预期渐强，境内各类机构在套利动机上借入的不论是"显性外债"或"隐性外债"，到期后都不再展期或提前偿还流出境外，尤其是短期外债的波动较大。

所谓"显性外债"，是指依据国家外汇管理局公布的《外债管理暂行办法》借入的、纳入国家外汇管理局的统计监测，定期公布统计数据的外债。

这类外债在2010年、2011年曾大量增加。据国家外汇管理局公布的数据，2011年年末，我国外债余额为6949.97亿美元，短期外债（剩余期限）余额为5009.01亿美元，占外债余额总量的70.25%；从币种结构看，登记外债余额中，美元债务占68.3%；短期外债在外债总量中的占比，已经严重逾越国际公认的25%的警戒线。

所谓"隐性外债"，是指不经外汇局批准，或以企业内部资金调拨为主的外债。国家外汇管理局几年前就发布了汇发〔2004〕104号文《国家外汇管理局关于跨国公司外汇资金内部运营管理有关问题的通知》和《关于境内企业境外放款外汇管理有关问题的通知》等文件，这类在合规合法的前提下借入的内部外债，无须批准，无法统计。

换个角度来看，香港金管局自己公开的数据也显示，2010年年底，香港对中国内地的贷款约为1.62万亿港元，2011年6月底，这一金额达到2.03万亿港元，短短半年间，对中国内地的贷款额增幅达 25% 以上。

故此得出结论："香港居民在内地的人民币存款回流""境外同业代付限期整改""内保外贷""外债及隐性外债偿付"等因素叠加，造成了年末大量资金涌入香港的局面。支撑这一论点的是中国央行 2012 年 11 月 16 日公布的数据：10 月金融机构新增外汇占款 216.25 亿元（合 34.36 亿美元），新增规模较 9 月陡然下降了 1000 多亿元；但 10 月我国贸易顺差为 270.5 亿美元，却"增产不增收"，那没有"入库"的 230 亿美元外泄到哪里去了？显然与"偷袭香港市场"的不明"热钱"高度关联。

最后特别强调，香港市场是我国经济与世界市场接轨的前沿阵地，对香港金融市场情报的误判将导致我国宏观金融决策的南辕北辙。

（三）

这份针对香港金融市场的分析报告快速递交高层后，很快就有了明确的回应。

2012 年 11 月 21 日，国家外汇管理局有关部门负责人以新闻发布会的形式，就香港外汇市场的波动及我国近期外汇形势发表讲话。其讲话内容透露出对上述情报信息的认同，这个权威的官方信息印证了上述情报的分析判断，要点如下：

• 2012 年 9 月，美国启动第三轮量化宽松货币政策 QE3，欧盟、日本等也延续宽松政策，新兴市场普遍面临热钱回流压力。

• 作为主要国际储备货币发行国，主要发达经济体的货币政策有很强的溢出效应，其极度宽松的货币政策将增加新兴市场管理资本流入的难度。

• QE3 未对中国产生显著影响的原因在于以下几方面：2012 年 8 月，监管部门要求银行将表外"同业代付业务"纳入表内核算后，企业减少了进口延付，并加速偿还前期的境外银行代付款；2012 年下半年，境内银行大幅下调外币存贷款利率，境内外美元利差收窄，一些企业以境内融资代替跨境融资；远期人民币汇率延续贬值，抑制了境内企业的海外融资；国内经济企稳回升的基础还需进一步稳固；QE3 刺激资本流入的作用已被市场提前消化，10 月全球投资风险偏好又有所下降，新兴市场股票和货币总体均出现了一定回落。

- 主要发达经济体的宽流动性、低利率政策，会刺激资本流入中国，但受境内外美元利差缩小、远期人民币汇率连续贬值等因素制约，其作用尚不明显。

（四）

通过这个事例可以看出，思维定式对问题解决既有积极的一面（快速反应），也有消极的一面，它容易使我们产生思想惰性，养成一种呆板、机械、千篇一律的解决问题的习惯。当新旧问题形似质异时，思维定式往往会使思考步入误区，这些都是金融情报人员应极力避免的。

第三章
金融情报的编撰与评估

　　金融情报的编撰是指在对金融情报素材进行有效搜集之后，根据不同的主题，把相关的情况内容归集、整理、编撰，形成报告的过程。

　　金融情报编撰质量的高低，所反映的情况是否重要，是否具有针对性，都直接影响着情报的报送、筛选与采用。因此，从情报加工的第一道工序开始，金融情报的编撰或整理的岗位就显得非常重要。报告撰写人或情报分析人员需要具备一定的金融知识，还须有一定的公文撰写水平；同时，要想让金融市场中那些零碎的、含混的、可疑的、可进行多种解读的各种资料对金融决策者有用，就必须对它们进行适度的分析，提炼出主要议题。换言之，金融情报的撰稿人员必须参加过经济学、金融学方面的系统学习与训练，有扎实的专业知识和敏锐的政治头脑，有良好的写作功底与逻辑分析能力。这样，才能把前一阶段辛苦搜集来的各方面的经济、金融情报，以及各种零散的、断断续续的、看似毫不相关的市场信息串联起来，找出其中存在的关联与区别，综合其共性与个性特征，经过深加工，编写成一份主题鲜明、分析独特、有理有据的金融情报报告。

一、金融情报材料的选择

　　一份完美的金融情报，材料的选择既要忠于事实，同时又要兼顾金融情报人员的主观判断与合理预测。材料的丰富性与多样性，是金融情报编写的先决条件，是形成鲜明的观点、反映真实的状况、提出应对措施的重要保障。

但是，材料的选择必须是紧紧围绕主题，有的放矢，不能笼统地将所有的材料都放在一块，泛泛而论。面对庞杂的材料，必须认真思考、仔细筛选、精心提炼，即便很多材料已经经过前一轮的鉴别、剪裁和取舍，一旦发现表述过于冗长和累赘，也要果断放弃。放弃那些与主题无关的材料，虽然会有些可惜，但只有舍弃不必要的东西，才能更好地紧扣主题，编写出合格的金融情报报告。

撰写金融情报，首先要做好原始材料的甄别，不同来源、不同渠道、不同部门、不同职业背景、不同学术观点，甚至是在公开媒体中摘录的材料，真假混杂、真伪难辨。因此，编撰人员的鉴别能力非常重要，因为真实性是情报工作的生命，材料的真实关系到情报的真实、关系到情报编写质量的高低，乃至其作为决策依据正确与否。如果缺乏真实性，则有可能造成形势误判，甚至误导决策。因此，严把材料真实、可靠的质量关，是材料使用的关键。

金融情报材料的鉴别主要从以下三方面考虑：

1. 材料的可靠性

金融情报材料的可靠性，说的是要辨析材料的搜集来源是否可靠；材料所反映的事物状况是否合理；材料本身的叙述是否合乎逻辑，是否与当下的经济、金融形势相吻合。再根据材料，结合已掌握的有关情况进行甄别。

在国际情报史上，西方情报界在这方面的经验教训比较深刻。20世纪80年代，许多东德的流亡者进入西德，他们主动找到西德有关情报部门，声称可以提供东德政府内部的机密甚至绝密文件。但后来西德情报机构经多方考证，发现他们拿来的这些机密、绝密文件纯属地下印刷厂伪造的赝品。而这些人胡编乱造东德政府文件的唯一目的是为了换钱以补贴生计。自此，西方情报界对这类想象力丰富、伪造敌方文件用以换领情报费的流亡者，都一概敬而远之。

据悉，在我国反情报机关破获的间谍案中也有类似的事件。21世纪初，某国家安全机构在被境外某情报机构收买的工作人员住处，搜出了大量标注机密、绝密的文件，办案人员深感事态严重。但追查下去才发现，所谓的绝密文件，有相当一部分完全是这位被收买的工作人员自己杜撰的。他用电脑编排了大量政府机密文件，并利用标有政府机构头衔的空白文件纸打印出来，连文末的公章也是在街头找人刻制的。他陆陆续续将这些山寨文件交给境外人员后，获取了相应的外汇收入。如此发财手段，简直令人啼笑皆非。

2. 材料的时效性

搜集材料的时效性，是说事件发生的时间越近、越新就越好。不论是媒体公开报道的金融决策，权威部门或权威人物在接受记者采访、发布报告、发表讲话时向外透露的信息，还是当事人在媒体上发表的文章，都是越新越好。

在情报撰写与分析阶段，某些数据的应用是非常讲究时间的准确度的。金融市场的发展瞬息万变，那些相同时间点的数据才具有可比性。不同的时间相同的数据，或相同的时间不同的数据，混杂在一起就会出现逻辑混乱或结论失真。

因此，在进行数据分析时，一定要区分时间的可比性。例如，评价某个月份内地与香港的外贸进出口数据是否真实，可以进行横向比较和纵向比较。横向比较是指，内地出口到香港的数据与香港政府公布的同一时期的数据相比较是否吻合。纵向比较有所谓同比与环比之分，即将本期的数据与上一年度的同时期数据相比较，或将上个月份同时期的数据进行比较。

3. 材料的适用性

情报材料的适用性，是指所选取的材料既合乎经济发展的客观条件和金融市场的发展趋势，又是己方金融决策部门所关注的话题和材料。

情报生产如同工厂的产品生产流水线，需要经过层层把关、层层上报。而情报分析工作有点像资深的工厂产品质量检验员，他用挑剔的眼光检查产品，既要解决旧矛盾，又要发现新问题。

很多情况报告是一线人员根据初始材料，结合自己的判断与分析写成，并在撰写初期情况报告中围绕某个主题进行论述。但较为专业的中级和高级情报编撰人员，或许在阅读初级情报的过程中产生了新想法、发现了新问题，于是加入其主观判断，并转而采用新的视角来论述其他方面的问题。因此，情报分析人员在阅读、评估、编撰这种初始报告的同时，可能会触发另一主题的灵感，促使一份新的金融情报的问世。当然这里涉及另一个专业术语——情报分析。

在实践中，材料的适用性是相对的，一个主题报告的材料，也极有可能转变为另一个主题报告的材料。例如，曾经有一份基层的金融情况报告，主题是阐述金融情报的重要地位、附加对情报人员的配置问题进行探讨。该报告中引用的材料据实描述了我国在金融情报保密方面的疏漏，并列举了泄密的实例等。这份材料真实可靠，非常有价值。于是，在报告的传递过程中，中级情报编撰人员在对该份情况报告的内容进行分析后，想到了另外一个报告主题，便立即抓住该报告中有关泄密的事例，对主题进行了改写——由叙述金融情报重要性及探讨情报人员编制的主题报告，更改为动态加强金融信息保密问题的主题报告。这就是利用一份报告的原始材料撰写出另一份其他主题情报的成功案例。据悉，该份报告引起了我国高层的重视，高层批示督办，责令相关机构进行整改，解决了多年来困扰我国的重大的金融信息在披露前泄密的隐患。

二、金融情报主题的拟定

在大学课程《写作辅导》中，老师谈及论文写作的选题时，有一句话令笔者印象深刻：好的选题是成功的一半。在论文写作开始时，选择了一个在业界亟待解决、值得探讨的学术问题，那么这篇论文的写作也就接近成功的一半了。这种情况在情报搜集方面也是相似的，美国中情局的情报专家在其专著中就提出："情报搜集人员成功的关键在于提出正确的问题。"显然，"提出正确的问题"与我们学术论文写作中强调的"好的选题"是一样的。

金融情报主题的选择可分为三种情况：自定主题、上级布置和临时拟定。

1. 自定主题

所谓自定主题，是指金融情报人员在日常工作中，通过较长时间的观察、思考、分析与研究，对发现的重大状况进行汇总报告，而且报告的主题内容是由自己选择确定的。

简单来说，编撰什么类型的金融情报，选择什么样的金融研究课题，对宏观决策是至关重要的。什么样的情报信息是上级部门在这个阶段和今后某一时期重点关注并迫切需要解决的，基层的金融情报人员必须有自己的判断，还要对当前国际国内宏观形势、金融市场有深刻的理解和思考，这样才能提炼出决策层急需寻求答案的选题，确定自己的研究方向与重点。因此，独立思考与正确判断是非常重要的。

如何选择"好的主题"，取决于情报人员的思维判断，取决于金融情报编撰人员的专业素养和理论功底，还取决于他们与金融情报使用者接触的密切程度。有一些优秀的情报人员是从上级部门那里得到了相关的决策动向，以此作为关注重点，用来指导自己的选题思路。

选题之所以非常重要，是因为金融权益与政治倾向密切相关，都是涉及国家治理的重大课题。

作为决策参考、决策依据的报告，通常不需兼顾方方面面，但必须要有国际视野和战略眼光。回过头来看，10多年前，有的国家智库花费较多时间与经费，经过信息搜集、调研写出的报告主题，就过于轻率和单纯，经不起时间的检验。例如，2009年，国内某著名的研究机构花了大量的时间与精力，写出了一份"建立中、日、韩三国货币联盟的可行性报告"。彼时美国次贷危机已经发生，欧洲却处于经济繁荣的鼎盛期，而区域货币理论倡导者、诺贝尔奖获得者、欧元之父蒙代尔频繁来华传经授课，正是催生新的货币联盟、践行区域货币理论的大好时机。于是，有专家就萌发了建立中、日、韩区域货币联盟的设想。但是，随着后来东海问题、钓鱼岛问题，甚至美国在韩部署萨德导弹问题的相继发生，中、日、韩三国关系发生了微妙的变化，这种抛开政治基础奢谈经济合作的构思，所谓的货币联盟与美好愿望，只能是镜花水月。

2. 上级布置

上级布置的报告主题，是指决策机关根据当前的经济形势和国际国内金融发展的现状，自上而下提出的当前急需解决的重大课题或调研类别。这类调研主题分为两种：公开征集和内部文件下达。在我国金融系统的内部学术刊物上，每年或每个时期（通常是半年），都有以内刊编辑部名义发布的相关专题论文的征稿启事。

显然，金融系统内部刊物的编辑关注的问题也是上级布置的调研任务，这从另一个角度反映了这段时期内部决策层对某些金融战略问题和工作重点的思虑与筹谋。

以下为中国央行某省级分行下属的内部金融刊物于2010年年初刊登的征稿启事：

本刊组稿兼顾经济、金融基础理论和应用理论研究，重点突出经济、金融热点和难点问题的技术分析、案例分析和对策研究。为进一步提高来稿的针对性和时效性，引导作者投稿，敬请作者注意以下选题：

香港银行人民币业务发展的策略研究；
金融产品创新与风险控制研究；
货币政策传导机制研究；
经济发展周期性变化及微观领域的体现；
新形势下中国金融监管制度设计；
应对突发冲击的货币政策；
金融资源配置与区域经济增长，
货币市场、资本市场、保险市场、资产市场的金融风险实证研究；
利率市场化研究；
人民币汇率形成机制改革与本外币政策协调的实证分析与研究；
金融业综合经营研究；
银行业、证券业、保险业发展路径研究；
各类机构的内部专题调研。

另一种类型的选题方式是，内部文件下达的专题调研和学术课题研究。

专题调研主要由金融系统的公职人员来完成。在我国的金融系统中，如人民银行、银监会、证监会、保监会，及各省市的金融办公室，都设立有相应的调查研究处、室，都有一批专职的调查研究人员。同样，从中央到地方的各级政府里都设置了政策研究室、统计处（局）等机构。他们必须保质保量地按时完成上级布置的专题调研任务，这也是其责无旁贷的本职工作。

对于这类机构在金融情报中的相关作用与定位，我将在另一章节中详细叙述。

学术课题研究，通常是由上级下拨专业调研经费或学术基金给相关专业调研人员进行操作，这相当于花钱买智力。该类调研主要是请系统外的专业人士完成的。例如，大学研究院的教授承接的某些金融课题研究。

在情报搜集和撰写过程中，专题调研与学术课题研究有着明显的区别。专题调研的实践性较强，接触面较广，既有对经济社会运行趋势的分析，又有对金融业务实际操作状况的深入调查和了解，必须花费较多的时间与精力去搜集一手资料，归类总结，最终主要以调查报告的形式呈现出来。

而学术研究则是通过对一些金融理论和模型的推导，结合已经发生的国际国内金融历史事件，分析其产生原因及背景，并进行逻辑推导，得出的结论往往关乎国家战略发展方向的思考与运作，有些不乏是深奥的学术论文。

在情报传递过程中，学术论文与专题调研也有着重大的区别。学术研究报告包含深奥的理论与复杂的推导过程，在递交上级决策部门的同时，常常以纯学术讨论的形式在一些顶级的学术刊物上发表，这是希望通过与业内读者的交流，获得更多的启发与借鉴，或者是探讨某些措施、法律、法规出台前遇到的阻力与障碍。

相反，金融专题调研的工作人员花费了大量时间，引用了大量公开或内部数据得出的调研报告，一般秘而不宣，很少出现在公开出版物上。这不仅因为该报告是集体智慧与劳动成果的结晶，在版权问题上要兼顾各方利益的平衡，更是因为课题本身具有一定的机密性，调研的结论直接影响到高层的宏观决策，如某项货币政策的出台或搁置，或某项金融监管法规条例的颁布实施。

因此，来自监管机构的专题调研报告，对某些事物的看法，对形势的判断，多少都带有某种倾向性的推论，事关某些重大政策和法规的出台。若提前泄露，会影响到金融稳定与金融安全，甚至给不法机构提前布局套利操作提供机会。毕竟，许多金融市场的博弈者都会揣摩金融决策层对市场调控的力度、步骤与方法。还有那些灵敏度很高的金融专业的传媒记者，若被其知晓，他们为了吸引眼球，很可能在报道中尽情发挥想象，造成市场的波动和恐慌。

那么，金融情报的生产者与金融情报的使用者密切接触，是否会因为各种原因影响到情报的质量、事实的客观公正呢？这个问题留待第八章进行探讨。

3. 临时拟定

金融情报工作者临时拟定报告主题，多是针对某些突发事件，或是在情报工作中偶发灵感，与现实中的某些事件或现象产生碰撞、发生联系的应急之作。这类情报的时间性强，内容的针对性强，篇幅也比较短；缺陷是由于时间仓促，对问题的认识比较肤浅，缺乏深入的思考与分析。

这种临时拟定的报告，有的是在朋友的饭局上、在某些专业人士聚集的酒会上，从同业、同事那里获取了新的信息，临时产生了新的想法，属于即兴之作。

但仓促之下、未经深思熟虑选定的报告主题，有一定的误导决策的风险或造成情报终止的可能性。毕竟，当搜集的经济、金融信息还不够全面，专业知识的储备还不够充分时，过早地、轻率地甚至有点盲目地提出对某个问题的看法和观点，不够严谨，可能会产生不良后果。因为从心理学上讲，普通人都有一种"证实偏见"倾向，一旦我们选择了一个不成熟的观点并力图证实它的正确性，就会在理论上和现实中选择性地提取支持它的证据，而忽略相反的证据。金融情报的工作者如果是这样拟定报告，就相当于误入歧途，已经是失败的开始了。更重要的是，这种错误的报告是递交给决策层的，假如它能一路畅通地直达，误导了高层的决策，其危害性是不言而喻的。

三、金融情报的格式

当年,中学语文老师曾经用一个公式概括写作技巧:观点+例子=文章。我对此印象深刻,一篇好的作文首先当然要有观点,尤其是体现作者独立思考的观点;其次,还要有现实生活中的生动例子来佐证观点,也就是俗话说的"接地气"。能把这两方面很好地结合在一起,就基本上算是一篇好文章了。

就国内机关公文写作的格式而言,一份完整的金融情报,大致由以下三大部分组成:现象、原因、政策建议。其实,这与中学语文老师讲述写作技巧的公式相似,简练、格式固定,这也是金融情报与其他学术报告或行政公文的重大区别。

简略的金融情报格式类似于公文写作中的情况汇报。只要兼顾新闻写作中的五W要素,就能较好地掌握简单的金融情报写作了。

金融情报的写作方法与步骤因人而异,但是,让大脑进行一番思想风暴般的酝酿是必不可少的阶段。这就是说,要把所占有的信息资料在大脑中进行消化,在深思熟虑后,提炼出自己的观点,才可进入动手写作的阶段。

写作前,首先是列出提纲,进行谋篇布局。这样做的目的是明确这篇文章要写几个部分,想好每个部分或叙述、或分析、或解决什么问题,同时决定这篇文章从哪个角度切入最为合适。

我这里主要说的是金融信息情况报告的框架,这种报告没有学术报告那样冗长和繁杂的结构。

具体而言,金融信息情况报告的写作有如下几个要点:

1. 标题鲜明醒目

标题鲜明醒目,就是指标题要能吸引人,直指问题要害。

就我国的情报体系而言,在最高层面的国家决策机构信息汇集处,金融情报与各部门各行业的信息报送材料混杂在一起。因此,顶层办公厅的工作人员在挑选各地报送的材料时,任务相当繁重,因为重要的与不太重要的、亟待处理的与暂缓处置的、国际的与国内的混杂在一起,只有鲜明醒目的标题才能在堆积如山的信息报告中脱颖而出，被"秒杀"采用。

标题鲜明醒目绝不是说用语随意夸大、凭空杜撰；要尽量避免使用形象思维的文学语言来做情报的标题，这种语言文字会让人不得要领。此外，不要用"压力山大""鸭梨山大"等网络语言，少用"ABC""APC"之类的英文简略语，也要尽量避免使用那些"危在旦夕""一触即发""迫在眉睫"等耸人听闻的词句。

2. 现象描述简略

现象描述是指该份金融情报所要反映的实际问题，这主要是指信息类的情报特有的结构。因为信息、动态类的情况报告都是针对当前的社会现象、金融行业的实际情况而写的，因此，可以依照现象本身发生、发展的顺序，进行叙述，也可以引用一些关键数据来点题，引起注意。在论述中，可就该类社会现象的状况展开联想，从宏观或微观的角度来分析，甚至是进行适度的旁征博引，进一步说明问题的关联与要害。

3. 原因分析中肯

这部分主要是指叙述事件的成因，侧重于发现问题、分析问题，是报告的精髓所在。

只有找出了原因才能对症下药，为下一步的金融决策与金融监管找到解决问题的方式和方法。有时候，囿于金融情报作者的视角与水平，有了好的材料，有了重要的、与金融工作密切相关的事件和现象，但是分析的力度不够或出现偏差，以致报告缺乏分量，这实在是太可惜了。此刻，面壁而坐，苦思冥想，酝酿一段思维风暴，是非常必要的。研究表明，当一个人的信息和知识非常多元和充分之时，避免思维固化和窄化的能力就会增加，就更容易自如地应用"横向思维"，让信息在不同的思维轨道之间进行跳转，以寻找最佳答案和最优的解决方式。

假如情报人员不加分析，直接将搜集到的原始材料与数据上报决策层，必然会加大决策者的负担，也会为决策者进行主观判断留下空间，容易造成决策失误。

4. 建议与对策可行

"建议与对策"处于报告架构的尾端，这个部分也很重要，写好了能起到画龙点睛的作用。通过一篇报告对事件的现象、原因进行分析后，情报人员站在基层的角度（站在大局的高度更好），结合自己的感受与判断，提出一些有针对性的建议或对策，会显得更加专业。但是，这些建议与对策必须具备专业水准，有可行性和针对性。当然，这些建议与对策仅仅是决策层应对时局的备选措施，并非最终决定的应对策略。

在我国各级政府和专门的情报机构中，由于金融情报人员的稀缺，或情报人员本身金融证券知识的匮乏，导致情报生产链条中的搜集与分析环节是合二为一的。在一份报告中，尤其是在后半部分必须写上建议或对策。通常，基层情报人员的建议和对策中有许多幼稚与狭隘的想法，缺乏远见，缺乏战略思维与大局意识。但是，这种来自基层工作者的声音又是许多高层领导人最想看到和听到的，毕竟它们从另一个角度反映了当前的金融局势。

在整个报告的尾部附上观点鲜明的建议与对策，能使阅读者眼睛一亮，思绪豁然开朗。

但现实中，很多基层情报人员不大重视这一章节的思考与撰写。或许是出于"人微言轻"的草根心理；或身处基层，面对整个宏观大局，能够了解的情况、接触的资料、掌握的数据信息有限；或者是出于对事件本身的特殊性与普遍性的边界拿捏不准；又或者担心自己的建议与对策不太恰当，略显幼稚，写上去后被人笑话，甚至影响到整个报告的可信度。

其实，这种顾虑大可不必。作为决策层，在看到的问题和资料数据等各种情况的掌握上，确实与基层人员有很大的不同，但这并不是说，决策者就不需要听取基层人员的观点和看法。

首先，金融业是个理论与实践密切关联的行业，又是一个新技术、新业务不断涌现的行业。基层的金融机构一直在试图绕过金融监管的篱笆去搞创新、去套利、去攫取垄断利润。因此，基层人员与高层决策者对同一问题相关情况的感受是不一样的。基层金融机构热衷于赚钱、完成利润指标；高层决策者关注的则是国家宏观政策的制定与落实、金融风险的防范，以及在国际金融博弈中对国家利益的维护。

其次，双方的理论水平有高低之分。从金融专业的角度来看，远离市场的决策者下放到基层，未必能够熟练而轻松地领导某个基层银行单位去赚钱；而大脑里充斥利润指标的基层工作人员，也不可能胜任重要的高层决策岗位去审时度势、管理国家的金融大局。

正是因为双方的地位不同，看问题的角度不同，也许基层人员提供的方案可能为决策者带来启发，或者更为切实可行，可以弥补某些政策法规方面的漏洞。

因此，基层工作人员如有好的对策与建议，应该毫不保留、无所顾忌地写出来，说不定这就是应对复杂时局的锦囊妙计、解药良方。

经验表明，一份情报在层层传递的过程中，经过不同级别的研究人员、分析人员的修订与补充，那些空洞的口号、华丽的辞藻、无关痛痒的字句都有可能被删除，而最终保留的往往是那些专业性较强的叙述段落与思想观点。一般来说，建议与对策中的专业性字句才是体现报告价值的部分，含金量较高。

笔者在第五章的案例分析中就引用了一份突出"建议与对策"的报告，它巧妙地从基层银行工作人员面对的一项新业务联想到国家之间的金融博弈，并引申到国家之间的政治博弈，将该项业务在中国银行业的开展作为大国之间谈判的筹码，作为彼此利益交换的条件，获得了较好的效果。这是一个成功的例子。

5. 篇幅不宜太长

最后要说的是，金融情况报告要控制篇幅，最好在1000～1500字左右；还要做到言简意赅、惜墨如金，更要通俗易懂。

国际情报界认为，在情报撰写过程中应该遵循一个古老的原则，即"奥卡姆剃刀原理"。这个名称来自奥卡姆的威廉，他曾经说过："杀鸡用牛刀是愚蠢之举。"在现代英语中，人们将此称为"KISS原则"（Keep It Simple,

Stupid! 搞简单点,笨蛋!)。

金融情报的撰写也要体现"KISS 原则"。国外许多获得诺贝尔经济学奖的专家,所研究的课题都是一些深奥的经济学理论或数学模型,但他们往往也是当地一些主流综合性报纸、杂志的专栏作家,经常写一些通俗易懂的科普文章,向大众阐述自己的经济学观点。

毛泽东曾经说过,写文章要注意写给谁看。这也是在提醒作者要注意阅读对象。

又例如,爱因斯坦的相对论不可谓不深奥,但是他却给出了一个通俗易懂的解释:坐在恋人身边感觉时间过得很快;坐在火炉旁边会感觉时间过得很慢。美国经济学家罗伯特·特里芬(Robert Triffin)写的《黄金与美元危机——自由兑换的未来》是一本长达 300 页的学术专著,但人们引述"特里芬难题"(Triffin Dilemma)的解释时仅仅只是一句话:美元作为世界货币,其发行应该是无限的;但输出美元的数量必受黄金库存的制约,其供给却是有限的。

我们自然也要意识到,金融情报是给日理万机的决策者看的,一定要简单、精练。

四、金融情报的评估

情报评估,就是对已获情报的可靠性、质量等进行鉴别,及对该情报的应用价值进行分析的过程。情报评估的目的在于判断情报的质量、分析情报的应用范围、评估应用后可能产生的效果,从而决定进一步以何种方式和手段对其进行处理。

1. 评估是情报之魂

在情报界,有一个形象的说法叫作:"评估是情报之魂。"也就是说,评估是情报流程中最重要的一环,也是最具有挑战性的工作。将情报流程用银行工作岗位来比喻的话,情报搜集是前台(市场部),而情报的撰写与评估则是中后台了。对银行来讲,中后台的操作至关重要,它关系到银行资产的安全性、

第三章 | 金融情报的编撰与评估

流动性与盈利性,并最终体现在银行资产质量的好坏与外部机构对本银行的信用评级上。

情报评估之所以具有挑战性,是因为它要利用现成的情报资料,对当前宏观经济形势或微观金融动向,以及博弈各方的策略与布局,进行动态性的分析和描述。更重要的是,它要有恰当的结论来预测和推导出未来即将发生的重大变化和发展趋势。

在这个环节上,评估分析的结论有可能成为事实,也有可能产生误判或误导,这是情报评估工作与生俱来的风险所在。

为什么说评估是情报之魂?因为情报评估是寻找事实真相的重要手段。

情报评估需要对获取的情报资料进行分析,判断对方的能力、意图和行动。传统的情报一般是通过秘密手段来获取的重要信息。如今,获取情报信息的方式正在转变为公开手段与秘密手段相结合。要证实这些信息是否真实可靠,必须更多地引入评估分析与合理推测相结合的辩证方法。原因在于,即便是那些花费巨大人力、物力得来的机密文件,或者是对方国家首脑、政府发言人在公开场合信誓旦旦地对国家经济、金融政策和政府立场做出的承诺,这些情报的真实性都存在疑问,必须分析这是他们的真实意图,还是故意用来误导己方的虚假信息。

尽管有的战略情报分析的目标是一种长期趋势,尤其是分析社会经济、金融发展对将来局势的影响,但在经济运行的复杂态势下,根本就不可能存在什么秘密情报,因为对方自己都不能确定将来会发生什么。

因此,评估中的合理分析与推论是至关重要的。事实上,如果美国的经济学家有先见之明,那么 2008 年那场席卷全球的金融风暴就不会发生。经济社会的发展很复杂,就决策者而言,将来他有何种选择,对政策手段有何种取舍,将面对何种复杂的局面?通过秘密情报很难给出唯一的答案。

关于这种论点,美国的情报专家引用了一个例子加以解释。1950 年 5 月 25 日,朝鲜的军队突然越过"三八线",朝鲜战争爆发。这是美国政府当时无法预测到的突发事件。作为这场战争的幕后谋划者和决策者,苏联的斯大林元帅迫切地希望准确获悉美国政府对这场战争的态度:美国会不会进行全面军事介入，或是有限度地协助韩国军队进行抵抗？他要马上获得相关情报，以便决定对金日成采取何种方式的援助。这就难为了克格勃的高级特工。因为，即使这些特工有通天的本事，能够潜入五角大楼翻阅美国的军事档案，也不可能找出与此相关的机密文件。因为事发突然，韩国军队被打得措手不及，一溃千里，不到三天，连首都汉城都丢掉了。美国的情报部门也没有预测到这场战争的突然爆发，当时的杜鲁门总统是在战争爆发后，才仓促召开总参谋长联席会议，研究调兵反击方案的。

另一个例子众所周知。同样是朝鲜战争中，美国派兵参战后，中国政府的态度如何呢？这又是一个令美国总统感到迫切需要获知答案的问题。然而，中国政府对朝鲜半岛事态的发展，对美军在仁川登陆以包抄朝鲜人民军的后方，把战线推到鸭绿江边的局势也是始料未及的。是否要出兵援助朝鲜？这在当时的中国政府内部都是临时动议、见机行事的。尽管斯大林、毛泽东、金日成在中国出兵问题上曾经反复商讨与争论，但从金日成来电求援，到中共政治局会议决定出兵朝鲜，这一切都发生在短短一周的时间内。即便是美国中央情报局的特工有通天手腕，也不可能搞到这些白纸黑字的机密文件，或者说，这些文件根本不存在。只不过，美国中情局的做法略胜一筹。他们把这个问题委托给美国著名的智库兰德公司。一周之内，兰德公司就提交了研究报告，其中只有一个结论：中国必然出兵朝鲜。

当然，这样的评估分析是建立在对全局的综合分析、合理推测的基础上的：

（1）当时中国内地已经全部解放，中共500万军队的胜利之师已经无仗可打。

（2）中国东北地区是中国的重工业基地，中国不能容忍美军隔江布阵，对华形成威胁。

（3）打败了国民党800万美式装备部队，并缴获了大量武器装备的中国人民解放军正士气高昂。

（4）中共中央已拨出第四野战军中的以朝鲜籍官兵为主的六个野战师给金日成用于对韩国作战。如今这些官兵在朝鲜陷入困境，不可能见死不救。

（5）在当时的冷战时期，朝鲜和中国同属于社会主义阵营，中国要履行崇高的"国际主义义务"援助朝鲜。

（6）社会主义的朝鲜是中国在东北方向隔断美国、日本、韩国阵营这一战争威胁的一道重要屏障。

由此可见，情报的结论是一种高级智慧的产物，其来源并不一定是通过秘密手段来获取对方严格保密的内部文件，最重要的是根据所掌握的资料进行推理。显然，摆事实，讲道理，分析评估后得出的结论，才是最高决策层希望看到的内容。

2．评估切忌急功近利

分析评估之所以重要，还在于现代的国际情报理论界已经形成一种共识：情报的来源不是最重要的，因为这里面有真假情报的问题，有双面间谍的问题，还有己方情报人员为获取报酬或职务晋升，凭空杜撰的问题。重要的是，对于一份来源于己方或对方的情报，要思考为什么是这样，而不是那样，要知其然，更要知其所以然。

评估中难度最大的是预测对方的能力、意图和行动，或者金融事件本身发展的趋势。例如，很多经济学家都在预测美联储会在某年某月退出 QE，这样的报告，如同当年法国总统拿到的一份尼克松政府将取消黄金与美元挂钩的情报一样，何时退出 QE 是很重要的情报，但是退出了又如何？QE 的退出将会对美国经济产生何种影响，世界经济又会发生何种变化，对中国的宏观经济有何有利影响和潜在风险？只有把这些问题都讲清楚了，做了深入的分析评估，才是一份完美的情报。

情报分析与评估时，如果服从上级指示与当前政策，往往就会扭曲事情真相，使情报工作误入歧途。

甚至有一些极端的例子，作为决策者的政府直接参与或操控情报评估，从而满足自己的政策偏好。最典型的例子是，2002 年美国中情局受命对伊拉克局势进行的评估。

据近年来披露的诸多材料显示，伊拉克战争前夕的情报评估被认为是高度政治化与政策化的，完全是为了满足攻打伊拉克的需要而"量身定做"的。美国"9·11"事件之后，布什政府决心要打击嚣张的萨达姆，军队部署完毕，进攻伊拉克已经箭在弦上。随之，2002年10月，中情局出炉了相关的分析报告。当时的副总统切尼频繁造访中情局总部，布什、切尼、国防部长拉姆斯菲尔德在评估完成之前就已经发表讲话，言之凿凿地宣称伊拉克拥有大规模杀伤性武器。按美国情报机构的传递程序与渠道的正常标准，一份情报评估通常需要3到6个月才能完成，但这份对伊拉克的评估仅用了不到3个星期的时间。战争结束后，美国并没能搜寻到伊拉克拥有大规模杀伤性武器的证据。如此糟糕的情报分析，不仅使美国情报机构蒙羞，也让曾到联合国推销伊拉克威胁论的国务卿鲍威尔饱受世界各国传媒的揶揄。

同样，在国内金融体制下，做情报评估和预测，有时需要服从当前的工作与政策。

体制内的工作人员都喜欢看上级的脸色行事，在撰写报告时喜欢说好话、报喜不报忧，"一切顺利""形势喜人""开局良好"。这样的情报分析体现了作者的一厢情愿。不愿去做艰苦细致的情报分析，不愿去认真反映事件的本质与真实内容，这都是情报分析失败的主要原因。

在情报评估中，还有一种经常出现的做法是随大流，或者称之为"惯性思维"。即在没有经过充分调查研究的情况下，贪图捷径，认为过去是这样的，现在也该是这样；别人是这样说的，我也这样认为。

惯性思维又叫"常规思维"或"顺势思维"，决策学中把它称为基本假设思维。这种思维是指行为主体在处理一个问题，看待一件事情，评价一个人的时候，常常用以往的知识、经历、经验和直觉，不由自主地对问题的原因或结果直接做出条件性的判断。这样的判断在学术上就是所谓的"近视眼"，即受到虚假事实的障碍而形成的思维定式。

消极的惯性思维是束缚创造性思维的枷锁。造成惯性思维的主要原因在于过分依赖单一信息源。假如我们经常只是被动地接受信息，而不是主动地猎取信息，这将导致我们习惯于通过几种固定的信息源来获取信息，并会阻碍我们成为一名优秀的信息分析者。

如果一份情报热衷于堆砌华丽辞藻，不假思索地引用流行观点，没有独到的视角，结论缺乏事实依据，那么，它最终的命运就是被扔进垃圾桶。

实际上，我们可以简单地把金融情报信息源分为显性的和隐性的。各类媒体、书刊、论文、专业机构的报告等，都是显性金融情报信息源；而隐性金融情报信息源，则可能是任何经济发展局势、政治架构、金融体制等透露出来的反映趋势的信息。

如何透过身边小事发现某些大趋势呢？俗话说，眼观六路、耳听八方。这种从多个独立的源头获取信息的做法有两大好处，一是可以获得更多的线索，如对信息进行拼图一般能把隐藏的轮廓拼凑出来；二是信息之间可以相互验证，淘汰可信度不高的信息。

例如，2012年9月13日，美国联邦储备委员会宣布了第三轮量化宽松货币政策（QE3），以进一步支持经济复苏和劳工市场。美联储推出QE3的效果如何？依常规思维判断，QE3会使全球低息环境和充裕的流动性持续更长的时间，因而可能会为新兴市场经济体系再次带来通胀和资产价格的压力。国内某社科院的财经专家在2012年年末的一份报告中，预测了QE3对中国经济的几大影响：

（1）持续近一年的短期资本流出可能变为新一轮短期资本流入。预计在2012年第4季度，短期资本将转为流入中国。

（2）随着短期资本流动的逆转，中国外汇储备增量将由负转正，月度外汇占款规模也将重新上升。

（3）全球能源与大宗商品价格可能出现新一轮反弹，中国经济面临的输入性通胀压力上升。而一旦通胀反弹，中国央行进一步降息的空间将所剩无几。

（4）尽管美元兑欧元汇率走势尚难确定，但人民币兑美元汇率可能重拾升势。

（5）中国国内资产价格的拐点可能提前到来。中国股市的走向比较乐观。

显然，其后的情况变化并非如此。2012年11月21日，国家外汇管理局对外发布的新闻稿认为，主要发达经济体的宽流动性、低利率政策，会刺激资本流入我国，但其作用尚不明显。

3. 避开情报评估的陷阱

情报评估有诸多陷阱，这是基层情报人员必须迈过的一道道关卡。譬如，在情报评估中最容易出现两种倾向：一是夸大风险，二是为经费和政策服务。

在国内金融领域里，金融监管机构通常也会夸大监管阻力及工作压力，夸大金融风险防范不足的严重性，以争取到更多的经费和人员编制。例如，2003年，人民银行与银行监管局分家，人民银行的职责是专注于宏观货币政策的管理与实施，但其强调基层工作的重要性，以至于后来在全国保留了不少县级支行、地市支行，形成了庞大的政府官僚体系。而在西方国家，金融宏观管理机构、中央银行的机构设置仅仅处于国家政府的层面或者少量的经济大州（省）。

毫无疑问，金融情报评估可以也应该引入国家宏观政策分析过程中的大量思考，但其结论常常流于形式，缺乏亮点。这主要是由于情报（传递程序的中间环节）编撰人员的经济、金融专业素养欠缺，看问题时，宏观角度与微观联系脱节。这既有其本身的知识结构问题，也有材料积累不足、信息占有不充分的问题。例如，某人民银行中心支行的信息简报反映某个城市的现金投放量在年底大量增加，假如某省的人民银行依据这个报告，得出全省或全国的现金投放量也将大幅增加的结论，就是以偏概全。你应该仔细分析，此地是物流中心，小商品市场发达，所以现金交易盛行。

金融情报机构普遍关注的是情报搜集，但大部分重大情报失误的原因却是分析不足或者根本没有分析。或许由于基层人员上报的情报信息量纳入业绩考核，并与其本人的升迁及各种荣誉挂钩，导致他们对情报产品粗制滥造，只是追求数量，继而导致了重大的情报失误。

在经济数据的研究与分析方面，目前国际上通用的分析法有两大类，即定量分析与定性分析。

定量分析法（Quantitative Analysis Method），是对社会现象的数量特征、数量关系与数量变化进行分析的方法。它侧重于比较数据与变动，研究数字总量及占比（百分比），关注相关的绝对量与相对量的变动情况。

定性分析法（Qualitative Analysis Method），亦称"非数量分析法"。它主要依靠预测人员的丰富实践经验，以及主观的判断和分析能力，推断出事物的性质和发展趋势的分析方法，属于预测分析的一种基本方法。这类方法主要适用于一些没有或不具备完整历史资料和数据的事项。

敏锐的金融数据分析员，应该能从银行资金单纯的数据表象下寻找出深层次的内部因素。因此，定性分析与定量分析应该是统一的，相互补充的；定性分析是定量分析的基本前提，没有定性的定量是一种盲目的、毫无价值的定量；定量分析能使定性分析更加科学、准确，它可以促使定性分析得出广泛而深入的结论。定性分析依赖分析者本身的素质与相关的知识积累，它通过对数据的分析演变，结合研究对象本人的历史演绎或陈述，试图推导出这种变化的意义与趋势。由于这类研究倚重于经验与教训，因此它遵循了逻辑推理研究方法。显然，这要求金融数据分析人员具备更高超的技术和更深厚的职业经验积累。

通常，照搬经济学的理论，用一成不变的眼光看待新事物、分析新问题是有害的，这种先入为主的情报分析体现在多个方面。

照镜子时，人们一般认为镜中的自己是左右相反的，但有研究表明，镜子中的影像其实是前后相反的。照镜子时认为左右相反的思维就是镜像思维。通俗地讲，镜像思维是人们通过类比自己处于相似的境况时可能采取的行动，对别人的行为进行评估或预测的思维定式。

在情报分析中，镜像思维也是一个极其容易掉入的陷阱。这是因为，分析者有一定的经验积累和价值取向，喜欢把分析目标的思维当成自己的思维，按照自己对事件的反应方式来预测、推导分析目标的境况。

镜像思维的研究结论一定是有分析者自身内在因素的深深烙印的。因此，不同的经历、专业水准、教育程度、工作背景等，都会影响到金融情报人员对某一事件的分析和判断。例如，普通的金融分析者在看到有关通货膨胀的物价指数上涨后，认定央行接下来会加息，但高层次的经济学家则会从经济学定理"不可能三角"（Impossible Triangle）方面考虑问题。

情绪化的思考是普通人的通病。"镜像"是我们自身不能完全克服的问题，并且时时干扰我们的分析智力、观察能力和预测水准。因此，要客观地判断和分析情报信息所透露出来的趋势和变局，一定要最大限度地摆脱镜像思维的干扰。

此外，思维定式与镜像思维相似。在经济学的实践中，有思维定式倾向的人往往会把某些经济学理论、规律背得滚瓜烂熟，遇到某些经济现象时立马搬出来对号入座。

愿望思维也是金融情报评估的通病，这主要是指，在分析中所表现出来的过度乐观和对不愉快选择的刻意避免。例如，2010年以来，许多分析人民币国际化的文章都充满了这类愿望思维：预计近期人民币境外存款达到多少，展望人民币的国际结算占有多大的份额，预测人民币在世界各国央行的外汇储备中占有多大的份额，凡此种种，都充满了乐观的憧憬与企盼。

狭隘利益也常常体现在金融情报的评估中。这主要体现在，金融情报机构里的初级和中级情报工作人员，通常认为某类情况报告会造成本地区、本部门的利益受损，因而对其进行狭隘的分析。例如，地方政府以GDP增长为中心任务，各级政府的招商引资、外贸出口成了支撑该地区官员的重要政绩，但基层的情报人员却发现该地区的进出口贸易数字在考核指标的压力下，有夸大和造假行为，如转口贸易造假。典型的事例是，2013年春季，深圳海关的出口货物货值与香港海关公布的进口货物货值差异太大。但这类自我揭短的情况报告常常会被政府的利益部门扣押，致使报喜不报忧的做法频频出现。

同样，以下几种思考方式也是情报分析人员应当力戒的：

维持现状偏见，认为金融市场的诸多关键性指标总是在一种可控范围内波动，直到有一天，危机爆发，现状才被打破。

提前做出结论，这是一种惰性的思考行为，是把复杂市场的变化想象成简单的逻辑推理。

此外，迷信专家也是一种非常普遍的现象。国外某情报专家在其回忆录中写道："专家意见经常被当作分析数据和进行判断的工具。任何国家的情报界都必须经常依靠本国主要的科学家、经济学家、政治学家和社会学家深入研究国外的发展情况。这些专家能够且的确做出了宝贵的贡献……但是这些专家经常不能完全保持客观。从专家那里，分析人员不仅仅得到他们的专业知识，伴随而来的还有他们的偏见——专家们所具有的钻研精神和自负特质，使得分析人员相信解决问题只有一种正确的方法（即专家的方法）。"英国反情报官员彼得·赖特曾经评论道，在重大问题上，专家们很少是正确的。

五、金融情报的预测与预警

情报是否有价值，要看它的使用效果如何。而衡量使用效果的一个关键因素就是情报的预测性。美国中情局的训诫是：一个组织严密、协调较好的情报机构持续保持警戒状态，能够快速地预测几乎涵盖了世界各处的动态信息，这就是我们能够对付突然袭击的最佳保障。

预测的目的在于，对塑造未来世界和目标模型状态的各种力量进行评估。一个称职的金融情报人员，会在充分搜集素材之后及时进行分析评估，对未来局势做出自己的预测和判断，从而让情报发挥最大的价值。

1．预测要合理

在信息化时代，人们每天都能听到、看到各种不同的经济预测报告。

经济预测报告，是对一定时期内的经济活动过程进行深入调查后，运用各种科学方法，对已掌握的经济信息加以分析研究，从而撰写的评估和预测未来经济活动发展状况及变化趋势的报告。

经济预测必须用可靠的方法对未来经济的状况进行分析。

经济预测报告包含了多种科学的逻辑分析与判断，在多数情况下，作者还会建立和应用数学模型。例如，美国商务部经济分析局的首席经济统计学家希斯金（J. Shiskin），于20世纪60年代提出了综合指数法（Composite Index），用于展示多指标综合信息。综合指数本质上是多个指标的加权平均。如今，各种经济参考指数已经被广泛应用，如GDP、CPI、上证综合指数等。

较经济预测更为高深的是，具有一定学术性的宏观预测，它依赖于对客观经济规律的认识和掌握。

实际上，经济预测又具有一定的局限性，它依赖于预测者提出假设、设计模型、选择方法、利用资料的技巧，及运用他自己的学识、经验，综合性地对经济形势进行判断的能力。

经济学家热衷于经济预测，要么是为决策者进言，要么是为客户服务，赚取酬劳，要么是为提高自己在行业内的名气。

普罗大众可以在传媒上看到各种投资机构免费提供的预测报告，但对错与否，预测者们通常是不负责任的。因为你没有"给付对价"。免费得来的经济预测可靠性欠缺，据此操作，风险自担。例如，2012年，经济学家猜测美国量化宽松政策即将退出，多家著名的投行，如巴克莱、瑞银和美银美林都预测香港楼市将有较大回落，房地产价格到2015年年底将下滑30%以上，然而实际情况并非如此。

机构们要把自己的预测报告作为产品推销出去也不难，通常的做法是针对某个特定的客户群发布"投资报告"，这属于客户花钱买来的信息，是一种特定的服务。

另一种应对经济不确定性的做法是签订对赌协议。通俗地讲，对赌协议就是收购方（包括投资方）与出让方（包括融资方）在达成并购（或者融资）协议时，对于未来不确定的情况进行的一种约定。如果约定的条件出现，投资方可以行使一种权利；如果约定的条件不出现，融资方则行使一种权利。

例如，香港的中信泰富与投行间曾立下关于澳元的对赌合约：澳元兑美元汇率高于0.87，则公司可以较低价格购买澳元；但当澳元兑美元的汇率低于0.87时，公司需以2倍价格接收澳元。中信泰富的外汇合约十分复杂且对其不利，涉及美元、欧元、澳元和人民币等4种货币，有关合约加起来可能获得的最高收益约有4.3亿港元，但需要接货的外币数量却超过500亿港元。

然而，预测并非神机妙算。美国情报大师杜勒斯曾经这样说过，不太可能准确预测威胁会在哪里发生。不过，情报部门的职责就是预见这样的危险，由政府部门采取相应的行动。因此，怎样进行合理的预测就变得非常重要。

在国际情报界，借鉴物理学的研究方法进行预测是一种潮流。例如，20

世纪 60 年代以后，随着行为主义在美国政治科学领域的异军突起，一大批信奉行为主义的学者加入了情报员研究行列，成为情报分析的中坚力量。他们大多来自自然科学领域，熟谙自然科学研究方法及方法论。他们给传统的以定性为特色的情报分析带来了清新的气息。各种各样的定量方法、模型建构，使情报分析过程令人耳目一新。他们提出了新的情报分析流程，即问题分解—建立模型—评估数据—填充模型—进行预测。

例如，美国新生代的情报研究人员在情报分析中引入物理学中的惯性定律：静止状态中的物体倾向于保持静止状态；运动状态中的物体倾向于保持运动状态（除非你将它们置于存在阻力的现实世界）；如果运动状态中的物体倾向于停顿下来，参见静止状态那一条。

在没有强大外力改变物体运动方向的情况下，物体的静止和运动状态具有连贯性。这与经济社会的发展规律相同。例如，某国今年的 GDP 增速是 8%，在综合条件大致相同的情况下，明年的 GDP 增速也会是 8%，或者有少许波动，变成 7.9%，或者 8.1%。

如果外界有强力作用，波动可能会变得更大。波动大小与外力的作用成正比。倘有"黑天鹅"事件，不排除"硬着陆"或"软着陆"的情况发生。因此，惯性是预测中的一股重要力量。

这种独特的方法采用数量分析与数理模型，与当下西方经济学家推崇的构建模型、定量分析，有异曲同工之妙。

真正的情报分析总是预测性的，重点是对可能发生的情况进行预测的结构性思考，而不是叙述过去的事件。在情报与决策的关系中，分析人员始终是处于被动的一方。决策者希望知道事态发展的趋势。假如他们对分析人员的预测持怀疑态度，而分析人员又没有过硬的证据做支撑，那么这份预测报告将不会得到决策者的重视。美国前国家安全顾问布伦特斯·考克罗夫特曾说过，对决策者而言，情报判断应该提醒他有哪些力量在起作用，事情的发展趋势是什么，以及必须考虑哪些可能性。只有达到这些要求的预测性评估才易于被接受。

2. 预警要慎重

预警一词，英文称之为"Early Warning"，字面可解释为"及早警告"。其学术含义是指，在灾害或灾难以及其他需要提防的危险发生之前，根据以往总结的规律或观测得到的可能性征兆，向相关部门发出紧急信号，报告危险情况，以避免危害在人们不知情或准备不足的情况下发生，从而最大限度地降低损失的行为。

经济预警（Economic Early Warning）的正式产生，源于20世纪30年代世界第一次大范围的经济危机发生之后。正是从那个时候起，西方经济学家开始普遍承认资本主义也有大危机，资本主义经济也会产生险情。

预测与预警的区别有以下几点：

首先，预测可以是对经济社会现象发展趋势的推测或估算，囿于预测者的方法和能力，预测失误是常有的事。预警的提出则较为严谨，报告者提出的"警示"或"警情"，必须建立在真实情报来源的基础上，通常要具备现象、原因、数据、建议和对策等关键要素。但是，预警也无法避免失误。

其次，预测针对的是经济社会发展的运行趋势。预警则必须是针对重大事件的发生，对国民经济产生重大影响的、对国计民生与社会稳定有可能带来一定冲击的苗头或倾向。何谓有重大影响的事件？比如"珍珠港事件"、"9·11"事件、东南亚金融危机、2008年金融海啸等。至于"明天堵车""后天物价上涨""姜你军""蒜你狠"等生活琐事，都不在预警之列。

最后，预警的情报必须送到使用者手中，才能体现它的价值。

在预测中，专家的意见占有非常重要的地位，甚至能主导预测的方向。但有时候专家们的偏见、自负和狭隘的观点，往往会使他们的主观预测变成谬误。在国外，有人找出2008年金融危机前，很多著名经济学家对宏观经济形势的预测。这些预测最终被证明是大错特错。中国也有类似的情况发生，不过正好相反。一位新华社经济部的记者曾经告诉笔者，他采访过不下10位经济学家、金融专家，他们都声称自己曾经成功地预测了2008年的那场金融危机。这话也许不假，然而遗憾的是，他们的预警报告没能进入决策层的视野。

我们经常看到或听到某些经济学家自诩成功地预测了亚洲金融风暴，预测了百年一遇的金融海啸。也许他们的预测或预警是对的，但却没有机会送交相关决策层，如美国白宫和国会、美联储、中国国务院等，因此，也不会产生任何作用。国际情报界有一句名言：除非你能够快速精准地将收集到的情报传递到使用者手中，否则，搜集情报是件劳而无功的事情。

经济发展的历史表明，任何经济系统在运行过程中，都可能会出现严重的波动与偏差，而经济运行的剧烈波动，又会影响宏观经济的健康发展。为防患于未然，避免或缓和严重的经济波动和偏差，防止其对宏观经济的运行产生不良影响，必须在宏观经济监测的基础上，加强宏观经济的预测与预警工作，及时、准确地把握宏观经济运行轨迹，分析宏观经济未来发展的变动趋势，并对宏观经济运行中的险情进行预报，以便适时地采取有效措施加以排除。

英国情报机构坚决要求，任何预警都必须先由权威的联合情报委员会评审，然后才能送交决策者。据军情六处的高官透露说，除非经过联合情报委员会认定，否则英国政府绝不会把一份早期预警报告视为战争的征兆。因此，国安会作为情报分析评审的最高机构，将会对任何预测、预警的信息做出恰当的评估。

在现实生活中，经济的波动、金融市场的反复，给了人们巨大的想象空间：普通的专家学者每天都在撰文预测，雷人的经济学家则时时刻刻都在高声预警。

如今，网络媒体上充斥着各种看空中国的预测，以及新兴市场经济崩盘的预警，但是这类事情好比"狼来了"，喊的次数太多，也就没人当真了。

3. 把握预测与预警的度

情报学专家指出，情报评估是最珍贵的情报产品，其生产者必须具有极高的天赋和广博的智慧，接受过优秀的专业训练，在新的事实证据面前是公正的，在研究技巧的发展上具有天分，在假设上具有丰富的想象力，能消除自己的偏爱和偏见，能娴熟地做出判断。

预测与预警总是面临一个权衡问题，它的临界点在哪里？有时候，情报分析人员会因为等待风险征候的出现而错过预警。有时候，当局势逐渐地、缓慢地恶化，预警指标持续了相当长的时间，但危机却没有如期发生，这也会使分析人员变得不那么敏感。有时候，分析人员又会过分渲染局势的严重性而频繁预警，用户会因为频繁的预警变得麻木，以至于真正的危机来临时，人们也会对警报置之不理。这种状况是经常发生的，英国学者迈赫赫曼称之为"警戒疲劳"。解决这些问题的办法是，建立一套预警体系，即必须有充分的预警指标，既不发布虚假警报，又不能漏报风险事件。

如今进入大众传媒时代，一有风吹草动，各类预测、预警信息满天飞，例如 GDP 下行、CPI 上升、利率小幅波动、汇率充满变异、信贷收缩、房价回落、影子银行膨胀、地方政府债务狂飙等，甚至某个房地产开发商的资金链断裂，某个风光一时的大集团老板突然消失……几乎每天都有经济学家、金融专家根据这些情况进行预测：中国经济危在旦夕，"硬着陆"的风险非常大；经济危机、金融风暴将于某年某月爆发。然而，实际情况却是平安无事，渐渐地人们对专家的预测也就忘了。

直到有一天，真的有什么不好的事件发生，真的有了"硬着陆"的迹象，专家就会自诩有先见之明。

假如一个经济学家，天天都在预测经济"硬着陆"、股市崩盘，直到有一天，这样的悲剧真的发生了，那么他是否就可以称得上是伟大的预言家，从此步入顶尖的经济学家之列呢？这如同一个业余的气象专家预测天气，他每天都预测下雨，1 年 365 天，假如有 40 天被其言中，概率是 1/9，但这能说他是伟大的气象专家吗？

美国纽约大学有位叫鲁里埃尔·鲁比尼的经济学教授，他经常发表文章进行经济预警，颇似预报灾难的"乌鸦嘴"。于是，美国《纽约时报》给他封了一个"末日博士"的称号。

国内的媒体上也有一些著名专栏作家，频繁发布紧急预警说楼市要崩盘，股市要大跌，油价要下降，被业界称为"空军司令"。或许若干年后，真有这么一回事，但你能说他预测对了吗？经济预测不能像买彩票般瞎撞。有的彩民锲而不舍，年年选择他的生日、车牌或门牌号为投注号码，终于有一天他成功地中奖了；可是，其他成千上万的彩民也依此选号，却年复一年，日复一日地落空了。

据观察，西方投资银行培训出来的经济学家，之所以连续数十年对中国做出悲观的预测，与他们在西方接受的教育理论和工作经历有关。可是，这样的理论、这样的经验，换了另一个地方，到了另一个正在进行工业化、城市化演变的发展中国家，就不一定灵验了。

一般而言，社会发展的轨迹有迹可循，宏观经济也遵循量变到质变的原理，这些都为决策者沉稳应对变动留下了思考与操作的空间，但会存在误判形势的情形，还有出错的时候。即便是学术气氛很浓的美国，在过去的几十年间，也没有人能准确预测到美国的任何一次重大经济转折。

经济学家可以对经济预测信手拈来，但是，能经常提出预警的则不多见。因为，经济与社会运行是一个缓慢的量变过程，没有足够多的酝酿，就不会有快速转向的可能，正所谓宏观经济运行有"硬着陆"与"软着陆"之分。

情报分析的目的，是为决策者提供参考；情报预警和预测的目的，则可以帮助决策者充分了解、掌握局势的发展状况，做好应对措施。因此，没有得到决策者认可的情报分析是失败的情报分析，没有得到决策者认可的预测是无效的预测，没有得到决策者响应的预警是无效的预警。

经济学并无确切的答案，因此有人斥其为伪科学，就算是那些号称已进入顶级经济学圣殿的诺贝尔经济学奖得主，他们关于对与错的争论依旧持续不断。如1974年和2013年的诺贝尔经济学奖，都分别授予观点针锋相对的两个经济学派别的代表人物。

无论是处于社会顶层的决策者，还是社会底层的升斗小民，都会被经济预测所吸引。经济发展的趋势、金融市场的波动、货币汇率的变化、某只股票的涨跌，都能吸引博弈其中的人们孜孜不倦对其进行研究、判断、预测。因为一旦预测成功，他们就可以把握宏观经济跳动的脉搏来治理国家，或对个人资产负债进行趋利避害的操作。

鉴于经济预测有如此诱人的功效，有的机构就搞起了预测比赛。这类似于元宵节的猜谜游戏，猜对有奖，猜错不用负责。例如，某机构的"全球宏观经济预测杯"就是规模较大的一个竞猜游戏。预测者（机构）要预测出美国、欧元区、日本等三大经济体的 GDP（%）、失业率（%）、CPI（%）、基准利率（%）、大宗商品价格指数、汇率。

据介绍，这个预测竞赛的目的是，"将严肃的学术成果服务社会、服务市场，为政策制定、投资决策提供量化依据"，同时评选出预测最准确的中国宏观经济学者和机构。全球宏观经济预测的参与者以机构身份参加预测，机构参与者获奖默认第一位署名人为颁奖对象。

可是，无论政府和企业，还是任何一个决策机构，都没有将竞赛中的预测结论当回事。纵然是可以"为政策制定、投资决策提供量化依据"，但彼此之间缺乏了"对价给付"的经济合同条款的制约。

这个比赛纯属某位经济学家的创意。当初，某经济学教授连续两年拿下第一名的殊荣。然而，14年了，能连续3年蝉联或5年来独中三元的能手始终没有出现。更有趣的是，许多名家和名不见经传的小人物如同走马灯般荣登榜首，但都只是昙花一现，从此便销声匿迹。这并非他们不想去摘取"三连冠""五连冠"之类独霸领奖台的殊荣，而是因为计算繁杂的经济运行数据本身并无太多规律可循，猜测其轨迹只能靠胆识与运气。

假如有人对宏观经济小概率事件和美元汇率的预测，甚至美国货币政策何时转向等都能未卜先知，这是多么顶尖的预言家啊，简直类似摘取了数学界的"哥德巴赫猜想"桂冠。

六、金融情报的报送与传递

在中国，计划经济工作体制的意识根深蒂固地影响了情报生产的过程。从情报周期来看，一般遵循如下处理步骤：需求与需要—计划与指导—搜集—分析与撰写—上报—分发。

情报生产的固定模式能较好地帮助决策层了解和把握某些问题，从提出问题开始，到找到解决方案为止。例如，在写一篇调研地下钱庄对我国金融稳定的危害的报告时，先从接受任务开始，接下来是搜集和分析数据，然后是运用各种技巧分析解答问题。

在金融领域，这体现在制定货币政策的机构及金融监管当局对基层下达的诸多调查研究任务。例如，在人民币升值趋势确立前的20世纪90年代，国家外汇管理局关注的重点是骗汇行为，而在近年来，外汇储备太多，关注的重点又变成非法结汇、套利热钱入境等行为。这种随着形势变化而变化的政策需求，始终影响着基层金融（情报）机构进行外汇调研分析的基调。

但是，过分强调情况报告与计划任务、指令调研相结合的做法，其弊病是显而易见的。例如，基层情报人员为了应付工作，为了完成上级下达的指令性任务，关注的焦点始终在那些与主题有关的问题上，而忽略和放弃了对其他金融安全隐患、苗头线索的关注。正是因为如此，国际情报界有这么一种观点：情报分析人员通常不应同决策者有过多的密切接触。美国中情局成立之初，就曾经试图远离其从事政策制定的情报用户，以避免自己在国家情报评估过程中丧失客观性。因为情报分析针对的若不是用户当前感兴趣的问题，那么依据情报做出的政策方案就变得没有多少实际使用价值了。

1. 信息垄断与信息共享

不能共享信息是情报失误的首要原因。现代经济的特征是分工进一步细化，在政府体系、金融领域里，任何部门和学科都有自己的专家，拥有与自己工作密切相关的信息优势，他们往往利用这种优势为自己谋求最大的利益，金融情报的搜集与分析人员同样如此，如在情报机构的基层单位囤积信息。信息垄断能够得到奖励和好处。例如，就基层的情报机构而言，垄断情报就有可能增加本单位的预算，提高本部门的地位，或在国家某些行业政策的制定与咨询方面有更大的话语权。因此，任何一个行政单位的官僚体系中都有囤积信息的手段，这是一种很自然的自我保护意识倾向。

但是，采取情报共享，将各方面的、从各种不同渠道得来的情报进行对比，对印证某一事件发生的征兆是有好处的，这是正确决策所必须获得的信息支撑。在情报传递过程的终点，设立信息综合汇总的国家安全委员会，确实是为打破这种信息分割的一种有效措施。显而易见，整合各方信息，为决策提供参考，是国安会设立的主要原因。

目前，由于行政管理体制的原因，情报搜集人员、分析人员甚至情报机构隐藏的东西很多，共享信息的好处却很少，这个问题一直客观存在。即便是有60年历史的美国国家情报委员会，作为情报共享、信息整合的执行机构，也不能完全做到共享。近期，中情局的一份研究报告指出：从"珍珠港事件"到"9·11"恐怖袭击，再到误判伊拉克拥有大规模杀伤性武器，情报搜集人员和分析人员不能够且不愿意共享信息，这已经成为导致情报失误状况反复出现的一个原因。

在国内，由于各地政府机构（或部门）制定的奖励政策，上级机关对下级单位和个人的信息情报的搜集、整理，与本单位和个人荣誉及晋升的考评挂钩，信息的报送与工作业绩、与晋升加薪等物质奖励相联系，与评比先进事迹的荣誉挂钩。因此，情报工作与新闻媒体上的独家报道一样，也存在着情报信息的独家占有、独家报告的现象。这表现为情报工作人员不轻易与同行交流，各自垄断信息。各地的基层信息人员大都以能写出引起高层关注、国家领导批示的情报为首要目标，这方面的功利性也造成在报告中极易掺杂情绪化感受，出现夸大其词的内容或评估，或标题惊悚，或拔高问题，甚至将某些大众传媒经济学家肤浅、短视、经不起推敲的理念进行上报。

要说把关，各级政府部门的政策研究部都是重要关口。作为每一期信息文稿的编撰人员，出自他们手中的情报信息，均可计入其年度绩效考核。

只有到了情报生产流程的终点站，才能做到真正的信息汇集与共享，才能彻底地分析、综合和相互印证各方面的情报信息，做出判断，这也是国家安全委员会的主要工作。处于信息汇集点的高层办公厅的编撰人员，每天要看如雪片般飞来的报告，并从中寻找出有价值、有吸引力、有利于安邦治国的材料报告。

2. 情报扣压

情报传递是指在情报系统中，初级情报人员将其搜集整理得来的初始情况报告，经过组织内部的中高级人员和数个节点情报机构的再加工，送至最终用户的过程。

实际上，情报传递过程也是一个筛选与甄别的过程，这一过程充满了不确定性。在组织内，中高级情报官员和情报分析专家的知识结构、专业水平，以及对当前政策的理解存在差异，因此，许多情报要么被扣压——认为不重要；要么被肢解——引申出另一个主题，经过修改整理后重新上报。

在1973年的赎罪日战争中，以色列遭受了一场本可避免的突袭，这其中就跟情报扣压有关。毫无疑问，以色列拥有世界上最好的情报机构，但过去的胜利也让其狂妄自大，导致一份关于敌军进攻在即的情报被认为内容不实而遭到扣压，以至于刚刚开战，以色列就遭到阿拉伯联盟军队的突然进攻，损失惨重。

在我国各级政府机构和各类情报信息的传递过程中，甚至在汇集各类情报信息的顶层办公厅，反复的评估、筛选和甄别工作一直在进行。许多基层情报人员辛苦搜集来的情况报告常常在这个过程中被淘汰出局，或者说被扣压了下来。对于基层情报人员来说，应付此类问题的方法就是增加传递渠道。例如，有一篇研究热钱问题的文章，是分别由情报系统渠道和政府信息报送渠道送往北京的，这个报告在金融情报系统内部被中层机构扣压了下来，但在政府信息渠道的传递中却一路绿灯，直达顶层办公厅。

情报分析失误的原因多种多样，这与分析人员的专业背景和知识结构有关，也与其多年来形成的思维模式有关。

3. 情报终止

虽然情报传递依照逐级审核、逐级上报的程序运行，但依然有相当一部分具有重要参考价值、充满真知灼见的情报不能送到最终用户手中。这是因为各层级的情报管理人员在甄选与鉴别情报的过程中，存在着专业水平的差异或某种固有偏见，致使情报传递中断。情报没能送到用户手中，我们便将此称之为情报终止。

初级情报人员应该相信，上级情报官员的所作所为出自公心，相信上级机构具有领导才能、大局意识，乃至国际视野。但即便如此，由于判断失误导致的情报终止事件还是时有发生。典型的例子就是，日本偷袭珍珠港，开战前美国曾经获得相关情报，却没能传递上去。

如果情报人员坚信自己撰写的情报有价值，却与直接上级沟通失败，为了避免重大情报遭遇终止，可采取越级上报。但越级上报具有很大的风险，毕竟初级情报人员不愿得罪上司中的任何一方，如果走了这一步，一定是万不得已而为之；另一个比较易于接受的手段是多渠道报送，即通过第二或第三渠道上报。

为了不使辛苦搜集、撰写的金融情报被丢弃，而尽可能发挥其使用价值，还有一种办法是将其中一些秘密搜集的关键信息隐去或改写，修改为一篇学术论文，或是篇幅较短的财经评论。假如能够获得公开发表，既是对情报人员工作的认可，也有可能引起决策层的重视，因为公开搜集情报信息是顶层研究机构的一项工作。

案例分析

一、一份关于人民币跨境套利的预测报告

近些年来，中国经济快速发展，人民币国际化步伐突飞猛进。笔者曾在2012年年初，以"论中国资本项目自由兑换机制已初步形成"为题撰文，对境内外机构利用人民币跨境资本流动进行套利的可能性提出预测，主要观点是：境内的人民币自由流出与境外的人民币自由兑换相结合，形成了境内外两个人民币汇率市场的报价及相应的套利条件，从而进一步加大了中国央行对人民币汇率的监控难度，还将严重威胁到国家外汇储备的安全。随后，2015—2016年，多次出现的境内外人民币汇率差异，导致境内人民币套利资金流出过快，央行被迫采取迂回战术抽紧香港的人民币银根。而2016年全年，数万亿元的人民币贷款流入香港，形成香港人民币不增反减，人民币汇率持续下跌至6.4%的现象。痛定思痛，中国央行在2017年年中实施限制人民币套利资金的外流措施等，这些状况都进一步印证了笔者当初的判断。

笔者在该文文末联系当时错综复杂的局面，建议对上海证券交易所筹备多时的国际板暂缓放行。其后，呼之欲出的A股国际板偃旗息鼓。

以下（至本案例末尾）是该报告的全文。

（一）

1996年11月27日，时任中国央行行长正式致函国际货币基金组织，宣布中国不再适用国际货币基金组织协定第十四条第二款的过渡安排，从1996年12月1日起，接受国际货币基金组织协定第八条款的义务，实行人民币经常项目下的可兑换。这意味着，从此以后中国对经常性国际交易的支付和转移，包括所有无形贸易的支付和转移将不加限制。

至此，中国除资本项目外，部分实现了外汇管理体制与国际通行规则的接轨。

如今，10多年过去了，中国外汇管制下的"资本项目可兑换"终于有了突破性进展，这是人民币国际化战略近期推进与实施所引发的连锁反应。

当前，中国的外汇管制仅剩下"资本项目不可兑换"这一最后防线，而其是否依然有效，是否能抵御不可预测的风险，无论是官方或民间学者都存在一定的认知误区。

当今主流的观点是："人民币国际化没有日程表。但预测5年后人民币将成为国际贸易结算货币，10年后可能成为完全可兑换货币，15年后可能成为许多国家中央银行的储备货币。经过15年的努力，人民币有望实现国际化。"

诚然，无论是基于世贸组织自由贸易的游戏规则，或我们所期待的人民币进入SDR（特别提款权）"一篮子货币"并增加权重，还是人民币国际化的稳步推进，尤其是履行对国际货币基金组织的承诺与应尽的义务，都要求中国央行尽早做出部署，促进人民币资本项目自由兑换的实现。

2011年以来，央行频繁地颁布一系列稳步推进人民币跨境贸易结算的法规和相关措施的实施，笔者认为，资本项目自由兑换的策略目标，实际上已经通过境外结算的渠道迂回实现了。尽管中国金融监管当局还没有意识到这一点。

当然，中国外汇管制实施了几十年，形成了一套相对稳定的管理方法与手段，对外汇的管控相当有效。但随着人民币国际化战略的实施，人民币跨境贸易结算、人民币跨境双向投资的展开，固守原有外汇管制模式已没有多大的意义与成效了。近年来，中国资本市场与国际金融市场接轨的迹象日趋明显，从大宗商品升降到股市波动都愈发同进共退。

本文试图论证中国的资本项目已经初步实现了自由兑换。其逻辑是：尽管中国境内的资本项目管制严厉,但境外货币市场的人民币与各种国际硬通货的兑换却是自由的;同时,人民币及相关外币的跨境流通渠道顺畅;境外人民币的自由兑换机制必然会影响到国内资本市场,并且在本外币的价格与流动的方向、数量上反映出来。例如,汇率波动、利率趋向均衡,以及基于套利的美元流入及逆转等。于是,可以得出结论:名义上的中国资本项目管制已经被绕过,人民币作为自由兑换货币的目标已经初步实现。其相关逻辑关系如图3-1所示:

```
    境内货币市场        |        境外货币市场
                       |
              ← 资金流入
                       |
                       |
      非自由兑换       |        自由兑换
                       |
                       |
              资金流出 →
```

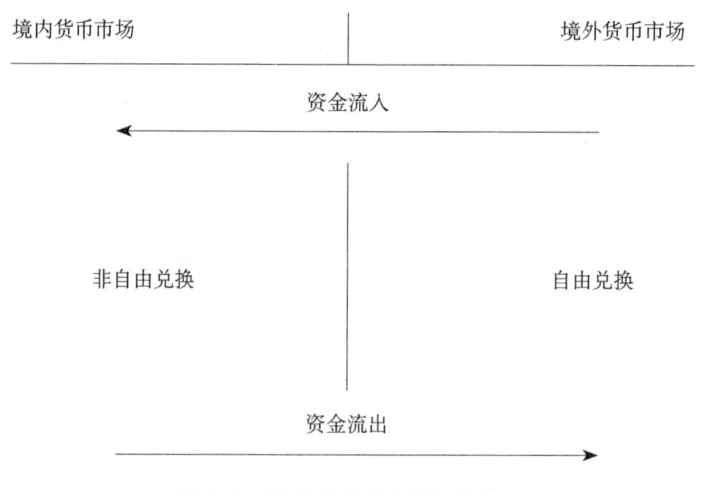

图 3-1　境内外货币市场间的关系

在图 3-1 中,境内货币市场是一个受管制、非自由兑换的市场;境外货币市场则是一个无限制、自由兑换的市场。只要跨境资金进出的管道畅通,境外货币市场的自由兑换功能势必会反作用于境内市场,不断削弱、侵蚀其管控功能,从量变到质变,从而降低中国资本项目管制的效果。

(二)

2011 年 10 月 14 日,中国央行颁布了《外商直接投资人民币结算业务管理办法》。该办法在认可境外投资者(外商)以人民币对中国境内进行资本投资的前提下,规范与细化了这项业务的具体操作。应该说,这为境外人民币回流国内创造了条件,并由此迈出了外币兑换在资本项目管制下走向解禁的重要一步。

此前，为了实施人民币国际化的战略步骤，中国央行已陆续颁布了多个跨境人民币贸易结算和放松资本管制的法规，主要有《跨境人民币贸易结算管理办法》《境外直接投资人民币结算试点管理办法》等。

国际上公认的一国资本项目自由化的含义，是指该国国际收支平衡表中资本及金融账户项下的货币自由兑换，即取消对国际收支平衡表中资本及金融账户下的外汇管制，如数量限制、兑换限制、区域限制、补贴及课税等，实现资本项目在国际间（境内、外）的自由流动。

多年来，在管制下，一笔投资或投机的资金进入中国境内运作后获利至退出，其操作流程大体如下：外币入境→结汇变为人民币→以人民币投入境内实体或虚拟经济运行→以人民币购汇变身外币→外币出境。

而中国资本项目管制主要在"资金进出"环节以及"货币兑换结售汇"环节进行控制。

现行受管制的资本项目外汇流入包括：境外法人或自然人作为投资汇入的收入；境内机构境外借款，包括外国政府贷款、国际金融组织贷款、国际商业贷款等；境内机构发行外币债券、股票取得的收入。

对应的资本项目流入渠道有：贸易与非贸易出口收汇、外商直接投资（FDI）、外债借入（中长期、短期）、合格境内机构投资（QDII）、关联企业内部资金调拨、离岸银行存款。

具体分管部门有多家，例如进入方面，实体投资由商务部审批，借入中长期外债由国家发改委审批，借入短期外债由国家外汇管理局资本项目司审批等。而无论是投资企业的资本金"结汇"或对外借入款项"结汇"，均需通过外汇管理局的逐笔审批。

而流出渠道有：贸易与非贸易进口付汇、偿还外债或对外担保履约、QDII、FDI、利润汇出或清盘汇出、关联企业内部资金调拨。

同样，在外资撤出方面亦相应地有多个管制条款，需具备诸多条件方能购汇及汇出。

然而，随着人民币国际化战略的逐步推进，境外投资（投机）资本进出中国境内时，可以绕过上述繁杂的步骤。

例如，在入境方面，假设香港投资（投机）者以人民币资金进入，就省去了必须经外汇管理局把关审批的结、售汇的货币兑换环节；同样，企业以投资盈利并增值后的人民币本金加利润汇到香港亦简单，香港货币市场上兑换成外币更方便。

因此，过去多年进入境内的外商投资资本假如要撤出中国内地，就不必完全通过外币汇出的渠道了，它完全可以以加速人民币国际化的名义绕开资本项目外汇管制流出境外，然后再换给央行指定的人民币在港清算银行——中银香港，拿回等量的外币。

简言之，若出现资本外逃，则其通过人民币国际化来实现跨境流动基本无障碍。其业务操作是以相应政府部门及央行政策法规的支持为条件的。

（三）

为证明上述所言资本项目外汇管制已被弱化，这里探讨近期中国跨境资本流动的情况，可以观察到人民币国际化战略实施3年来的几个特征：

1. 单向流动

人民币跨境结算业务并不平衡，存在人民币单向流出的问题。据央行数据，在2010年度5063亿元人民币结算量里，进口付款比例大约为85%～90%，出口付款人民币结算比例是10%～15%。而2011年前三季度进出口付款比例也大致与此相同。

单向流动的原因，一方面可以用人民币升值预期和境内外货币市场上的利率差别来解释，相较于美联储宽松货币政策下美元、港元存款的低利率甚至零利率，在境外增持人民币再利用离岸存款调入境内，可获得人民币1年期基准利率3.5%，而在许多金融机构发售的理财产品中，其（保本）收益率甚至能达到5%以上；另一方面，持续升值的汇差也相当诱人，如2004年汇改以来，人民币对美元（港元）升值37%，而2011年汇率上升了3.7%。

在上述因素影响下，境外机构与个人都有意在资产配置中保留一定比重的人民币而不愿卖出，持币待涨使得人民币单向流出特征相当明显。

但近期，随着美元指数回升和人民币升值预期降温，流向又有了新变化。据香港金管局统计，2010年人民币自内地进出香港的比例为3∶1。"如果有1

元钱从香港支付到内地，就有3元钱自内地支付到香港"。而到2011年9月，这一比例已经逐步下降为0.8∶1，出现了出大于入的逆转。

2．香港银行业慎对人民币

2010年7月19日，央行与香港金管局签订了《补充合作备忘录》（四），做出了更多关于人民币交易的安排。同日，央行还与中银香港签署了新修订的《香港银行人民币业务的清算协议》，中银香港由此成为香港人民币业务清算行。

一般来说，人民币的更广泛使用有利于增强香港银行业的盈利能力。由于人民币贷款可发放范围的扩大，银行可以从贷款中获取更多利润。

但事与愿违，香港的人民币贷款市场十分狭小，因为香港的企业与个人不愿借贷人民币，原因是贷款人借入人民币用于投资或消费后，偿还时将承受相应的利差与汇兑损失。

在利率市场化的香港，银行吸收了大量人民币存款，却找不到受贷人，只能以0.79%的年利率存放于人民币的清算行——中银香港。因此，香港银行业经营人民币业务多是薄利甚至亏损的，严重阻碍了人民币跨境业务的发展。这正是港澳地区政商界吁请中央出台加大人民币回流措施的原因。

香港银行业热衷于接受内地银行开出的备付信用证担保，并向内地在港关联企业发放外币贷款，这也可以用人民币升值预期来解释，因为银行判断抵押品（人民币）是不断增值（升值）的。

香港金管局数据显示：2010年年底，香港银行业对中国内地非银行客户的贷款总额达1.62万亿港元；2011年6月底，这一金额达到2.03万亿港元。短短半年间增幅达25%以上。香港银行业的人民币贷款对象以内地企业为主，因为内地实施银根紧缩政策，内地银行的贷款利率比香港高很多，这种跨境贷款对供需双方来说是一笔双赢交易。

除内地企业直接来香港做人民币抵押贷款业务外，还有些资质较好的企业在香港发行人民币债券，筹到资金后再贷给其他国内企业。

由此可见，资本项目下境外银行贷款资金出入中国境内的渠道已相当通畅。

（四）

境外资本套利利用了现有的各项法规。

举例来说，传统资本套利的做法是企业在境外设立一个子公司，利用虚假贸易或少量商品的真实贸易辅以虚假价格向海关申报，而掩盖其将大笔的本、外币资金在境内外倒手获取利差或汇差。例如，香港媒体 2011 年 11 月曾援引业界人士的话说："香港进口人民币贸易结算中有很大部分是非真实的。"

最近几年，这种境内外企业联动套利的做法，不再局限于实施自由兑换的贸易项目下，甚至大量发生在尚处于外汇管制下的资本项目领域。这样的做法算违规吗？

这样的操作得以实现，有赖于下述法律法规的实行：

1. 就外币而言，2004 年 10 月 18 日，国家外汇管理局发布了汇发〔2004〕104 号文《国家外汇管理局关于跨国公司外汇资金内部运营管理有关问题的通知》，称："外汇资金内部运营，是指跨国公司为降低财务成本、提高资金使用效率，由境内成员公司之间或境内成员公司与境外成员公司之间相互拆放外汇资金的投资理财方式。"

2009 年 6 月，国家外汇管理局又发布了为"便利和支持境内企业外汇资金运用和经营运行"的《关于境内企业境外放款外汇管理有关问题的通知》，该文件明确指出："本通知所称境外放款是指境内企业（金融机构除外）在核准额度内，以合同约定的金额、利率和期限，为其在境外合法设立的全资附属企业或参股企业提供直接放款的资金融通方式。"该文件还规定："放款人以自有外汇资金进行境外放款的，可凭境外放款核准文件直接在外汇指定银行办理境内划转手续；放款人以人民币购汇资金进行境外放款的，可凭境外放款核准文件直接在外汇指定银行办理购汇及资金境内划转手续。"

上述法规条文可作为境内外公司跨境联动调拨外币的依据。

2. 就本币而言，此举相对应的是 2011 年 1 月中国央行制定的《境外直接投资人民币结算试点管理办法》，该文件第十五条为资本流出提供了便利："银行可以按照有关规定向境内机构在境外投资的企业或项目发放人民币贷款。通过本银行的境外分行或境外代理银行发放人民币贷款的，银行可以向其境外分行调拨人民币资金或向境外代理银行融出人民币资金。"

上述两条提及的是企业在资本项目下，向境外划拨资金的相关便利条件。

在境外资本流入方面,除了上述两个文件外,还有下述文件在人民币流入上也作了相应规定:

2011年10月,中国商务部发布了《关于跨境人民币直接投资有关问题的通知》,该文解释"跨境人民币直接投资"是指外国投资者以合法获得的境外人民币依法来华开展直接投资活动。

同时,中国央行也发布了《外商直接投资人民币结算业务管理办法》,该文称:"为扩大人民币在跨境贸易和投资中的使用范围,规范银行业金融机构办理外商直接投资人民币结算业务,根据《中华人民共和国中国人民银行法》《人民币银行结算账户管理办法》(中国人民银行令〔2003〕第5号发布)等有关法律、行政法规、规章,制定本办法。"

(五)

上述文件在资本项目下本外币的流出和流入方面,客观上给予了境内外关联企业可操作的便利条件,加速了非贸易项目下的资金跨境流动。

1. 跨境资金流量加剧,资本项目(顺差)大于经常项目(贸易与非贸易)顺差

国家外汇管理局公布2011年前三季度数据,中国国际收支经常项目顺差1456亿美元;资本和金融项目顺差高达2298亿美元。

资本项目下资金无障碍进入中国境内的论点,亦可从香港银行业向内地大量放款得到佐证。据香港金融管理局统计,截至2011年8月底,香港银行对内地银行持有的债权(包括信用证)总计2220亿美元,较2009年6月人民币贸易结算试点刚开始启动时的320亿美元增长了6倍。香港银行人民币贷款总额由2011年年初的20亿元上升至190亿元。

香港金管局预测,在人民币FDI(外商直接投资)开启等因素的推动下,银行业向内地贷款还会继续增长。而假如银行判断失误,则风险会随之降临。毕竟美元的贷存比,也已由2010年年初的30%急升至2011年11月的75%。这种巨额的跨境资金流动让香港金管局感受到压力,因此它对香港银行业采取逆周期监管措施,要求本港银行监管储备占银行总贷款的比率由原来的0.85,到2011年年底要上调至1.4。

从数据来看，截至 2011 年上半年，内地企业贷款高于行业平均水平的香港银行有：中银香港、恒生银行、东亚银行、工银亚洲、永亨银行、永隆银行、中信银行（国际）等。

由于存在巨大的资本流动，国内外资本市场的关联度越来越高，近期境外市场的人民币贬值预期顷刻逆转了资金流向。根据中国央行发布的数据，第三季度跨境贸易人民币结算总额为5830亿元人民币（合920亿美元），较上季度下降2%，两年来一路上扬的走势就此被打破。根据数据，人民币贸易结算在中国经常项目交易中所占的比例从第二季度的8.5%下降到第三季度的7.8%，"热钱流出"之声渐起。

2. 中国央行独立货币政策愈发难以实现

近年来，中国央行的货币政策受到国际因素的影响越来越大，按照弗里德曼的经典理论，当一国CPI上涨时，中央银行应该毫不犹豫地通过加息来抽紧银根，扑灭通胀之火。所以，2010年10月以来，中国央行在本轮通胀加剧伊始连续数次加息，然而，每一次加息都引来了中国国际收支项目的双顺差，尤其是资本项目的大幅顺差。试想，若中国资本项目管制的防火墙有效，何以利率提高与热钱涌入同方向变动，呈水涨船高之势？结果央行为回购这些涌入的外币又必须投放相应的人民币，形成大量外汇占款泛滥，以至于其加息效果与打压通胀的目标相悖，即所谓的加息悖论。

2011年9月、10月CPI已出现拐点，呈回落之势，但银行1年期存款基准利率3.5%与10月6.5%的通胀仍有3%的差距，负利率若此，怎么能说是中国央行用加息压住了CPI呢？若不考虑资本流动对整个中国经济的影响，则货币政策难免会"南辕北辙"。而中国央行货币政策的独立性正受到资本流动的空前挑战。

3. 形成人民币均衡汇率

如同物理学实验里U型管中的水，假如中间管道通畅，那么水的流动必定使两端达到平衡。

现在境内人民币兑美元汇率由央行设在上海的中国外汇交易中心的会员交易价形成，并由国家外汇局每天发布；不过，在香港的人民币离岸市场上也有一个汇率，该汇率正逐步影响上海的汇率，尤其是近几个月来后者的逆动。

依据"U型管原理"，假如资本流动畅通，而境内外存在两个不同的汇率，则资本的单向流动不可避免，并与两者之差正相关，即差距越大流动性越强，最后总会达至大体平衡的状态。

可以预见，今后上海外汇交易中心和香港人民币离岸市场产生的汇价将呈现靠拢趋势，一旦实现均衡，则人民币的市场价格就形成了。所谓"操纵人民币汇率之说"，便失去了逻辑基础。

未来香港人民币离岸市场的价格很可能将由某一家境外机构来发布，当年恒生银行率先发布反映香港股票涨跌的"恒生指数"而获得市场认同，形成了一笔巨大的无形资产并获得商业利益。由此看来，无论由哪家境外机构发布香港的人民币汇率，都是一个巨大的商机。

4. 增加宏观调控难度

2010年境内外的资金市场价格还存在相当的差距，例如，境内1年期存款利率为3.5%，而境外美元贷款常年在2%~3%，这也引发了境内机构的"内保外贷""内部借款"和"人民币回流"。2011年随着央行对回流政策的进一步放开，香港的人民币利率转向逐步上升。但由于人民币国际化一开始主要以套利货币形式登陆香港，香港的企业与居民大多是囤币套利，用于市场结算较少，流通量更少，因此要达到境内外利率的均衡仍需很长时间。

2011年11月8日，香港金管局向各银行发出《人民币业务与清算行平仓的规定》，要求银行在向香港的人民币清算行平仓时，要严格执行在真实贸易背景下的相关规定，并明确指出："若银行有不符合资格的人民币持仓，除了会被要求拆仓还原外，屡次违规的则可能会被暂停与人民币清算行的平仓活动。"

在央行大力推动人民币国际化的背景下，香港商家仍对人民币敬而远之，且香港金管局对人民币单边升值后发生逆转的风险做出提示，表明人民币在香港主要是套利的金融属性在起作用，而非大量流入实体经济领域。

诚然，货币的完全自由兑换是一国经济发展到一定阶段的必然结果。但国际经验表明，一国要实现资本项目对外开放的平稳过渡，至少应具备下列条件：较低的通货膨胀率；充分市场化的利率、价格；稳健的国内金融体系及有效的金融监管；雄厚的外汇储备，以对汇市进行较强的调控；发达的资金市场；外汇收支的大体平衡；完备的法律法规等。

显然，中国形式上的资本项目管制貌似严厉，实际上跨境资本流通渠道已经打开，境外金融资本、套利者的行为，增加了中国政府宏观调控的难度，并带来理论难题和操作盲点。

除了上述货币政策受限导致汇率、利率的境内外博弈之外，还有对股市、楼市的冲击也值得研究。尤其是近期不断升温的国际板，若贸然推出，让境外投机资本获得大量本币（人民币）筹码而创造攻击机会，形成汇市、股市联动，则后果堪忧；若资本跨境流通的渠道已无障碍，一旦境外资本对中国经济增长的前景失去信心，大量流出中国，则将酿成全面的金融风险。

二、用逆向思维观察货币现象——对加息悖论的研究

逆向思维也叫求异思维，它是把司空见惯的、似乎已成定论的事物或观点反过来思考的一种思维方式。

社会经济生活是丰富多彩的，在纷繁复杂的经济现象面前，相对传统的经济理论而言，一些新的经济结论会冲击你固有的传统思维。例如，中央银行的加息或减息货币政策，是针对物价上升或下降趋势的一种调控手段，然而在某些条件下，这种传统货币政策工具的使用却适得其反，利用逆向思维去观察就会发现，加息反而助长了通胀。

（一）

诺贝尔经济学家蒙代尔提出"不可能三角金融定理"：一个国家不可能同时实现资本流动自由、货币政策独立和汇率稳定。然而，就实际情况而言，这种定律在某些环境下却不一定管用。2010年，我国依旧是完全管控资本流动的，汇率的波动也在央行的调控之下，按理说，货币政策应该是独立的，我国央行的人民币加息或减息应该由自己说了算。于是，2010年12月25日，中国人民银行宣布，自26日起上调金融机构人民币存贷款基准利率。这是中国

央行2010年第二次加息。

在经济学理论体系中，加息对通胀的抑制作用毋庸置疑，这是一个普遍性的规律。然而，当时加息对中国通胀的影响还存在特殊性，在"与美元波动高度相关的汇率制度、相对发达经济体的较高增长速度、强烈的升值预期、通胀压力下的加息预期"等多重因素的作用下，加息会吸引境外热钱来进行汇率、利率的套利，增加了境内的流动性，反而助推了通胀。这从2010年第一次加息后的多项数据中可以看出来。此次加息后，人民币兑美元汇率持续上行，逼近2008年汇改以来的新高，也是证据之一。

从长期看，随着加息周期的延续，加息对通胀的作用将回归普遍性的规律；但在短期，由于加息抑制通胀和加息推动热钱流入的作用相抵消，加息与通胀的关系，表现出一定的复杂性。其中的"副作用"何时能得到消除，让中国央行的利率工具变得更有效，还是一个未知数。

观察2010年的全球经济局势，可以发现，在美国实施第二轮量化宽松政策的同时，欧洲希望通过欧元贬值来刺激出口，日本中央银行则大规模入市干预日元升值，且美元与日元利率都处于历史低位。全球流动性泛滥和新兴市场国家的物价上涨交织在一起，构成了当时中国经济和金融所面临的外部环境。

通常而言，一国中央银行的货币政策在于稳定币值，充分就业，经济增长和对外收支平衡这四大目标的均衡实施，但在不同阶段有所侧重，而眼下，抑制通胀、保持币值稳定显然是中国中央银行的首要目标。

一国中央银行对货币政策的调控手段可分三种：利率、存款准备金率、公开市场业务。但在具体调控手段的选择上则会受到该国诸多相关因素的制约。

（二）

2010年10月19日，1年期存贷款利率加息0.25%后，引起了市场的连锁反应，主要可关注以下几方面的数据：

1. 11月30日，国家外汇管理局公布的数据显示，10月银行代客结售汇顺差为576亿美元，环比增长1倍，当月结汇额亦创下年内高点，达到1253亿美元。

数据显示，10月银行代客结汇为1253亿美元，银行代客售汇为677亿美元，两者之差为576亿美元，即抛售美元（给央行）多于买入额85%；而9月则分别为1192亿美元和908亿美元，差距是31%。

另外，10月银行代客涉外收入为1664亿美元，对外付款为1272亿美元，顺收为392亿美元，即汇入大于汇出30%；而9月银行代客结售汇收入仅为226亿美元。

尤其值得注意的是，一国结售汇差额应大体反映进出口差额。但10月中国贸易顺差仅为271亿美元，不及银行代客结售汇顺差576亿美元的一半，说明有305亿美元是在非贸易项目下涌入并以结汇形式甩给了中国央行。

据悉，以上数据所隐含的推论是热钱在加速流入，特别是考虑到目前香港的港币、美元或日元存款几乎无息，但中国内地的人民币存款年息已升至2.5%。

2. 11月26日央行公布的数据显示，10月新增外汇占款增长强劲，达到5190亿元人民币（仅次于金融危机爆发前2008年4月的5251亿元）。

通常情况下，银行代客结售汇顺差是外汇占款的主要来源之一。若以6.60的人民币兑美元汇率换算，10月的结售汇顺差大约是3801亿元人民币，但仍与外汇占款之间有1389亿元差额。

央行吞入外币时必须吐出等值的巨量人民币，是故国内市场的人民币投放量大增。

3. 再观察香港市场的反应，也能清晰捕捉到境外资金追逐人民币的迹象。2010年10月以前，中银香港的人民币额度只用了20亿元（9月香港人民币跨境结算额较8月还下降了22.5%）。但在中国央行宣布加息后的短短8天里，该行的人民币额度用掉了60亿元。10月27日，作为香港人民币跨境贸易清算行的中银香港突然宣布，人民币贸易结算兑换额度80亿元已用尽。短短1周就将正常情况下全年3/4的额度用光，其速度之快令人咋舌，背后的原因不言而喻。

4. 香港金管局11月30日发布消息称，10月人民币存款增加了678亿元，总量达到2171亿元，人民币存款当月大幅上升45.4%。而存款增加主要发生在加息后的10天里。

5. 国家统计局12月11日公布，11月消费者物价指数同比上涨5.1%。一一般而言，加息对通胀有抑制作用，且通胀水平会做出滞后的反应。但考虑到加息对热钱流入的影响和热钱对通胀的影响，本次加息对一个月后通胀的上升是否有"贡献"，以及有多大"贡献"，仍不得而知。

将上述现象梳理一遍，模型简述如下：

通胀上升→为抑制通胀央行加息→外汇局的结售汇顺差大增→央行的外汇占款（货币投放）大增→反而推动通胀（CPI）上升。

尽管加息对通胀的影响不止上述这一种模式，但考虑到数据所反映的这种影响的重要性，如此就形成了一个事与愿违的"加息悖论"。

简而言之，在全球经济周期不同步的特殊情况下，中国央行陷入了加息反而助推通胀的怪圈。

可见，传统思维方法及其解决问题的方式虽然简单，但容易使思路僵化、刻板，摆脱不掉习惯的束缚，得到的往往是一些司空见惯的答案。其实，任何事物都具有多方面属性。由于受过去已积累经验的影响，我们容易看到熟悉的一面，而对另一面视而不见。逆向思维帮助我们克服这一障碍，往往是出人意料，给人以一种破墙的感觉。

（三）

彼时，在中国特殊的宏观经济背景下，货币政策是直接盯住物价，还是间接盯住物价而直接盯住跨境流动资金；是使用数量型工具还是使用价格型工具，则要具体分析。

上述论证的模型可以且应该加入央行目前惯用的对冲流动性手段，即提高存款准备金与发行央票，在将这两者加入上述论述逻辑之前，先看一下那几周央行票据的发行情况。

在货币政策的选择中，利率调整属于价格型工具，存款准备金率调整和公开市场操作属于数量型工具。存款准备金上调与央票发行的增加都会造成流通中货币的减少，依据商品经济中"供求关系"的原则，货币供应量的减少，必然导致其市场价格（利率）上升，过程如下：

通胀上升→为抑制通胀央行加息→外汇局的结售汇顺差大增→央行的外汇占款（资金投放）大增→央行提高存款准备金（市场利率趋升）和央行加大央

行票据发行量（央行票据利率趋升）→推高加息预期→结售汇顺差增加→外汇占款（资金投放）增加→助推通胀上升（又回到了起点）。

在数量型工具对冲流动性的帮助下，加息对通胀的反常作用稍有缓解，但结局依然是南辕北辙。

概而述之，传统经济理论认为，一国央行加息可以抑制通胀；但在两个或多个处于经济发展周期不同阶段的国家之间，本币升值预期强烈且通货膨胀率较高国家的中央银行，采取加息手段来抽紧银根、以图抑制通胀时，低通胀率、低利率国家的货币会加速流入高通胀、高利率的国家，以博取利差和汇差，从而进一步增加了资金流入国的资金供给并助推通胀上升。在这一特定背景下，资金流入国的央行若再次加息，又会进一步吸引热钱流入，助推本国通胀，于是陷入了一个怪圈。由于加息与抑制通胀互相矛盾的情况与传统经济学理论相悖，因此这是一个悖论。

这样一个"加息悖论"，笔者称其为"加息困境"或"加息两难"。

简言之，通常情况下，央行加息（减少货币供给）能抑制本国通胀；但在全球经济周期不同步的特殊情况下，加息反而陷入了助推通胀这样的怪圈。

经济学是常识的集合体。通过上述推导得出这样的结论，是对传统、惯例、常识的经济学结论的反叛，是对常规现象进行逆向思维的结果。通常，逆向与正向是相比较而言的，正向是指常规的、常识的、公认的或习惯性的想法与做法。逆向思维则恰恰相反，它能够克服思维定式，破除由经验和习惯造成的僵化的认识模式。

第四章
金融战略情报与金融战术情报

在经济全球化的浪潮中,就一国的金融发展规划而言,就国际间的金融博弈而论,其策略的实施阶段有远期、中期、近期之分。按金融情报的结构和内容进行分类,则有金融战略情报与金融战术情报之分,二者之间,彼此协调、互为补充,是全局与部分、长远目标规划与具体实施手段的关系。金融战略指国家为达到金融战略目标,对途径和手段进行的总体谋划;金融战术则是指为达到金融战略目标,所采取的具体行动。金融战略是金融战术的灵魂,是金融战术运用的基础;金融战术体现了既定的金融战略思想,是金融战略的深化和细化。

一、金融战略的制约因素

战略者,乃博弈之策略。古人云:"不谋万世者,不足谋一时;不谋全局者,不足谋一域。"即为战略之精辟论述也。

美国中情局的高官认为:"战略情报应该有一种更宽的基础和更广的目标,它包括了经济学、政治学、社会研究以及技术研究。战略情报为(高层的)官员提供的是'宏观图景'和长期预测,以方便他们规划未来。"

制定战略得有战略的思维,即在全局的相关部分和行动过程中,始终保有前瞻规划的意识。

首先,战略思维是一种全局性思维方式,它要求把宏观经济作为一个整体,去思考它的整体布局,整体协调运作,从而实现整体功效。总之,战略思维方式是站在整体之上，综观全局、总揽全局、驾驭全局，一切着眼于全局。例如，在国家层面，只有做到外汇市场、利率市场、资本市场的协调发展与平稳对接，才能促进实体经济的健康发展。

其次，战略思维从战略目的出发，预测并把握战略发展全程的前景趋向，善于从某一阶段谋划下一阶段，以及后续的多个阶段，并从整体上做出贯通全局的战略方案，对于全局有长期的筹划，即所谓"走一步看几步"或"走一步看全部"。

最后，战略思维方式是有预置思维加工方案的，即设计出的结构、线路图样。它预先有一个以时间和空间为坐标系的战略思维蓝图。而描绘这个蓝图的前提，则要做到知己知彼，要靠情报来支撑。

在国家治理层面，战略情报是指对制定整个国民经济、科学技术的战略发展目标有重要意义的情报，如带有方向性的动态、展望或具有战略决策性的综述、专题研究等。一般情况下，对国家用户而言，战略情报可用于制定国家战略与政策，跟踪国际形势，也可为贸易决策或国家工业决策等行为提供支持。

金融战略是国家战略的重要组成部分，金融战略的研究与制定，不应该仅仅局限于金融，毕竟金融业的发展与各行业都有密切关联，金融战略的制定可以影响整个经济领域，甚至政治、外交、国防等。

一国的金融战略受如下多种因素制约：

1. 经济基础

金融业的产生和发展是商品经济高度发展的产物，也是一种虚拟经济。而国家金融战略的发展与规划是以一定的生产力为基础，并随着生产力的发展而发展的。持续而稳步发展的经济能推动金融战略向纵深发展，提高金融战略对国内外经济环境变化的承受能力和应变能力，增强利用货币政策手段调控市场的主动性。因此，一国的经济发展规模会制约其金融战略的目标、方向、重点和规模。最显著的例子是，改革开放30年来，我国经济持续快速地发展，国民生产总值大幅提高，货物贸易、进出口商品交易额跃居世界前列，这催生了人民币国际化的金融战略布局；而国家外汇储备的大幅增长，国内生产能力的大幅提高，也催生了建设"一带一路"的金融战略部署。部分行业的产量过剩，也催生了"供给侧改革"的国家财政方面的金融战略部署。

2. 国家利益

政治是对经济的高度概括。政治对金融战略具有统率和支配作用，能决定其性质和目的，赋予其任务和要求，影响其制定、实施和调整的各个环节。例如，我国金融改革开放的战略部署、"一带一路"倡议的提出、人民币国际化的推进，都与近年来中央政府提出的"中国崛起""中华强国梦"等伟大政治目标有关。

因此，金融战略要服从并服务于政治，满足政治的要求，完成政治赋予的任务。制定和实施金融战略，要注重政治背景，充分考虑目前国内外的政治情况，要保持金融战略的目标与政治目的和国家现阶段的大政方针要求相一致，并善于运用政治手段辅助金融战略目标的实现。

3. 军事实力

一国军事力量的强弱，对金融发展的规模、货币国际化的方式及该国金融体系在国际金融领域的地位有重大影响；军力的强大，对完成金融战略任务、达成金融战略目的能起重要的支撑作用。例如，战后美国政府主导的布雷顿森林体系的建立，美元霸权的施行，是与美国强大的军事实力相关联的。南非的黄金产量与储藏量多年来均为世界第一，但是，南非的货币兰特为何没能借此成为硬通货，成为世界各国所接受的另一个金本位货币，这与南非本身的政权稳定、综合实力，尤其是军事实力的欠缺有关。

4. 科技发展

科学技术是第一生产力，也是金融发展、金融博弈的重要辅助工具。当前，国际、国内金融市场现有的技术水平，金融博弈各方的技术手段，是制定和实施金融战略的重要因素之一。而高新技术与互联网在金融领域的广泛应用，使金融危机的爆发方式、规模、强度、过程、阶段、持续时间和结局，都发生了一系列变化；金融战略的制定方式，国际金融博弈的方式方法、手段和理论，也在不断地发展变化。利用科技手段，积极发展金融创新工具、更新金融结算手段，可以为实现国家的金融战略提供可靠的物质条件。而互联网、电子货币、云计算、第三方支付等科学技术的发展，也催生金融战略不断调整、更新，这样才能适应新的国际金融博弈的环境。

5. 地理条件

地理因素与国家金融战略布局有着直接的联系。某个国家、某个城市的地理位置、幅员、人口、资源、交通等状况，会影响人流、物流的趋势，资金聚集的强弱，以及其效能的发挥，这也是金融中心形成的前提条件。例如，香港地区的地理位置与中国内地的南部相连，又是中国最大的投资贸易周转地。因此，它很自然地成为人民币资金跨境贸易结算、我国人流及物流多方面走出去的最佳实验区，也就成了最大的离岸人民币金融中心。

二、金融战略的实施条件

1. 综合布局

在现代社会中，不论是经济、科技、教育，还是政治、军事等领域，都与金融业有着越来越紧密的联系，因此，采取战略思维方式制定合乎国情的金融战略，比以往更加迫切。

金融市场本身是一个系统。要制定出驾驭整体和指导全局的金融战略，就要全方位地从各个侧面、各个角度、各个层次考察金融市场，立足全局，把触角伸向四面八方，判断金融市场的变化与发展，把对金融市场运行的时间考察与空间考察统一起来，以形成立体的战略结构。尤其要注意的是，金融市场具有广泛外溢性的特点，涉及诸多行业，而这些行业又不能各自独立运转，必须处于相互协调的状态中才能平衡彼此间的利益。因此，让各个行业相互协同、相互促进，是制定金融战略必须重视的问题。

2. 与时俱进

由于金融战略与金融战略目标的实现之间存在一个发展变化的过程，因此，金融战略可划分为稳健型金融战略和超前型金融战略。

稳健型金融战略是指延续过去已经存在的方案和部署，其特点是走一步看一步，行动过程落后于金融博弈对象发展变化的过程。超前型金融战略是指面向未来、用超前的眼光与思维去看待金融博弈市场实际发展的过程，其特点是在金融博弈市场发生实际变化之前，就提前考察其未来可能出现的各种趋势、状态和结果。超前型金融战略，是以对金融市场未来发展趋势和规律的科学把握为基础的，绝不是智库人员关起门来的主观臆想或凭空幻想。由于全球经济一体化的不断加深，一国经济对外开放的空间越广阔，所涉及的因素越多，变化幅度越大，影响也越深远，就越需要加强超前型金融战略的思考和可行性论证，对可能引起的一系列问题和后果进行充分估计。这样才能使超前型金融战略走在市场环境变化的前面，并能科学地把握国际经济与金融的发展前景。

3. 长远规划

某些金融战略具有开放性。例如，人民币国际化、建设"一带一路"，都是公开的战略部署，这也是由金融市场的开放性特征所决定的。所谓金融市场的开放性，是指金融市场或金融系统与其周围环境，即其他市场或系统的相互联系、相互作用。用哲学的观点来说，任何事物或系统都同其周围环境相互联系、相互作用，进行着物质、能量或信息的交换和转换；不同的事物或系统之间，只是开放的程度有所差别，根本不存在与周围环境完全隔绝、完全孤立的状态。

由于金融战略的制定要面对全局性的金融发展，所以必须在一种大开放的状态下展开。过去，由于历史原因，在改革开放前封闭的社会环境下，我们的金融战略往往被限制在狭小的天地里。国与国之间缺乏交往和交流活动，缺乏横向联系和信息反馈，缺乏广阔的国际视野，这种状态极不利于制定科学的金融发展战略目标和规划。现在，世界经济、国际金融市场的发展越来越呈现出一体化，各国在金融创新上相互交流、相互影响，世界范围内的联系在不断扩大；同时，一国货币政策的外溢、金融危机的互相影响，也会随时发生。世界金融市场变得越来越开放化和一体化。制定金融战略必须面向全国、面向世界，加强同其他地区、其他国家的经济联系和交往。这样做，一方面能与世界经济、金融的发展同步，把握世界经济跳动的脉博；另一方面也可以从世界经济、国际金融市场中学习有益的东西，从而加速本国金融业的发展。我们在制定金融战略时，必须拥有战略眼光和国际思维，抓好政策协调，以便更好地顺应世界经济、国际金融市场发展的大趋势，从而抓住机遇，促进发展。

4. 周密部署

金融战略主要是对未来发展的思考与谋划，而未来的发展又跟当下面临的新矛盾、新问题密切相关。解决好新问题，就绝不能囿于传统的教条，而应当有所创新。因而，不断涌现的金融创新是金融市场发展的重要推动力量。

同样，制定新的金融发展战略，开拓新的工作局面，必然面临着许多复杂的新矛盾和新问题，面临着许多新的发展机遇和严峻挑战。伴随改革开放和世界经济一体化的发展趋势，我国金融体制改革不断深化：人民币国际化、利率市场化、资本项目开放、金融市场开放……在如此复杂多变的环境下，要制定新的金融发展战略，开拓新的工作局面，就必须实现思想观念上的不断创新，勇于超越常规思维，突破思维樊篱；就必须进行金融知识的更新和信息情报的搜集与整理。

三、金融战略情报的类型

国家之间或政府与市场之间在经济利益上的矛盾和冲突，是产生金融博弈和利益冲突的基本动因。制定金融战略所追求的目的，归根到底是为了维护或获得一定的经济利益，加快国家经济发展的速度，扩大发展空间。制定和实施金融战略，必须清晰地了解国内外的经济发展状况，了解市场博弈双方或多方的经济情况，获取金融战略情报信息，为金融发展的高质量和高效益打下基础。

西方情报界流行的观念是："战略情报是一种在战争与和平时期，国家的对外政策都必须依赖的知识。"这里说的战略情报，是战略家制定战略部署和执行战略计划所必需的情报，是最高决策层或相当层级的文官武将必须掌握的知识。

金融战略情报是指对整个国民经济、科学技术的发展有重要意义的金融情报，如带有方向性的动态、展望，或具有战略决策性的综述、专题研究等。

金融战略情报是高层级的金融决策者制定国家金融发展战略规划所必备的专业知识。

美国中情局著名战略情报专家谢尔曼·肯特认为："高层次的、对外积极的情报可称之为战略情报，同时这类战略情报有三种主要形式，即基本描述类、动态报告类与预测评估类。"笔者认为，这样的划分对金融战略情报的分类也是适用的。

1. 基本描述类

基本描述类报告，主要阐述情报对象的基本经济状况、金融行业的基本发展概况、整体金融业的各项指标、金融监管部门的框架和金融业务机构的类型与数量。例如，要在香港设立人民币离岸中心，就要研究香港的基本经济概况，包括背景、位置、面积、人口、语言、农业、工业、进出口数据等，尤其是货币交易使用的需求，金融行业架构的数据与分析，这样可以更进一步地了解香港作为人民币离岸金融中心对货币的承载量，以及对外来货币的需求。

2. 动态报告类

动态报告主要是报告对象国或地区最新发生的重大金融事项，及其对经济、金融局势的影响。如美联储货币政策的调整，加息或减息对国际金融市场的影响，日本央行的量化宽松政策，国际货币基金组织的某项重大决议，甚至某国央行行长的更换及其本人在公共场合与学术报告中表露出的金融思想与行为观念等。

动态类的报告主要侧重于说明事件的发展过程，也可以结合实际状况预测事件下一步的发展变化。例如，本章第一个案例分析就论述了当前外资机构抛售国内银行股权的基本状况及其预测分析。又例如，美国海外追讨税收对我国所造成影响的分析报告，在我国相关部门进行谈判的过程中都起到过重要的参考作用。

3. 预测评估类

预测评估报告主要是预测金融领域的发展趋势及其变化，尤其是他国的货币政策、金融规则的变化，对本国经济、金融业产生的影响。例如，美联储加息对新兴市场国家货币政策、汇率稳定带来的冲击变化，国际资本流动的方向与趋势对本国经济的影响。重要的预测评估报告更是以数据和事实来分析看似充满不确定性，实则互相关联牵制的事件对我国金融发展现状的影响或冲击。

经济学家们的文章喜欢预测一国 GDP 的增长率，货币政策的调整，甚至物价水平、股市的走势分析及操作策略等等。这与预测评估类金融情报相似，但后者的预测一定要建立在真实数据的测算与严密的分析推理之上。

例如，美国中情局为应对人民币国际化，曾经进行货币博弈的推演。

又例如20世纪70年代，尼克松政府在放弃金本位制前夕，请哈德森研究所对此做出预测分析：美国放弃金本位制后，暂时不利于美国；但长远来说，对美国政府又是有利的。

1997年7月，面对泰国货币贬值的冲击，中国科学院紧急成立了国家级"金融避险对策研究小组"，集中力量把数理分析与经济问题结合起来，从理论上研究对新兴金融工具的风险控制和风险管理，对亚洲金融风暴的产生与发展进行了预测与评估，并及时向国务院提交了报告。

预测非常重要，是一份报告的关键部分，是思想智慧的结晶，因此可以说，预测是情报之魂。

尽管笔者对金融战略情报做出上述三大分类，但在实际工作中，各类金融情报纷繁复杂，形式多样，难以尽数归于这三类中。在实践中，报告内容对情报类型的区分更关键，仅仅依靠格式，则很难区分归类。通常，国内的金融研究报告，专指通过内部渠道传送至管理层的分析论述文章，这类文章在内部渠道上报时称之为"信息情报"，对外公开发表时则可归类为"金融论文"。这种报告的固定格式为：基本情况（原始信息描述）、现象及原因（动态及分析）、危害性（揭示弊端）、对策与建议（预测与评估，从专业角度提出合理化建议）。显然，这里面把基本描述、动态、预测等三方面都涉及了。

四、金融战术情报

1. 金融战术情报的形式

战术情报，英文为"Operational Intelligence"，中文直译为"机会，稍纵即逝的情报"，是在冲突前线产生并发挥作用的。金融战术情报多为执法机构的情报，以及在某个事件发展过程中，我方决策机构采取的行动与步骤。

在军事情报学的概念里，战术是指导和进行战斗的方法，包括战斗的基本原则，以及兵力部署、战斗指挥、动作协同、战斗行动的方法和各种保障措施等内容。战略亦称军事战略，是筹划和指导战争全局的方略，根据作战类型和性质，可分为进攻战略和防御战略。战略和战术最大的区别，就是二者层次不同：战术是低层次小范围的对弈，战略则是国家层面大范围的部署。

战术是指取得小规模胜利或实现小规模优化的技术。在战争、经济、贸易、游戏和协商中，战术被广泛使用。具体而言，战术就是战略的实现过程，即执行战略的方法。

值得一提的是，单纯战术上的胜利往往未必能令整个战略局势发生扭转。如1950年的金门之战，守卫金门岛的国民党以逸待劳，给我渡海作战的解放军造成极大伤亡，但即便国民党获得如此大规模的局部胜利，仍然无法逆转其政权在大陆的战略失败。

2. 金融战术情报的运用

战术情报的形式以金融市场的动态信息、金融业监管的调控报告为主。通俗地讲，金融战术是某一阶段己方对局势的应对措施或操作细则。因此，战术情报报告的内容多以某些具体的事例为主,针对性和时效性都很强。

相较于鸿篇大论的金融战略情报而言,金融战术情报的撰写与结构则较为简单,就事论事的成分多,评估和分析预测,以及建议与对策等内容,都很简洁。但是,这并不影响它作为重要的情报信息进入国家决策层的视线。据悉,2013年,对比特币的危害及其分析的情况报告就是一份不过千字的金融战术情报,它在国家部委联合发文之前获得了中央高层的批示。

人民币国际化的问题是中国金融发展的战略问题,但是,每个时期、每个阶段的推出力度有强弱之别。这其中,涉及国家金融安全与稳定、企业机构套汇与套利的操作,甚至热钱冲击等诸多问题,需要在国家层面上进行协调与统筹。但在实际操作过程中,管理措施与相关政策的执行并非一帆风顺,需要进行补充、修改,这就是战术问题了。战略和战术相辅相成,才能在金融博弈中减少损失,使国家的利益最大化。

五、战略情报与战术情报的关系

1. 战略与战术的转变

之所以把金融分析研究的评估报告划分为战略情报和战术情报,得益于我在人民银行工作期间,对系统内机构设置的相关职能的思考。例如,人民银行总行在机构设置上,就有金融研究局(省、市人民银行分行是金融研究所)与调查统计司(省市人民银行分行及下属中心支行设立调查统计处、调查统计科),相关的职能是有区别的。金融研究局的相关工作报告关注的大多是高层次的、宏观的问题,叙述内容具备相当深厚的理论性、学术性;调查统计司则更多地关注基层的、微观的问题,比如金融业务实际操作中出现的、当前迫切需要解决的,乃至国家现阶段面临的重大发展机遇等实际问题。

当然,这样划分也并非一成不变。通常,金融研究局与调查统计司在工作内容、权限和职责上也存在交叉。

金融战略情报的撰写与严谨的学术论文的写作并无太大区别,它致力于解决当前管理层所关注的、所重视的、需要多方论证才能下结论的问题。

第四章 | 金融战略情报与金融战术情报

1960年，美国经济学家罗伯特·特里芬在其著作《黄金与美元危机》中提道："由于美元与黄金挂钩，而其他国家的货币与美元挂钩，美元虽然取得了国际核心货币的地位，但是各国为了发展国际贸易，必须用美元作为结算与储备货币，这样就会导致流出美国的货币在海外不断沉淀，对美国来说就会发生长期贸易逆差；而美元作为国际货币核心的前提是必须保持美元币值的坚挺，这又要求美国必须是一个长期贸易顺差国。这两个要求互相矛盾，因此是一个悖论。"这一内在矛盾被称为"特里芬难题。"

这是一份学术报告，同时也是一份价值连城的金融战术情报。但此书在公开发表后相当长的一段时间里，并未引起美国政府决策当局的重视，也未能在西欧乃至世界各国政府中引起重视。后来，国际金融发展变化的轨迹，不断证实了书中所研判和推导出的结论。各国的金融学者开始将书中的结论作为一种定论，在论述一国货币国际化的学术研究中广泛引用，并将其称为国际金融发展史上的里程碑。

之所以说"特里芬难题"的发现意义非凡，这是由当时正在运作的布雷顿森林货币体系所构建的国际金融秩序来决定的。布雷顿森林货币体系是指二战后以美元为中心的国际货币体系。在那个年代，美元又称"美金"，是等同于黄金的硬通货。无论是作为拥有巨额黄金储备而发行美元的美国政府，还是持有美元作为国际储备货币的各国政府以及国际金融界，如果认真分析、研判这份学术报告（或称战略情报），均可采取抛售美元、囤积黄金的策略，并且其实施的力度与快慢，都会给本国政府的经济利益带来巨大影响。可以毫不夸张地说，这是一份关系到国家重大利益、民族福祉的金融战略情报。

故事到此并没有结束，眼看"布雷顿森林体系"根基不稳，美国政府又委托著名的智库——哈德森研究所，完成了一份关于美元与黄金脱钩的战略性预测评估报告。这是一份指导美国政府在金融博弈策略方面完成重大转折的战略报告。该报告通过一系列严谨的逻辑推理、宽泛详尽的定量分析、充分的评估论证，最后得出了这样的结论：美元与黄金脱钩，在短期来看，会引发国际金融市场的剧烈波动与混乱，影响美国的西欧盟友、东亚的日本与韩国等对美国政府经济发展的信心，导致战后由美国主导确立的国际货币体系的崩溃，从而引发国际、国内的通胀，因而从短期来看，这对美国是非常不利的；但从长远来看，美元逐步走向世界，作为一种主要的国际货币，由依靠黄金的信用转为依托国家的信用发行，美国政府可以脱离黄金库存的限制，而大量发行美元，并由此获得高额的铸币税收入，这对美国政府是有利的。就整个世界货币体系来看，持续不断的美元输出，美元担当国际货币的作用进一步扩大，促进了美国在国际贸易与国际分工体系中的扩张与发展，美国政府甚至可以将美元当作影响世界经济的手段和工具，这些都会给美国带来巨大的利益和收益。因此，从长远来看，利大于弊。

金融情报的分析要有宏观的大局意识与开阔的国际视野，尤其是针对金融战略方面，可以将各种问题集中起来，放到一个更开阔的场景中，进行更深层次的思考。

金融战略与金融战术之间，主要是全局与局部，长远目标与使用手段的关系。

在市场博弈中，战略投资与战术投机的关系，实际上是战略布局与战术运用的关系。例如，在股市中，看好某只股票，想炒一把，可是没想到入场后被套了，于是只能潜伏其中，等待解套的机会。这个等待解套的时间如果过长，股民成了股东，当初主动出击的"投机战术"就会转变为被动等待的"投资战略"了。

又例如，一个大型股份公司在公开发行股票的募集过程中，参与认购的有策略投资者或基石投资者。基石投资者主要是一些一流的机构投资者、大型企业集团及知名富豪或其所属企业。他们的加入，实际是对公司基本面和发展前景的肯定，会给市场带来很大的信心。基石投资者的引进，相当于一种战略投资。

战略与战术的关系并非一成不变，随着市场环境、经济形势的变化，博弈中制定的长期目标可以转化为短期操作手段，当初为投资者立下的信誓旦旦的承诺，可能转变为见风使舵、见好就收的撤退。

战略投资与战术投机相互协调的事例很多。例如，我国利用外汇储备购买大量美国债券，从战略层面上看，美国债券的安全性、流动性、盈利性都比较好，因此持有大量的美国政府债券是正确的战略选择。

具体而言，我们辛辛苦苦赚取的大量外汇，为什么还要以购买美国债券的形式回流美国？

在观察国际资本流动趋势时，著名的经济学家斯蒂格利茨发现，国际资金循环中出现了新兴市场国家以资金支援发达国家（如许多东亚国家持有巨额外汇储备）的现象。这一得不偿失的资本流动怪圈，被称作"斯蒂格利茨怪圈"。其具体表现为：新兴市场国家以较高的成本从发达国家引进过剩资本，后又以购买美国国债和证券投资等低收益形式，把借来的资本倒流回去。

这个怪圈在我国形成的原因在于：国家利用市场分配货币资金资源的制度不完善；多年来，金融业的国家垄断经营造成的利差过大，以及相关金融市场经济基础性制度的缺失；我国金融业和本土资本市场的发展相对滞后，未能充分发挥动员国内储蓄、促进投资的有效形成和配置的功能；在经济特区，我国利用特殊政策吸纳外资迅速崛起，在这样的示范效应下，全国各地政府纷纷效仿，以优惠政策吸引和利用外资，导致外国资本对国内储蓄的部分替代，也导致外国资本和国有资本对民营资本的两头挤压，造成了中国有效率的企业组织的缺乏。

这些原因导致中国大规模地利用外国资本进行直接投资和股权投资，同时又对外大规模投资美国国债。

各国之所以热衷于大量购买、投资美国国债，首先是因为美国债券的市场容量足够大，中国庞大的外汇储备投入或撤出不会引发价格的剧烈波动。当今世界，主要的外汇储备大国都是美国债券的持有者，例如日本、英国、巴西、石油输出国组织等。

其次是变现能力强，因为美国债券的市场规模很大、交易成本也低，导致其流动性很高。

最后是信用风险低，因为美国政府赖账的可能性低，美元贬值的风险低。这主要体现在对美联储保卫美元、打压通胀的货币政策的信心上。

即便是我们在战略上被动地投资美国债券，也并不妨碍我们做一些波段性的高抛低吸，或者在国内对外汇需求发生变化时做一些总量上的调整。这些都是可选择的战术动作。

2. 战略情报与战术情报的协调

战略情报与战术情报的使用者略有不同。战略情报提供的是"宏观图景"和长期预测；战术情报往往是指市场的快速变化信息，不仅包括具体交易方的信息，还包括与之相关的己方阵营的动作信息。因此，建立统一的战略与战术协调机制是很有必要的。

比如说，中国的金融机构走出去、更多地到海外设点，推动人民币国际化，推动"一带一路"的建设，这都是国家层面的战略。但具体到战术的应用上，则必须视个别情况采取灵活多样的各种手段。例如2008年，招商银行并购香港的永隆银行，当时在市场上，香港中小型银行股权出售的价格市净率一般为1.2~2.5倍。据了解，由于有好几家中资银行参与了收购香港永隆银行的竞价，永隆银行管理层立马开出高价，待价而沽。中资银行方面缺乏协调机制，相互竞争、自乱阵脚，因此把收购价格抬了上去。最终，招商银行收购香港永隆银行的价格是永隆银行当年一季末账面价值的3.1倍，被认为是"史上香港银行业最昂贵的收购"。香港传媒认为，如此离谱的、高倍市净率的银行收购价格至今无人打破。

中资金融机构积极参与海外并购，战略大方向是对的，但在战术运用上缺乏协调与沟通，给对手可趁之机，这实在是一个昂贵的教训。

中国金融情报信息体系目前的状况是，战略情报多，战术情报少；金融专家多，金融情报信息人员少。造成这种状况的原因有如下两点：

（1）在体制内，各种金融研究中心、研究所、研究院、研究室很多，因此，专家们写出的鸿篇大论的金融战略文章也很多。在基层的金融机构里，信息员和兼职的情报人员少，因此写出金融战术的情报也少。

认真思考、提出问题，发现金融市场运行中的一些疑点难点，理顺金融业发展的合理化建议，提出防范与化解金融风险对策的报告少；研究如何减少企业的制度套利、监管套利、市场套利，倡导创造一个公平合理的竞争环境的金融情报更少。

（2）就写文章的功利性目的而言，提交长篇大论的金融研究报告，发表在学术刊物上，可以名利双收，对提拔、评职称都有看得到的好处，故趋之若鹜者众。甚至许多基层的金融工作者，也不断地写一些评估国家金融战略发展的大报告。而动态性的、时效性的战术情报，譬如调查报告、信息简报的数量与质量都不佳。

金融研究人员刻意追求高大上的报告，是当今世界各国金融学术界的通病。他们忘记了金融的特征就是市场化，金融调控与金融监管必须贴近市场。金融决策者要做到的是，把握市场的脉搏，了解市场发展，利用大量的调查研究分析报告来为决策做参考。

金融战略情报与金融战术情报供给失衡的状况，在其他国家也存在。例如，美国一位财政部次长在2008年金融海啸过后撰文抱怨道："经济学家们专注于高大上的研究，造成理论与实际脱节。美国金融监管机构的管理者推崇宏观研究太多、关注微观运作太少；研究货币体制改革，预测CPI、PPM、GDP的文章很多，建议货币政策转向的文章很少；蛊惑央行放水的呼声很高，呼吁调整利率、存款准备金率的声音很弱。"

案例分析

一、一份建议我国银行暂缓在A股上市的战术情报

2013年4月初，某股份制银行（主要股东为某外资银行）将于近期采取A+H股的形式，公开上市募资350亿元的消息被广泛披露。据媒体报道，这个传闻得到证实，一度沉寂的某股份制银行首次公开募股（IPO）重启，该股份制银行股东已经在4月12日开会授权启动IPO。与此同时，该股份制银行新一轮网点扩张也在进行，其成都分行4月18日开业，另有多家分行正在筹建。该行行长在成都分行开业媒体见面会上透露，4月12日的股东大会上，公司股东已授权董事会启动IPO。有投行人士透露，该股份制银行此次已选定10家投行，包括主要股东之一的某外资银行，以及与其有渊源的某股份制证券在内；IPO方式仍倾向于2011年设定的方案，即以A+H股的形式，募资350亿元。

记者从该股份制银行内部知情人士处得知，"已经开始询价"。该行2012

年净利润 112 亿元，较去年增长 16.8%，零售业务占比 35%。

（一）

自中国银行业监督管理委员会以规范性的文件（银监会令〔2003〕第 6 号文），以倡导和鼓励的姿态，于 2003 年 12 月 8 日发布《境外金融机构投资入股中资金融机构管理办法》以来的 1 年间，有大批境外的金融机构，陆续以"战略投资者"的身份投资入股了 20 多家中国境内的商业银行，及保险、证券公司。

彼时，有少部分外资金融机构已在获利丰厚的前提下，或转让或抛售了中资金融机构的股权；但是，大部分境外的"战略投资者"仍持有未上市的中资金融机构股份，他们在等待上市的机会，以及最佳的时间和价格。

通常，上市流通的中资金融机构由于股份溢价发行或在二级市场上被炒高时，正是海外"战略投资者"们退出的最佳时机。例如，中国银行、建设银行、工商银行、浦发银行、中信银行、招商银行、民生银行等已经上市的中资银行股票，都在近年来遭到当初高调入股的外资金融机构的抛售，外资金融机构获取了数以千亿美元的巨大利润。

有一些"战略投资者"在中资金融机构上市前转让股份，同样是获利丰厚。例如，汇丰集团与我国平安保险集团的"战略合作"始于 2002 年 10 月，汇丰银行当时以 6 亿美元作价认购了平安 10% 的股份。截至 2005 年，通过收购等方式，汇丰控股中国平安的比例达到 19.91%，伴随着中国平安 A 股上市及先后两次在 H 股市场定向增发，5 年间汇丰的回报已达到 31.87 亿美元，8 年股权账面价值翻 11 番，远远超过当年的投资额。又如 IFC 于 1999 年入股上海银行，按照上海银行当时的每股净资产 1.41 元，溢价 1.5 倍，以每股 2.12 元成交。截至 2010 年 6 月底，上海银行每股净资产 6.48 元，最新的定向增发价格近 13 元/股，于是 IFC 持有的近 3 亿股股份至少价值 40 亿元人民币。即便上海银行未上市，但 IFC 在 2011 年退出股权的盈利亦高达 33 亿元。

同时，亦有汇丰银行拟出售上海银行股权的传闻。2013 年 3 月，选举产生的上海银行第四届董事会成员中已无汇丰银行的代表。

这批当初对中国经济信心满满的"战略投资者"，在退出中资金融机构时都会寻找各种各样的理由,例如母行财务不佳、投资亏损或经营违规被监管机构重罚等,但对于根本性的原因大家都避而不谈,即对中国经济前景"硬着陆"的担忧,以及中国实施利率自由化而导致银行业暴利的终结。

(二)

2013年伊始,这种看空中国经济及中国银行业的言论一直在发酵。

2013年3月中旬,摩根大通、野村证券、瑞银等外资投行都相继以电子邮件的方式向其客户发布了做空中资金融机构的报告,并被境外传媒披露。

对冲基金经理人、全球最大的空头基金公司尼克斯联合基金总裁查诺斯,在4月5日举办的酒会上,用一份19页的PPT对诱发中国金融危机的一些因素做出解释,声称中国金融危机势必发生,只是或早或晚的区别,并表示中国的金融危机已经开始、多米诺骨牌似乎开始倒塌。

国际三大评级机构不约而同地表达了对于中国经济的忧虑。4月22日,标准普尔在一份题为"我们是否知道中国将何时为其经济刺激政策承担成本?"的报告中强调:中国经济步入下行通道;中国不得不为过去的经济刺激政策付出代价。

中资银行股因其被广泛关注的风险而成为主要做空对象。据香港交易所披露,农业银行4月17日遭美资大型基金 The Capital Group 场内减持1亿股H股,套现3.422亿港元,持该股多头头寸比例由11.24%降至10.91%。摩根大通和花旗也被披露,在4月12日分别减持了4236万股及9259万股农行H股。

与此同时,美国经济增长已经恢复到比较正常的水平,而美国企业的现金储备也创下了历史新高。随着美国财政政策从扩张性财政向中性财政的转变,全球的资本套利模式开始非常有利于美元指数的上升,美联储退出QE3只是时间问题了。

当时,全球大宗商品交易仍然以美元定价为主,而黄金价格、大宗商品价格今年来持续走低就释放出一个信号——历史已经反复印证了这么一种现象:黄金价格与美元汇率成了跷跷板关系,弱美元则强黄金(或石油),反之亦然。

看待外资金融机构借机退出中资金融机构的股权问题,必须站在维护国民福祉与国家利益的高度来考虑。就金融博弈中的战术调整，有一位体制内的金融情报研究人员提出了如下建议及对策：

1. 检讨、反思我国有关吸引境外金融机构投资入股我中资金融机构的策略与布局。

2. 修订中国银监会 2003 年 12 月 8 日发布的《境外金融机构投资入股中资金融机构管理办法》，限制或从严审批外资金融机构对中资金融机构的股权投资。

3. 暂停一切银行的上市审批（包括境内外银行的上市审批），防止外资金融机构在中资银行上市后，获得股权的溢价，顺利抛售股票。

只有这样，才能遏制外资金融机构由"战略投资者"向"战术投机者"的身份转变，维护证券市场的稳定与国家最高利益。

自此，中国证券管理机构暂停了所有中资银行在 A 股市场的上市审批，这家股份制银行的上市计划被搁浅。

（三）

眼见图谋上市后抛售股份的计划落空，某外资银行只好另想办法、自谋出路。

据英国金融时报网站 2016 年 2 月 29 日报道，某外资银行同意以 197 亿元人民币，将某股份制银行 20% 的股份出售给中国人寿，某外资银行集团达成了 30 亿美元（约合 197 亿元人民币）的协议，出售 10 年前在一场收购战后获得的一家中国银行的股份。此举使该外资银行成为又一家退出对中国金融机构投资的西方银行。

该外资银行此番正式宣布，已与中国人寿保险股份有限公司达成协议，将向后者出售其所持有某股份制银行 20% 的股份，并正式宣告其与某股份制银行 10 年牵手之旅结束。

中国人寿亦发布公告称，公司将以每股人民币 6.39 元的价格向该外资集团及 IBM Credit 收购合计 36.48 亿股某股份制银行的股份。其中向某外资集团收购 30.8 亿股，向 IBM Credit 收购 5.68 亿股，合计占某股份制银行总股本的 23.686%，总对价为人民币 233.12 亿元。

公告称，本次交易交割后，中国人寿将持有 67.29 亿股的某股份制银行股份，占某股份制银行已发行股本的 43.686%。

中国人寿表示，此次交易将不会导致某股份制银行成为中国人寿之附属公司，且其账目将不会在集团（公司及其附属公司）之账目内综合入账。

某外资银行称，此次交易的财务细节将不会对某外资集团的盈利产生实质性影响。

谋求上市无果的某股份制银行在外资大股东退出后，其在国内 A 股市场的交易暂停，中资银行上市的行动即刻结束。

2016 年 5 月 8 日，《投资者报》报道：已经有 8 家银行通过中国证监会审核等待上市发售，国内 A 股市场将掀起银行上市高潮。

由于多年无新增国内银行登陆 A 股，由于业务发展的需要，很多银行亟须补充资本金。目前，全国各地符合条件的城商行和农商行对于上市都跃跃欲试。

这些在 A 股 IPO 审核通过，即将正式上市的银行分别是：贵阳银行、江苏银行、上海银行、杭州银行，以及常熟农商行、江阴农商行、吴江农商行、无锡农商行。

二、一份价值连城的金融战略情报

从 1941 年 3 月 11 日到 1945 年 12 月 1 日，即美国参加第二次世界大战到战争结束的 5 年时间内，美国根据《租借法案》向盟国提供了价值 500 多亿美元的货物和劳务，各国的黄金源源不断流入美国，美国的黄金储备也从 1938 年的 145.1 亿美元增加到 1945 年的 200.8 亿美元，约占世界黄金储备的 61%，登上了资本主义世界盟主的位置。

1944 年 7 月，在美国新罕布什尔州布雷顿森林，44 个国家召开联合国与联盟国国际货币金融会议，确认美元与黄金（按 35 美元兑 1 盎司的官价）挂钩，而各国货币与美元挂钩。这就是著名的《布雷顿森林协定》。

（一）

但到了 1960 年，美国耶鲁大学教授罗伯特·特里芬写了一本书《黄金与美元危机——自由兑换的未来》，提出黄金与美元挂钩是"信心与清偿力两难"。再到 1971 年，美国尼克松总统发表电视讲话，宣布黄金与美元脱钩——貌似坚如磐石的布雷顿森林体系顷刻瓦解。这一令全世界错愕的大事，早都被特里芬教授言中了。

实际上，特里芬教授的这本书是由他的一篇发言稿——《在第 87 届国会经济联合会上的发言》和其他两篇学术论文组成的。后两篇论文分别发表在意大利《国民劳动银行季度评论》1959 年 3 月号和 6 月号上。

笔者在此将特里芬教授的这本书等同于金融情报，这或许违背了人们对情报概念的传统认知。自古以来，人们认为，从敌人那里得来的机密信息就是情报。

而今天，西方的情报理论观点认为：情报是一种知识，是一种对国家生存发展有重大意义甚至是生死攸关的重要知识。情报的价值不在于知道对手要做什么，而在于指出我们应当怎么做。

用西方现代情报理论归纳得出的情报基本属性——知识性、传递性、前瞻性，来衡量特里芬教授的这本书，可以看出，这实际上是一份标准的金融战略情报。它提醒美国政府，应该果断地放弃布雷顿森林体系这一难以为继的烂摊子。

特里芬教授的原话是这样说的："与黄金挂钩的布雷顿森林体系下的美元国际供给，是通过美国国际收支逆差，即储备的净流出来实现的。这会产生两种相互矛盾的可能：如果美国纠正它的国际收支逆差，则美元稳定、金价稳定，然而美元的国际供给将不能满足需求；反之，假如美国听任它的国际收支逆差，则美元的国际供给虽不成问题，但由此积累的海外美元资产势必远远超过其黄金兑换能力，从而令美元与黄金的兑换性难以维系。如此两难困境，注定了布雷顿森林体系的崩溃只是时间早迟而已。"

仿佛是要为自己这份"重要情报"寻找注脚，特里芬教授在该书的第一部分引用了约翰·斯坦贝克在《短命的皮平四世王朝》一书中的箴言："历史研究，虽然不能前知，但它却能预示未来事件可能会出现的迹象。"

事实的确如此，从 20 世纪六七十年代，国际金融领域里发生的一切事件，都证明了特里芬教授的这些先见之明。

特里芬教授在书中披露，1959 年 10 月 9 日，他的相关报告由参议员道格拉斯转交给美国总统、财政部长、联邦储备委员会主席。从那年算起，至1971年尼克松总统发表电视讲话宣布美元与黄金脱钩，整整过去12年。这期间经历了艾森豪威尔（1953—1961）、肯尼迪（1961—1963）、约翰逊（1963—1969）、尼克松（1969—1974）四位总统，也经历了世界黄金市场的动荡；遭受了仅仅半个月就令美国损失价值14亿美元的特大黄金抢购风潮；接着西方八国为平抑金价筹集价值2.7亿美元黄金而设立的黄金总库崩溃。美国的黄金库存也从1960年的187亿美元减至1972年的102亿美元。

早知今日，何必当初。如果美国总统在60年代初就当机立断，也不至于有价值85亿美元、相当于2.43亿盎司黄金的流失。

（二）

时间来到1970年，随着美国财政赤字、贸易逆差的进一步扩大，又伴随着伦敦自由市场黄金价格的进一步上涨，还有美国黄金储备的进一步缩减（已经下降到100亿美元以下），现实状况一步一步地向着特里芬教授所预计的情形发展。美国政府曾在布雷顿森林会议上许下承诺，以每盎司35美元的官方汇率兑换黄金。如今，这份承诺还能维持吗？情急之下，白宫政府又委托哈德森研究所对当时美国国际收支赤字带来的严重后果、美国放弃布雷顿森林体系的问题加以研究。半年后，哈德森研究所递交了给美国国家安全委员会的研究报告，其中一个重要的结论是：美国目前大量的国际收支赤字不利于世界经济的平稳发展；但对拥有国际货币发行权的美国是有利的。目前，世界各国使用美元作为储备货币与国际贸易的结算货币，所占比例为世界的80%以上。这种贸易结算习惯在短期内无法更改，也没有哪一个国家的货币能够替代。尤其是在东西方对峙的冷战时期，一个强有力的军事、政治、经济大国的国家货币对维护世界经济秩序是必需的。就美国政府而言，放弃布雷顿森林体系的固定汇率制，从短期来看，对美国政府是不利的，因为这会打击自由世界对美国强大经济实力的信心；但是从长远来看，对美国政府又是有利的，因为美元在世界贸易中的主导地位，将会给美国政府每年带来数以百亿甚至千亿美元的铸币税收入。美国政府一方面可以允许美国的经常项目——国际贸易逆差持续扩大以配合美元的输出；另一方面则通过货币政策引导资本项目顺差，采用大量发行的美国国债来吸收各国中央银行手中盈余的美元。

哈德森研究所的这份金融战略情报，在最后一刻促成了尼克松政府作出放弃布雷顿森林体制的重大决定。但尼克松总统在此前进行的周末电视演讲中，谈到黄金与美元脱钩时，就曾向世界呐喊："美国再不能自缚双手去参与国际竞争了！"这可是特里芬教授在《黄金与美元危机》一书中的原话，足可佐证该书作为金融战略情报，对美国金融政策的调整的重大参考价值；甚至可以说，该书是国际金融领域里的一个重要里程碑。

从当年的"珍珠港事件"，到21世纪的"9·11"恐怖袭击，美国国家情报系统暴露出一系列情报扣压与误判的缺陷，这里谈论的就是一起典型案例。自1961年始，特里芬教授的报告被肯尼迪政府收入政府决策咨询系统等待研究，直到1970年才被决策者重新提起并采纳。这是一份被搁置了10年的金融情报，给美国政府带来了巨大损失。假如用金钱来量化这份情报的价值，美国流失的85亿美元的黄金，按当时35美元等于1盎司黄金计算，相当于2.43亿盎司，即688.49吨黄金（1公斤=35.27396194958盎司黄金）；如用今天的金价（1盎司黄金等于1300美元）来计算，则这份报告价值3159亿美元。这实在是一份价值连城的金融情报。

（三）

在国家推进人民币国际化战略的今天，在中国金融体制改革开放、走向世界的今天，我们是否拥有一个运转高效、反应灵敏的情报体系，我们的最高金融决策者是否注重相关金融情报信息，并慎重对待专家学者的观点和言论，这对于国家金融的发展至关重要。这也是重读《黄金与美元危机》这份尘封多年的"金融战略报告"带给我们的启示。

第五章
金融情报人员

如同商品生产与销售的产业供应链一样,与金融情报产品整个流程相关的机构,可划分为生产部门与使用部门。对于这样的特殊产品,处于第一线的金融情报人员需要具备什么样的素质呢?这是本章要重点阐述的内容。

就金融情报人员来说,具备专业金融知识必不可少,正是他们用勤奋和智慧,一步步完成金融情报的搜集、研判、撰写、上报过程,最终让金融情报产品发挥应有的价值。

一、金融情报人员的素质

1. 基本素质

我们探讨金融情报人员需要具备什么样的素质,不妨先来看一看中外情报界专家对情报人员基本素质的描述。艾伦·杜勒斯是美国中情局在任时间最长的局长,他在《情报术》一书中简要概括了优秀情报人员必须具备的素质,主要为以下几点:

对人有敏锐观察力;
能在困难条件下与他人较好合作;
有甄别真伪的能力;
能够区分重要的和不重要的事情;
求知欲旺盛、足智多谋;

充分关注细节；

能够清晰、简洁，特别是有趣地表达观点；

知道何时应三缄其口。

中国军事情报专家编著的《军事情报学》一书里，也把军队情报人员的必备素质概括为：敏锐的观察力、良好的记忆力、准确的判断力、科学的预见力、丰富的想象力。

两相比较，中外情报专家都把"敏锐的观察力"列为情报人员基本素质之首，看来这是一个共识。笔者认为，这一点同样适用于金融情报人员。换言之，对一个金融情报人员来说，观察力尤为重要。

一般来说，金融情报人员必备的素质与军事情报人员一样。故此，上述几条也可以作为金融情报人员的评价标准。"敏锐的观察力"之所以最重要，是因为情报工作是一种与对手斗智斗勇的博弈。美国中情局就要求，特工首先要对人有敏锐的观察力和判断力。而金融情报人员在工作中，与金融市场、经济环境打交道，也必须要对市场的发展趋势、经济的运行规律有敏锐的观察力和判断力。

在金融行业里，资金的流动方向与流量的大小等业务，都是通过人们下达的指令进行的。金融学研究人的行为和经济现象，在很多情况下，人的行为不仅难以预测，而且不大可能像自然科学和工程技术那样，在实验室进行试验；再者，对于宏观经济现象，更是无法提前预知，难以控制。

准确的判断力与科学的预见力则是指其理论涵养与业务能力，这倚重于一个人过往的知识积累和历练。金融情报人员不仅需要掌握经济学课程的基本知识和技能，如技术性极强的定量计算，更需要培养良好的直觉。这里的直觉是指对经济、金融现象的嗅觉和敏感程度。这种"嗅觉"有点像文学创作的灵感，可以引发独立思考和思维创新，以便在报告中提出新颖的观点。

我们赞扬某篇文章时，常说其"视角独特、观点独到"，这实际上是在说作者的观察力和判断力与众不同。在现实中，有许多经济学博士、大学教授，他们读过很多书，知识结构很丰富，却缺乏创造力，以至于他们的专业研究比较平庸，对经济发展的评估比较滞后，撰写的学术论文在业界寂寂无闻，在行业中浸淫多年却毫无建树，其症结就在于他们的观察力比较迟钝。

2. 人员水平决定情报质量

在谈到情报人员的素质时，《情报分析：以目标为中心的方法》一书作者、著名的情报专家罗伯特·克拉克（Robert M. Clark）提出："过往经验、教育背景、文化价值观、自身的身份要求、组织规则，以及信息的具体细节等，都会强烈影响到人们所认知的内容，认知信息的难易程度，获得信息之后的处理方式，以及思维模型、思维模式、偏见、分析假定等。这种思维模式的好坏，完全取决于情报分析人员的自身素养和分析技能，以及他对这个问题的理解。"

如果说，"字如其人、文如其人"，那么，书面情报就是情报人员知识水平的水位计，通过一份报告判断其素质，高低立现。

故此，金融情报人员的素质、知识面，以及在金融界浸淫多年所得的丰富经验，决定了他所提供的情报所具有的深度与广度。撰写出具有宏观意识与战略高度的金融情报产品，是金融情报人员追求的最高境界。

工厂的生产流水线将产品的生产过程分为原料输入、半成品、产成品，金融情报的生产也具有类似的形式。

20世纪70年代，法国军事情报局提供了关于美国政府即将放弃金本位制的系列情报。该系列情报涵盖如下三种类型：

（1）信息报告类（初级产品型）

据某某秘密渠道和机密文件获悉，美国政府将于1970年某月某日宣布放弃金本位制，实现美元与黄金脱钩。届时，由西欧各国与美国出资成立的黄金总库将自行宣告解体，国际市场的黄金价格随行就市，自由浮动。

（2）简略分析类（半成品型）

据某某秘密渠道和机密文件获悉，美国政府将于1970年某月某日宣布放弃金本位制，实现美元与黄金脱钩。届时，由西欧各国与美国出资成立的黄金总库将自行宣告解体，国际市场的黄金价格随行就市，自由浮动。

预计，各国中央银行、各种商业机构与个人手中的欧洲美元将会在市场上被大量抛售，黄金将被抢购。在今后的一段时间内，美元将持续贬值，国际市场的黄金价格将持续走高。

（3）深入思考类（成品型）

据某某秘密渠道和机密文件获悉，美国政府将于1970年某月某日宣布放弃金本位制，实现美元以黄金脱钩，届时，由西欧各国与美国出资成立的黄金总库将自行宣告解体，国际市场的黄金价格随行就市，自由浮动。

预计，各国中央银行、各种商业机构与个人手中的欧洲美元将会在市场上被大量抛售，黄金将被抢购。在今后的一段时间内，美元将持续贬值，国际市场的黄金价格将持续走高。

建议法国中央银行立即采取如下措施应对：

a. 减少法国央行在黄金总库的黄金结存并逐步撤出。

b. 指令法国央行通过境外金融市场，在伦敦、法兰克福、巴黎等地的外国同业中大量借入美元。在国内放宽外汇管制，鼓励商业机构与个人向境外借入美元。

c. 指令法国央行向黄金总库和在伦敦、法兰克福、巴黎的国际黄金市场，隐蔽式地大量购入现货或期货黄金，并在国内放松黄金管制，鼓励境内机构与个人持有黄金。

d. 在法国企业的进出口国际贸易结算中采取远期信用证付款的方式，推迟每月货款的支付。在出口贸易的收款方面减少美元货币的结算，尽量吸纳英镑、德国马克、瑞士法郎、法国法郎等看涨货币。

e. 在法国中央银行的资产负债表上进行资产负债的调整。在资产方面：以黄金和德国马克、瑞士法郎、英镑等坚挺货币和黄金、贵金属为主；在中央银行的负债方面：以美元及趋势下跌的美国国库券、美元有价证券等或他国与美元挂钩的货币为主。

f. 在国内的黄金、外汇市场上低调地解除外汇买卖与黄金管制，鼓励民众参与购买并持有黄金，同时逐步由银行吸收国内的美元，然后在国际金融市场抛出。

显然，站在情报使用者的角度而言，他们更喜欢第三类有数据、有分析、有建议的全面完整的情况报告。

二、金融情报人员的基本条件

我国某著名军事情报专家曾经说过，军事情报分析人员首先必须保持客观性和广阔的视野，广泛涉猎外国文化、经济、军事、传统宗教、政治学及哲学等领域，这可以大大提高分析人员的能力。

金融活动是一个横跨时间与空间、国内与国外的经济活动。普通民众虽然不是金融从业人员，但其参与金融活动的机遇是时刻存在的，如使用货币购物、享受服务、存储货币、兑换货币，甚至经商、贷款买房、投资、买卖股票、购买保险等。

由于金融活动的参与者众多，因此，每个人对经营活动的感受，对货币政策的理解，对金融行情的判断如股市涨跌、汇率波动等，都有自己的一套看法。尽管这些看法受到大众经济学家观念的影响，但由于这些特殊心理差异性的存在，便构成了金融情报人员广泛参与的基础。因此，广义上的金融分析工作是人人都有机会参与的。

在金融领域，更是有为数众多的金融从业人员，所分布的领域包括：银行、证券、保险及其相关的信托、担保、租赁、理财、小额信贷、资产管理公司、海外的金融机构等，加上中央银行和三个管理委员会，以及各地方政府金融办。或者说，人人都有机会成为一名为国家、为高层出谋划策的金融情报人员。

总而言之，金融情报人员应该具有以下几个基本素质：

1. 专业基础好

金融情报人员应该经过扎实的、系统的金融专业理论的基本训练。这个训练当然是指在大学本科读金融专业最好，但也并不绝对。银行工作中的佼佼者并不仅限于金融专业，其他专业毕业的大学生，甚至许多工科和理科毕业的学生也干出了不错的业绩。如果他们对金融的领悟性很强，非金融专业学生同样可以在实际工作中不断学习，弥补理论上的不足。

情报的搜集与分析，是情报生产链中的两个不同环节。在情报分析环节中，一般由专业水平与理论涵养较高的专家学者把关，他们会根据深厚的理论知识、丰富的实际工作经验，提出应对方案及相应的处置手段。

经验丰富、深谋远虑的金融情报专家总是虚怀若谷，兼收并蓄各方面的不同见解。基层情报人员，尤其是来自情报搜集一线的人员，由于所处的位置和看问题的角度不同，在报告中提出的建议及对策或许不够全面，或许不够深远，但可以启发情报分析人员的思路，从而有助于提出新的处置方案。

因此，无论是对一线的基层情报人员，还是对处于情报生产线中段的分析、撰写、评估人员，以及处于末端的情报专家与资深学者来说，每一份报告都凝聚了他们的心血，也折射出他们在这个领域的独到见解、智慧和能力。加强情报人员的专业水平与素养，提高他们的分析鉴别能力，至关重要。

2. 思维灵敏度高

金融情报人员必须对国内外的政治经济现状及发展趋势比较关注，并有独到的理解。这与我们平时所说的，要求工作有所作为、有事业心是一样的。对某件事情持续关注，长期研究并积累资料，就一定能够在这方面有所突破。

具备洞察金融市场的敏锐观察力，才能激活高度的思维活力，而这种观察力又是长期从事金融市场的研究与分析判断所培养出来的。正所谓，"三百六十行，行行出状元"。例如，一位资深的刑警，瞟一眼火车站广场那些熙来攘往的人流，就可以发现某个图谋不轨的可疑人员；一位熟练的售货员，一眼就能判断出其多年经手售卖的商品的重量与价钱。因此，金融情报人员观察力的培养，思维灵敏度的提高，与其长期从事的金融工作的深度与广度，与其对金融行业工作经验的积累是密切相关的。

3．写作能力强

金融情报人员必须具备一定的文字功底与写作能力。对金融理论的研究或对金融博弈的布局有自己的想法或见解，就可以通过文字表达出来，形成报告。写作能力强，可以让报告得到更好的呈现和更快速的传播。因此，平时务必要多加训练自己这方面的能力。

4．工作经验丰富

在工作履历上，金融情报人员最好有海外留学、工作的经历，或具有国内金融机构、外资金融机构的工作经历。但这也不是绝对的，水平的提高要靠经验的积累，而准确的判断力与科学的预见力则是指其理论涵养与业务能力。这偏向于他过往的学历与资历的历练。金融情报人员需要大量的训练（如技术性极强的定量计算），以及对直觉的培养。

综合而言，金融情报人员就像证券市场的分析师一样，需要拥有优秀的学习力、广泛的人脉、敏锐的观察分析能力和良好的写作能力，以及持续的热情和勇气。

最后，情报分析人员还需要具备良好的沟通和表达能力，这是说需要很好地了解各类情报用户的特点，要以解决用户感兴趣的难题和问题为重心，提供给用户的产品要具有前瞻性，能够对主题所处领域的未来发展或主要趋势进行详尽的预测，并对推动那些趋势发展的因素进行分析。

三、金融情报人员的职业

1．国家情报机构人员

情报是一种组织。这就决定了金融情报人员必须是体制之内的或至少是与之相关的线人。这样，他的情报产品才能传递至决策层，才能体现出情报应该有的使用价值。

这里说的体制，主要是指专职搜集、研究、分析情报的国家安全机构、公共安全机构、军事情报组织、外交机构等专门的情报系统。由于情报需要分门别类，在这些情报搜集的机构中，都有专司经济情报的搜集与分析的人员或部门。

这些经济情报搜集部门是专职的，对情报分析与搜集的针对性很强，有审时度势、把握大局的能力。他们甚至能通过一些秘密手段取得博弈方经济部门或金融决策机构的原始文档，使情报的来源更具有可靠性与说服力。

专职的经济情报工作者，类似于努力挖掘新闻线索的媒体从业者，他们有较多的活动经费，擅长广交朋友、广泛布线，通过多方面的线索，求证一些难以判断的问题；通过政府官员和金融从业人员，得到一些比较有价值的金融情报。略显不足的是，他们没有从事金融工作的实际经验，对某些金融情报的真伪及其来源，以及信息的重要性缺乏判断力，在决定取舍方面颇费周折；而且他们使用的信息搜集手段，也让自身容易掉入对手布设的陷阱，对某些较为专业的问题难以深入探讨下去。由于缺乏专业的理论基础与实践经验，欠缺独立的思考与判断能力，他们对金融情报产品的深加工具有一定局限性。

2. 专业研究机构人员

以我国为例，如今在中国各级政府的政策研究室、发展研究中心和社会科学研究机构，以及许多综合性大学等官方智库中，都设有专门的金融研究所、研究中心或研究室等。在这些机构里从事专业研究的都是国家顶级的金融专家，他们出身于名牌大学，经过长期、系统的专业训练，有着扎实的金融理论功底和开阔的国际视野。他们一般都有海外留学，或游学、进修的经历，常常出席国际顶尖的学术会议、论坛和讲座，通过与世界各国的经济学家、金融专家广交朋友，或者大量阅读海外的相关记录、文献资料，能较为准确地了解与把握世界金融发展的动向和趋势，能写出一些相当有分量的金融战略情况报告，供国家决策层参考。例如，在一些研究机构的网站上，许多专业人员在其本人的简介中都提及自己撰写的报告或研究文章在国务院办公厅编发的《信息简报》上刊发，甚至能够获得国家领导人的批示、签发。

通常，他们的研究报告或者文章有如下固定的模式：我国的金融市场或体系是怎样的；海外各国的又是怎样的；世界金融理论权威又是怎么说的；我们与国外相比还有哪些差距；最后建议我们如何努力去学习国外的先进方法与经验，来完善我们国家的金融体系。

据媒体披露，在1997年亚洲金融危机与2008年全球金融海啸中，专业研究机构的情报人员都担当了中南海、国务院决策智囊团的重要角色，为我国应对复杂的金融危机建言献策。例如，国务院发展研究中心副主任陆百甫在回忆录中透露：

1997年7月2日，这场亚洲金融风暴首光从泰国开始，不久又席卷马来西亚、新加坡、日本和韩国等地，打破了亚洲经济快速发展的繁荣景象。正当东亚被这场金融危机搞得焦头烂额之时，克鲁格曼等人提出了东亚经济模式消亡论、亚洲价值观破产论。为了应对金融危机，1997年12月16日，首次中国与东盟领导人非正式会议在马来西亚首都吉隆坡举行。

我国国家领导人在此次峰会上表明了中国的态度，并向泰国等国提供总额超过40亿美元的紧急外汇援助，向印尼等国提供了进出口信贷和紧急无偿药品援助。此后，泰国的危机解除。于是，中泰两国成了全天候的朋友，我们和东南亚一些国家的关系也明显改善。同时，这展现了中国对区域性和全球性问题高度负责的态度，中国的国际地位和形象也提高了。

当然，上述事例涉及了类似于体育比赛中运动员与裁判员的角色冲突问题，即情报生产者与情报使用者是否要保持一定的距离，是否必须互相独立等问题。这也是国际情报理论界近年来争论与探讨的焦点问题。

除了我国各省市和国家顶级智库的金融专家学者外，国家各部委及各省市自治区的政府机构都设有专门的政策研究局、调查研究处。它们也是一支庞大的金融情报信息搜集与处理的专门机构，它们提供的信息与本地区、本部门的实际情况联系较多，其中就有相当部分的金融分析报告获得国家高层的肯定。这些报告涉及资金诈骗的非法集资、传销、洗钱、非法走私以及网络金融诈骗等方方面面的金融安全问题。

许多地方政府都发布文件，对信息情报搜集上报实行奖励，把信息情报的搜集整理与工作业绩挂钩，这凸显了情报工作的重要性。但与专业的金融研究机构相比，这些省市政府及其下属机构的人员，由于身处金融行业之外，向上级反映的多是动态情况，例如非法集资、网络金融诈骗等。从金融博弈的角度看，这是大众利益与小团体利益的博弈。如果金融问题处理失当，就会引发社会治安问题，而且涉及面广、参与者众、影响大、危害深。这是各级政府维护社会和谐稳定的重要课题，也是决策层相当关注的社会问题。

此外，金融业也是各级政府相当在意并殚精竭虑扶持的一个吸金纳银的行业。全国各地城市都争做经济中心、金融改革实验区，其动力就源于此。多年来，由于深圳经济特区在金融方面先走一步的成功经验与示范作用，全国各地普遍陷入了一种金融亢奋和过度发展的状态，许多地级市都设立了金融服务办公室。

3. 金融从业人员

这里仍以我国为例，中国人民银行、中国银行业监督管理委员会、中国证券监督管理委员会、中国保险监督管理委员会，即"一行三会"的金融监管机构拥有庞大的触角，分散在全国各地下辖的各省市、自治区分行和监管分局，以及各省市政府的金融服务办公室等金融监管或服务机构，全都设有专门的金融研究部门。例如，中国人民银行的调查统计处和金融研究所，银监会、证监会的研究调查处，政府机构的金融政策研究室。

四大国有银行、股份制银行，以及地方性的商业银行、证券公司、保险公司，也从上到下、从总部到各省市分支，都设有专门的金融问题研究部门、战略研究中心或金融研究所等。尽管叫法五花八门，没有统一名称，但其关注的问题、提供的情报全是针对金融问题的。这些战略研究所、战略规划部、法律合规部也都出版刊物，较著名的有中国人民银行的《金融研究》《中国金融》《金融时报》，中国银监会的《金融问题研究》，中国人民银行广州分行的《南方金融》,中国人民银行上海分行的《上海金融》,以及国家外汇管理局的《中国外汇管理》。

这些刊物汇集了金融系统研究人员和许多基层工作人员撰写的文章,有的是公开出版,有的仅用于内部交流。作为内部刊物,办得比较好的有《深圳金融》。

金融业一线的工作者与监管人员,由于所在的位置不同,关注点也有所不同。一般监管人员关注的是加强监管、公平竞争、防止政策套利等问题。而从事具体业务的金融研究人员,关注的问题多是如何在"金融创新"的口号下更好地为本行业本部门赚钱牟利。

一个著名案例是,我国证券监督管理委员会批准的人民币合格境内机构投资者(RQDII)模式,就起源于一群中资证券公司在香港分支机构的"金融创新"。这批国内公司获批在香港设立分公司后,想要深入当地市场开展业务,却困难重重。于是他们利用对中国现行政策的了解,利用与内地监管部门的人脉关系,说服相关决策层,打着扩大人民币使用范围的旗号,获得领导支持,在香港的市场上推出了颇具吸引力的人民币股市基金,声称是"利用人民币回流机制,投资中国A股市场,坐拥人民币升值与中国内地经济的发展红利"。

2011年,深圳某商业银行的研究人士发现,境内外人民币市场利率高于海外资金市场的零利率。既然有着如此大的差价,如此大的资金需求,他便挖空心思地推出了独特的"内保外债(发债)"业务,即利用内地的资产,担保企业或机构在海外市场发行债券融资。

由于中国特殊的市场环境,一般来说,中国政府并不会向民间的研究机构购买研究成果,因而中国民间智库的生存空间不大理想。但是,民间智库、体制外优秀的金融研究人员、金融专家,进入体制内做学问的渠道是畅通的。例如,近10多年来,我们的金融决策机构从海外聘请了一大批金融专家教授、华尔街精英回国充实各级金融机构领导岗位;又如,央行在2014年直接聘请了在外资银行工作的人员进入央行担任首席经济学家。

中国央行在多个重要岗位上聘用有外资银行或海外工作经验的金融专业人

士做研究，这实际上是认可对方的才能，也是一种直接向民间智库或博弈对手购买智力或研究成果的方法。

在中国，由于政府大力推动金融业的发展，社会各界对金融业的过度关注，这催生了许多关注金融改革、金融发展的民间人士，他们组成了一个庞大的群体。我们经常可以看到，来自各个阶层的金融爱好者对金融形势高谈阔论，涉及的内容则五花八门。诸如，国家巨额的外汇储备要如何分配与使用，是否应该在国际上抄底黄金、石油及大宗商品；人民币国际化需要储存多少吨黄金；金融市场应该如何放开，以便让民族资本进入；如何加速藏汇于民、藏金于民；甚至我们国家应该增持美国国债的多与少，都成了争论的焦点。

根据他们各自的身份、职业，可以大致分辨这些建议是关乎自身利益的，还是为机构牟利的，从中也可以看到局部与全局的矛盾关系。

但是，情报是一种组织。体制之外的研究与建言献策是没有渠道传递到决策层的。这些"处江湖之远则忧其君"的声音，或许会通过网络媒体在决策部门得到一些回响，但被采纳的可能性很小。

由于体制内的一些情报人员自身缺乏是非判断能力，或者说理论功底不强，会被形形色色的声音影响，把一些貌似有理的"对策与建议"传递给高层，这样就会对决策层造成干扰。

四、金融情报人员的定位

1. 持续学习的能力

如今我们处于一个信息大爆炸的时代，作为一名金融情报人员，应该拥有各方面的综合能力，既可以是信息的搜集者，也可以是情报的分析员。在搜集、整理、筛选一切与情报主题相关的信息来源时，要经过深度思考、反复推敲，只有经过深思熟虑，才能生产出合格的情报产品。

依国外学院派培养专家的方案，没有十年八年的严格训练，一个人是不大可能成为金融专家的。高度技术化已经成为现代金融学最典型的外在特征；而金融情报学家的内在特征，或者说金融情报学家之"魂"，其实是通过经济学的思维方式展示出来的，这既是金融情报学与其他学科相区别的关键，也是金融情报人员获取灵感，进行研究发现的基石。研究类的战略报告则与做学问、做研究、写论文无异，那将会是一个长时间的酝酿过程，每位情报人员每年能发表一两篇具有业内影响力的研究报告就很不错了。

表面上看，金融行业是一个循规蹈矩、发展缓慢的行业，即便是动态信息类的情报，也并不是每日每月都有情况值得报告。情报人员在这段时间就处于蛰伏期，需要观察、思考、学习，等待机会发现苗头、发现线索。重要的是，其本身已经有相当的经验积累与专业知识储备，加上灵敏的嗅觉，就可以快速地发现问题。

金融情报人员必须有经济学家的理论功底。在国外的大学里，经济学专业的门槛是很高的，首先是数学一定要好，其次是写作能力要出色。

金融情报人员必须对金融信息特别敏感，并且对信息有一定的筛选与研判能力。专业和非专业人士，在信息上的反应速度不同。因为金融从业者已经建立起对这类信息反应的神经元网络结构，即金融信息的反应层次系统。当他接触到与金融现象有关的信息时，会产生更深层的反应和更丰富的联想。当看到一个数据图，非专业者只会对其中的物理性能做出反应；而金融专业者则会对这些数据曲线所蕴藏的抽象意义产生反应，甚至能够预见曲线的延伸方向。也就是说，对不同的人来讲，同样的材料所呈现的信息量是不同的。

2. 宽广的胸襟

情报人员最关心的就是他们的研究结果能否在决策中发挥作用。通常情况下，除了某些信息类的金融情报，基层情报人员撰写的大部分金融战略、战术情报，都经过了较长时间的观察与酝酿，广泛的资料和数据的搜集，以及充分的论证和思考，这些繁重的文案工作不亚于创作一篇高水平的论文。因此，每一份情报都是他们智慧的结晶，他们的研究结果为决策层解决金融问题提供了很好的方法和思路。如果他们撰写的某一份报告递交上去后，上级机关直接采纳了他们的建议，立刻着手对当下的金融政策和策略进行调整，这无疑是对他们最大的鼓励。

金融情报工作者要有远大的抱负与乐观向上的精神。但是，假如对自己期盼过高，对于自己的研究成果过分自信，这种自满的心理容易导致身份错位，如幻想自己是世纪金融对决的操盘手，好比统领千军万马、运筹帷幄的将军。于是，在接下来的信息搜集与情报撰写中，就不自觉地套上了假想的攻防策略，甚至幻想自己遥控了国家的金融大局，从而造成情报失真。

客观地说，金融决策机构确实是期望看到情报生产者的见解与智慧出现在金融报告的"对策与建议"里。有些"对策与建议"确实给决策者开启了更广阔的思路，提供了更多应对问题的选项。但是，情报生产者多处于整个金融市场的最低端，站在市场脉搏跳动的最末端，许多影响全局性的因素，譬如宏观数据、战略构思、政策意图、国内外局势，他不一定能看得到、听得到、了解得清楚。因此，他的"对策与建议"不一定可行，尽管他的报告可能看起来很完美。

如果情报人员的研究成果没有被决策者采纳，这不免会使他心里受挫。更糟糕的是，假如情报机构以此作为奖励与否的标准，还很可能会严重挫伤他的工作积极性。

为了保持良好的心态，情报工作人员应该把精力放在如何写出一份完美的报告上，不断地提高自己的专业水平。外界的奖励与评判固然重要，但不是衡量个人能力的唯一标准。

3．立足本职工作

高层决策者总是比较重视来自一线的情报和信息。俄罗斯总统普京执政后，深感西方的经济威胁严重，便在政府各部门、各大企业委派了安全部门的官员。在中国庞大的金融机构中，无论是国有大银行、民营中小企业，还是外资企业，是否也有必要培养一批金融情报人员，通过他们为高层决策者提供信息？这是值得探讨的一件事情。毕竟，我们应该记住这样一些简单的道理：角度不同，看问题的深浅亦不同，个体与集体、局部与全局等诸多现实的利益问题，都制约着一名优秀的金融情报人员的发展。

基层金融情报人员在理论、学识上与专家学者有差距，但他们又有某些微观经济认知方面的长处，而这正是专家学者们所欠缺的。连美国中情局的专家都这样认为：在对金融套利活动的观察与思考方面，跨国公司、银行、证券公司的人可能会轻松地胜过情报机构的专家。因此，基层金融情报人员与专家学者各有所长。本章的案例分析就说明了这方面的问题。

── 案例分析 ──

一、一份来自基层的金融情报

自2000年中国加入WTO后，中国经济进入了一个高速增长期，中国的对外贸易也进入了一个快速发展的阶段。对外贸易的持续顺差，导致人民币的不断升值，国家外汇储备余额的连续攀高。2008年前后，在这个特别的时间段里，有关国际热钱大规模潜入中国的提法在媒体上持续发酵。这种似是而非的"热钱来袭"问题，也在学术界与外汇管理部门之间引发了激烈的争论。连最高决策层也感到困惑，国务院多次牵头召开相关部委联席会议研究对策。此刻，一份来自基层金融单位、揭示热钱问题成因的金融情报被报送高层，获得了国家领导人的批转，因争辩"热钱来袭"而僵持不下的局面才逐渐归于平静。

（一）

2008年6月25日，中国社会科学院的一位金融专家在报告中称：在一定的经济学模型假设下，流入中国的热钱规模已达惊人的1.75万亿美元。这一数字大约相当于中国外汇储备存量的104%（截至2008年3月底）。

面对中国社会科学院的金融专家及诸多机构、媒体、民众关于境外热钱大规模进入中国套利的质询，国家外汇管理局的相关部门负责人在2008年7月7日接受《中国经济周刊》记者采访时表示："1.75万亿美元的热钱超过了我国的外汇储备，统计方法很不科学。如果做热钱统计，首先要按照国际标准（在资本项目下快进快出的资金）进行，他（这位金融专家）没有按国际标准计算，而是按自己的方法算了一个数字。"

另外，这位外汇管理局的部门负责人还明确表示，国内不存在热钱，希望通过《中国经济周刊》的报道"正本清源"。

据了解，彼时国内学术界计算热钱的方法五花八门，最常用的和比较流行的算法有两种：一是直接把外管局编制的国际收支平衡表中的"错误与遗漏"项目的数据算成热钱；二是用外汇储备增加量减去贸易顺差，再减去外商直接投资净流入，得出热钱数值。

然而，对攻击中国经济的热钱规模及其动向的判断，是国家宏观经济战略中急需了解并深入研究以筹谋对策的大问题。这种"外汇储备增加量数据与贸易顺差加资本顺差严重不符"的现象，引发我国政府及民间各界的担忧，以及学术界与监管机构对热钱的争论，涌现出许多不够权威的数据和难以令人信服的结论。这一系列事件引起了国家有关领导的高度重视。2008年4月19日，国务院领导曾专门召集财政部、国家发改委、中国人民银行等部门开会，就热钱监管问题进行讨论，研究防范对策。但由于金融情报信息来源的匮乏，以致参会人员对进入中国热钱的规模与动向的掌握、热钱形态的了解仍旧处于一种模糊的认识状态，会议没有达成共识。

(二)

2010年"两会"期间，热钱问题再次成为全国人大代表们热议的话题。3月9日上午，国家外汇管理局局长出面，率属下多位官员在人民大会堂举行记者招待会，接受媒体的提问和采访。

国家外汇管理局局长对热钱问题做出回应：

"关于热钱的定义，有很多争论。在一个资本完全开放的国家，以短期投机为目的而流进、流出的钱是热钱，而中国资本项目下还没有完全实现可兑换，还没有完全开放。所以，中国的热钱在很多情况下往往是披着合法的外衣，比如通过经常项目、FDI（外商直接投资）、个人等渠道流进来的。当然也有通过地下钱庄流进来的。所以，在资本管制下的热钱和在资本完全可兑换情况下的热钱，实际上是很不一样的。还有，我们看到的外汇储备是以美元为报告货币的，刚才我讲了，我们的货币实际上是分散化的，有美元、欧元、新兴国家货币等多种货币，这个货币币值的变动，或者资产价格的变动也会影响外汇储备。所以，我希望在估计热钱规模的时候，采用的方法能够得到进一步改进。

"跨境资金流动主要分两种，一种是合法合规的正常流入，另外一种是违法违规的。根据长期的观测，我国跨境资金的流动大部分是合法合规的，是合理的，在我国国际收支平衡表中是可以解释的。当然，也不排除部分违法套利的资金混入。"

由此引出一个严肃的问题，我国是一个对资本项目的流动实施严格管制的国家，这数以千亿、万亿美元的热钱来去自由、横冲直撞，不仅令国家金融监管机构的颜面尽失，而且其本身也是对我国货币政策的严重挑战，还是构成对中国经济威胁的重大隐患。这些热钱的存在，使国家金融决策层对中国宏观经济的调控变得更为艰巨与复杂。

从国际经验看，非法热钱的一个存在条件是资本项目的开放，也就是说，只有资本项目开放的国家才能有热钱的快进快出。而我国资本项目是受管制的，热钱从经常项目走，无论是货物贸易，还是FDI，快进快出都比较困难。往细处想，任何资金持有者，无论是驾驭千亿美元的国际资本大鳄索罗斯，或是薄有积蓄的普通百姓，大抵都会遵循资金运用的三原则：安全、流动、盈利。如此看来，这些短期国际资本以非常规的手段、甘冒违规受罚的风险进入中国，投进股市、房市或是购买大宗商品，坐拥人民币升值之利的可能性较小。再说，A股市场也并未向境外自然人开放，要入市只能借助本土居民的身份证件，但那样做存在巨大的信用风险，且投入的资金也不能那么容易转身离去。例如，房地产投资，买进与卖出的手续都较为烦琐，拿人民币通过银行购汇汇出更是障碍重重，热钱不是想走就能出逃的。

显然，有关热钱进入我国的"规模与数量"问题，争议的各方（中国社会科学院与国家外汇管理局及其相关的司局与研究室，都是国家级的金融研究分析部门）都掌握了大量中国热钱的情报数据。双方在这个事关国家金融安全的重要问题上争论不休，却又拿不出确凿的证据说服对方。

可见，国家外汇管理局关于热钱流入中国的解释同样不能令人信服，彼时的中国金融监管当局并没有意识到，国内企业利用资产负债的货币错配，进行套利的严重问题已经普遍存在。

（三）

2010年3月底，国家领导人批示的一份来自基层情报人员的题目为"热钱的成因与对策"的报告，把这种争论僵持不下的局面打破了。

事件源于某位基层银行管理人员在审核企业申请贷款的会计报表时，发现了一种奇怪的现象：某家做进出口贸易的企业并不缺资金，它有大量的人民币存款，却并不使用，而是将其质押给银行；同时又从银行贷出了大量的美元贷款，再结汇变成人民币存入银行。

联系当前国家部委有关热钱问题的争论，这位基层银行管理者恍然大悟：在目前的经济情形下，市场参与者有可能利用人民币与美元的利率和汇率差异，布局囤积大量的资金进行套利。于是，他动笔撰写了一篇叙述国内企业通过在银行存、贷款套利操作，继而推高了国家的外汇储备，却被专家们误以为是境外热钱来袭的报告。

他以该企业的资产与负债数据为原型，设计了一个模型进行测算：

一家企业，以目前自有的1亿元人民币存入银行两年定期，基准利率为2.79%，然后其以此1亿元人民币存款为质押，向银行借贷出同等金额的美元（按1∶6.8的汇率计，为1470万美元），银行给出的标准利率为LIBOR+0.8（目前LIBOR为0.86），即1.66%。

第一年，人民币存款收益：本金1亿元人民币，获利息279万元（年利率2.79%）。

而需向银行贷款付息：1470万×1.66%=24.4万美元，折合人民币为165.92万元人民币（24.4万×6.8）；

其收益为：存款利息－贷款付息，即279万－165.92万=113.08万元人民币；

两年则获利：113.08万×2=226.16万元人民币；

假设人民币每年升值5%，则1亿元存放两年获利：1亿×5%×2=1000万元，完成一笔操作，（利息加升值）两年共获利1000万+226.16万=1226.16万元人民币。

假如事情到此为止，也就没什么值得探究的了。

但货币具有衍生属性，由此而来的连续性存贷款的套利交易，使杠杆金额不断放大，这才是问题的关键。

该企业拿到这个贷出来的1470万美元并没有闲着，而是立刻去结汇了，于是又变成了 1 亿元人民币（结汇手续费很低，忽略不计），它再将这 1 亿元人民币向 B 银行转存两年，质押贷款出 1475 万美元。

又是如此操作，一个循环下来，还同样可获利 1226.16 万元。

如此（两年内）反复循环操作 10 次，向 10 家不同的银行分别存入人民币 1 亿元，借出 1475 万美元，再结汇成人民币再存入银行……

其流程如下：

甲银行（存款、贷款、结汇）→ 乙银行（存款、贷款、结汇）→ 丙银行（存款、贷款、结汇）……

于是，这 1 亿元人民币资金在短期内被扩大 10 倍，变成了 10 亿元人民币分别存在 10 家银行。同样也有 10 家银行的 1475 万美元被借贷了出来，变成了 1.475 亿美元，而在 10 次循环操作中，须结汇 9 次，则国家外汇储备的库存又相应地增加了 1475 万×9=1.3275 亿美元。当然，这笔资金在两年内也可获利 10×1226.16 万=12261.6 万元人民币。

这位基层银行管理者强调，上述举例中，那笔 1 亿元的资金，理论上可做到 10 次、20 次，甚至更多的循环操作。据观察，这种连环存贷套利的方法在珠三角、长三角一带的某些中小企业里经年已久，甚至有不少资金实力雄厚的上市物流公司也深谙此道。他发现，当地一家注册资本为 1000 万元的外贸公司，却可以做到资本 100 倍的这种连环存贷套利衍生交易——在各银行有 10 亿元人民币存款和借贷出相当于 10 亿元人民币的外币贷款。另有一家在北京注册的经营大宗商品的经贸集团公司，注册资金 2 亿元人民币，通过这种连环存贷套利交易，其财务报表显示共有 300 亿元的人民币银行存款和约 45 亿美元的银行贷款。

上述现象便可造就大量的热钱，引发迅速增长的企业人民币存款和巨额的外汇贷款，以及外汇储备虚增等问题，这也是国家的外汇储备增加量与贸易顺差、资本项目顺差严重不符的原因所在。

在该报告中，他进一步分析道，只要人民币加息的预期存在，人民币升值的预期存在，就会有这些套利企业通过错配货币（大量存款并大量贷款）套利的空间存在。

(四)

在当时的政策法规方面，我国商业银行都广泛开展"人民币质押外币贷款"或"外币质押人民币贷款"业务，这些业务在监管条例下都是允许的。而这又是许多银行竞相追逐的盈利业务。第一，客户将资金质押给银行，则银行增加了存款，扩大了资金来源，为扩张业务打下基础。第二，在银行看来，抵押品为人民币现金，其还款的保险系数是最高的，因此是最安全的，呆账率几乎为零，况且抵押的人民币有升值预期，更值钱。第三，银行发放外汇贷款有利息收入，更重要的是贷款给中小企业，符合监管部门的要求。

同样，贷款后结汇卖给国家或贷款到期后购买外汇还给银行的操作也是可行的，甚至许多银行还将结、售汇量作为基层银行单位业务考核的重要指标。

这样操作造成的结果是，国家外汇储备的增加量与实际的贸易顺差及FDI金额存在一定的差异却又无法解释，专家便将其归咎于潜伏进来的热钱。

搅动我国经济的这笔热钱，实际上大部分是源于我国金融机构的外汇存款和国家的外汇储备，被商业银行向国家购汇，并用自身存款以外汇贷款的名目借给企业；企业又拿去结汇卖给国家，增加了国家外汇储备数量。

关键在于，这笔热钱不是来自境外，而是我国内部的外汇储备与银行资金的大搬家。

支撑上述论点的数据源于中国人民银行发布的2009年12月金融统计数据报告，12月末，金融机构外汇贷款余额为3799亿美元，同比增长55.96%，金融机构各项人民币存款增长28.21%，国家外汇储备增长23.28%。对企业而言，借来的外汇贷款增加了（负债增加），在银行的人民币存款增加了（资产增加）；对国家而言，国家外汇储备增加了（疑似热钱大规模入境）。

显然，无论是中国社会科学院金融专家有关"流入中国的热钱规模已达惊人的1.75万亿美元"的推论，还是国家外汇管理局发言人先是否认中国有热钱存在，后来又强调"有很多热钱通过经常项目、FDI、个人等渠道和地下钱庄流进来"的观点，对当时我国境内热钱的认知都有一定的局限性，都没有意识到：在中美货币存在利差和汇差的情况下，大部分的国内企业正在进行大规模资金腾挪的"资产本币化、负债外币化"的布局。这便是当时困扰我国宏观经济的热钱问题认识的关键所在，概括起来主要有如下三点：

1. 国家外汇储备的增加与外贸顺差和 FDI 的增加不符，由此得出热钱来袭的结论。

2. 央行数据显示各银行的人民币存款激增、流动性泛滥；央行频频调控流动性（主要靠提高存款准备金率和发行央票）。

3. 国家银行业封堵热钱成效不显，央行、银监会、外汇局等监管机构背负巨大压力。

据悉，该份源自基层情报人员之手的分析报告，由于涉及当时中国金融监管当局及学术界关注与争议的热钱问题，在上报后层层绿灯，直达中南海，获得国务院领导的重要批示。这份金融情报为捋清颇受争议的热钱问题，为彼时我国金融安全问题的研究与金融风险的防范提供了一个全新的视角。

（注：这份有关热钱的金融情报在通过内部渠道报送两个月后，又以学术研究报告的形式发表在：2010 年 5 月 10 日的《财经》杂志副刊《金融实务》；央行内部刊物《深圳金融》2010 年 5 月号，总第 193 期。）

二、银行业务引发的一份"建议与对策"

正如本章第一节中，20 世纪 70 年代法国军事情报局提出美国会放弃金本位制的系列情报，下面也是一份将重点放在"建议与对策"上的金融情报。

在这份情报中，金融情报人员并没有采取情报搜集、汇总上报的简单工作模式，而是进行发散式思考，以小见大，通过掌握的信息进行综合分析、判断，在报告尾部提出了合理的、便于我方决策、当局操作的，有针对性"对策与建议"的典型报告。

（一）

2013 年 8 月开始，港、澳、台地区的商业银行及其在中国内地的分行都在筹备一项新的业务，即对所有客户的身份资料重新整理、甄别，将持有美国国籍或者美国"绿卡"的客户与其他客户进行区分，并由此展开对银行电脑业务系统的更新，以及对银行业务文件表格的设计和客户地址的校对等一系列工作。

事情源于2010年3月18日，美国政府颁布了《海外账户税收遵循法案》（FATCA），该法案要求全球的各外国金融机构向美国国税局（IRS）提供美国公民或税务居民在海外账户的投资信息，其主要目的在于防止美国公民或税务居民通过海外账户逃避纳税义务。为了使外国金融机构配合提供信息，美国国税局要求外国金融机构最迟须于2013年10月25日与美国国税局完成签约注册，否则自2014年1月1日起，那些拒不配合的外国金融机构在美国的收入（如Fixed、Determined、Annual、Period），以及因处分产生的美国来源利息或股利等金融资产，将被扣缴30%的税额。

该法案原定2013年正式生效，但由于涉及全球各国金融机构太多，牵扯其中的各国利益不尽相同，当时也仅有英、法、德、日等几个工业国与其签订《跨政府协议》（IGA），美国政府宣布将法案的生效日推迟至2014年7月1日。

美国国税局公布的《跨政府协议》共有"甲"与"乙"两种模式：在甲模式下，由各国政府与美国国税局通过信息交换的方式将各自国内金融机构搜集到的信息直接报送到美国国税局；乙模式则是由外国金融机构直接向美国国税局定期提供美国纳税义务人的账户信息。

各国政府为了避免FATCA的实施对国内金融业产生巨大的冲击，已经陆续开始与美国国税局讨论是否签订《跨政府协议》，与美国国税局协议如何解决国内法令冲突，在最低成本下有效地使国内金融机构遵循FATCA规定的义务。

据了解，至2012年2月，5个主要欧洲国家协商同意将协助美国打击公民海外逃税。美国、法国、德国、意大利、西班牙及英国发表联合声明称，他们希望"在打击国际逃税方面加强相互合作"，帮助美国国税局查明美国人在海外的秘密账户及资产。

彼时，已与美国国税局发表联合声明将签订甲种模式《跨政府协议》的国家包含英国、法国、德国、西班牙等欧洲国家，并且英国已正式公布甲种模式的内容。而日本亦于2012年6月21日发表声明，表示将与美国国税局签署乙种模式的《跨政府协议》。

许多国际外资金融机构担心该法案带来的成本太高，临近实施期限太短，并且美国的新税法也与本国的国内隐私法相冲突。因为该法事实上要求每家金融机构报告该机构所拥有的美国人的海外账户，侵犯了为客户保守秘密的相关条款。但拒绝向美国税务当局报告将遭受罚款，因此，部分金融机构还是启动了实施该法案的前期准备工作。

（二）

对于这样的情报信息，情报人员可以处理成简单的报告模式，也可以广泛搜集各种相关资料，进行研究对比，写成一份综合性分析报告，提出相应的对策建议，便于我方在与美方 FATCA 法案的谈判博弈中掌握主动权。

有一份报告在介绍美方 FATCA 法案出台背景及国际社会的反应后分析道：

"国际社会之间，在遵循《联合国宪章》的条件下，各国处理国际事务时是以协商为前提的。一国的法律仅在本国有效，如果想拥有跨越国界的约束力，则必须由两国或多国政府之间协商约定，即两国或多国之间订立条约。条约一旦缔结，就对当事各方具有约束力，必须由当事各方善意履行。国际社会一贯强调的是'条约必须遵守原则'，就是指缔结条约之后，各方必须遵守条约的规定，执行自己的权利，履行自己的义务，不得违反。

"国际条约的签署通常有多边和双边之分。前者是指缔约的当事方在两方以上（不包括两方）。

"就目前美国 FATCA 法案在境外的实施而言，它只是向世界各国政府（美国认为有必要特别关注其公民在该国逃避财务税收的国家）提出的一个邀约，而收到邀约的国家政府是否有意向与美国政府达成这么一个对本国的金融机构有约束性的条例，则取决于本国政府对该 FATCA 的评估与判断后的选择。

"对中国而言，FATCA 或许是处理中美之间经济利益问题的一次契机，因为该法案的指向标的是美国公民，以及在中国居住、工作的美国绿卡拥有者。

"如今，中美之间涉及的经济利益问题实在是太多太广了，比如贸易平衡、汇率定价、彼此企业间的直接投资，甚至中国拥有的以美元计价的 3.4 万亿美元的外汇储备和持有 1.2 万亿美国国债的头号债主身份。"

于是，这份报告结尾部分的"建议与对策"，成了发挥思考与想象力的空间。作者在报告中写道：

"目前，中美之间就 FATCA 问题进行前期谈判的准备工作，其中有几个问题宜慎重考虑。

"1. 在'互相尊重主权和领土完整、互不侵犯、互不干涉内政、平等互利、和平共处'的五项基本原则下进行，对等谈判。毕竟美国海外账户的税务征收在中国司法管辖区，况且，FATCA 与我国的部分法规相违背。根据《中华人民共和国保守国家秘密法》，银行无权向外国政府披露客户信息。金融机构的相关法律亦显示，即便是在国内，在未经客户允许的情况下，银行无权向他人披露该客户在银行内的信息。2011 年经国务院令第 588 号发布施行的《储蓄管理条例》列明：储蓄机构办理储蓄业务，必须遵循'存款自愿，取款自由，存款有息，为储户保密'的原则。

"2. 若中方同意 FATCA 在中国境内实施追税，依据对等原则，美方亦应同时提供中国公民在美国金融机构的存款数据及其持有的金融资产。也许，中方向美方提供的美方人员在华账户的含金量要大于美方向中方提供的相应数据，但这并不妨碍彼此之间的利益平衡，要用发展的眼光看问题。

"3. 促使美籍人员持有的在华资产向美国政府纳税，并没有损害中方利益。首先，这些在个人名下的金融资产不存在归属争议。其次，33% 的高额税收将促使某些对此耿耿于怀的人丢掉对美国国籍或绿卡的幻想。

"4. 中国政府可依据 FATCA 的实施要点，借机全面清理中国国内的双重国籍问题。据观察，近年来，有大批中国公民出国留学、经商，在海外滞留取得侨居国的身份后回国发展，而国内媒体数次提及的'富豪移民'问题亦造成相对一部分企业家在外国入籍，在中国赚钱。由于中国的出入境人员信息与户籍所在地信息并没有联网，加上中外语言文字存在差异，例张某某、李某某，其在海外英语国家入籍后，持该国护照进入中国，姓名一栏显为戴维·张（David Zhang）、彼得·李（Peter Li），与原来国语姓名有很大差异，因此无法判断其原有身份。另外，该移民回国后仍使用尚未注销的中国户籍进行社会活动，不仅身份证、户口本一应俱全，许多人甚至还享受国内的医保社保待遇，例如居城市者以原有身份证获得福利房，居农村者仍持有宅基地（等候政府拆迁的巨额补偿）等。这些双重国籍的拥有者严重地侵蚀了中国公民的福利与权益。因此，借中美 FATCA 条约谈判机会，以协助查税为由，要求美方提供近年来中国公民入籍美国者的基本信息，并将此类'双重国籍'的在华人士进行一次梳理，这是一次难得的机会。

"5. 美国政府向世界各国推广 FATCA 的基本动机在于堵塞税收监管漏洞，维护美国经济利益。然而，在涉及双方人员财产归属的两国经济利益方面，中方也有自己的诉求，尤其迫切需要解决的是，一大批在国内非法侵吞国家巨额资产并携款潜逃至美国的腐败分子的追逃问题。

"2011 年 6 月，中国央行网站曾发布完成于 2008 年 6 月的课题报告《我国腐败分子向境外转移资产的途径及监测方法研究》。该报告引用中国社科院调研资料，披露从 20 世纪 90 年代中期以来，外逃党政干部、公安、司法干部、国家事业单位、国有企业高层管理人员，以及驻外中资机构外逃、失踪人员，数目达到 16000 至 18000 人，携带款项达 8000 亿元人民币。中国最高法院前院长肖扬在其 2009 年出版的《反贪报告》中称，1988—2002 年的 15 年间，资金外逃额共 1913.57 亿美元，以当时美元兑人民币的汇率换算，超过了 1.5 万亿元人民币。

"中国的贪官一旦外逃，追查的难度相当大。2006 年，中国公安部曾公布追逃成本：在国内，普通的追逃费为数万元，最高可达上百万元；境外追逃成本则更高。截至目前，中国与近 30 个国家签署了双边引渡条约，然而贪官外逃的主要目标国家，如美国、加拿大、澳大利亚等，始终还没有与中国建立合作关系。中美双方一直未签罪犯引渡协议，由此造成了国家巨额财产的流失。这次以双方人员财产划界追索的 FATCA 协议的谈判，或许是解决这多年来悬而未决的难题的好时机。中美同时加入并于 2005 年生效的《联合国反腐败公约》，已首次确立了被转至境外的腐败资产必须返还的原则和腐败资产追回机制。

"因此，中方应在原有的 FATCA 协议谈判成员（财政部、人民银行、银监会、外交部、国税总局、证监会、保监会）的基础上增加下列部委成员：公安部（涉及双重户籍清理与贪腐追逃）、高检反贪局（涉及反腐追逃）、司法部

（涉及条约的修订及国内相关法律法案的修改），香港、澳门政府特派员（在具体实施环节讨论实施细则及提出相关的特别需求）。

"对外开放，进一步融入国际社会，通过友好协商解决国家之间的经济利益纠纷，达到和平共处、共同发展、双赢乃至多赢的局面，是任何一个有责任、敢于担当的政府所希望看到并力求实现的。

"至于签约模式，中国政府宜采取'我国的金融机构不需直接向美国国税局提交美国账户持有人的信息，只需向本国政府汇报，本国政府汇总后再向美方统一提供美国公民在华客户信息'的甲模式。同时在谈判中加入香港、澳门特别行政区的代表，在一份政府协议文本下列出香港、澳门金融机构参照的执行模式。"

（三）

在这份报告里，作为基层情报分析人员的作者并未掌握中美双方政治博弈的更多信息和内幕。他只是在平时的信息收集中了解到，中国有很多外逃贪官的落脚点都选在了美国，美国政府却一直在所谓"人权保障"的幌子下，乐见这些外逃贪官携带的大笔资金而拒绝将他们遣返，也一直没有与我国政府签订《引渡条约》。那么，现在机会来了。这一次是美方主动要求全球各国协助清查美国海外公民的金融资产并追讨税款。国际合作总是双向的，我方也需要美方帮忙追讨腐败分子的赃款，这个问题就成为此次谈判的一个重要筹码。

据观察，从事后媒体反馈的信息看，我方利用与美国进行 FATCA 法案谈判的契机，提出了我方在反腐、追讨海外赃款方面的诉求，获得美方的谅解，增进了中美两国政府之间的合作与互信，尤其是在许多共同利益上达成共识，产生了很好的效果。

据 2014 年 6 月 28 日《华尔街日报》报道，美国财政部表示："已经与中国政府草签了一份协议。此举旨在贯彻实施 2010 年通过的一项遏制海外逃税的联邦法律。两国已经就条款达成一致，但在正式签署前还需审议协议细则。"

该媒体还进一步提及："中美谈判中，中国官员过去曾表示担心遵守 FATCA 会背负的潜在负担，但美国已经利用政府间协议来简化合规过程。美国和中国已经签订一类互惠协议。根据协议，中国将向美国政府提供美国公民的金融账户信息，而美国则会将中国公民的美国账户信息提供给中国政府。"

2014年7月2日，中央电视台新闻播报称：中美将互换彼此海外公民账户信息，在政府间进行交换。

（四）

借此次中美就FATCA法案谈判的契机，中美两国在多方面的合作也迎来了高潮。

2014年7月10日，第六轮中美战略与经济对话联合记者会在北京人民大会堂举行，中美两国就战略、经济、人文三方面达成约300项合作成果。为期2天的对话和磋商于10日在京闭幕，发表3份联合成果清单。双方同意加强反恐、反腐等领域合作。两国元首将继续通过访问、会晤、通话、通信等方式保持经常性沟通。双方同意加强在反恐、执法、反腐、海关、渔业、海事、残障人士保障、能源与气候变化、安全等领域的合作。中美的这次经济对话达成90多项成果，涉及强化经济政策合作、促进开放的贸易和投资、提升全球合作和国际规则、支持金融稳定和改革四方面。双方还就FATCA法案达成政府间协议，以打击逃税。美国承诺将中资金融机构视为合规。

随着中美对话达成加强反恐、反腐等领域的合作，中国也开始加大力度追逃境外，尤其是在美国的中国外逃贪官。公安部宣布开展"猎狐2014"境外追逃专项行动。公安部2014年7月22日召开电视电话会议，部署中国公安机关从2014年7月22日起至2014年年底，集中开展"猎狐2014"缉捕在逃境外经济犯罪嫌疑人专项行动。

同时，最高人民法院、最高人民检察院、公安部、外交部等四部门在2014年11月4日联合发布《关于敦促在逃境外经济犯罪人员投案自首的通告》。这是继7月"猎狐2014"境外追逃专项行动后，我国有关部门出台的又一重要追逃举措。

据悉，通告的目的是为了贯彻落实宽严相济的刑事政策，依法惩处各类经济犯罪行为，维护国家经济安全和市场经济秩序，促进社会公平正义与社会和谐稳定，同时给在逃境外经济犯罪人员以改过自新、争取宽大处理的机会。

根据通告,在逃境外经济犯罪人员自本通告发布之日起至 12 月 1 日前向公安机关、人民检察院、人民法院,或通过驻外使领馆向公安机关、人民检察院、人民法院自动投案,如实供述自己罪行,自愿回国的,可以依法从轻或者减轻处罚。其中,积极挽回受害单位或受害人经济损失的,可以减轻处罚;犯罪较轻的,可以免除处罚。

通告指出,在逃境外经济犯罪人员委托他人先代为投案或者先以信函、电报、电话等方式投案,本人随后回国到案的,视为自动投案;经亲友规劝、陪同投案的,或者亲友主动报案后将在逃境外经济犯罪人员送去投案的,视为自动投案;在逃境外经济犯罪人员有检举、揭发他人犯罪行为,经查证属实的,提供重要线索从而得以侦破其他案件的,或者有积极协助司法机关抓获其他在逃境外经济犯罪人员等立功表现的,可以依法从轻或者减轻处罚;有重大立功表现的,可以依法减轻或者免除处罚。

自此,中美两国政府合作拘捕、遣返潜逃到美国的经济犯罪、贪污犯罪嫌疑人的行动有重大进展,多名潜逃至美国的贪污贿赂犯罪嫌疑人被强制遣返回国,其中包括我国公安部发出的"百名红通人员"中第一号嫌犯杨秀珠。

第六章
金融情报机构

说起情报机构，人们自然会想起美国的中情局、苏联的克格勃、英国的军情五处、以色列的摩萨德等。但本章要讲的情报机构不限于军方的情报机关，而是一个大概念。情报理论界对情报工作的诠释为：情报是一种知识，情报是一种组织，情报是一种活动。符合这三个要素，可以专职或兼职从事金融情报搜集，为高层决策者提供情报参考的机构，都可称之为金融情报机构。

借用商品经济时代的说法，如果将金融情报比喻为工厂的产品，那么金融情报的使用者就是客户。商品生产者要通过价格来达到价值的实现，必须讲究产品的生产工艺、质量与供销渠道。最关键的是，要把产品推销出去，否则，此前所做的一切就会被视为无效劳动。而生产了次品，导致产品库存积压，资金得不到循环与周转，会导致企业的生产经营遇到困难，甚至因经营不善而倒闭。金融情报的生产部门是一个组织，由寻求特定知识的人组成，这个组织严阵以待，随时向决策层报告情报信息。那么，能够向金融决策机构提供情报信息的特定组织有哪些？这是本章要着力探讨与描述的。

一、反洗钱的金融情报机构

1. 金融情报机构的多样性

在传统概念中，金融情报机构是指搜集金融情报的专门机构。

那么，金融情报机构与我们通常所指的国家（或军方）的情报机关有什么区别呢？要弄清这一点，先要明确金融情报的概念。

金融情报的概念较为宽泛，有广义与狭义之分。狭义的金融情报是指国家开展反洗钱工作，而委托相关部门搜集关于反洗钱活动的情报信息，并用于分析、整理、指导反洗钱工作。这类金融情报特指："关于涉嫌犯罪所得的信息和为打击洗钱行为，由国家法律或法规规定的反洗钱的信息。"

广义的金融情报并不仅仅包含反洗钱情报部门搜集的信息。依据字面解释，与金融活动有关的、能够影响金融市场参与者（机构及个人）的金融决策行为，都可以叫金融情报。例如，某个居民大妈听说美联储近期调高了美元的基准利率，于是她判断美元汇率要升，便采取行动，将手头的70万元人民币拿去兑换成美元再存入银行。这其中，"美联储加息"的信息，直接影响了她采取兑换货币的行为。因此，这条信息就可以叫作"金融情报"。

还有一个普遍现象是，各大证券公司、投资银行都会定期向客户发布一些投资策略报告。这些报告篇幅长短不一，围绕影响世界经济格局、国家宏观经济运行的事件、金融市场发展的趋势展开分析；甚至对某个行业或某只股票的前景进行直接点评。这类内容庞杂的投资报告，既有对政府决策行为的探讨，也有对中央银行货币政策的评估，甚至还有来历不明、未经证实，有可能引发整个金融市场动荡的消息。这些信息对客户而言，也属于一种金融情报。例如，2008年夏，我国将实施"四万亿"财政政策扩张的消息，最早就出现在香港某外资投行推送给大客户的内部报告上——这个内部消息传出后，引发当天香港股市迅猛上涨了1.7%。

本书要叙述的金融情报与上述的金融情报在内容上有一定的相似，但也有不同的地方：

其一，报告的基调不同。本章所指的金融情报是站在国家决策层的高度来搜集的信息，进而评估其对国家金融决策的影响，而不是站在机构或个人的角度来分析、预测市场的行为。

其二，报告的使用者不同。反洗钱金融情报的使用者是政府的反洗钱机构，证券公司、投资银行发出的金融情报是由其专属客户（机构和个人）接收的。而本章所指的金融情报的用户是国家决策层，它们是政府机构，是金融市场的宏观决策部门。

2. 国际反洗钱金融情报机构

世界各国政府在反洗钱领域中，针对反洗钱工作而特别设立的专门机构，我在此把它定义为狭义的金融情报机构。其理由有如下几点：

这种世界各国普遍设立的反洗钱金融情报机构是一个负责接收（不是利用自身力量搜集）、分析并向职能部门移送被披露（不一定是主动披露）的金融信息的机构。近年来，在国内与国际反洗钱和反恐融资行动的不断影响下，这种金融情报机构一般由政府内政和司法部门设立，是国内治安情报机构和国内金融部门有机结合的产物。

这种金融情报机构通过接收、分析和移送反洗钱的金融情报，主要实现以下几方面的功能：为立法、执法、反恐、金融监管等部门提供情报支持；为制定反洗钱的法律和宏观经济政策提供信息支持；为打击犯罪，发现并提供线索；为行政机关工作提供必要参考；借助合规监管、公众教育、前沿课题研究等工作，增强整个社会的反洗钱和反恐融资意识，凝聚打击相关犯罪的合力。

在反洗钱法律的框架下，这种金融情报机构必须注重其工作的性质，进行直接、高效、保密性运作，在保护私权的同时又顾及国家利益，提高反洗钱和反恐融资工作的系统性、预见性和主动性。不仅如此，它还作为国家级反洗钱情报中心，代表国家参与国际情报交流与合作，保护国家利益和荣誉，构建世界反洗钱和反恐融资的金融情报网络。

国际反洗钱金融情报机构，是各国依据条约、示范法、谅解备忘录、权责议定书、倡议、声明、共识、最优做法等国际惯例设立的，为了达到打击洗钱犯罪的目标而建立的一种反洗钱金融情报机构，通常有如下四种类型：

（1）行政型反洗钱金融情报机构；

（2）执法型反洗钱金融情报机构；

（3）司法型或诉讼型反洗钱金融情报机构；

（4）混合型反洗钱金融情报机构。

前三种类型的金融情报机构大多设于国家警察局、海关、内务部，隶属于维护国内治安的刑事犯罪侦查机构。加入埃格蒙特集团的全球金融情报机构（详见本书附录四）大多如此。

我们通常所说的金融情报机构，一般指反洗钱、反恐融资类情报机构和金融博弈类情报机构。前者是为了打击洗钱行为，依照国际惯例在中央银行、财政部、司法部门或警察机构设立的反洗钱情报机构，拥有执法权。后者则特指为了达到国内经济平稳增长，并有针对性地防范和化解金融风险，在国际金融的博弈中维护本国利益和保障人民福祉而设立的情报搜集机构。这类金融情报机构包含了众多公开或秘密搜集金融信息的组织，是国家政府机关的信息搜集系统、国家金融机构的调研分析系统、国家情报系统的重要组成部分；它并不是依据国际惯例设置，而是各国依据本国情况与情报需求设置的，它不是刑事司法机构，也没有办案权。

这两种金融情报机构都不属于高层次的、为国家战略决策提供情报信息的综合性情报机构。由于本书定义的金融情报，是指为国家宏观金融决策提供参考的一切情报信息和研究报告，也就是说，本书要研究的金融情报的范畴和金融情报机构的含义更宽泛，涉及与金融活动相关的一切信息和研究报告。本书中金融情报机构的概念也是广义的，是指利用政府内部的信息传输渠道或专门的情报系统，通过各种方式，专门搜集的一切与金融活动有关的经济信息，分析金融发展状况和运行趋势，对金融风险进行预测、防范和评估的情报机构。

3. 中国反洗钱金融情报机构

中国的反洗钱情报机构设立于中国人民银行内部，分别是中国人民银行下属的反洗钱局与中国反洗钱监测分析中心。它们都属于事业单位型金融情报机构，而不是行政、司法、执法或混合型的金融情报机构。

中国的反洗钱情报机构与执法机构，跟本章要论述的金融情报机构也是不同的，它们最重要的区别在于应用对象不同。反洗钱金融情报机构所搜集的情报信息用于反洗钱工作，而本章说的金融情报机构搜集的信息，除了提供给监管机构，用来维护国内金融稳定、执行金融法律法规，更重要的是提供给高层金融决策者，用来分析、研判金融市场的平稳运行及发展趋势，为金融博弈提供信息支持。

在对外交往方面,反洗钱的金融情报信息可以与各国打击犯罪的情报机构进行交换分享。例如,中国反洗钱监测分析中心目前与41个境外金融情报机构建立了业务联系,有13个国家的金融情报机构已经有意向与中国反洗钱监测分析中心签订《谅解备忘录》,以便进行有关反洗钱和反恐融资情报的交流与合作。

但本章所指的金融情报机构搜集的情报信息,除非有国家特别指令,一般不参与国际金融(情报)机构的信息交流与共享。它包括但不限于反洗钱情报信息,是国家的最高金融决策机关,为加强本国的金融机构管理、赢得金融市场博弈、防控金融风险而专门搜集的。

二、金融体制内的情报信息机构

1. 美国的金融情报署

各国的反洗钱金融情报机构大多设立在刑事侦查或司法部门。但在世界各国的金融监管体系中,独立的金融情报信息机构并不多见,是否有必要单独设立?对此,世界各国大多处于探索阶段。在这方面,美国可谓先行一步,美国财政部是具有金融监管职能的政府部门,已经单独设立了一个专门用于搜集金融情报信息的机构——金融情报署,可谓将金融监管机构与金融情报机构合为一体了。美国法定的情报机构就明确表明包含财政部。

目前,美国情报机构的界定规则是依据第12333号行政令。该行政令用来规范美国情报活动,于1981年12月4日由里根总统签发,并于2008年进行修订。美国政府目前有16个专职的情报机构,对外总称为"情报界(Intelligence Community)",包括中央情报局、国家安全局、国防情报局、国家侦察办公室、国务院情报研究局、联邦调查局、财政部情报支援局等。财政部情报支援局下属的金融情报署(TFI)是专门负责金融情报搜集与分析的机构。

同样是金融情报机构,美国财政部的金融情报署与美国执行反洗钱任务的金融犯罪执法网是有区别的。

首先，名称不同。从加入国际反洗钱联盟的埃格蒙特集团的名录上可以看到，美国是以金融犯罪执法网这一金融情报机构的名义加入国际组织的。

其次，定位不同。金融情报署属于国家情报体系中的重要一员，金融犯罪执法网则是专注于反洗钱的情报机构。

最后，功能不同。金融情报署着眼于高层次的与国家安全相关的金融情报信息，并通过财政部的代表参加国家安全委员会常规会议，直接向总统报告。金融犯罪执法网所关注、搜集、分析的是属于较低层次的国内刑事犯罪方面的洗钱信息。

资料显示，美国财政部2004年成立的金融情报署，是财政部下设的四大部门之一，与负责国内金融管理、国际金融协调和国库管理的部门同级。这是一个拥有700多名员工的部门，下设：恐怖主义融资与金融犯罪办公室，负责相关政策制定；情报分析办公室，负责搜集金融情报；外国资产控制办公室，负责管理制裁项目；金融犯罪与执法网络办公室，负责银行保密法与反洗钱的相关监管；财政部没收资产行政办公室，管理着美国警方从犯罪分子手中没收来的资产，每年可高达20亿美元。

其中，情报分析办公室是设于财政部金融情报署的专职情报部门。比起一般的情报部门，该办公室精于金融情报的搜集与分析。其最重要的职能与手段，是能够调动财政部广泛搜集的金融和财务数据，直接制造出美国财政部可用的金融攻击武器，用于美国政府对外金融制裁和金融外交。情报分析办公室每天从海量的国际金融与国际贸易，以及非贸易项目下，对各国的商业机构、各银行的资金流向进行监测，可以详细到每一笔交易的全过程。

而恐怖主义融资与金融犯罪办公室的情报来源以数据搜集为主，不仅包括美国银行界和金融机构依法提交的交易和账户信息，还包括总部位于比利时的环球银行金融电信协会（SWIFT）提供的部分信息。SWIFT是全球所有银行信息交流、资金往来记录的交换平台，运营着全球金融交易的电文网络，拥有全球金融机构交易的信息。

美国金融情报署对目标国的打击手段很多，可以实施冻结目标国的海外资产，或将其从全球金融体系中隔离。这种金融制裁手段自20世纪末起开始被广泛使用。近年间，对于个人财产定位所实施的制裁更为普遍，而这一切都有赖于强大的金融情报支持。美国财政部金融情报署的主要手段，就是发布"特别认定国民（Specially Designated Nationals，简称SDN）"名单。

一旦机构或个人被列入"特别认定国民"，也就意味着被录入了威胁国家安全的黑名单，就会被美国的金融监控系统锁定，其在美国司法管辖范围之内的一切资产都会被冻结，在美国金融体系中的一切交易都会被封锁，其控股的子公司也会受到牵连。例如，2005年9月，美国金融情报署决定制裁为朝鲜政府开有账号的一家澳门银行，因后者涉嫌协助朝鲜洗钱，这家银行在美国结算代理行的资金随即遭到冻结。这家银行的账户上有朝鲜政府及机构的52个账户，余额约2500万美元。为了要回被冻结的美元资产，朝鲜不得不重新与美国接洽，答应了中、俄、日、美、朝、韩六方会谈的谈判条件。

2．中国"一行三会"金融情报信息网络

目前，我国在金融监管方面，实行"一行三会"式的分业管理，即中国人民银行、中国银行业监督管理委员会、中国证券业监督管理委员会、中国保险业监督管理委员会各司其职，在货币政策、外汇管理、银行监管、证券市场管理、保险业监管等领域，形成了各自管辖范围的信息搜集优势。因此，我国的金融监管系统既是金融情报的搜集部门，也是分析研究的部门。这是因为省级机构或总行（会）并非最高的金融决策部门，在金融情报信息上传下达或进行中转时，需要根据形势要求基层的情报信息单位提交某些专题研究。例如，中国人民银行在信息报送的文件中约定："总行办公厅将根据这些信息向有关单位提出具体的信息选题约稿或组织专门调研。总行还将根据行领导的要求及总行的工作重点，不定期地将重点选题下发有关单位，由有关单位组织调研并提出报告。约稿的信息须按要求时限上报。"

较为占有情报搜集优势的是"一行三会"中下属的研究局、研究部或研究所等金融情报网络。各省、市、自治区在"一行三会"下的研究部门，包含中国人民银行省市级分行下面的金融研究所与调查统计处。

中国人民银行（总行）金融研究所是中国人民银行总行直属正局级研究机构，主要职责是：围绕货币政策决策，对经济增长及其运行进行分析与预测；跟踪研究我国产业政策和工业、农业、财税、外贸等部门的经济动态；研究货币信贷、利率、汇率、金融市场、金融风险等重大政策，并向行领导提出政策建议。具体而言，其工作职责包含以下几点：

（1）围绕货币政策、金融监管方面的理论和当前经济金融工作的重大问题，开展调查研究和预测分析，为货币政策和金融监管决策提供依据；

（2）负责向行领导和有关方面提供金融政策咨询；

（3）对我国宏观经济运行状况及趋势进行定性和定量的预测与综合分析；

（4）跟踪研究我国产业政策和工业、农业、财税、外贸等部门经济动态及其与金融运行的关系；

（5）跟踪分析中央银行在货币信贷、利率、汇率、金融市场、金融监管、金融对外开放和国际金融合作等方面政策的效果，及时向行领导提出反馈建议；

（6）跟踪分析外国金融政策、国际金融市场、国际金融风险和国际金融合作与监管的动向，并及时向行领导报告；

（7）组织人民银行一级分行及其他金融机构，对当前经济、社会、金融等重大问题进行综合研究，规划、协调和指导中国人民银行系统的金融理论研究工作；

（8）组织开展国内和国际经济界、金融界学术合作与交流活动；

（9）负责研究拟订中长期和年度金融体制改革规划和方案，就有关方面的改革提出意见。

可见，在中国的金融系统中，作为全国金融监管首脑机关的"一行三会"具有双重身份，既有广泛的情报信息搜集分析功能，又能在金融管理方面发布政策、颁布法规，甚至在国务院对宏观货币政策的制定与调控等方面提出策略和建议，是典型的复合型监管机构。

"一行三会"情报网还包含国有商业金融机构，具体涵盖遍布全国城乡的国有银行、证券、保险机构网点，以及近年来在海外加速布局的中资金融机构。这类金融情报机构的优点是专业性强、针对性强，反映的情况能够与金融理论和实践较好结合。不足之处在于，有一定的部门利益考量与观念冲突，其上报的材料通常不能较好地平衡本系统、本部门与国家利益的关系。

用国际情报界对情报下的定义来衡量，我国各级金融监管机构非常重视的政务信息报告制度，就已经囊括了有关情报工作的一切要素。那么，金融情报工作又包含哪些内容呢？

人民银行办公厅曾发布一份政务信息报告要求的文件——《中国人民银行政务信息工作管理办法》（银办发〔2005〕210号）。该文件要求各级人民银行分支机构配备专职的情报员（信息工作联络员），其中有几条合乎情报理论对于情报工作的定义：

第五条 各司局、直属单位及分支行的信息工作由办公室（综合处）负责，各单位主管办公室（综合处）的领导对信息工作负领导责任。分支行要在办公室设立信息部门，配备专职的信息工作人员。

第七条 人民银行总行办公厅负责编印的信息刊物主要有《中国人民银行上报信息》《中国人民银行专报信息》《金融简报》《金融监管》和《参阅件》等。各司局、直属单位的业务内刊应发送办公厅。分支行向办公厅报送信息，要通过适当的信息刊物报送。

第十条 人民银行政务信息分为紧急重大情况信息和常规信息两类。收集的信息经过本单位的筛选、研究与判断，或刊登在本单位的内部刊物上，或上报最高决策层。

第十五条 信息联络员制度。各司局、直属单位办公室（综合处）主管信息工作的负责同志、分支行办公室信息部门的负责人为总行信息工作联络员。要求尽可能地获取所有的信息，这些信息分为常规信息与突发信息。

第二十二条 对各单位报送的有价值的信息材料，办公厅按信息的性质和类别，或送有关司局参阅，或通过《金融简报》《金融监管》《参阅件》《专报信息》和《上报信息》等信息载体上报中办、国办、行领导。

这份政务信息文件详尽地列出了这类政务信息工作，也就是金融情报工作的管理、执行与实施的各种工作要点。

"一行三会"作为直接管理中国金融业的最高管理机构，作为中国金融业的信息汇集机关，在金融情报信息的研究和预测方面具有权威性。可以说，中国金融改革中许多重大的决定、决策，都是在"一行三会"及其相关机构提出并上报国务院后批准实施的。

很多省级的金融监管机关都对基层单位提出要注意报送金融报告的质量问题。例如，在银行系统公开发布的某沿海城市银监局颁发的《某市银行业政务信息工作管理办法》第十四条就强调：

信息内容要做到主题鲜明、文题相符、言简意赅，准确反映事物的概貌和发展趋势。反映工作进展和成绩的信息要恰如其分；反映情况的信息要有过程概述、问题分析及措施建议；专题调研类的信息要全面、系统，有一定深度，做到有情况、有分析、有预测、有建议；反映困难问题的信息要真实，并客观分析原因，提出解决建议。

金融系统的信息搜集网络覆盖面非常广泛。为了鼓励基层的信息员努力工作，上级机关对下级单位和个人采取信息情报质量与本单位和个人荣誉、考评挂钩。例如，《某省银行业政务信息工作管理办法》就将考核手段简化为信息评分标准，其中的第十六条写明：

被省银监局网站采用的信息每篇加1分，被省银监局内部刊物采用的信息每篇加2分，被省银监局领导批示的信息每篇加3分，被上级机关信息刊物采用的每篇加5分，被上级机关领导批示的每篇加6分。

3. 中国金融体制内情报信息的局限性

由"一行三会"所统领的国内金融情报网络，优点在于布局大、分布广、触角深。因此，一般能很快地捕捉到国内金融市场中出现的新问题与新动向，甚至还可以通过其辖区内的外资银行、中资银行派出境外的机构所反馈的信息，搜集与分析国际金融市场上的最新动态，以及与金融市场相关的敏感信息情报。例如，某地银监局每年不定期向辖区金融机构发布的监管警示，就很有针对性地提出了一些在当前要注意防范的金融风险。

上述《某省银行业政务信息工作管理办法》要求辖区内的各金融机构，将其所有的内部信息刊物和调研报告报送上来。然而，各商业银行机构的内部信息刊物大多涉及本机构的商业秘密，甚至有许多是针对现行金融法律法规的缺陷进行政策套利的手段，即所谓的"金融创新"。这类业务"创新"一般被当作本机构独创、独享的赚钱秘籍而不愿意将之扩散，也不愿向上报告。这主要是出于两个目的：其一，害怕被其他金融机构效仿，以至于本单位的盈利策略受到侵蚀，甚至害怕被对方抢占先机而失去市场；其二，担心此类业务被监管机构以各种理由，诸如金融稳定、恶性竞争、违规等原因而叫停，断了财路。因此，各金融机构向监管当局报送的内部刊物与研究报告都经过业务主管的严格审核，防止商业秘密外泄。如此一来，金融监管机构通过调阅商业机构的内部信息刊物和业务报告来搜集信息的渠道就相当有限。

典型的例子是2014年发生的青岛港金属贸易融资骗贷案。该案以160亿元的涉案金额刷新了历史纪录，全市18家银行深陷其中。骗贷之所以得逞，是因为银行之间、银行与监管机构之间，对各自的金属贸易融资业务互相"保守秘密"，骗子利用银行信息的不对称，钻了空子。这个骗贷的手法是客户质押铜、铝、铁等大宗商品的仓单给商业银行，因为有"商品"在手，于是各家银行抢着给该客户放贷。但该客户却利用仓单重复质押，同一质押物分别质押给多家银行。因为银行信贷人员一般只能确认"仓单"的真实性，但很少去仓库查看，即使去现场查看了，也无法知道这批货物之前是否已质押给别的银行，是否进行过首轮融资。当时，这种"仓单重复质押"的贷款业务在青岛做得如此之大，可青岛的银行监管机构竟然没有察觉风险并做出预警提示，暴露出其在情报搜集方面的重大缺陷。

三、国家情报机构

1. 美国国家情报部门

美国的情报机构是最早对经济、金融信息情报进行研究的组织。他们在二战期间集中了大批优秀的经济专家，成立战略情报处，指引飞机轰炸了德国著名的鲁尔区后方经济枢纽和战略储备物资中心。而美国两颗原子弹之所以投向日本长崎和广岛，也是因为经济情报专家的建议——这两个地方是日本的重要战略物资储备与武器制造基地。

在现实中，金融情报信息的覆盖面很广，如要借鉴国际经验，可参考美国中情局的情报工作指引。美国中情局的情报手册曾经对经济、金融情报有过如下概括：

……报告类情报的任务就是跟踪当前经济的发展态势。这项工作必须时刻关注新出现的经济学说和理论，对其全方位覆盖，从高深的凯恩斯理论，到普通的火腿蛋，甚至技术论文，范围甚广。必须认真跟踪军队后勤工作和行政重组等方面的变化；必须注意政府经济政策的变化，即影响工业、商业、农业、银行金融业和外贸的经济政策；必须清楚国家财富和财政收入的规模和分配的变化；还必须了解国民生活水准、工资、就业等方面的变化。

经济增长、金融稳定，这些都是作为世界金融大国与资本输出大国的美国必须面对的头等大事。而从披露的情报资料看，美国中情局的经济学家和金融专家的水平相当专业。例如，中情局的高官在一份回忆录中写道："在1998年8月卢布贬值之前的两个月，中情局分析人员就俄罗斯隐约出现的经济危机向美国的决策者发出了预警。随后，他们还预见到俄罗斯的经济反弹，时间比商业专家和学术专家要早。"

在对时局的评估上，中情局经济专家的表现也可圈可点。他们在对米哈伊尔·戈尔巴乔夫1985—1987年间实施的经济改革进行评估后，预测俄国"将会发生混乱、经济崩溃和工人不满的风险，而这些风险包括刺激其潜在对手挑战其（戈尔巴乔夫）地位"。于是，他们分析后得出结论：改革必然失败！

维护金融安全也是美国情报机构的任务之一。笔者注意到，美元境外流通数据的发布并非出自美联储或者国家财政部，而是由美国国安局负责。据统计，1994年全世界美钞流通量为3500亿元，1/3在美国境内流通，2/3在外国流通；2002年年末，在市面流通的6200亿美元货币中，有55%～60%是在美国以外的地区流通的。目前，在全世界流通的美国货币总额已达将近7000亿美元。仅在1989—1996年间，流到俄罗斯和阿根廷的美钞就分别达到了440亿和350亿美元。（美国印制一张1美元钞票的材料费和人工费只需0.03美元，却能买到价值1美元的商品，美国由此得到每年大约250亿美元的巨额铸币税收益，二战以来累计收益在2万亿美元左右。）

2. 中国国家情报机构

我们国家的情报部门也有经济情报搜集与分析的职责。国家情报部门在金融情报的搜集上有较大优势，其最大特点是布局广泛，国内各省、地级市都有分支机构，境外还有派出机构；情报搜集针对性强，能及时了解上级意图，针对某些急需掌握的新情况、新问题做出相关的信息情报搜集与整理，并且很快上报。

国家情报部门也有一批专门研究宏观经济形势、分析金融问题的专家，他们的工作是根据各个渠道搜集得来的资料，分析、判断基层情报单位上报的报告，并结合自己的分析判断，针对重大经济、金融问题，提出相关的对策与建议，向中央报送。

略显不足的是，即便是有强大的情报搜集网络，若是分析不到位也会造成重大失误。对于一些专业性较强的金融信息，情报人员分析不到位，主要是因为经验不足，专业知识不够。

而金融情报的信息匮乏，原因在于情报系统内金融人才的匮乏。很多分析人员对相关问题的把握与理解缺乏深度，容易以偏概全。结果，不该忽略的问题被忽略了，造成漏报错报；不该上报的情况上报了，造成了无价值的情报上报。

我国的金融情报分析人员在专业能力上，与国外的情报同行，尤其是与美国中情局的专家们相比，仍有较大的差距。

国家情报部门经济研究所中的一些工作人员也时常用笔名在《人民日报》《环球时报》上发表经济评论、金融分析文章，这或许是他们锻炼对金融信息的敏感度与激发思维活跃度的一种方法。

3. 美国中情局的金融情报研究

美国中情局的前身是战略情报局，最初创建者对情报工作的开展有自己的独特见解：情报工作本质上是处理信息的智力活动，有价值的情报更多的是依靠合理、得力的方法对公开渠道的资料信息予以搜集和分析，而不是通过秘密渠道和间谍活动；面向高层决策的情报工作必须系统、大规模地利用社会科学家的专业知识。基于上述认识，战略情报局成立伊始，就构建成了一个智库型的情报机构，并设立一个专家委员会，广泛吸收各学科的顶级专家加入其中。他们首先在美国各大学、研究所中寻访、征召社会科学学者加盟，并邀请顶级的专家学者推荐他们的同事朋友和得意门生加入。于是，在二战爆发前夕，战略情报局的专家委员会在短时间内迅速扩充起来，最多时曾经聚集了大约900名专职或兼职学者。许多成员是来自哈佛、哥伦比亚、耶鲁、普林斯顿、宾夕法尼亚等大学的杰出学者。1943年，欧洲战火扩大以后，他们甚至招募到了多位来自欧洲的流亡学者，包括一些大名鼎鼎的社会学家。

二战中，战略情报局的专家学者在分析德国工农业经济概况、战略物资生产区域与兵工厂的分布、武器储备地，引导盟军飞机实施重点轰炸方面取得很大成功。但为后人津津乐道的较典型的故事，是美国战略情报局的人类学家鲁思·本尼迪克特的研究成果。在二战后期，德、日败局已定，美国政府需要根据日本社会的情况，制定美国占领军进入日本，以及对日本政体进行改造的政策，包括日本宪法的重新制定，政府架构的设计，以及日本天皇的定位等具体的政策。于是，本尼迪克特1944年受美国战略情报局委托写一份关于日本社会的分析报告。她通过大量的采访、阅读与研究，搜集各种资料，于1946年交出了一份分析"日本社会及日本人"的报告。她在报告中阐述自己的思考与见解,为美国占领军、美国政府从国内各智库单位与研究机构抽调大批人员,以专家的身份进入日本工作,指导日本战后重建方面提供了较为具体的帮助。

两年后,本尼迪克特的这份研究成果被公开出版,即著名的《菊与刀》。在日本,"菊"是日本皇室家徽,"刀"是武家文化的象征。而本尼迪克特用"菊"与"刀"的比喻,来揭示日本人的矛盾性格,亦即日本文化的双重性(如爱美而黩武、尚礼而好斗、喜新而顽固、服从而不驯等),并由此入手,进而分析日本社会的等级制及有关习俗,指出日本幼儿教养和成人教养的不连续性是形成双重性格的重要因素。《菊与刀》也较好地解释了美国人在二战中的困惑:当时在美国全力以赴与之作战的所有敌人当中,日本人是最让美国军人感到费解的对手,因为无论是日军以小博大的珍珠港袭击,战争末期"神风"自杀式飞机的冲撞,还是日军战场上败局已定的剖腹自杀行为,都令人感到困惑不解。由于美国与这个东方对手在思维和行为上的差异巨大,所以美军必须认真考虑如何对付它。

据历史资料记载,二战中的这批经济学家、社会学家在美国战略情报局里的研究非常刻苦勤奋,都在各自的领域取得了相当了不起的成就。据统计,战略情报局的专家委员会里共产生了 7 位美国历史学会的主席、5 位美国经济学会主席、2 位诺贝尔奖获得者。战后,杜鲁门总统亲自为战略情报局中杰出的专家学者授予"功绩勋章"(美国政府授予文职人员的最高奖章)。杜鲁门对他们的工作赞誉有加,在总统令中指出,战略情报局"掌管着关于世界许多地区的社会、政治、经济和地理情报的搜集、分析和分发;应参谋长联席会议、国务院、陆军部、海军部和其他许多机构的要求,开展先驱性的工作,生产了大批研究、调查、手册和指南,对战争的进行产生了无可估量的价值"。

二战后,美国的战略情报局被解散,大部分情报分析专家被划入了美国国务院(外交部)。由于缺乏一个中央层面的情报协调组织,各情报部门、各兵种的各种情报,像雪片一样从海内外飞来,涌入了总统杜鲁门的办公室,导致美国的情报工作一片混乱。为应对这种状况,1947 年美国国会通过了《国家安全法》,决定重组国家安全情报机构,设立一个国家安全委员会,下设常务办事机构,即中情局。按当时美国总统及幕僚的初步设想,中情局是一个超脱于各个情报机构的中央情报协调机构。在功能定位上，它没有执法权，不具备警察职能，没有代替各部门的情报搜集工作，但有特定的情报汇集与分析职能。由于"国家安全"包含范围极其广泛，因而中情局的职能范围也相应地十分庞大。尽管当初将其概括为协调职能和行动职能，但在履行协调职能时，中情局遵循的一条原则是——摆脱初级的具体工作。因此，中情局必须在合适的研究领域安排一些顶尖级的专业人才，必须拥有一批杰出的经济学家、政治学家、国际关系专家、军事专家。同时，中情局也必须拥有大量从事专业研究的初级人员，但他们应尽可能不去从事创造性的、具体的情报搜集工作，而应将其工作范围限定在：管理部门之间的项目，评判各部门对项目的贡献，调查部门执行力不够和出错的原因等方面。

中情局成立后的运作初期，较好地达到了预期的设想。许多引导美国国家战略设计的重量级的情报分析都出自该局专家之手。而这些情报分析专家大多来自人文社会科学领域。包括历史学家威廉·兰格，经济学家爱德华·梅森，国际政治学家爱德华·厄尔，历史学家阿瑟·施莱辛格，中国问题专家费正清等。

但是，由于情报工作的隐秘性与排他性，在情报的来源上，中情局与美国的其他情报机构产生了竞争，导致它的工作偏离了其作为协调者的职能，因此陷入了各情报部门的利益争端之中。各个情报部门开始不愿意向中情局提供情报或相关的情报资料，也不愿让它充当所谓的情报生产协调者。在这种情况下，中情局不得不亲自开展情报的搜集与分析，从而正式与各情报机构展开竞争。尽管后来几十年，通过竞争，中情局在人力情报、技术情报、情报分析和隐蔽行动领域全面胜过了美国的其他情报机构，取得了国家重要情报事务的发言权，巩固了自己在国家情报机构的龙头地位，但1947年美国《国家安全法》授予它的情报协调职能则基本没有实现。

虽然中情局在后来的实践过程中偏离了原先设定的轨道，但美国国安会联席会议还是正常运行的，它正在履行国家情报的协调职能，担负着情报分析、判断的咨询角色。

当然，中情局的功能是搜集与分析一切与国家安全有关的情报，金融安全也是其重点关注的方向之一。

今天，美国的多个情报部门一直将金融情报的搜集与分析列为重要的情报目标，而中情局甚至在2009年举行的兵棋推演上，展示世界各国货币博弈中的种种局面。据外电报道，中情局曾主导了一场以货币作为武器的兵棋推演。某日，美国国防部战争分析实验室内高级将领云集，只待一声令下，就让对手屈服。差别在于，这不是传统战争的兵棋推演，而是经济战。其设想的经济战情境是：中国持有大量美国公债，如果北京把债权当成武器，美国该如何应对？五角大楼从2009年开始进行多次兵推，模拟各种战况，结果不容乐观。参与策划首次演练的前银行主管李克兹回忆当时的场景：想象一下电影战争决策的场面，差不多就是那样。

美国国防部把李克兹和数十名华尔街的同行从纽约曼哈顿请到马里兰州的应用物理实验室，因为美国军方对中国内地持有巨额美国公债开始感到紧张。

参与2009年推演的人员分成五组：美国、俄国、中国、亚太周边国家和代表恐怖组织等不法团体的"灰队"。各组在各自的"碉堡"中，通过电脑利用货币、债权、股票和黄金等经济工具相互攻击。模拟战争的目的在于，让美国白宫对中美货币博弈的未来趋势产生基本认识。

到2010年年底，外国主要债权人持有的美国国债总额将近4.5万亿美元，其中，中国持有的金额达1.16万亿美元，仍然是美国最大的债权国。在美国中情局预设的局面中，中国是美国强大的对手和潜在威胁，借着庞大的债权，北京可以利用美国债券对美国市场进行摧毁式抛售，继而影响美国的股市和汇市，令美国经济遭受重创。这是一种兵不血刃的新型战争。

四、综合性的信息情报机构

1. 经济新闻机构

把国内外的一些大型新闻机构、通讯社列入兼职的金融情报机构，主要是基于两点考虑。其一，公开搜集金融情报是它们的正常业务，更何况某些传媒机构的信息搜集与服务对象本来就针对金融行业，它们的高端客户群里就有国家的金融决策机构。其二，记者身份是仅次于外交官的最好的间谍掩护身份。

历史上利用记者身份从事间谍活动的成功人士可谓数不胜数，较著名的是苏联的间谍佐尔格。

1941年，苏联遭受德国进攻，战争初期非常不利，莫斯科城下已无兵可调，国家岌岌可危。这时，苏联虽有几十个师可用，但却不敢使用。因为这些部队部署在苏联与中国东北的交界地区，是为了对付希特勒的盟友——日本可能发动的进攻。这时，日本还没有进攻苏联，但不等于没有进攻的打算。苏联怕受到前后夹击，所以不敢动用这些部队。可是，莫斯科城下战事吃紧，如果莫斯科被攻下，后果不堪设想。在这种情况下，最好是了解到日本人的真正意图，只要确定日本人不会进攻，就可以放心地将部署在西伯利亚、善于冬季作战的苏军调到西线，参加莫斯科保卫战。

于是，苏联情报机关派出了德国籍间谍佐尔格。佐尔格在东京的间谍活动如鱼得水，很快就搭上了日本首相秘书，获得大量机密情报。不仅如此，他还通过实地考察，发现东京、大阪等地的物资供应和金融市场一片混乱。他对于物价飞涨、货币贬值的分析，进一步佐证了他从秘密渠道获取的情报：日军将放弃北上在远东攻击苏联的计划，图谋南下在太平洋一线寻找物资供应，维持战争。"近期日本没有进攻苏联的计划"——当他把这个超级机密送到斯大林手中时，斯大林长长地吁了一口气，立即毫不犹豫地将部署在西伯利亚的苏军调到了莫斯科。这批部队在1941年11月7日那场著名的红场大阅兵后，直接开赴了战场。莫斯科终于守住了。

目前，国际上较著名的新闻机构有彭博财经、路透社财经。它们的客户包括全球大型的投资银行、证券公司、基金公司、保险公司、信托公司等金融机构，提供的数据既包括毫秒级更新的实时解析数据，也包含浩如烟海的金融大数据，增值数据系统覆盖股票、大宗商品、外汇和固定收益产品，以及全球的交易所市场和OTC市场。

彭博是全球商业、金融信息和财经资讯的领先提供商，通过其强大的信息、专家和咨询网络为全球重要的决策制定者带来关键信息。彭博的优势在于，通过创新的技术快速、精准地传递数据、资讯和分析工具，核心产品是彭博专业服务,为全球逾31万名用户提供实时金融信息,为全球各地的公司、新闻机构、金融和法律专业人士提供实时行情、金融市场历史数据、价格、交易信息、新闻和通讯工具。彭博的媒体服务包括在全球拥有130家新闻分社和2000名新闻专业人员的彭博新闻社,每天24小时以7种语言在全球通过10个不同的频道播放财经新闻的彭博电视台,以及在全球范围内提供即时新闻的彭博电台。

汤森路透(Thomson Reuters)成立于2008年4月17日,是由加拿大汤姆森公司与英国路透集团合并组成的商务和专业智能信息提供商,为金融、法律、税务与财会、科学技术、知识产权、医疗保健、媒体等领域的专业人员和决策者提供重要的信息。集团总部位于纽约,主要分支机构设于英国伦敦、美国明尼苏达州伊根等地。集团在100个国家和地区设有分支机构,共有5万多名员工。

路透社于1851年在伦敦成立,1865年更名为路透电报公司,1916年重组为私营公司。自20世纪80年代起,路透社迅速发展,拓宽了商务产品的范围,同时扩大了其传媒、金融与经济的全球讯息采集网络。1994年,推出路透金融电视服务,为交易员提供即时市场动态。路透社与道琼斯在1999年宣布合并其在公司和专业市场的互动商业服务。

而中国的国家新闻机构都有已成规模的经济部门,以及庞大的经济专职记者群,目前在经济信息的搜集与研究方面有较大的发展。它们一方面向政府经济决策部门提供决策参考的信息;一方面利用自身的优势,向社会机构和个人提供信息有偿服务。

例如,新华社播发的环球财经实时信息产品,如综合财经信息、金属信息、农产品信息、能源信息、证券信息等。这些实时信息产品面向广大投资者、大中型企业、研究机构和经济管理部门,提供全球证券、外汇、期货实时行情信息服务和财经资讯;24小时不间断地向客户提供上海期货交易所、大连商品交易所、郑州商品交易所、深沪证交所、香港联交所、伦敦金属交易所等国内外数十家主要交易所的实时行情,以及国内外财经动态和市场分析信息。

综合财经信息快速报道国内外重要金融财经大势,财税、经贸、投资、消费等主要信息，及时提供国家宏观经济政策、财经数据信息。内容包括信息快递、政策解析、经贸参考、投资市场、管理方略等。

金属信息提供全球金属产业政策和最新动态，重点企业的生产经营情况。向用户终端发送铜、铝、铅、锌、锡、镍、黄金、白银、铂金等国内外期货交易所实时行情，以及金属市场走势分析和预测。

农产品信息播发国内外农业、粮油生产与贸易、农业政策信息，以及现货和期货市场动态及分析预测信息，向用户终端发送小麦、棉花、大豆、豆粕、玉米、豆油等国内外期货交易所实时行情。

能源信息主要提供石油、煤炭、电力的生产供应、消费流通、企业运营等内容，其中石油信息包括国内外市场实时行情及走势分析。

证券信息播发证券市场最新交易信息，上市公司数据，资本市场深度分析和热点透视，提供国内外利率政策、风险管理、保险保障等信息。内容板块包括股市、债市、基金、创业板、海外信息等。

与此同时，这些重要的经济信息又以《内参》的形式上报国家决策层。

国家新闻机构还有较为强大的行业数据搜集手段，采用科学的智能化分析系统对搜集的各种经济数据进行分析处理，提供600多个行业的月度、季度、年度经营分析报告和7000多种商品的进出口分析报告，解析各行业经济运行态势和产品进出口状况，揭示其走向与趋势。他们汇集各行业的经济分析师和特聘经济专家，针对当前重点和热点行业的竞争形势、发展趋势进行前瞻性、预警性分析，以便为客户洞悉发展环境，揭示产业规律，把准市场需求，寻找发展良机。此外，他们还通过一些内部刊物向国务院及中央提供一些值得关注的重大财经分析报告，或者为研究机构、投资机构、政府及大中型企业的高管人士提供顾问式信息服务。

国家新闻机构也进行金融情报搜集工作，是除了金融系统以外最为强大的情报队伍。与中央银行比较，新闻记者并不参与金融管理，也没有参与商业银行的经营经验，因此不存在部门利益上的冲突，所反映的问题比较客观公正；同时，新闻记者搜集的金融情报上报渠道快捷通畅，这些都是它的独特优势。而缺点在于，记者的专业知识不足，在情报分析方面，深度与力度不够。

利用国家新闻机构搜集情报信息,是世界各国政府的普遍做法。我国的国家新闻机构的经济信息搜集实力很强大,对经济的关注研究面很广,但对金融专业性的问题多缺乏深入的了解。

2. 中国的政务信息系统

笔者在网上看到过一份《某省政府办公厅关于进一步加强政务信息工作的意见》,其中就揭示了该省政务信息(情报信息)搜集的方式和方法。这种情报信息搜集的范围很广,能够捕捉到基层发生的一些共性事件的信息或苗头。

地方政府的办公室、办公厅还有宣传报道的责任,并配备了相应的宣传报道员。通常,搜集政务信息与宣传报道工作,往往相互交叉,甚至产生混淆,其主观原因是各级政府报喜不报忧,对本地区、本单位的一些值得对外宣传的好事,都积极通过政府信息渠道与新闻媒体一起上报和发表;但对存在的问题、过失、重大金融隐患等负面消息则会漏报。因而,高层决策者很少能够通过政务信息了解当地工作中的不足之处,以及亟待解决的事项。

在实际工作中,各级人民政府需要大量对决策有参考价值的信息,更需要政府系统办公室(厅)提供优质高效的信息服务。政务信息积极反映经济社会发展中的新情况、新问题,为各级人民政府科学民主决策,推动工作落实发挥了重要作用。

政务信息中也不乏许多与金融相关的情报信息。例如,某省政府就要求从金融界聘请相关的信息联络员,即我们所说的金融情报人员。在金融问题上,地方政府关注的重点并不是专业性很强的报告,而是时效性很强的信息。这就要求信息联络员善于捕捉和把握时机,保证信息的时效性,确保第一时间报送第一手材料,一般不得迟于新闻媒体,还要做到准确全面。准确,就是经得起实践的检验,确保信息的真实性;全面,就是反映事物的全貌,保证信息的完整性,坚持喜忧兼报的基本要求,鼓励支持如实报忧。

要做到情报信息资料全面,一要站在基层的角度看社会问题,对于来自民众创新性的金融问题要进行充分分析;二要站在政府管理的角度提出自己的意见与看法,要从政府中心工作和需求的角度,对各类信息进行筛选、分析、综合，既要防止不加选择地报送，又要避免漏报各级人民政府需要了解的信息。

调研信息材料要做到有情况、有问题、有事例、有数据、有分析、有建议。

著名的例子是，2013年秋，某省的基层情报信息员发现比特币等虚拟商品借"虚拟货币"之名在该地区民间炒作颇为旺盛，便写了篇相关的信息报告，由该地区政府的政务信息渠道上报省政府转国务院，获得了高层领导的批示。同年12月3日，"一行三会"以"保护社会公众的财产权益，保障人民币的法定货币地位，防范洗钱风险，维护金融稳定"的名义，联合发出了《中国人民银行、工业和信息化部、中国银行业监督管理委员会、中国证券监督管理委员会、中国保险监督管理委员会关于防范比特币风险的通知》（银发〔2013〕289号）。该通知特别强调，要加强对社会公众的货币知识教育及投资风险提示，各部门和金融机构、支付机构在日常工作中应当正确使用货币概念，将正确认识货币、正确看待虚拟商品和虚拟货币、理性投资、合理控制投资风险、维护自身财产安全等观念纳入金融知识普及活动，引导社会树立正确的货币观念和投资理念。

体制内的政府机关工作人员，一般都是通过本单位的报送渠道上报，但有时也会发生"情报扣压"的问题。比如，本部门负责人因主观的认知、水平等原因，使得某些报告传递到中等层级就打住了，失去了继续上报的机会。

曾经有这样的事例，一位基层银行的信息员（同时也兼任政府机构的信息员），写了一篇披露境内外企业利用本、外币的利差与汇差进行交相套利操作的调研报告。该报告首先在本系统的渠道往上传递，报到省一级的机关就打住了。因为省级负责此类金融信息甄别与筛选的工作人员认为，这份报告没有进一步上报的价值。但同样是该份报告，在循政府渠道上报时却非常顺畅，一路绿灯，一直上报到国务院办公厅，最后在供国家领导人传阅的《专供信息》上刊发。

3．经济、金融研究的智库

情报是思想智慧的结晶，是大量情报专家辛勤工作的产物。因此，从事这项工作的各级政策研究、经济分析部门都可以列入情报机构的范围。

智库即智囊机构，也称思想库或智慧库，英文称为"Think Tank"。它指由专家组成的，多学科的，为决策者在处理社会、经济、科技、军事、外交等各方面问题出谋划策，提供最佳理论、策略、方法、思想等的公共研究机构，是影响政府决策和推动社会发展的一支重要力量。严格意义上的智库是一种相对稳定的、独立于政府决策机制的政策研究和咨询机构。

世界各国与地区都有一些由政府出资成立的智库。智库的研究方向与安邦治国策略密切相关，金融情报的分析与研究只是其中的一个方面。据有关机构统计，到2016年，全球各类比较活跃的智库已达6826家。美国在二战前只有布鲁金斯学会、胡佛研究所等20多家智库，到目前智库的数量已增至1828家，形成了与其内政外交治理体制相适应的、较为完善的决策咨询体系。

为最高金融决策层提供参考报告的机构就是金融情报机构，国家智库也符合这样的标准。早在20世纪90年代初，美国参议院情报特别委员会主席戴维·博伦在提议对情报工作改革时，就特别指出，美国的情报机构改革的目标，是建立一个世界级智库，也就是全世界最好的智库。

目前，世界上较为著名的智库基本上都有政府背景。如美国的外交关系委员会、卡内基国际和平基金会、布鲁金斯学会，英国的国际战略研究所，日本的防卫研究所，德国的德国发展研究所等等（更多智库名单参见本书附录三）。这些机构都有政府拨款，聘请最好的专家，展开与国家安全相关的研究，为政府决策提供建议。

中国的智库以官方智库为主，遍布于各级政府、教学科研单位、金融机构，其中位列正部级的官方智库有中央政策研究室、国务院发展研究中心、中国社会科学院、中央党校。而各级党政机关的政策研究室、调研室、党校、行政学院、金融服务办公室，都有一大批从事政策研究、金融研究的人才。近10年来，这些政府研究部门对金融问题的关注度越来越高，许多金融战略的研究分析报告均由它们来完成。

中国社会科学院一直是国家在金融情报的研究与分析方面的重要机构之一。据相关资料披露，1997年7月，亚洲金融风暴爆发，面对泰国货币贬值产生的连锁反应，中国社会科学院受命紧急成立了国家级"金融避险对策研究小组"，集中力量把数理分析与经济问题结合起来，从理论上研究对新兴金融工具的风险控制和管理。如今，该院的国际金融研究室、宏观经济研究室等部门依旧承担着国家下达的一些重大金融课题研究。

实际上，海外的某些政策研究基金会本身就是获得情报机构赞助或出资设立的。它们不仅为社会、为市场机构的需求做研究；也将一些关乎国家安全的敏感信息、研究成果直接提供给专业的情报机构，或上报给相应的政府决策部门。

无论是中国还是美国，乃至全世界，相关的经济、金融研究报告的撰稿人，其身份定位总是会与实际的经济利益有所冲突。例如，美国有不少经济学者身兼多重身份，对美国经济政策制定有着直接或间接的影响。又例如，国内某金融研究所负责人还同时出任多家商业银行机构、上市公司的首席经济学家、独立董事，并领取报酬。因此，他们在撰写供政府决策参考的金融报告时，很难保证绝对的客观和中立。

---案例分析---

情报失误引发的金融风险

现代社会中，经济发展呈现了一种周期性的不规则起伏运动。在我们没能掌握周期变化规律之前，辨识经济发展所处的周期与危机发生的征候就显得特别重要。

金融危机是诱发经济危机的根源与主因，尤其是进入21世纪以来，以虚拟经济为特征的现代金融对社会生活的影响大大超越从前。可以说，经济危机的本质就是金融危机，即金融资产或金融机构、金融市场的危机。金融危机是在经济运行中长期积累的问题的一种爆发和强制性调整，对实体经济的发展有

第六章 | 金融情报机构

很大的冲击。

金融危机与金融风险存在量变与质变的区别。当我们把金融风险的防范与预警列为金融监管的首要工作时，总是可以寻找到蛛丝马迹的，因为风险只是危机的前兆，能预见风险的出现并加以应对，可以制止风险的蔓延，还可能阻止危机的爆发。

金融风险也可能是指金融机构在业务操作中的失误，但金融危机一定是由金融风险诱发的；金融情报机构判断的失误有可能导致金融风险的产生，并进一步触发金融危机的发生。危机到来时，整个经济社会运行会遭遇严重阻滞和障碍，机构倒闭、基金清盘、资金流动困难甚至枯竭。

（一）

对于情报机构而言，无论是战争的突然爆发，还是在重大的政治、经济事件发生前没能提出预警，都算是情报失误。因为情报机构"错误地判断了局势，从而使政府（或其军事力量）采取了不恰当的行动，其结果与原来想要追求的效果南辕北辙"。因此，判别金融风险的征候并发出预警尤为重要。

有经验的牧民都知道，天上的云朵看上去也许没有人的巴掌大，但可能预示着风暴的到来。情报工作的职责就是在局势演变成危机之前拉响警报，否则就是重大的情报失误。

从近期披露的资料看，1978年，英国驻德黑兰大使馆的情报人员没能准确判断伊朗国内的政治形势，没能发出伊朗即将发生伊斯兰革命的预警，这是一起重大的情报失误。英国外交部在深刻检讨时发现，他们的情报人员过于相信与重视伊朗王室成员及政府高层的信息，而忽略了来自民间的不满情绪与风暴形成前的躁动，导致情报失误。

作为英国情报机构战略盟友，美国中情局也未能预测伊朗革命的爆发。这个情报失误给美国带来巨大的损失，不仅令美国企业在伊朗的巨额资产遭到冻结，甚至连美国驻德黑兰大使馆的工作人员也被情绪高亢的伊朗学生扣为人质。

这次误判，不仅令美国中情局、英国军情六处等大名鼎鼎的情报机构颜面扫地，也使美国的全球战略在中东的布局严重受挫。据中情局的高官回忆称，时任美国总统卡特被突如其来的德黑兰人质事件惊呆了，他在写给国务卿万斯、国家安全事务助理布热津斯基和中央情报主任斯坦菲尔德·特纳的一封信里直言不讳地抱怨："我对我们政治情报的质量非常不满。"

（二）

2015年夏季，发生在中国的那场险些酿成金融危机的"股灾"也是情报失误的经典事例。其实，早在2013年8月16日，中国的股票市场就发生了著名的"光大乌龙指"事件，可惜我们的情报机构没有能正确地评估此事件，未能及时发现这一风险征候。

2013年8月16日11点06分左右，上证指数瞬间飙升逾100点，最高冲至2198.85点。沪深300成分股中，总共71只股票瞬间触及涨停，且全部集中在上海交易所市场。其中沪深300权重比例位居前二的民生银行、招商银行均瞬间触及涨停。

这么一个庞大的股票市场体系是否被操纵了，是否被某种力量主宰了？上证指数居然在几分钟内走出了倒V字的怪异走势。中国证监会新闻发言人事后及时通报了8月16日光大证券交易异常的应急处置和初步核查情况。发言人称，经初步核查，光大证券自营的程序化交易系统包含订单生成系统和订单执行系统两个部分，存在程序调用错误、额度控制失效等设计缺陷，并被连锁触发，导致生成巨量市价委托订单，直接发送至上交所，累计申报买入234亿元，实际成交72.7亿元。同日，光大证券将18.5亿元股票转化为ETF卖出，并卖空7130手股指期货合约。

程序化交易系统是指由计算机监控市场价格变动，并自动生成买入/卖出指令的系统，通常在短时间内发出大量的交易股票与期货的指令。这次事件被监管机构认定为一个非人为操作的不经意触发的"乌龙指"事件。然而，许多细节却被遮掩了。仅仅一家证券公司的程序化交易系统就能把股指推高5.96%？须知中国的股市当年的存量是13万亿元，若以一家券商之力就能拉动股指上蹿下跳，可以联想的是，或许某一天的某一刻，多少个证券机构隐藏的策略交易系统蓄势待发；或者，多少分散资金可以组合在这种程序化交易指令的同一时间，进行买进或者卖出。据公开数据显示，从我国股票市场的投资者结构来看，持股市值在 10 万元以下的中小投资者占 85% 以上。令人担忧的是，此次事件暴露了中国的股票市场是这样一个以散户为主的弱势市场，这些散户们以长期投资、长期持有的策略为主。因此，哪怕庄家用一点点少量的筹码在沪深两地市场进行拉伸或打压 A 股股指，都足以令市场产生大幅的波动。

2015 年 6 月，在浦东参加陆家嘴金融论坛会议的前证监会负责人面对记者对近日股指大幅下挫的追问时，答曰："正常调整。"他显然完全不知诸多的券商、公私募基金手中的程序化交易隐藏着巨大杀伤力。接下来几天发生的事情，深沪两地市场的大幅下挫，已经完全超出了正常的股市调整范围。

这个程序化交易的威力在 2015 年 6 月的股市风暴中演绎得淋漓尽致，千股跌停，股指大幅下挫。在经济基本面和宏观金融政策没有发生重大变化的情况下，股市在短短的几个月内暴涨 100%，然后又在几天内暴跌了 35%，沪深两市的交易市值蒸发了将近 16.9 万亿元，600 家上市公司为避免损失而紧急停牌，上证指数创下 8 年来最大单日跌幅、6 年来最大单月跌幅纪录。结果，港股追随下跌，在美国上市的中资概念股被集体抛售，人民币兑美元的汇率连续下挫。在所有人看来，这一连串反应都算得上是一次标准的中型金融危机了，以至于中国政府后来动用了 1.5 万亿元的资金来救助。

事后查明，"光大乌龙指"事件的重要推手在于高频交易。

此前，光大证券不小心动用的 72.7 亿元就能够将权重股工商银行连拉 2 个涨停，充分显示了 A 股市场遭受攻击甚至操纵时的脆弱。

论及 2015 年夏季发生的"股灾"，有大量文章指责我国相关的金融管理机关监管不力、救市不及，甚至说"股灾"是由于我国金融体系分业管理的机构设置、信息不能共享造成的。其实，换个角度来看，金融风险的产生，事前发现比事后处置更为重要。那么，我们在事前发现了什么？我们预测到了这次"股灾"的到来吗？连证监会负责人在风暴来临之际都说是"股市正常调整"。然而，随后发生的一切又令人目瞪口呆。

"光大乌龙指"虽然是一个偶然事件，却暴露了中国证券市场的重大缺陷。遗憾的是，监管部门没有认真分析研判这一重要的风险征候，并做出相应的应对措施，以便防范此类金融创新工具对股市攻击的再度出现，反而将精力纠缠在与"光大乌龙指"相关的民事诉讼上。实际上，这次"乌龙指"事件之后，多家公司的高频交易全部启动，于是便有了2015年夏季"股灾"的发生。而证监会在饱尝这次惨痛教训后，才于2015年10月发布限制程序化交易的指导性文件，但为时已晚。

把时间再往前推一点，历史又有相似的地方。1987年10月19日，美国的道琼斯工业指数（DJIA）在一天内跌幅超过了20%，这在股票市场历史上是一个"黑色星期一"。此次美国股市崩盘似乎是突然爆发于风平浪静中，之前并没有重要的新闻或事件发生。

后来调查发现，由程序化交易系统产生的高频交易，即大量卖出指令导致了这一崩盘发生。于是，美国的监管机构开始清晰认识到程序化交易机构的投资者可能没有充足的流动性来快速对冲仓位，因此高频交易被严格限制。

但是，国内证券业却以金融创新的名义把它引进中国，国内各大证券公司不惜花重金从港台地区的证券业、美国华尔街请了一批精通高频交易的"高手"进来，于是就有了前述的"光大乌龙指"事件和下面的伊世顿操纵期货市场案。

据2015年11月1日新华社报道，伊世顿公司总经理高燕、业务拓展经理梁泽中，以及华鑫期货公司技术总监金文献等犯罪嫌疑人仅用约600万元，通过高频交易获利高达20亿元，涉嫌操纵期货市场犯罪，已被依法批准逮捕。据涉案人交代，其境外技术团队设计研发出一套高频程序化交易软件，远程植入伊世顿公司托管在中国金融期货交易所的服务器，以此操控、管理伊世顿账户组的交易行为。伊世顿账户组通过高频程序化交易软件自动批量下单、快速下单，申报价格明显偏离市场最新价格，实现包括自买自卖（成交量达8110手、113亿元）在内的大量交易，利用保证金杠杆比例等交易规则，以较小的资金投入反复开仓、平仓，使盈利在短期内快速放大，非法获利高达20多亿元。

（三）

显然，在金融风险的征候出现时，如果不及时抓住时机分析判断，预见到事件的发展后果，并向金融监管机构发出预警，根除风险蔓延的外部条件，就很有可能会引发一场更大的金融风险甚至金融危机。

第六章 | 金融情报机构

实际上,金融创新经常是为规避监管进行制度套利的一个冠冕堂皇的借口。金融创新是一把双刃剑,一方面能够促使市场提高运行效率;另一方面,它是利用程序化交易监管的漏洞进行制度套利,是风险酝酿发生的根源。诚如一位美国金融监管者所说,自由市场的正常运作,需要游戏规则,需要裁判的监督,并强制执行这些规则,否则市场参与者们就会自己毁掉这个市场。

辩证地看,金融风险的产生、金融危机的爆发,总是可以在金融监管的失误方面找到原因。大危机并非一朝形成,大萧条并非一夜之间降临,事物的发展总是有其内部的酝酿与外部的征兆,总有一段来自内外作用力的结合并演变、爆发的过程,正如经典的经济运行阶段——复苏、高涨、危机,问题是我们要判断市场在哪个阶段中运行。

专家们研究宏观经济运行的失衡问题太多,关注微观经济的套利行为太少,是我们在金融风险的识别与预警方面的重大缺陷,是我们应对系统性、区域性金融风险的短板。在2008年那场席卷全球的次贷危机爆发后,时任美国财政部主管情报分析的财政部部长助理布拉德福隆·德隆撰文抱怨道,经济学研究的理论与实际脱节是(危机爆发的)根本原因。他特别强调,在次贷危机发生后,一干大名鼎鼎的经济学家、学院派经济学家根本不知道发生了什么事。他认为经济学研究显得很高大上,尤其是学院派经济学家喜欢用高深的数学模型去描述经济运行,却没能预测危机的发生,显然是他们在研究方面"知道很多经济学知识,却忽略了许多相关的问题,同时又被许多东西错误引导了"。他感叹道:"我们根本不需要那么多'有效市场'理论家,而是需要更多专注于微观架构、限制套利行为以及认知偏向性的研究者。我们也不需要一大批'均衡商业周期'的理论家。"而且令他感到更震惊的是,"学院派经济学家们在应对未来冲击方面所表现出来的孱弱无力"。

关注细节,贴近市场,及时发现并坚决制止利用制度缺陷的套利行为,这是我们能够正确把握金融市场运行,了解金融风险的征候与预警最主要的出发点。

当年,在布雷顿森林体系中的美元双挂钩制度下,美国政府并未封杀伦敦出现的欧洲美元,以至于这种美元与黄金的场外交易不停地侵蚀美元稳定的根基；而伦敦的美元市场长期存在，直接且大量地消耗了美国的黄金库存。不仅民间团体和个人及商业机构从中牟利，甚至一些中央银行也动用国家外汇储备加入了欧洲美元的买卖中，参与黄金官价与市场交易价的套利，从而加速了布雷顿森林体系的崩溃。

金融安全是经济安全中的一个主要部分。就国家金融管理机关要防范和化解金融风险的职责而言，关注市场变化、了解市场动向与发展趋势是最重要的。这首先是由于金融活动本身是一种市场各方力量博弈的活动，市场的参与者范围广泛且动机各异。其行为对于市场体系的健康发展而言，既有恶意攻击，也有善意的套利。因此，一部金融史也是一部金融投机史、金融危机史，更是一部不断出现危机、不断修正和不断完善监管体系的金融发展史。金融市场发展的历史表明，危机风险与生俱来，任何金融系统在运行过程中都可能会出现严重的波动与偏差。但金融市场的剧烈波动一定会对宏观经济的健康发展造成重大伤害，为防患于未然，避免或缓和严重的市场波动与偏差对宏观金融运行的不良影响，必须在对金融机构监管、对金融市场监测的基础上加强宏观金融的预警工作，及时准确地把握金融市场的运行轨迹，分析金融未来发展的趋势，并对其运行中的险情进行预报，采取有效措施予以排除。

第七章
金融决策机构

金融业是以市场资金的筹集和分配为手段，并服务于实体经济的特殊行业。如何调动与配置金融资源，将其合理地分配到整个社会的方方面面，推动社会经济平稳有序、协调健康发展，与金融体系的设置及管理架构有很大关系。根据对宏观经济的调控手段不同，可将国家分为两大类，即市场经济国家与非市场经济国家。这两类国家的差异主要体现在政府对经济体系的管理上，二者对金融机构的监管理念与行政机关的设置也有重大区别。改革开放几十年来，中国逐步由计划经济国家向市场经济国家转变，中国的金融管理架构也逐步以西方的市场经济国家为模型进行改革重塑。但是，我们对市场经济的认识、对金融职能的理解、对金融监管机构的框架设置，甚至在宏观金融调控的方式与手段的运用上，依旧与发达国家有一定的差距。

本章将着力分析中美两国的金融决策机构，剖析二者在设置、决策、监管与服务上的共同点和差异性。

一、高层金融决策机构

1. 国家安全委员会

（1）美国国家安全委员会

1941年7月，正值二战时期，美国政府认识到，在此非常时期，大规模的、日常的情报供给是美国政府对外政策有效运行的基础。于是，由总统下令建立了情报协调办公室（COI），其主要功能在于综合处理来自国内外的各种情报，继而编撰面向高层决策的综合性"中央情报"。1941年年底，情报协调办公室改名为战略情报局（OSS），这便是国家安全委员会的前身。

美国国家安全委员会（NSC），是由美国总统主持的最高级别的国家安全及外交事务决策委员会。该委员会在1947年依据《国家安全保障法》设立。委员会自成立以来，主要任务是协助总统处理外交及安全事务，并协助制定相关政策。

如今，美国国家安全委员会是情报分析与决策合二为一的机构，美国的国家安全委员会主要职责是：统一有关美国国家内政、军事和外交政策，向总统提出建议；不制定政策，只是作为与总统有关的安全政策统筹、协调、参谋机构。在国家安全委员会上达成的意见，须经总统采纳，才成为政策。由总统任委员会主席，其成员有副总统、国务卿、国防部长、能源部长、财政部长、国家情报总监、参谋长联席会议主席及国家安全顾问等等。

美国国家安全委员会的主要目标包括：为国家行政体系制定明确的指导，特别是为确保联邦政府所有的办公机构都能为了统一的目标而作为一个整体来开展行动；权衡某一态势和针对这一态势所做的决策的利弊，并处理对外政策和国情事务；确定国家基调并在一个充满不确定的时期保持领导层的影响力。

美国国家安全委员会架构如下：

委员会主席：美国总统；

正式成员：副总统、国务卿、国防部长、能源部长；

军事顾问：参谋长联席会议主席；

情报顾问：国家情报总监；

定期参与成员：国家安全顾问、副国家安全顾问、总检察长、白宫幕僚长、国土安全顾问等；

追加参与成员：财政部长（财政部下辖金融情报署）、国土安全部长、白宫法律顾问、中央情报局局长、总统经济政策助理、美国驻联合国大使、行政管理与预算局局长、总统国家安全事务副法律顾问等（这些临时成员名单可因会议内容而变化）。

（2）中国国家安全委员会

中央国家安全委员会，是中共中央关于国家安全工作的决策和议事协调机构，俗称"国安委""中央国安委"，全称为"中国共产党中央国家安全委员会"，是中国共产党中央委员会下属机构。

中国国家安全委员会经由中国共产党第十八届中央委员会第三次全体会议后，于2013年11月12日决定成立。中共十八届三中全会报告提出，"设立国家安全委员会，完善国家安全体制和国家安全战略，确保国家安全"。国家安全委员会由中共中央政治局委员、中央政法委书记负责筹建，中央政策研究室主任和中央政法委秘书长参与筹备。国家安全委员会办公室副主任也可以是正部级，可见其规格相当高。

中央国家安全委员会作为中共中央关于国家安全工作的决策和议事协调机构，向中央政治局、中央政治局常务委员会负责，统筹协调涉及国家安全的重大事项和重要工作。

中国国家安全委员会的设立，有利于提高国家在面临各种安全危机和挑战时的应变能力，也代表着中国在捍卫国家安全和国家利益方面的决心和意志，设立国家安全委员会是维护外部安全的重要内容。从设立国家安全委员会的目的及其主要职责可以看出，国安会的主要任务应当是：筹划、指导和实施国家安全战略，组织拟制各领域安全战略和重大安全问题研究；提出国家安全建设资源统筹配置和宏观调控；协调解决跨领域、跨系统的重大国家安全问题。

2. 中国的金融决策机构

（1）中央财经领导小组

中央财经领导小组是中共中央政治局领导经济工作的议事协调机构，是中国经济的核心领导和决策部门。财经领导小组负责人由党的总书记兼任，其成员由分管经济工作的中共中央政治局成员、国务院领导成员和部分综合经济管理机构的领导成员组成。

中央财经工作领导小组下设办公室，即中共中央财经工作领导小组办公室，简称"中财办"，是中国经济决策的核心部门，行政级别为正部级机构，但功能和权限远在部级机构之上。实际上，它是中国中央政府以议事协调方式做出经济决策的高级参谋部门，直接对中共中央政治局负责的机构。

显然，金融问题并不是中央财经领导小组关注的全部议题。从人员结构看，中央财经领导小组办公室主任通常兼任国家发展和改革委员会主任或副主任。中央财经领导小组关注更多的是全国经济发展战略与宏观经济管理的重要问题。

由于中央财经领导小组主要成员来自各部委，也带来了不同部门的诉求与争议。例如，人民币国际化，资本项目开放是快点好还是慢点好；利率市场化与汇率市场化，是优先发展其中一个，还是齐头并进。这些问题与争议都在中央财经领导小组研究与关注的范围内。

（2）国务院办公厅

国务院办公厅是全国各省、市、自治区政府及国务院各部委、各驻海外机构的信息汇集处。全国各系统搜集的所有重大经济、金融信息情报，经过各级部门的层层筛选、甄别、修改，最后汇集于此。对繁杂的信息进行分类与编发，是国务院办公厅8大秘书局的主要任务。这些庞杂的情报信息，通常是经过整理、编撰后，以内刊的形式发给最高决策层。例如，重大的金融情报信息的处理，由国务院主管金融行业的副总理签字后转送到相关金融行政管理部门办理。对那些需要深入研究方可决定的问题，则转发给智囊团，如中国人民银行研究局、中科院、国务院发展研究中心等机构进行具体分析，提出意见与建议后，再返回国务院，甚至提交中央财经领导小组转政治局，才能形成对策或决策。

有时，国务院也直接发文指导具体的金融工作。例如，就金融政策而言，2013年7月5日，中国国务院办公厅发布《关于金融支持经济结构调整和转型升级的指导意见》，提出在货币信贷领域要优化金融资源配置，用好增量、盘活存量，统筹金融资源，支持经济结构调整和转型升级。

笔者在网上看到过一份国务院办公厅向相关部委和各省政府下发的文件《关于加强影子银行业务若干问题的通知》。该文件以中国最高金融决策机构的身份，回应了当时社会舆论较为关注的"中国存在庞大的影子银行"的问题，厘清了影子银行的概念，并明确了影子银行的监管责任以及如何加强对国内各金融机构的监管问题。这份文件又被理解为处理影子银行的法规。文件强调在对影子银行监管中，必须加强各个监管部门的统一协调。

在一定层面上，中国金融的最高决策机构是国务院（办公厅）。例如，银行基准利率的调整，证券市场股份公司IPO发行的改革，都由国务院进行决策。据媒体报道，2013年6月25日，国务院以"秘书一局"的名义紧急下发通知，要求银监会联系各家金融机构，立即上报"用好增量，盘活存量"的建议方案；并指出，"根据这次国务院的通知，各金融机构都要针对这次国务院常务会议的精神，对'用好增量，盘活存量'提出建议方案和具体措施，由银监会汇总后上报国务院"。

3. 国际金融武器的运用

金融，对内具有进行社会资源配置的功能，对外是国家利益的博弈手段。因此，掌管金融管理大权的内阁成员必然会从金融行业的角度，提出维护国家安全与稳定的内政外交策略，明确金融援助与军事打击同等重要，甚至可配合对外行动以弥补军事手段的不足。

2008年秋季的某一天，在美国白宫举行的国家安全委员会的例行周会上，以时任总统小布什为中心的一干国安会成员，对巴基斯坦局势进行了磋商。在讨论打击恐怖活动及美军后勤援助等传统安全保障议题之际，作为美国国安会成员的美国财政部高官在发言中提出："虽然军事打击恐怖活动分子、搜捕拉登等恐怖分子的重要性不容置疑，但社会必须稳定。据我部金融情报分析师的测算，上周末巴基斯坦的外汇储备已经低于该国两个月进口商品所需的金额。"

这位财政部高官进一步解释道："如果巴基斯坦政府的外汇储备枯竭，该国急需的食品和燃料进口将出现中断，导致物价飞涨，继而可能引发民众大规模游行，该国的警察将不得不出动维护治安。而拉登的极端组织会趁此机会煽动对立情绪，进而有可能发展成为大规模冲突，作为我们亲密盟友的巴基斯坦政府将遭遇局势失控的危机，我们打击恐怖活动分子的计划也将受挫。"

随后，本次国安会的讨论议题转为对巴基斯坦金融稳定问题的讨论。与会者对如何应对巴基斯坦外汇储备不足进行了紧急磋商。最后，会议授权财政部直接处理此事，通过与美国财政部作为大股东的亚洲开发银行（ADB）和世界银行联手，对巴基斯坦政府提供过渡性贷款作为对策，帮助巴基斯坦维持汇率稳定，保障粮食进口，渡过难关。

这个案例表明，在全球化大格局下对外的安全保障政策方面，美国国安会里看似地位不重要的财政部，其可操作的金融手段与外交和军事手段一样，有着非常重要的作用。

二、高层金融监管机构（一）

世界各国高层级的金融管理机构，主要是国家财政部与中央银行。区别在于，欧美国家的财政部是国家政府的内阁成员，代表国家对金融业行使行政管理的权力；俄罗斯及东欧一些国家的中央银行是在金融改革影响下，在国家行政令下产生的，代表国家行使金融管辖权力的特征不明显。我国把西方国家的中央银行制度引进来，却部分摒弃了西方中央银行的在金融业务上互惠互利、行业自律组织的特性。国际上每年召开的"20国财政部长与央行行长会议"，反映了这种对财政部与中央银行在各国政府中存在的职能差异的包容性。

在军事斗争中，军事情报的目的主要是了解敌方的军队体制、架构及兵力部署、装备情况。同理，在金融博弈中，金融情报的生产者与使用者都应该深入了解世界金融的发展状况，包括博弈各方的金融机构设置、财政金融监管体系、中央银行的地位及其职能。

多年来，我们对一个国家的财政部与中央银行的权力、地位与作用缺乏深刻的了解与分析，以至于在情报信息的搜集与研究方面进入误区，甚至在决策方面受到一定的影响。例如，美国财政部长来华访问时多是由中国财政部出面接洽，其实两国财政部的管辖范围及关注的问题、权限、职能都是不一样的。又例如，近年来美国财政部长在各种国际金融论坛屡次提及人民币的汇率问题，而中国的财政部是不管汇率问题的，那是人民银行和国家外汇管理局的权责。

受过去苏联及东欧的国家计划经济体制影响,我们的固有观念认为,财政部是负责国家财政资金的筹集与分配的国务院部级单位。由于我国的财政金融体制是从苏联拷贝过来的,尽管在改革开放的过程中进行了数次重大调整,尤其是中国人民银行在下辖机构设置上效仿美国联邦储备委员会,设立9大跨省区分行,但在顶层的设计上,中美两国在财政、金融管理体制还是存在重大区别的。

1. 美国的财政部

美国财政部的职能,主要体现在以下几方面:

为国家金融基础设施的发展和维护提供保障,例如生产(发行)辅助流通的硬币,筹集国家税收资金以满足联邦政府的开支;与外国政府和国际金融机构进行金融政策协调,以促进全球经济增长,提高生活水平;预测和防范经济危机和金融危机;通过实施对外威胁与经济制裁,确保国家安全;通过对金融机构的监管和金融体系风险的防范,行使政府职能。

美国财政部在组织架构上与世界各国最大的不同之处,是设立了专职主管金融情报的财政部副部长,该副部长属下的部门有主管反恐财政的办公室与主管财政金融情报分析的专门机构。

可见,美国财政部除了在国家财政税收的管理上履行职责,以及行使国家财政资金的管理分配权力外,更多的是在制定金融政策、执行金融法规、搜集金融情报、维护金融安全方面有所担当。例如,美国财政部在权责定位上就开宗明义地写道:财政部是负责促进美国经济繁荣、确保美国金融安全的执行机构。

美国财政部属下的金融机构管理署具有发放银行牌照的权力,其功能相当于我国对银行业监督管理的中国银监会。美国财政部是直接派员出任国际货币基金组织、国际复兴开发银行、美洲国家开发银行、亚洲国家开发银行的美方首脑的权力机构;财政部长在总统内阁官员中的地位仅次于国防部和外交部。

由于美国财政部所具有的对国内金融安全防范、对全球金融发展进行操控监督的特殊功能，因此，美国财政部可以与国防部并列出席美国国家安全委员会的常规会议。对美国财政部在美国国家安全委员会的地位问题，前美国财政部副部长基米特有过一段精辟的论述："所谓安全保障，指的是外交、防卫，以及国际经济与金融政策构成的整体，但金融实力的定位是安全保障政策的重要支柱。"

而前美国国务院政策计划处主任戴维德·戈登的表述则更加深入：此前金融实力是外交实力和防卫实力的源泉，属于"幕后英雄"；但在全球化导致世界相互依存度日趋提高的背景下，金融实力的作用已经达到与军事实力并驾齐驱的水平。

2. 中国的财政部

中国的财政部角色类似于国家内部资金筹集与分配使用的大管家。

中国财政部的主要职能为：

（1）拟订财税发展战略、规划、政策和改革方案并组织实施。

（2）起草财政、财务、会计管理的法律、行政法规草案，制定部门规章，组织涉外财政、债务等的国际谈判并草签有关协议、协定。

（3）承担中央各项财政收支管理的责任。

（4）负责政府非税收入管理，负责政府性基金管理，按规定管理行政事业性收费。

（5）组织制定国库管理制度、国库集中收付制度，指导和监督中央国库业务，按规定开展国库现金管理工作。

（6）负责组织起草税收法律、行政法规草案及实施细则和税收政策调整方案，参加涉外税收谈判。

（7）负责制定行政事业单位国有资产管理规章制度。

（8）负责审核和汇总编制全国国有资本经营预决算草案。

（9）负责办理和监督中央财政的经济发展支出、中央政府性投资项目的财政拨款。

（10）会同有关部门管理中央财政社会保障和就业及医疗卫生支出，会同有关部门拟订社会保障资金（基金）的财务管理制度。

（11）拟订和执行政府国内债务管理的制度和政策，编制国债余额限额计划。

（12）负责管理全国的会计工作。

（13）监督检查财税法规、政策的执行情况。

从中国财政部官方网站公布的 13 项主要职能条款来看，没有一项是与金融调控、金融监管的职能相关，也没有一项职责与金融情报的分析研究有关。因此可以这么说，中国财政部不是国内金融市场的资金分配与使用的管理部门。同时，也基本上看不出它有哪一项权责与国家对外经济政策的制定与管理有关，即便我国机构在境外发行债券、借款额度的决策权也分别属于国务院授权的另外两个部门——国家发展和改革委员会负责对我国的中长期外债实施审核与指标管理；国家外汇管理局对我国的短期外债实施审核与指标管理。可是，每年 G20 财长和央行行长峰会，或是西方国家来华洽谈金融合作议题，都可以看到是由中国财政部官员出面应对的。而人民币汇率的管理与操控，则是中国人民银行及国家外汇管理局的主要工作。由一个仅仅是名称相似，但权限与分工不同的部门去与美国财政部磋商国际金融问题，显然是角色发生了错位。

3. 中美财政部的区别

实际上，中美两国的财政部在职能与权限上是有重大区别的。

美国财政部英文名为 The Department of the Treasury，中国财政部的英文名为 Ministry of Finance，不仅在名称外延上有重大区别，而且在实际的权责范围上也有很大的不同。

中国的财政部长全部是财政、税务系统的公务员逐级晋升上来的，是国内政府资金筹措与分配的理财高手。而近 50 年来，美国的财政部长则大部分是银行家出身。例如，2008 年的金融风暴过后，出任财政部长的盖特纳曾经担任过纽约美联储行长多年；奥巴马政府的财政部长雅各布·卢曾担任花旗银行集团首席运营官；现任总统特朗普内阁的财政部长史蒂文·努钦（Steven Mnuchin），以及前任财政部长罗伯特·鲁宾（美国第 70 任财政部长）和亨利·保尔森（美国第 74 任财政部长），均出自同一家著名的华尔街投资银行——高盛，他们丰富的银行工作经验以及敏锐的国际金融市场博弈意识，为他们在任内较好地维护美国的世界金融霸主地位提供了良好的条件。

在维护美国利益方面，军事行动与金融打击均是辅助美国外交的重要手段。一个值得深思、更令人惊诧的现象是，美国国防部与财政部的高级官员可以交叉任职，这进一步加强了美国的战争硬实力与金融软实力，保证了国家防卫与金融制裁的理念融合。自 20 世纪 60 年代起，美国的国防部长、中情局局长等长期由职业军人任职的重要岗位开始由文职的经济、社会学者交替担任。典型的例子是，越战期间，美国的国防部长麦克纳马拉卸任后，转到财政部任职，继而出任世界银行行长。由于美国实行政府内阁的文官制度，因此从国防部转到财政部任职的还不止一个。2005 年，美国总统布什推荐国防部长保罗·沃尔福威茨出任世界银行行长；在尼克松政府中担任财政部长并主导了美元脱离金本位的舒尔茨，到里根政府组阁时却转任国防部长；1971 年，约翰·康纳利由海军部长转任美国财政部长；1960 年，美国财政部长罗伯特·伯纳德·安德森此前曾任美国海军部长、国防部副部长；等等。如此看来，统兵打仗的国防部长与操控资金的财政部长、银行行长之间没有不可跨越的鸿沟。

4. 财政部的两种类型

笔者把中美财政部功能的差异分别定义为"单一理财"与"综合管理"两大类型，相较之下他们有如此差异：

（1）单一理财型

以国家财政资金的统筹与分配为主，不涉及金融（市场）资源的调控。财政部长的人选多由行政官员逐级提拔，精于国家财政的预算、决算管理。

优势在于，有利于中央计划的贯彻执行，能够集中力量办大事。

劣势则是，资金分配与使用效率低下，财政闲置资金巨大，多年来造成巨大浪费。例如 2014 年 12 月 25 日，某财经日报报道中国审计署在 2014 年查出全国有 3 万亿元的财政闲置资金。

（2）综合管理型

对国家财政税收、国内金融行业的设置、国际金融问题的协调管理。财政部长的人选多是商人或银行家。用管理银行资金的经验与手段管理国家财政，重视资金的使用效率。

优势在于，适应大社会小政府的框架，合理利用社会资源、市场资源，对财政与金融统一管理，资源分配更高效，便于协调国内外的经济、金融问题。

劣势则是，国家财政能够调动的资源有限，不利于中央计划的执行。

三、高层金融监管机构（二）

在全世界的金融系统里，中央银行的角色较为复杂。通常，中国的学者在论述中央银行的地位时，把它定位于"发行的银行"（发行货币），"政府的银行"（经理国库、外汇储备），"银行的银行"（管理商业银行的流动性）。这完全符合中国中央银行的功能定位特征。但是，西方国家的中央银行是从金融行业中自发组织产生的，它在成立之初并没有货币发行的权力，也没有代理政府管辖国库和外汇储备的职能。之所以将其称之为中央银行或储备银行，是因为它能够为商业银行提供流动性保障，具备"银行的银行"的功能。

中国的法定货币是中国人民银行发行的，人民币的纸币上必然有中国人民银行行长的签名（目前以"行长之章"代之）。但在所有流通中的美元纸币上，印有发钞时的美国财政部长的签名。例如，在2017年，美国总统特朗普任命的财政部长是史蒂文·努钦，则这一年的美元新钞则必有其签名。于是，这里就产生了一个颇为复杂的问题。如果认定货币的发钞权在中央银行，那么中国便是如此；在美国则有所不同，这便引申出财政部与中央银行的复杂关系。

1. 中央银行产生的渊源

现实中，不仅仅是普通的老百姓，就连一些经济学家和高级官员都对中央银行的作用缺乏了解。例如，有位专家提议"要解散中央银行"。中国的最高

| 金融情报学 |

金融决策机关对金融监管体制、对中央银行权限范围不断地进行收放,并没有真正形成市场化的金融体制,发挥中央银行调节金融市场稳定器的作用。其实,要理解中央银行的功能与定位,首先要从了解它的历史开始。

世界上第一个中央银行诞生在1694年的英国,我们可以用古代英格兰骑兵的互助补充机制来阐释中央银行产生的原因:

骁勇善战的英格兰骑兵是一种战时聚合出征打仗,平时分散进行农牧业生产的准军事化组织,其战马补充机制颇为独特。当亦农亦牧的英格兰农村在与外来入侵的强敌作战时,每家每户必须派出一名强壮的农夫,带着自家的马匹出征。然而,每次战斗结束后总有一些马匹伤亡。而这些马,在平时却是每个农户的主要生产生活工具。某些家庭的马匹一旦受伤或阵亡,就会严重地影响到他们正常的生产劳动,甚至影响到整个骑兵团队战斗力的持续与稳定。同样,在作战中有失去良驹顾虑的农夫,往往为了保护自家的马匹而不愿冲锋在前,这显然又严重影响到协同战术的发挥和军队的士气。为了解除在作战中农夫们惜马如命的后顾之忧,当时的英格兰地区出现了一种以村为单位的互助式战马补充机制:每家每户在派人出兵役打仗前,交纳一点银两给村中有威望的长者集中保管。待战斗结束后,发生战马伤亡的那家农户可以在长者的手中领取一笔补偿救助金。领到补偿金的农户,可以很快在村镇集市上买回新的马匹,这样便保证了用于平时耕作与战时征用的需求。

后来,负责保管战马补偿金的农户为了能够快速补充马匹以及使筹备购买马匹资金的效益最大化,就用这些储备金养了许多马匹储备待用。这样,战斗结束后,需要补充伤亡战马的农户可以直接领走现成的良驹,而不必像过去那样先领取补偿金再去市场上买马回来。这样的马匹储备补偿机制,显然对需求双方都更加有利、更便捷了。

再后来,这家负责经营战马补充储备的农户,由于维护看管储备马匹的责任重大,被大家一致通过免除携马出征的兵役。这样便于他专心致志地对储备马匹进行养护。于是,人们便将这个以蓄马、养马为主业的农户称为"储备马匹农户",或者按其在村中的地理位置,或者按其在马匹储备补偿机制中的核心地位,将其称为"中心农户";而村子里的其他农户——战时需派出一名壮丁携自家马匹出征的则是"普通农户"。

由于村子里每家农户都交纳了一定的战马补偿备用金给专职于储备马匹养护的"中心农户"(用现在的话说就是入股),为监督这些资金的合理使用,于是"普通农户"选出了数名代表组成管理委员会监督"中心农户"饲养马匹的经营活动。

参与了马匹备付救助机制的"普通农户"也必须满足一些特别条件,才能获得领取储备马匹的资格。相应地,以"中心农户"为首的管理委员会也会对这些"普通农户"进行生产指导与道德行为监督。例如,平时对"普通农户"自家生产、生活用马匹的照料与维护;战时出征不允许携带有伤病缠身的癞马出征,防止"普通农户"借出征作战的机会将劣马换成好马的不端行为发生。

这种英格兰骑兵独创的战马补充救助机制,后来被经营货币信用的企业即俗称"银行"的行业所借鉴,因为他们也需要一种类似于应付马匹损失的救助补充机制来维持正常的商业化运作。在市场经济里,银行是经营货币信用的企业。在16世纪的英格兰,简单的商业银行经营模式是通过吸收存款来发放贷款、从中赚取利差的。但有时候,储户来提取存款时,商业银行发放的部分贷款还没有来得及收回,这就产生了支付危机,或称"流动性风险"。于是,为应付这种商业银行因一时付不出款而遭遇破产清算的窘境出现,各商业银行平时将一笔储备金存放于规模较大的英格兰银行的账户里,一旦某家商业银行出现支付危机时,就可以向存放储备金的英格兰银行申请借用一笔资金以应付储户提款,等到其渡过难关后再归还英格兰银行的同业借款,这样就解决了个别商业银行临时存在的流动性风险问题。

英格兰银行的前身就是商业银行,它产生的过程及经营模式与前述的英格兰骑兵互助机制相似。在前述的机制里,那个收取战马损失备用金、专司马匹养护储备职能、处于中心地位的农户就类似于中央银行——它不再像商业银行一样面向公众经营业务;而那些在中心农户处拥有权益的,专司平时耕作、战时出征的农户就相当于现在的普通商业银行。

同样，英格兰的各商业银行以出资拥有股权或交纳会费的方式参与了这种互助机制，有权力派出代表参与英格兰银行的管理；反过来，英格兰银行也对各商业银行的经营活动实施监督，防止其经营扩张过度、滥用救助机制的违规现象出现。

英格兰银行行使中央银行职能的角色后，帮助英国渡过了1788年的第一次经济危机以及1793年、1797年、1810年、1816年和1822年等英国工业化初期的多次经济危机，英格兰银行也被国际金融史学家公认为世界上第一家中央银行。

近代美国的情况与英国极为相似。更为典型的是，在1873年、1884年、1890年、1893年和1907这几个年份，都有一些商业银行由于受到投资者或储户的挤兑破产，由此引发连锁反应而酿成金融危机，而金融危机又进一步演变成经济危机，造成全国性的经济衰退。尤其是在1893年的那次危机中，居然有超过500家银行因挤兑产生的支付危机而相继倒闭，令许多储户的存款一夜之间化为乌有，无论企业和个人都蒙受了了巨大损失，整个美国经济也因金融业无法正常运转而陷入衰退。1913年，时任美国总统威尔逊签署了借鉴英国中央银行制度设计的《联邦储备法案》，决定成立一个由少数几家发起、（商业）银行拥有股权、广泛吸纳各商业银行以交纳储备金形式参与的美国联邦储备银行系统（Federal Reserve System），简称"美联储"。

美联储的名字中依稀可见当年英格兰骑兵互助机制的影子，储备即表明这是一种"交纳会费、储存备用"的保险互助模式。尽管百年来风云变幻，但当初形成的由美国12个地区的商业银行派出代表参与管理的联邦储备银行董事会的模式沿用至今。

早期，美联储的这种商业互助机制的运行必须要有参与者垫付一定的资金，其出资的凭证就是股票，拥有一定数量的股票是成为联邦储备银行董事会成员并参与管理美联储运行的必要条件。当初，为了保持联邦储备系统的正常运行，规定股票不可被出售、交易或者作为贷款抵押。而行使股东的权利则体现在，各会员银行派代表依出资份额参与联邦储备银行的管理，董事会的职责是监督储备基金的使用以及救援机制的制定。可以说，世界上所有在市场经济中诞生的中央银行都是股份制的。直到今天，有些西方国家的中央银行依然是上市公司。例如，日本央行的股票就在 JASDAQ 上市，公众可以在市场上买入其少量的流通股票并成为股东，但为了防止中央银行被股东操纵牟利，故规定了这些公众股东没有对央行进行管理的投票权。

至于后来的形势变化，各国政府把具有国家信用背书的货币发行权交给了中央银行，其发钞收益当然就属于国家了。

美国宪法规定："国会拥有货币的制造和价值规定的权力。"注意，这里并没有说中央银行——美联储具有货币发行的权力，即美国货币的发行权是在美国国会手中。历史上，美国国会多次授权财政部发行可流通转让的国库券，或流通纸币"美国政府券"，它们是一种在金本位或银本位的条件下，以百分之百的黄金和白银做抵押发行的白银券和黄金券；或者授权由财政部直接发行不与黄金挂钩的钞票，例如在南北战争中发行的由政府信用背书的"绿背钞票"。

后来，美国国会通过的《联邦储备法》，又将这一货币发行权以委托的形式赋予了美联储。但是，所有流通的美元钞票上都印有代表美国政府行使发行货币权力机构的名称"美国财政部"，而且所有发行的新钞都必须要有时任美国财政部长的签名。由此可见，作为中央银行的美联储仅仅是一个货币发行的代理机构。

当然，在纸币与黄金脱钩后，代理发行货币可以无限创造货币信用的美联储就转变为由商业银行提供流动性支持、不以营利为目的的、私器公用的机构。根据法律规定，除去日常费用及每年控制在 6% 以内的红利支付给股东外，美联储必须向财政部上缴其余的利润。例如，2012 年美联储向美国财政部上缴 889 亿美元利润，2013 年上交了 796 亿美元。

从中央银行的发展历史来看，可以分如下两个阶段：

（1）在货币与贵金属挂钩的年代，存在无限扩大的货币发行需求与有限的货币等价物制约着货币发行量之间的矛盾，中央银行具有显著的互助、救济特征，各商业银行把一笔笔互助金、储备金、保证金放在中央银行的账户，以求在经营中出现流动危机时得到中央银行的救急。

（2）在纸币以国家信用背书发行的年代，货币发行的金属锚被解除了，货币的发行量要参考几个重要的经济指标如物价指数等，根据货币政策目标的需求确定的。从本质上来说，纸币的发行是可以无限量的，商业银行摆在中央银行的储备金数量已不是央行实施货币救急的上限了。由此，央行的互助特征有所淡化，但央行救急的本质还是没有改变，即商业银行在发生兑付困难时，立即给予资金上的救助。

也就是说，无论中央银行衍生出多少代表政府行使的行政职能，如管理国库、管理外债、管制国家外汇、支付结算服务、管理黄金、监管金融机构等等，但其为商业银行提供流动性的救助、救急的功能是最基本的。

在当下，研究中央银行的论著可谓汗牛充栋，但能够清晰解释中央银行产生过程与原因的书籍却很少。因为要正确认识中央银行的功能作用，只有对它的诞生与发展，有一个全面、深刻、系统的研究，才能对它的现状、功能定位有一个充分的认识，才能更好地展示它的作用。然而，我们对西方金融制度的照抄照搬很多，却并没有深刻地理解中央银行的职能与定位。显然，这严重妨碍人们对金融市场的理解，也影响了对金融体制改革问题的探讨和纠偏：

（1）中央银行的股权归属不应该是影响其形象的主要因素。中央银行的股权可以私有，也可以国有，或者是公私兼顾的股份制。关键要看其为商业银行救助的机制所衍生的功能与作用。

（2）现实中，各类银行的功能与作用通常可在其名称上反映出来。例如，工业银行、农业银行、商业银行、投资银行、开发银行、进出口银行等等。而"储备银行"就反映了其本质是属于"储备资金、应付补偿"的中央银行的特征。至今，世界上仍有多个国家的中央银行叫"储备银行"，如澳大利亚储备银行、印度储备银行、南非储备银行、新西兰储备银行、美国联邦储备银行等。

（3）在黄金与货币（纸币）脱钩后，各国的中央银行创造（印制）本币的能力是无限的。因此，中央银行的运作对股东资本的依赖，对会员银行会费和储备金的依赖已经淡化了。但是，中央银行对陷入"流动性困境"的商业银行施行救助是责无旁贷的。中央银行不应该是本国"钱荒"的始作俑者。典型的例子是，1929—1933年间，世界经济大危机中，持续倒闭的商业银行面临储备金用完的窘境，美联储爱莫能助。因为彼时货币的发行受限于黄金的储备；而在 2008 年的金融风暴中，美联储的工作人员则逐个向各金融机构的负责人打电话问："缺钱吗？我借给你。"

（4）中央银行的政策目标是单纯的"稳定币值、经济增长"，还是应具有多样性？

据公开资料显示，美联储成立以来的百年时间里，美国的年平均通货膨胀率在 3% 左右。尤其是在过去 30 左右的时间里，美国的年平均通货膨胀率稳定地维持在 2% 左右。

但计划经济国家的中央银行却承担更多的政府职能：币值稳定、充分就业、经济增长、国际收支平衡。

这样的多重目标能否相互兼顾达到平衡是个问题。例如，中国的物价上涨过快；目前中国的国际收支严重失衡，由外汇匮乏转变到外汇剩余。

（5）学习外国的中央银行制度要深刻理解其基本功能与含义，切忌盲目照搬、东施效颦。

中国央行向美联储学习划分出 9 个大区分行，并设置货币政策委员会，但实际效果微乎其微。原因在于，美联储的区域联邦储备局都有权参与最高权力机构公开市场委员会会议，并投票决定货币政策；而即便是中国央行的货币政策委员会也无权决定利率的变动，这样的权限仅在国务院。

（6）市场经济国家与非市场经济国家中央银行的重大区别，在于产生方式的不同，由此也就有了定位与履职观念的不同：前者清楚中央银行是由金融市场发展需求产生的互助组织，因而更倾向于为金融机构提供服务；后者认为中央银行是政府设置的管理市场的权力机关，通常更注重对金融机构行使权力的管理。

2. 美国联邦储备银行

为什么各市场经济国家的金融体系中要有中央银行？这首先是市场经济运行的技术问题，然后才是由此逐渐衍生出来的政治问题，甚至还涉及金融体制改革、财富转移、阴谋论争辩、国家间货币体系的争端等一系列问题。

美联储的基本职能包括：通过公开市场操作、规定银行准备金比率、批准各联邦储备银行要求的贴现率这三种主要的手段，实现相关货币政策；监督、指导各个联邦储备银行的活动；监管美国本土银行，以及成员银行的海外活动和外国银行在美国的活动；批准各联邦储备银行的预算及开支；任命每个联邦储备银行的9名董事中的3名；批准各联邦储备银行董事会提名的储备银行行长人选；行使作为国家支付系统的权力；负责保护消费信贷的相关法律的实施；依照《汉弗莱·霍金斯法案》（Humphrey Hawkins Act）的规定，每年2月20日及7月20日，向国会提交经济与货币政策执行情况的报告（类似于半年报）；通过各种出版物向公众公布联邦储备系统及国家经济运行状况的详细统计资料；每年年初向国会提交上一年的年度报告（须接受公众性质的会计师事务所审计）及预算报告（须接受美国审计总局的审计）；另外，委员会主席还需定时与美国总统及财政部长召开相关会议并及时汇报有关情况，并在国际事务中履行好自己的职责。

国内经济因素左右美联储的货币政策

美联储由在华盛顿的联邦储备局和分布在美国各地区的12个联邦储备银行组成，这12个联邦储备银行的总部分别位于波士顿、纽约、费城、克里夫兰、里士满、亚特兰大、芝加哥、圣路易斯、明尼阿波利斯、堪萨斯、达拉斯和旧金山等。

美联储最重要的货币政策是公开市场操作，由公开市场委员会制定。委员会成员包括华盛顿联邦储备系统7位执行委员，以及5个地区联邦储备银行主席。美联储有12位地区联邦储备银行主席，但他们当中每次只有5个人可以在公开市场会议上投票。其中，纽约联储主席享有终身投票权，剩下的4票由另外11位联储主席轮流行使投票权。1票由波士顿、费城、里士满联储主席轮流投；1票由克利夫兰和芝加哥联储主席轮流投；1票由亚特兰大、圣路易斯、达拉斯联储主席轮流投；最后1票由明尼阿波利斯、堪萨斯城、旧金山联储主席轮流投。除了纽约联储主席外，各地的联储主席都要轮流坐庄，每年一届，机会不多。

克里夫兰和芝加哥的联储主席每两年就可以担任公开市场委员会投票委员，而其他联邦储备银行主席每三年轮一次。这是因为克里夫兰和芝加哥在美联储成立时是美国的制造业中心，在美国经济中有举足轻重的地位，因而他们比其他联邦储备银行有更频繁的投票机会。但在美联储成立的百年间，美国经济重心的分布发生了很大改变。代表夕阳产业的芝加哥和克里夫兰在美国经济中的重要性已经显著下降，但这两个地区在美联储投票权的传统地位延续到现在。显然，各地区的联储主席都是代表本地区金融界、工商界的利益来投票的，依据对本地区经济状况的判断来决定是否加息抑制经济过热，或减息来刺激经济需求，这种根据美国经济的发展状况，决定货币政策的利率水平调整模式持续了100多年。

从历史发展来看，美联储的货币政策由公开市场委员会制定的制度较好地控制了通胀，因此，这种模式才得以延续至今。

然而，百年来的美国经济发展格局，乃至世界经济格局发生了重大的变化。20世纪末出现的互联网工业，在美国西部以加州硅谷为标志的一批互联网企业的崛起，比如著名的Facebook、Google、微软等上市公司的市值已经远远超过了东部地区传统产业公司。同样，在划分经济区域的时候，西北角的华盛顿州也归旧金山美联储管理，这里的西雅图涌现了诸如美国波音飞机、亚马逊等巨无霸企业，它们为美国经济做出的贡献、吸纳的就业人口，远远超过东部的一些省份。

但是，代表加州与华盛顿州参与美联储的货币政策制定的人选还是旧金山美联储主席，还必须执行百年前定下的规矩，二年轮一次参与美联储重大的货币政策调整投票。美国西北部的加州和华盛顿州没有因为经济地位上升，而在美联储的货币政策会议上拥有更多的发言权。

同样的问题还在于，美元在战后的布雷顿森林体系中确定了其世界货币的地位。尽管1971年后布雷顿森林体系已经瓦解，但形成的美元霸权地位依旧如故，各个国家、各个地区的中央银行大都被迫紧跟美联储的货币政策调整自己的基准利率水平。然而，这些国家与地区的经济发展步伐与美国的经济状况并不合拍，世界经济的波动并没有与美国本身经济的波幅产生共振。因此，美联储货币政策的调整对他国经济的干扰乃至冲击，成了一个无法回避的货币政策外溢问题。这些国家的首脑纷纷要求，美联储在调整货币政策时更多地顾及他国的利益，兼顾到他国的经济状况与发展水平。

货币政策外溢的问题

1971年,尼克松政府决定美元与黄金脱钩,欧洲人提醒美联储应该把欧洲的经济发展状况也作为美国货币政策调整的参考依据。然而,时任美国财政部长康纳利·约翰对欧洲官员说了一句后来广为流传的话:"美元是我们的货币,却是你们的问题。"这里既有美国人自私自利的一面,也有其推卸责任的一面。美元的确是美国的货币,美元的供应量只能是考虑到美国的经济状况。但是,这话也在反问欧洲人,你们欧洲各国的货币为什么在美元与黄金脱钩后还要盯住美元呢?

40多年过去了,美元还是美国的货币,但"你们的问题"不仅没有解决,反而越来越严重了。

为什么美联储的货币政策能够影响世界经济与金融市场的发展和运行?既然美元成为了一种世界货币,美国的货币政策对世界各国的经济影响日益加深,美联储成了形式上的世界中央银行,那么,美联储的货币政策调整能否顾及世界各国的利益,更多地考虑各国经济的发展状况,减少对世界经济的不良影响与冲击呢?美联储的货币政策委员会成员是否可以具备更开阔的国际视野及胸怀?因为世界经济的一体化在加深,世界各国的经济发展状况将更加紧密地联系在一起,如果一个事关全球的经济政策只顾及本国利益,那么它的实施最终将得不偿失。例如,美联储周期加息的启动导致了20世纪80年代南美债务危机,南美诸国的经济遭受重创,连带的损失是这些南美国家欠美国的贷款还不上,致使美国利益受损。又例如,在2008年金融危机后的首次加息——2015年12月美联储加息,引发世界各地的经济产生连锁反应,国民生产总值大幅下跌,资金外流,需求不振,各国股市下滑,也同样导致美国股市的跌势惨烈,对美国的经济产生了不利影响。这种做法损人不利己。

因此,一个具备世界准中央银行地位的大国央行,在推行一个影响甚广的货币政策时,要进行全球性的综合考虑,才能实现共赢。据悉,如今美联储的货币政策委员开会讨论经济政策的调整时,已经有更多关于美国货币政策溢出效应的考虑。既然美联储的货币政策能够如此明显地影响世界经济,那么决定美国货币政策的会议席位可否让世界上一些大的经济体或贸易大国、金融大国分享呢？这显然办不到，因为这涉及国家内部事务。虽然美元目前是世界支付与结算货币，但实质上，美元仍旧是美国的美元，是代表美国国家信用的一种国家货币。

就连把美元利率政策制定权部分移交给国际货币基金组织或世界银行，也是不切实际的幻想，况且在这些国际金融组织中，美国还是独一无二的大股东，具有一票否决权。

3. 中国的"一行三会"

中国于1983年的金融体制改革中，引入了西方有300多年历史的中央银行制度，将当时的中国人民银行一分为二——保留中国人民银行不变，单独行使中央银行职能；新设立中国工商银行，专注于城市中的工业及商业贷款，另外还设有中国银行、中国建设银行、中国农业银行，形成了以中国人民银行为中央银行，四大专业银行为商业银行的中国特色金融体制。

国内的主流经济学认为，中央银行有四大政策目标，即：经济增长、币值稳定、充分就业、国际收支平衡。

中国金融情报信息的汇集点是国务院办公厅。但是，就中国金融的决策部门而言，既有中央财经领导小组及中央政治局这样的顶层，也有国务院下属的金融监管部门，即"一行三会"。这些都是最高的金融管理与决策机构。值得注意的一点是，"一行三会"有庞大的基层网络。因此，省级以下的基层单位就不具备决策机构的职能，不能在政策方针的制定上擅自做主。当管辖区域内的商业性金融机构向其咨询金融法令法规、配套政策、实施细则等方面的问题时，这些基层单位便以公文的形式向其总行（总会）请示，通过上传下达的方式来与市场机构进行沟通对话、解读法令法规，但"一行三会"的这些基层单位没有决策的权力。

如前所述，"一行三会"的基层网络具有强大的金融情报信息的搜集、研究与分析功能，因而我们把它定义为金融情报机构，但在"一行三会"总部层面，就演变成了一个情报与决策（在其权限范围内的决策）合而为一的机构，这种现象在世界各国广泛存在。

甚至，"一行三会"就情报信息共享的功能衍生出了"一行三会的联席会议"，还有中国人民银行内部吸收行外人士参加的"中国人民银行货币政策委员会"。

但是，我国的货币政策委员会与美国的货币政策委员会有重大区别，前者是议事机构而不是决策机构，后者可以在其会议上形成具体的货币政策决议。例如，美元基准利率的调整，QE的实施与退出，等等。因此，中国人民银行货币政策委员会只是一个信息汇集的咨询机构。

我国相关金融战略的重大决策，均源自国家最高决策层，而非"一行三会"。例如，关于货币政策的制定，中国人民银行有调整存款准备金的权力，可以操作票据市场的吞吐量影响银根的松紧，也可以在上海的外汇市场上对人民币的汇率实施调控。但是，人民币基准利率的调整权却在国务院。至于人民币国际化、资本项目开放、利率市场的放开等重大决定，都由最高决策层来定夺。

国家金融战略改革的主基调定下之后，具体部门的行政长官就有很大的裁量权，比如金融法规的制定与修改。中国银行业监督管理委员会成立当年，为了倡导和鼓励境外的金融机构战略投资者入股中国境内的商业银行及保险、证券公司，便自行制定并发布了《境外金融机构投资入股中资金融机构管理办法》。

与市场经济国家一样，中国的金融体系中也分别设有中央银行、商业银行、政策银行，但我们的金融决策机构与市场经济国家又有很大区别。

我们是沿袭苏联、东欧政府模式下的经济决策架构。改革开放前，是"大财政、小银行"；改革开放后，在一批有留苏背景的高层官员倡导下仿效苏联、东欧的金融体制，设立了中央银行与专业银行，如外汇银行，政策性银行，专业性的工商、农业、建设银行等，在融资领域里各司其职。再后来，一批游学欧美的高级干部归来，在他们的倡导下，又对中国的金融体系动起了手术刀：中央银行仿效美联储的架构，设置沈阳、南京、武汉、广州、西安、成都、上海、南昌9个大区分行（取消省级分行）；再将中央银行一分为二，分别设中国人民银行和中国银行业监督管理委员会；同时模糊各专业银行的业务界限，让它们可以混业经营、彼此竞争，又特批某些特殊的省市成立几家全国性的商业银行加入混战。这就是如今具有东西方金融架构影子的中国特色的金融体系。

四、中美高层次的情报产品

1. 美国高层的情报产品

美国的情报机构较为庞大，提供的情报产品较为丰富。其中，直达美国总统办公桌，直接供总统审阅的情报产品可以分为三大类：动向情报、基本情报，以及对某一事件进行深度分析的情报评估。举例说明如下：

（1）动向情报

《总统每日简报》（定期出版，日报）

编者：白宫总统办公室；

内容：总统履行国家安全职责所需要的最重要的情报信息；

对象：总统、副总统及总统指定的一批行政官员。

《国家情报日报》（定期出版，日报）

编者：白宫总统办公室；

内容：各情报机构上报总统的情报资料汇集编辑。

《高级行政人员情报摘要》（定期出版，日报）

编者：白宫总统办公室；

对象：美国政府中负责国家安全事务的高级官员。

（2）基本情报

《地区评论》（定期出版，日报或月报）

编者：中央情报局；

内容：对与美国利益相关的外国政治、经济、军事和社会问题进行定期评价。

《经济长官情报简报》（定期出版，日报）

编者：中央情报局；

内容：美国政府近期关注的事务，包括对外贸易行动、对现行金融体系产生冲击的非法金融事件、国际能源开发等。

《恐怖主义评论》（定期出版，月报）

编者：中央情报局；

内容：近期国际恐怖活动的发展趋势和最新动向。

(3) 情报评估

《国家情报评估》（定期出版，年报）

编者：国家安全委员会；

内容：由国内情报机构报送的资料，筛选出某一个重大主题，汇集各类评价，分析得出的最权威研究报告。

《国家情报评估特刊》（定期出版，年报）

编者：国家安全委员会；

内容：就某一重大的、对国家安全有严重威胁的突发事件做出深度分析的特别评估报告。

2. 中国高层的信息简报

作为最高层面的信息简报，内容多、涉及面广，都是一些关于国际国内重大问题的简要信息，近年来涉及金融方面的简报日益增多。金融问题一直是高层关注中的重点问题。例如，中央领导人多次对媒体谈到人民币不存在贬值的基础，为稳定人民币汇率向市场喊话。2016年10月28日，中共中央政治局召开会议分析研究当前经济形势，在金融方面就特别强调"要坚持稳健的货币政策，在保持流动性合理充裕的同时，注重抑制资产泡沫和防范经济金融风险"。

实际上，最高的权力决策机构对宏观经济形势的判断，对国际、国内金融市场的了解，主要是通过几份特定的内部刊物。而中办、国办对这些刊物信息内容的编撰，也是依据各地上报的信息汇编而成。各地政府的基层信息员孜孜以求的目标就是，所撰写的信息报告能在这些顶级的刊物发表。

中办、国办编发有近10种内刊，如《昨日要情》《专供信息》《综合专报》《信息参考》《政务情况交流》等。其中《专供信息》，又分《要报：国办专供信息》和《要报：中办专供信息》，它们分别由国务院办公厅和中共中央办公厅编辑。

作为国家层面的最高领导，除了每天阅读中办、国办编发的上述内刊外，还有很多其他资料，如《新华社内参》。新华社2016年2月20日的一条新闻说：

2月19日上午，习近平来到负责采编内参稿件的新华社参编部。桌子上，摆放着各种内参刊物，习近平在听取基本情况介绍后对新华社编辑记者说，内参工作非常重要，做好内参工作要客观真实，要有高度责任心、使命感。我在地方工作时就比较重视内参工作，到中央工作后尤其重视，希望大家再接再厉。

《新华社内参》是由新华通讯社主办，供特定级别领导阅看参考的刊物，以便决策者及时了解真实的民情动态和社会走向，制定相应的方针政策，从而及时有效地解决社会问题，推进社会发展。这些刊物根据不同内容，分别确定为绝密、机密、秘密三种密级，供不同层次的领导同志查阅。

最高级别的是《国内动态清样附页》，专门提供给中央政治局常委或委员参阅，一般反映极为重大和紧急的事态。

其次是《国内动态清样》和《国际参考清样》，供省部级以上领导参阅，主要反映重要动态、敏感问题和重要建议。

此外，新华社还编发内参刊物。面向地市级和司局级的是《内部参考》（俗称"大参考"），反映问题的敏感度比"动态清样"要弱许多。

最低一级的是《内参选编》，主要从《内部参考》和"动态清样"中选出部分不太敏感的内容，每周一期，发至县团级等基层干部阅读。

除了新华社外，国家安全部、总参谋部情报部、外交部等各大情报搜集机构和中央政策研究室、中国社会科学院、国务院发展研究中心、中央党校等各大情报信息研究机构的内部刊物也可能直通决策层。例如，一篇回忆邓小平在内部刊物上批字的文章就提及了数十种刊物，如新华社每天出版的《国内动态清样》、人民日报社的《群众来信摘编》《情况汇编》及《情况汇编特刊》、光明日报社的《情况反映》、中国青年报社的《青年来信摘编》、上海解放日报社的《情况简报》等。

此外，中央和国家机关、军队机关创办的内部刊物也可直接传送至最高领导层。如国务院信访室编印的《人民来信摘报》、中央办公厅信访处编印的《来信摘要》、中央军委办公厅信访处编印的《信访摘报》、中央纪律检查委员会编印的《信访简报》、财政部办公厅编印的《信访摘报》、石油工业部办公厅编印的《外事情况反映》、教育部办公厅编印的《人民来信来访摘报》，等等。

3. 情报产品的整合

从上述中美两国政府高层日常工作参阅的内部报告数量来看，美国高层看到的信息情报种类（分量）是"少而精"，中国高层看到的信息情报种类（分量）是"多而杂"。

比较而言，目前中国的高层获取情报信息的状况与美国20世纪40年代类似，缺乏一个中央层面的情报协调组织。

二战爆发后，欧洲战事日趋紧张，美国已有有识之士呼吁建立一个统一的情报机构。1941年6月22日，德国对苏联开战。形势的严峻程度已经大大超出之前的预料，罗斯福迅速做出决定，成立美国情报协调办公室，由威廉·约瑟夫·多诺万负责。次年，罗斯福下令将情报协调办公室与军方情报力量结合，成立美国战略情报局。二战结束后，该组织被撤销。然而，杜鲁门总统不久就发现自己被庞杂的情报报告所淹没，各情报部门、各军、各兵种、海内外的各种信息像雪片一样飞来，涌入了杜鲁门总统的办公室，美国的情报工作陷入一片混乱忙碌和缺乏效率的状态。后来，美国成立了国家级情报行动机构，即中央情报组，以协调和核对这些情报报告。1947年，中情局取代了中央情报组，正式成为美国总统执行办公室的一个独立机构，专门从事情报分析、秘密情报搜集和隐蔽行动等工作。

目前，我国中办、国办同样可能陷入来自政府各部门、各省、直辖市报告的"文山"之中，有必要成立一个综合情报委员会，以便协调各部门、各单位情报信息，分析研判对国家安全造成重大影响的事件与趋势，为最高决策机构提供决策参考。

案例分析

民意与专家决策

2008年3月27日，中国银行业监督委员会在其官网就发布了这样一则公开征求意见的法规：

"为规范和加强银行控股股东监管，促进银行业稳健运行，中国银行业监督管理委员会对银行控股股东监管的有关国际文献、国外监管当局的监管经验和做法进行了认真研究，结合我国的银行业金融机构及市场发展现状和趋势，依据有关金融法律法规，起草了《银行控股股东监管办法（征求意见稿）》。现在网上向社会各界公开征求意见，请将有关意见或建议于2008年5月30日前以信函、电子邮件或传真的方式反馈给中国银行业监督管理委员会政策法规部。"

在这份法规公示稿中，最引人注目的变动是取消了对外资控股中国国有银行的比例限制。此前，根据银监会2003年颁布的《境外金融机构投资入股中资金融机构管理办法》规定：单个境外金融机构向中资金融机构投资入股比例不得超过20%；多个境外金融机构对非上市中资金融机构投资入股比例合计达到或超过25%的，对该非上市金融机构按照外资金融机构实施监督管理。多个境外金融机构对上市中资金融机构投资入股比例合计达到或超过25%的，对该上市金融机构仍按照中资金融机构实施监督管理。

然而，这一次《银行控股股东监管办法（征求意见稿）》中放开对"境外金融机构向中资金融机构投资入股比例"限制等重大转变，在社会上掀起轩然大波，国内各大主流媒体竞相报道，参与讨论。

在全国引发民众巨大争议的是该征求意见稿的第十条：

第十条 境外金融机构取得境内中资银行的控制权，应当符合以下条件：

（1）符合住所地国家（地区）监管当局相应的审慎监管指标要求；

(2) 公司治理良好，内部控制健全有效；

(3) 具有先进的金融行业管理经验和技术手段；

(4) 最近3年内未发生重大案件和重大违法违规行为；

(5) 财务稳健，资信良好，最近3个会计年度连续盈利；

(6) 用于取得控制权的资金为自有资金且来源真实合法；

(7) 住所地国家（地区）金融机构监督管理制度完善；

(8) 该项投资符合住所地国家（地区）法律、法规的规定以及监管要求；

(9) 住所地国家（地区）经济状况良好；

(10) 银监会规定的其他审慎性条件。

这条规定可解读为：只要符合上述相应的软约束条件，中国的金融监管当局是可以放开外资银行对中资银行的持股比例限制，继而允许外资银行控股中资银行。

(一)

令人感到诧异的是，将这一项向外资出让控股权的重大决策以法规的形式固定下来，并非单独刊发郑重其事地公告，而是将其很低调地隐匿在条例的某一章节（与中资企业控股中资银行的条件排列一起）中。同时，中国银行业监督委员会的新闻稿对这么一个关乎国家金融安全的重大战略决策变更只字不提，刻意淡化。

然而，这个时候做出这样的一个决策（尽管是征求意见），在时机的选择上是对中国国内民意的严重误判。

首先，自2003年12月5日银监会发布《境外金融机构投资入股中资金融机构管理办法》5年来，有50多家外资银行以超低价格入股中资金融机构，如中国工商银行、建设银行、中国银行、交通银行……几乎所有的中国银行都在2001—2006年间，引进了世界各国、各地区的金融资本、向它们低价倾销股份：工商银行，1.16元/股；中国银行，1.22元/股；兴业银行，2.7元/股；建设银行，0.94港币/股；浦东发展银行，2.96元/股……"中国金融业被贱卖了，中国被贱卖了！"在网上，诸如此类的民众质疑声不断出现。

第七章 | 金融决策机构

因为中国的银行业是具有垄断特征的暴利行业，国内的民营企业是不允许自由进入的。中国的金融市场还不是一个充分竞争的开放市场。更重要的是，在利率管制的条件下，高达 2.5% 至 3.5% 左右的存贷款利差，令大多数银行都可以躺着赚钱。而对比相同时期，已经实行利率市场化的中国香港，整体利差才 1.5%；中国台湾的利差才 1.6%。

其次，时任美国财长保尔森 2007 年 3 月访华时，曾在公众场合向中国金融决策的管理层发出倡议：应该让外资机构控股中国内地的国有银行。

在上海，面对到场的 300 多位金融官员、学者和工商界代表以及数十家海内外媒体，保尔森详细阐述了建立更成熟金融市场对中国经济发展的诸多好处。他说："据我所知，世界上还没有一个国家能够无须强健的资本市场而拥有成功、可持续和平衡的经济。而且，我也不相信一个面对国内外竞争不开放市场的国家能够取得如此成就。"在肯定中国金融业在过去 10 年间取得的长足发展的基础上，他指出，中国要改善经济增长不平衡，就应通过发展和改革金融市场，促进资源的重新合理分配。如果允许外资参与中国的金融市场活动将会加快改革的进程，并使其带来的稳定和繁荣得以早日实现。

在具体的开放举措方面，保尔森有针对性地提出了多项建议。他首先提议，中国应放开对于外资参与券商的持股限制，以加快改革的进程。

对于银行业，保尔森建议，中国应允许外资控股内地银行，这样有助于推动中国中小银行的风险管理和内部控制，外资带来的更先进的信贷分析技术，也将提高中国内地银行的贷款决策能力。

"努力实现经济再平衡，迎接金融服务领域的国际竞争，是一项双赢的建议。"第二次来华访问的美国财长保尔森在上海期货交易所发表演讲时最后大声呼吁。

保尔森访华后不久，2007 年 9 月 8 日，美国国会（众议院）通过了一份决议案：要求中国加快开放金融服务市场。

根据《华尔街日报》当时的报道称：

"美国众议院上周三通过一项决议，要求中国开放金融服务市场，并为美国财政部长保尔森 2007 年 12 月的中国之行定下了目标。美国众议院以 404 票赞成、4票反对的结果通过了上述象征性的决议，该决议表达了美国国会对中国金融服务市场开放进度的不满。

"与此同时，马萨诸塞州民主党议员、众议院金融服务委员会主席巴尼·弗兰克在一份声明中宣称，在当今世界，一个国家不能在有优势的领域奉行彻底的自由贸易主义，而同时却在其他国家有优势的领域推行重商主义、保护主义和限制主义。弗兰克称，这也是众议院对美国政府相关部门的指令，这些部门应采取与其他国家在金融领域对美国的做法相同的举措。

"该决议要求保尔森在定于当年12月于北京举行的中美战略经济对话上对中国施压，要求中国取消对外国投资公司在银行、寿险、资产管理和证券公司所有权比例上的限制。

"该决议还要求，美国银行业监管部门在审核中国企业的美国经营许可时，应将中国是否在同一领域对美国企业进行限制这一因素考虑在内。"

中美两国远隔太平洋，但彼此商业纠纷、贸易摩擦时有发生。而在中国这边，这样一个有意对外国资本让步的重大金融决策在此时就如此蹊跷地发布征求意见稿了，虽不能用遥相呼应来形容，只是巧合罢了，但一下子就点燃了国内民众对外资控股中资银行的抗拒情绪。

（二）

从情报学的决策理论来说，正确的决策源于对客观事实的现状及趋势的正确判断与分析。那么，外资控股中资银行的决策为何会失败呢？

这或许是由于决策者对国际国内形势判断失误造成的。

美国中情局情报分析专家罗伯特·克拉克在《情报分析》一书中，分析了判断失误是决策失败的主要原因。而导致判断失误的情况报告产生的原因很多，其中有一条就是"迷信专家"。

当然，专家的地位与作用，应该是值得肯定的。因为他们都是某一研究领域的顶尖人物，"任何国家的情报界都必须经常依靠本国主要的科学家、经济学家、政治学家和社会学家深入研究国内外的发展情况。这些专家能够且的确做出了宝贵的贡献"，克拉克如是说。

但专家看问题的角度和解决问题的方式也有一定的局限性，尤其是在社会科学、经济学领域里。克拉克认为,"从专家那里,分析人员不仅仅得到他们的专业知识,伴随而来的还有他们的偏见。专家们所具有的专业水准和自负特质,使得分析人员相信解决问题只有一种正确的方法,即专家的方法。"

克拉克还援引英国的军情六处的情报分析专家彼得·赖特的话说:"在重大问题上,专家们很少是正确的。"因为专家的不可靠性在许多案例中都有体现。

实际上,专家也可能会受其知识结构、经验水平、教育背景、文化价值观、自身身份,甚至晋级加薪等名利地位的因素左右。在工作实践中产生的认知信息的方式,以及获得信息之后的处理方式,形成了习惯性的思维模式。这些思维模式的好坏,完全取决于专家的自身素养和分析技能,以及他对这个问题的理解,并强烈影响到专家的判断。

实际上,中国银行业监督委员会在成立之初,引进了大批有海外工作经验和留学背景的专家,他们力图快速地使中国的金融体系、金融法规、金融市场与国际接轨。

中国在决策领域的实际情况是,在过去,很多政策法规的制定由经济、金融领域的专家一锤定音。这一次,也是专家(试图)决策,但又将外资控股中资银行的重大决策以《银行控股股东监管办法(征求意见稿)》的形式公之于众,征求各方意见。结果,专家与民众的想法大相径庭。

在决策问题上,西方国家政客们更多的是考虑民意。而中国专家们则是从经济学的角度看问题,从市场竞争、企业治理的角度看,谁当大股东、谁控股(中资)银行都无所谓,只要他能将银行管理好,能赚钱,能给股东高额回报。

可是,政治是经济的集中表现。政治正确、国家安全是安邦治国的准则,抛开政治目标的纯经济学是没有出路的。对这一次中国银行业监督委员会法规的征求意见稿,中国的普通民众认为:

1. 银行不能等同于普通的企业。银行是国民经济的神经中枢。现代银行不仅垄断了社会所有经济资源,同时还垄断了社会所有的信息资源,以及社会政治、军事、安全、教育、文化等各领域中所有单位和个人的全部资讯。控股银行实际上就是控制了整个国家经济。如果上述《监管办法》能够通过,中国将成为有史以来国有银行任凭外资控股的唯一国家，成为世界一体化过程中，国民丧失经济和金融控制权的第一个国家。这样一个决定将成为中国现代史上具有重大历史意义的里程碑式文件，是中国将由此开始丧失经济和金融主导权的历史性标志。总而言之，银行作为国民经济的神经中枢就是命脉，是不能给外国人控制把持的。因此，所谓的纯粹的市场化操作、全球化观念与国家利益、民族利益是存在冲突的。

2. 银行治理与银行赚钱都很重要，但更重要的是赚了钱交给谁？毫无疑问，假如控股大股东是外资，那么银行利润的大部分也就名正言顺地归外方所有了。

3. 目前，中国的银行业仍处于国家相关政策的保护之下。利率管制，利差过大，市场化程度很低，躺着也能赚大钱，属于垄断行业，民营企业不能随便进入。在这种没有充分竞争的市场化条件下，让外资控股中资银行将会是赢者通吃的大灾难。

4. 尽管中国银行业监督委员会的公告中宣称"对国际文献、国际监管经验和做法进行了研究"，但某些专家却对美国的情况一知半解。

其实，美国有多部法规阻挠中国银行进入美国金融市场。近年来，中资企业收购美国企业屡遭碰壁，理由大多为"国家安全"或"不公平竞争"等等。随着中国国力增强，到海外投资并购活动增加，美国国会的经济与安全委员会，以及一些政府部门对中国进行各种阻挠，限制或者禁止中国国有企业对与美国国家经济和安全利益相关领域、行业的收购，而如何定义美国的经济与安全利益则取决于美国的主观标准。可以看出，美国是多么关注中国对美国的金融影响。美国并不是像它自己宣称的那样，是完全开放和按照市场规则办事的。20世纪90年代初期，美国就通过专门立法，对外资银行进入美国设置了强大的金融壁垒，形成第一道金融防火墙，主要包括：禁止外国银行在境内吸收美国居民存款；禁止外国银行加入美国联邦存款保险系统；不支持外国银行收购、兼并或控股美国银行等。通过该项法案，美国拒绝外资银行进入美国市场，即便个别被认为安全的银行获准进入，也不允许插手银行核心业务，更不允许从当地取得资金供应。通过这种种法律限制，美国成功地把外资银行排斥在银行业的主流业务之外,完全剥夺了外资银行与本国银行开展平等竞争的条件,最终使外资银行根本进不去,即便进去也活不下去,从而保证了美国金融霸主地位的巩固和发展。中美之间完全相反的金融开放政策就是典型例证:美国自1991年通过专门法案,到2007年11月8日招商银行获准在美国纽约设立分行,其间整整16年间,我国中资银行无一家能够进入美国市场。

从国际比较来看,上述《监管办法》中关于境外金融机构取得中资银行控制权的相关规定过于简单,如果与国外的相关法律法规相比较,在关于涉外的监管条款方面存在着较大的差异,没有体现"互利互惠""对等开放"的精神。

在美国,有关境外机构取得美国境内银行股权(包括控股权),将受到《银行持股公司法》《银行兼并法》《银行控股权变更法》《州际银行法》《联邦存款保险公司改进法》《国际银行法》《金融机构现代化法》《外国银行监管促进法》等诸多法律的约束。中国的金融机构取得美国银行10%的股权是极其困难的,企图取得20%以上的股权几乎不可能,更不用说取得控股权。美国强调的开放是"对我开放",即对美国开放,而在"对外开放"方面则设置了层层保护网,这就是美国式的"对外开放"。

(三)

最后,也是最致命的一击是,中国社科院研究员的一份报告将这次质疑贱卖国有资产、危害国家金融安全,以及呼吁捍卫国家利益与民族利益的声浪推向高潮。

按照西欧大多数国家的定义,将国有企业转变为股份公司并且向私人出售股票,就是将该企业私有化;而一个原国有企业变成股份公司后,如果已经将50%以上的股票出售给了私人,该企业就算是"完成了私有化"。根据这样的标准,最近几年中国各大国有银行的"股份制改造"就是不折不扣的私有化,因为它将国有银行变成了股份公司并向私人出售其股权。

对中国各大银行出售股权给外资企业,造成中国人民的财产损失,有人做了一个初步的统计。这个统计所列举的数据,清楚地说明了私有化给中国造成的巨大损失。

在"对于是否应允许境外金融机构控股境内中资银行的问题"上，有官方背景、公信力非常高的人民网对此展开了网络调查，设置四个选项供网民选择，到网络调查截止时，参加投票的728196人中：

A. 坚决反对，不能把金融机构交给外资；(554692票，占76.2%)

B. 反对，要求对方对我国企业采取给予对等待遇；(7777票，占1.1%)

C. 支持，引进外资对中国有好处；(161115票，占22.1%)

D. 说不清楚。(4612票，占0.6%)

这次民意鼎沸的大讨论给了我们许多有益的启示，在情报分析的实践中，在有关"对银行控股股东监管的有关国际文献、国外监管当局的监管经验和做法进行了认真研究"的情报信息真伪的辨别上，我们或许要借鉴在法庭上证人宣读誓词时沿着下面三个问题展开的思考：

它是真实的吗？

它反映了全部真相吗？

它的确是真实的吗？

这次由我国部分知识精英与普通民众参与的关于《银行控股股东监管办法》征求意见的讨论过程，还给我们留下了这样一个值得深思的问题：由于我国金融机构的控制权关系到国家的经济安全和金融安全，相关的境外金融机构取得中资银行控制权的标准、审批的流程、监管机构的授权，是否应该通过全国人大常委会颁布的法律来规定？而中国银监会仅是全国人大监督之下的执法机构，但执法机构本身在没有得到授权的情况下是否可以进行自我授权呢？

多年过去了，让中国金融业管理层纠结的"是否放开外资对中资银行持股比例的限制、继而让其控股中资银行"这一问题石沉大海，《银行控股股东监管办法》迟迟未见发布，搜遍中国银行业监督管理委员的官方网站仍不见踪影。

直到2015年6月5日，中国银监会网站才发布了这样一则公告："《中国银监会中资商业银行行政许可事项实施办法》（中国银监会令2015年第2号）已经在中国银监会2015年第6次主席会议时修订通过。现予公布，自公布之日起施行。"

其中，第二章第十一条内容为：

"单个境外金融机构及被其控制或共同控制的关联方作为发起人或战略投资者向单个中资商业银行投资入股比例不得超过20%，多个境外金融机构及被其控制或共同控制的关联方作为发起人或战略投资者投资入股比例合计不得超过25%。

"前款所称投资入股比例是指境外金融机构所持股份占中资商业银行股份总额的比例。境外金融机构关联方的持股比例应当与境外金融机构的持股比例合并计算。"

由于国内媒体的介入和广大民众的参与讨论，我国金融决策层否决了某条法规的出台，这条法规涉及放开外资对中资银行持股比例的限制，继而控股中资银行的战略决策。

第八章
金融情报机构与决策机构的关系

情报就像普通科学一样，是发现世界真相的工具。传统的情报观认为，情报机构最重要的品质就是与决策者保持独立，让情报人员说出自己所发现的真相。情报工作人员不应该参与国家战略的规划及政策法规的制定，不应该涉及具体的决策工作与政策法规的执行。

过去，情报工作人员充当决策部门的千里眼与顺风耳，将所了解的信息与情况如实地向决策者反映、汇报。但是，现代的决策理论对情报工作的影响，使情报机构与决策机构的关系变得错综复杂。由于金融决策的复杂性与较强的专业性，决策者希望倾听情报工作人员的"意见与建议"，二者之间无法完全独立。又或者，金融情报机构与金融决策机构属于同一个部门，彼此之间存在利益关系，做出的决策带有明显的部门利益倾向。

一、情报机构与决策机构的复杂关联

1. 情报与决策的相互影响

情报的搜集与报送，如同商品生产链条中的生产与销售环节，必须研究生产者与使用者的关系，才能达到效益的最大化。即便是生产者与使用者合二为一，即所谓的自给自足的关系，也可以理解为彼此之间存在特定的关联或相互影响的关系。换言之，情报决定政策的制定与实施，决策的部署又反过来影响情报的搜集与分析。

一方面，情报会影响决策。情报所反映、展现的客观条件与客观事实，为正确决策提供了支撑。但决策的目标受客观条件的限制；情报工作人员在报告中提出的切实可行的"建议与对策"，会被决策者全部或部分采纳。

另一方面，决策也会反过来影响情报的搜集与分析。针对既定的大政方针、国家的战略部署、金融的发展规划，情报机构的搜集与分析工作要与此相配合。具有一定理论研究能力的情报机构，会充当决策者的参谋，为重大决策的制定提供分析报告，对比各种有利因素与不利条件，为决策的施行做出预测或预判。

高层的决策与部署形成并实施后，也不排除下级部门为了获取上级的信任与欢心，有选择性地报送一些正面消息来印证上级的英明决策，而对于负面消息则采取情报扣压或情报中止的手段。

决策影响情报的典型案例很多。例如，2010年中国高层做出人民币国际化的战略部署后，开始几年，香港的人民币存款逐年攀升，媒体一片唱和，甚至有人预估香港的人民币在2016年将会达到2万亿元的存款规模，在国际储备货币中的份额大幅攀升，在国际结算货币的位置将位列美元之后，超过英镑和日元，与欧元并驾齐驱。然而事与愿违，2016年以来，人民币在香港的存款额一路下跌，到2017年年初，只剩5100亿元。

2. 情报机构与决策机构应相互独立

情报与决策的相互关系很复杂。一方面，情报机构要生产出合乎决策机构需要的产品，为其提供有价值的金融情报信息；另一方面，决策机构也要把自己关注的问题，急需了解、掌握博弈对手的情况信息及动态，传递给一线的情报生产者，使他们能够搜集整理出具有较高针对性和时效性的情报。也就是说，情报的生产者与使用者之间，要有恰当（但并非直接）的沟通，使得情报工作人员能有的放矢地搜集、挖掘、整理情报，让决策机构对当前的市场状况、博弈对手的动态了如指掌，这样才能把控大局，运筹帷幄、决胜千里。

在金融监管机构的基层单位，情报机构与决策机构是合为一体的。但在国家高层次的金融领导机构，情报与决策是分开的。高层的金融管理机构要解决基层问题，就只能靠政策法规、制度建设来施行。

这就好比在战争中，军队里低级别的军事指挥官与低层次的情报官的岗位可以轻松地相互替换。例如，让侦察连长去指挥一个步兵连，或者让步兵连长去干侦察连长的工作，都不会存在太大问题。这是由于他们的工作性质非常相近，都在战场的第一线与敌人交锋。但在后方的大本营中，高层次军事指挥官与高级别情报官的职能却是严格区分的。例如，集团军的军长与大军区的情报部长在职级上相同，却不可能互换彼此间的工作岗位，因为他们两人的工作性质、带兵能力、战术水平、知识结构有巨大的差异。

在军队里，指挥官不希望情报官太多地了解己方的兵力部署与实力状况。如果了解太多，甚至猜到了己方指挥官的战役决心，那么，情报官就会在思想上不自觉地替代指挥员的角色，先入为主地判断这场战役中敌我双方输赢的概率：要么对我方强大的排兵布阵充满自信，要么对敌方优势的兵力、火力部署而感到沮丧万分。无论是哪一种情形，情报官在侦察工作中，会很容易将个人情绪渗透到对敌情评估的报告中，这就有损情报工作中必须客观评估敌情的基本原则，甚至会误导我方指挥员采取错误的兵力部署，其危害性是不言而喻的。

因此，情报生产者与决策者互相独立是很有必要的。但是，假如情报机构与决策机构之间永远不相往来，那么，缺乏指导性的情报生产可能与决策所需的信息毫不相干。情报生产者不知道什么问题对决策最重要，或者不了解决策所考虑的各种可能性，这样的情报搜集工作就像盲人摸象。因此，对于基层的情报工作者来说，"生产什么类型的情报，什么东西对情报用户重要，情报生产者必须有自己的判断，这种判断不仅取决于情报分析人员的常识，还取决于他们与决策者接触的密切程度"。

与战争中军事情报的搜集情形类似，金融情报人员投上级所好而搜集的情报，被上级采纳的通过率也比较高。这种投其所好的判断，并不一定是因为金融情报人员与决策部门有直接接触，而是获得了当前决策层急需了解的某些专题信息。基层工作者不可能与高层的情报决策者发生直接联系，但基层情报人员可以从上级布置的调研专题中，从监管机构内刊公布的研究选题中，获悉决策层急需了解的信息主题，推测决策者的偏爱与喜好。一般来说，支持当前政

第八章 | 金融情报机构与决策机构的关系 |

策的情报更容易被接受，与当前政策相矛盾的情报很可能会被忽略。

兼听则明，偏听则暗。因此，英明的决策者应该集思广益，善于分辨。情报生产者出于种种原因，（有意或无意地）提供了失真的情报信息，会误导决策者，从而造成对金融形势的误判、做出错误的决策，给国家利益造成巨大损失。

3. 情报失误的危害

通常，国家、民族之间的利益纠纷与博弈，牵涉的情报问题更为复杂。有关博弈对手的一些真真假假的信息会作为情报传递给决策者，挑动着他们高度敏感的神经，诱使决策者做出错误的判断，继而引发错误的行动。

2001年10月，一个自称从伊拉克逃亡出来难民主动向美国中情局提供伊拉克的机密情报。他在接受测谎测试时，反复强调说："我是伊拉克的工程师，帮萨达姆政权在地下掩体、私人别墅和医院下面埋藏了数吨生物、化学和原子能武器。"尽管他的证词全部通过了中情局的测试，可令中情局测谎专家感到疑惑的是，同样的言论曾让他在测谎仪前轻易露出破绽。就在测谎专家对新的测谎结果提出质疑时，美国《纽约时报》的记者却通过军方获得消息，抢先发表了一篇文章，指出伊拉克拥有"大规模杀伤性武器"及20个武器藏匿点，面向全世界报道美国对伊开战有实实在在的理由。

然而，在美国派兵攻入伊拉克、推翻萨达姆政权后，入侵伊拉克的美军在该国进行了大规模的地毯式搜索，所谓的"大规模杀伤性武器"却难觅踪影。

上述事例说明，真实的情报能够引导决策层做出正确的判断；而虚假的情报却可以成为决策层要达到某种行动目的的借口。

在金融领域，错误的金融情报不是军事情报，当然不会引发战争，但同样会对国家政局的稳定造成危害，也有可能导致国家货币政策的错乱，造成宏观调控措施的反方向操作，直接引发经济的混乱乃至金融风险的产生。

最典型的是本书第二章"案例分析"所讲的例子。时逢美国QE3政策刚刚推出，香港金管局在香港市场抛出港币、吸纳美元，以维护联系汇率制的稳定。如果我们据此得出情报：在中国与国际资本接触的前沿阵地，欧美的资金大量涌入香港，目标直指中国内地。那么，我国的外汇管制方针很可能会做出相应调整，重点在防范套利资金的流入，即对跨境资金实施"严进宽出"的政策。可是后来的情报显示，香港金管局在香港市场进行抛出港币、吸纳美元的动作，并不是因为欧美资金的涌来，而是中国内地资金的南下。但国家外汇管理局有关部门负责人发布新闻稿却说："QE3 未对中国产生显著影响。"

因此，一份错误的金融情报会将国家的金融决策引入歧途，而一份真实的金融情报就可以辅助决策当局做出正确的决策。

二、金融情报机构与决策机构的统一性

1. 金融决策的盲点

何谓盲点？通俗地讲，盲点一般是指人们注意不到的地方，或者容易让人忽略的事物。

经济决策者能够凭借强大的信息网络与各种经济数据的综合分析，对市场运作产生的经济表象做出判断，有预见性地加强和改善宏观调控，妥善地解决经济运行中的突出矛盾，提高发展质量和效益，从而较好地驾驭市场，但未必每次都能料事如神、先知先觉。打个比方，一辆高速行驶的汽车，某个石头障碍物在驾驶的视界范围之外，碾过该石块的汽车产生剧烈的颠簸与振动；驾驶员在感觉到震动后承认自己操作失当，因为障碍物在盲点之内。

同样的现象也存在于经济决策中。央行运用货币政策的调控途径有：利率、存款准备金率、公开市场业务，外加有中国特色的贷款投放指标——货币供应量。在有经验的决策者调控之下，上述量化指标在某段时间的运行轨迹应该是平稳而缓慢地运行延伸，但在某个时间段上，也可能产生剧烈的波动：断崖般的下坠或跳跃式的拉升，如同汽车碾过石块时车身的颠簸。那些由央行主导的、在经济坐标系里留下了巨大的波峰与波谷的货币指标运行轨迹，可以称之为央行政策盲点的运行轨迹。

概而述之，金融决策的盲点是指金融决策（者）对制约经济运行的诸多因素缺乏周密的考虑与前瞻性的判断，没能根据经济状况的变化而及时在货币政

策上做出相应的预调，或以矫枉过正的调控手段引发金融市场的剧烈波动来达到自我修正。

在现代社会的市场经济中，中央银行对宏观经济调控与监管而实施的货币政策，大多是通过流通货币的数量与价格的变动来实现的。

从宏观经济循环运转周期性的角度看，经济由复苏到繁荣阶段，整个社会经济都会有泡沫出现的时候。假设决策者暂时无法确定是不是泡沫，也就继续执行既定的或激进或稳健的货币政策。央行能做的是在泡沫崩溃以后，通过货币政策的快速变更来减少经济损失，这显然于事无补。于是，在宏观经济经历了较长时间的去杠杆后，或许经济社会又进入了一个新的循环周期。而央行还是不能判断是不是持续的繁荣已堆积成泡沫，或者决策者在经济复苏阶段，就在调整货币政策上打提前量，预防经济泡沫出现，造成经济增长减速甚至停顿。凡此种种，正是金融决策的盲点所在，如同司机在驾驶室内不能直接看见的视觉区域。

缺乏娴熟的货币政策驾驭技巧的决策者与欠缺驾驶技术的汽车司机相似，而调控货币供应的轨迹就如同汽车颠簸在崎岖不平的山路上。

在很长的一段时间里，美联储有高超的调控经济运行的能力，其发布的基准利率调整曲线总是缓缓地上升或平滑地下降。但在某些时段，美国的经济运行轨迹也会产生多次剧烈的波动——短促的升降，而且在此后需要很长时间的低位横行，即去杠杆化。例如，1987年波及全球的股灾，以及至今仍令人心有余悸的2008年次贷危机。

美联储从2001年年初开始，到2003年6月，连续13次降低利率之后，宽松的货币政策环境，利率的持续走低，是带动21世纪以来美国房产持续繁荣、次级房贷市场泡沫膨胀的重要因素。

但2006年6月后的两年时间里，具有前瞻性的美联储连续17次加息，小步微调，将联邦基金利率从1%提升到5.25%。受此影响，美国很多的次级抵押贷款市场的借款人无法按期偿还借款，次级抵押贷款市场危机开始显现并呈愈演愈烈之势。

于是，2008年发轫于美国的金融风暴波及全球，美联储的基准利率运行曲线又从快速上升转变成断崖式跌落。

同样是2008年金融危机暴发初期，中国大多数的专家学者、中国央行的智囊团在核查了我国商业银行持有的为数不多的CDO（担保债务凭证）和CDS（大额可转让定期存单）后，得出结论：美国的次贷危机对我国经济的影响有限。不过，某些央行官员仍告诫商业银行的决策者在进行资金交易（通常是国内外的外资银行）时，要注意预防风险，并切断了中资银行与外资银行的资金拆借往来。结果，数家在华的外资银行确实出现了流动性风险，这反而加剧了银行风险传播的可能性，作为维护金融市场安全与稳定的央行必须施以援手。

令人始料未及的是，彼时美欧经济一蹶不振、市场萎缩，导致以出口经济为主导的中国经济增长出现了大幅下滑，大批中小企业面临倒闭，农民工离厂还乡，社会不稳定因素凸显。随后，中国政府推出了"四万亿"资金救助计划，中国的银行业紧急向市场放贷注入9万亿元的货币资金。后知后觉的中国央行实施的对货币量的调控手法，在GDP波动曲线上留下了一个慢半拍的倒V型反转，这可称之为典型的央行盲点。

应该说，有些金融系统的弊端长期存在，并非金融监管机构自纠自查就能发现。例如，2014年年初，发生了轰动金融界的银行间债券市场通过内部审批拿到低价债券的套利操作现象。那些债券业内人士利用丙类账户和结算方式漏洞，空手套白狼的作弊手法已经盛行多年，金融监管机构对此习以为常、熟视无睹了。但问题的曝光，却是由金融机构系统的局外人——国家审计署例行查账时发现的。正所谓当局者迷，旁观者清。据此，中国人民银行事后就进一步完善银行间债券市场交易结算管理而发布公告称，办理扣划、继承、抵债、赠与等非交易过户，债券登记托管结算机构应当要求当事人提交合法有效的法律文件，并且债券登记托管结算机构应定期向人民银行报告非交易过户情况。此乃亡羊补牢之举，但案件本身却值得深思。

2. 金融情报引导金融决策

通常，每个国家央行实施的货币政策，既与本国决策者的主政风格和理念有关，也可以在经济学大师们的理论库里寻得依据。

如日本央行 2010 年以来施行的一系列刺激经济的政策，主要是时任首相安倍推崇的宽松货币政策，推动日元汇率加速贬值措施，被冠以"安倍经济学"。

而美联储在 2008 年发生金融海啸后推出的 QE 货币政策，就可以寻得"费雪效应"的影子。经济学家欧文·费雪（Irving Fisher）认为：当企业的负债不断增加，促使利率攀升，将会引发经济衰退，而强制实施去杠杆化来恢复经济增长则耗时太长。因此，政府增加货币供应，人为地压低利率，使美元汇价下跌，稀释债务，则可以较快地恢复经济增长。

中国的情况则是，10 多年来连续两届政府都使用了大规模的财政投资来增加市场需求、刺激经济增长的政策。

1997—1998 年间，我国遭遇亚洲金融危机，出口量大幅下挫，GDP 下滑之际，中央政府宣布："我们必须确保今年中国的经济发展速度达到 8%，通货膨胀率小于 3%，人民币不能贬值。"要达到此目标，唯一的办法是扩大内需，增加基建投资，增强对赤字财政的对应措施。

颇为独特的是，2013 年组建的新一届政府宣布三项经济政策：不出台经济刺激措施，实行去杠杆化，对国家经济进行结构性改革。

显然，这标志着政府的经济政策由凯恩斯主义向弗里德曼主义转变——这是当今影响世界的两大经济思潮。凯恩斯主义思潮主张国家采用扩张性的经济政策，通过增加需求促进经济增长，即扩大政府开支，实行财政赤字，刺激经济，维持繁荣；弗里德曼主义思潮则提出将货币供给作为决定生产价值基准的重要因素，提倡将政府的角色最小化，以便让市场自由运作。简言之，凯恩斯主义是从市场经济的需求方下手；弗里德曼主义是从市场经济的供给方出发。

对掌控国民经济命脉的中央银行而言，重要的是如何把握好宏观调控的方向、力度、节奏，使经济运行处于合理区间，继续实施稳健的货币政策，保持合理的货币信贷总量，积极扩大有效需求，着力推进转型升级，为企业发展创造良好的金融环境，把稳健的货币政策坚持住、发挥好，增强政策的前瞻性、针对性和灵活性，适时适度预调微调。显然，我国金融决策机构应有的放矢，坚持宏观经济政策的连续性、稳定性；完善货币市场经济的法律框架，进一步推进利率市场化进程，少一点情绪化的调控冲动，把握调控的力度、节奏、重点，并根据形势的变化及时做出预调、微调；力求避免货币市场的供应量与价格调节的曲线大起大落，避免出现金融决策的盲点，为国民经济的平稳运行与健康发展，为实现中国梦的宏图伟业做出应有的贡献。

3. 金融决策中的部门利益

情报与政策之间的矛盾源于决策者的某种倾向，或其中一方先入为主的思维。但从利益的角度出发，决策者们经常抛弃那些不支持其既定政策的情报；或者，决策者会施加政治压力，使情报分析与自己的政策偏好保持一致。但实际情况是，符合决策者利益的政策，却未必符合整个国家的利益，因为决策部门所处的位置、所推行的政策，往往与国家战略发生矛盾。而从国家利益的角度来看，应该是寻求最佳的方案来推行最好的政策，在决策中能做到国家利益与部门利益的统一与协调才是最好的结果。但遗憾的是，国家利益与部门利益有时是相互抵触的。

因此，高层决策者评估情报机构的信息来源时通常要审慎地回答以下三个问题：该情报机构有提供信息的能力吗？具备获取该信息所需的途径吗？具有既得利益或偏见吗？

在我国，实际上提供给决策者参考的金融报告带有各种利益驱动。例如，某些地方政府把一片待开发的荒地定义为"金融改革试验区"，而那里既没有金融机构，也没有高楼商厦。为了吸引资金的投入，地方政府给中央报告说是要搞金融改革，要求中央给予特殊的政策支持，以便形成政策洼地筹集资金，进行房地产开发与城市建设。

又例如，国家智库的一些研究人员，他们负责向中央撰写金融体系改革开放的政策研究报告，为中国经济的平稳发展、为防范和化解金融风险，给中央建言献策。但是，他们或许在某些上市公司兼任独立董事，或在某些大型金融机构兼任首席经济学家，或担任某些企业的策略顾问，他们提供的报告与其兼职所服务的机构是否存在利益冲突便很难说清。

国际上，情报专家普遍认为："一个政策法规的制定与执行，符合政策决策者的部门利益，却未必符合国家利益。"

我国"一行三会"既具有金融情报机构的功能，又具有部分金融决策机构的权力。因此，情报的独立性会受到一定的干扰，它们递交给国务院的有关金融改革、金融发展的报告，许多针对中国金融业的对外开放、对国内金融业监督管理的一些新的举措、建议、对策等，都需要考量与评判是否合理、中立、中肯，是否从国家大局出发来考虑问题。

过去30年的实践证明，中国金融改革的诸多举措，源自"一行三会"的各种法规、制度，有部分渗透了金融系统的部门利益。在对商业金融机构的监管上，有较为明显、太多的"为部门利益着想"的例子。

金融业"赶英超美"，形成了"一业独大"的现象。在2016年中美两国进入世界500强的企业里，中国最赚钱的公司集中在金融业，而美国最赚钱的公司则集中在科技、零售、制造业。由于金融业的赚钱效应，全国的各类综合性大学，甚至许多二类本科、专科，而且是专业性的师范、农、林、牧、渔业大学都开设了金融专业，为国家培养金融人才；许多高考状元的第一志愿都报读"国际金融"；更令人感慨的是，进入金融行业也是很多名牌大学毕业生首选的就业目标。他们被金融业的高薪所吸引，宁愿到投资银行去做一个经济分析师，或到基层银行网点去做一个信贷员。深圳大学的一位教授就这样谆谆告诫他的学生：你们选读金融专业吧！读金融专业的毕业5年后就能买房了，读理工科专业的，毕业后起码要15至20年才有经济实力买房。金融业过热，实际上是对国家科学技术发展、实体经济的一种伤害和打击。

2016年，中国金融业的产值占全国GDP的比重为10.6%，而号称金融大国的美国，当年金融业的产值占全国GDP的比重也不过是6.5%。一个严重的后果是，中国的金融监管者对小型的金融机构不断改组、刻意拔高，一门心思把小银行做大做强。可是近30年来，中国的中小企业融资难、融资贵的问题却一直解决不了，金融资源"脱实向虚"、资金空转的现象严重，把各类商品，例如房子、车牌，甚至墓穴，附上金融属性进行炒作的现象层出不穷。

银行就一定要做大做强吗？实际上，银行的规模取决于其服务的对象。

金融机构的服务对象与其本身的定位是紧密相关的。例如在餐饮业里，快餐是针对上班一族的，所以特点要体现在"快"上；大排档是打工一族的钟爱，所以特点是"价廉物美"；五星级酒店里面的西餐厅是给商务人士提供服务的，讲究的是环境优雅，时间充裕。因此，不同的服务对象决定了不同的餐饮架构。银行也一样，大银行针对大客户，小银行针对小客户，这是浅显的道理，全世界的金融结构都是这样的。可是，中国的金融监管当局从部门利益出发，不断地扩大银行规模，要把它"做大做强"。

显然，政策出了问题。中国金融改革在这方面走过的弯路、付出的代价太大了。但是，让"一行三会"远离中国的金融决策，也是不可行的，因为这不仅会模糊中国金融管理机构的功能与定位，挫伤"一行三会"对金融改革指导的积极性，也会打击金融系统监管工作的创造性；甚至可能导致其推卸应该承担的责任，从金融业的领导者、监督者、指导员，变成与己无关的旁观者。

看来，正确的金融决策应该是"从国家的角度看，寻求使用最佳的方案来推行最好的政策"。

三、金融情报独立的倾向

情报机构与决策机构之间的独立与合作又应该如何进行协调呢？

一直以来，情报机构与决策机构的关系，即情报生产者与使用者之间的关系问题，就是情报理论界研究、探讨、争论的焦点。一种观点认为，生产者与使用者必须保持联系，"情报应当尽可能地贴近政策，贴近计划，贴近行动"；情报使用者应当尽可能地为生产者提供指导。但是，这种指导不能以牺牲情报客观性和真实性为代价。

现实中，情报机构与决策机构的关系非常微妙。假如二者之间的关系过于密切，产生的危害也是不言而喻的。首先，情报机构会丧失独立性和客观性，情报生产者可能会认为自己可以随时进入决策机构一展身手，而无法专注于当下的情报研究；其次，情报机构很可能为了迎合决策机构，而花费大量时间和

第八章 | 金融情报机构与决策机构的关系

精力去揣摩决策者的喜好,在政策出台之后,制作一些锦上添花式的、报喜不报忧的报告,从而丧失客观性。

在情报生产者和使用者之间建立恰当的关系非常重要。情报必须紧贴政策、计划、行动,以获得最大限度的指导;但是,彼此之间又绝对不能走得太近,以免丧失分析判断的客观性和公正性。

假如,金融情报组织疲于理解金融监管行政当局多变的政策,为投其所好,便在某些新的金融监管政策出台后,搜集上报大量歌功颂德式的报告,掩盖新政策遭遇的挫折和困难,让决策者无法全面准确地掌控全局,不能及时修正失误。

1. 中央银行的独立性

传统意义上的中央银行,并非人们现在所看到的金融体系中的核心权力机构,而是在金融市场运行中担当某种备付功能的特殊角色。即使是在黄金与货币发行量脱钩,中央银行可以无限量地发行信用货币的状况下,央行的重要职能依然不可或缺。这纯粹是经济社会运行中,货币发行与商品流通数量的匹配问题,独立的中央银行是实现货币供应量与货币必要量之间动态平衡的制度保障。这一点,从世界各国金融发展史上可得到印证。

但是,随着各国政府迫使央行采取让本币贬值的措施来取代通胀目标,央行的独立性便逐步被削弱。

央行是否该独立呢?从欧美各国的金融发展史来看,中央银行大部分都是由民间的商业银行转换而来,属于市场经济的产物。例如,世界上最早的中央银行——英国的英格兰银行便是民间拥有的股份有限公司。它于1694年获得政府颁发的特许状,有权发行作为国家货币的银行券。英格兰银行虽然是政府独家运作的银行,却在长达252年的时间里,一直保持民间机构的特点。英格兰银行的董事是由股东选举,而不是由政府任命的。美联储更是这方面的典范,美联储主席任期可以长达14年,任期最长的美联储主席最多有可能相伴5任总统而独立履行职责。

有趣的是,某些国家的央行竟然是上市公司,公众可以在市场上买入其股票而成为股东。目前,比利时央行、瑞士央行和日本央行的股票都在证券公司挂牌，可以自由交易。

根据 1942 年的《日本银行法》，日本央行属于法人，类似于股份公司。其资本金为 1 亿日元，其中 55% 由日本政府出资。日本央行目前在日本 JASDAQ 市场上市，股东成分复杂，甚至允许外国公司持股，如纽约基金公司 Horizon Asset Management 就持有日本央行 10% 左右的流通股。不过，这些股东们没有决议权，也没有分红。

从几百年的中央银行发展史来看，在市场经济条件下，如何厘清央行与政府的关系，建立一个真正独立于政府管控之外的独立央行，一直是业界争论不休的话题。

中央银行的独立性是指其具有不依附于政府的财政扩张计划，而独立制定和实施货币政策的法定权力和职责。作为货币这种特殊商品的制造者，央行为维护商品市场的正常运作，控制货币发行量——把握货币数量与商品数量匹配的问题，其独立性是毋庸置疑的。但政府为了达到某种目的，也常利用央行的货币发行权，打破规则，投入过量的资金，向市场注水。在国民经济发展的非常时期或战争期间，为了筹措经费，这样的操作更是非常普遍。例如，英格兰银行于 1694 年获得特许状，有权发行作为货币的银行券，其代价是支付 120 万英镑给政府，让他们能够筹措军饷与法国作战。这笔钱约占当时英国国内生产总值的 4%。

又例如，美国南北战争期间，美国政府发行的与黄金储备脱钩的"绿背钞票"，是首次对国家信用的背书。1862—1864 年间，美国联邦政府曾三次发行这种无金银支持的信用货币，总额是 4.5 亿美元（当时美联储还未成立）。

就算是在和平年代，西方国家的政府为了达到某种目的（如政府首脑的竞选连任），为了刺激经济发展和维持庞大的政府开支，也很有可能采取赤字财政政策，通过超发货币达到目的。

世界各国央行有多种独立性模式：

（1）美国模式，是央行直接对国会负责，有较强的独立性。美联储实际拥有不受国会约束的自由裁量权，成为立法、司法、行政之外的"第四部门"，而且美联储主席的任期可超越总统的任期。

(2) 英国和日本模式，央行隶属财政部，独立性较小。

(3) 中国模式，介乎上述二者之间，隶属于政府，与财政部并列，但近年却在逐步向美国模式靠拢。

在中国，自改革开放以来，呼吁央行独立的声音日益高涨。1998年10月，中国仿效美联储属下设立12个大区的联邦储备银行做法，在全国设立9个跨省市的大区分行。

在美国，金融监管部门（美国金融业监管局）和金融调控部门（联邦储备委员会）是分开的。2003年4月，中国国务院决定设立中国银行业监督管理委员会，以便中国人民银行在制定和执行货币政策时，能够防范和化解金融风险，在维护金融稳定方面专司其职。

在最高的货币政策决策层面，美联储设立的联邦公开市场委员会（FOMC）是联邦储备系统的一个重要机构，由12名成员组成，可以通过投票决定联邦储备利率的变动。中国央行也设立货币政策委员会，设委员15人，可就货币政策问题提出议案，并享有表决权。

从形式上看，中国的金融管理体制似乎就是美国的翻版。

但中国的货币政策委员会与美国联邦公开市场委员会最大的区别是，前者是议事机构而不是决策机构。例如，对于年度货币供应量，利率及汇率等重大政策事项的最终决策权都归属于国务院。中国央行只有权颁布或调整准备金率，在公开市场进行正回购、逆回购的操作等。

目前，中国实行"一行三会"制度，随着金融体制改革的深入，2018年又再度启动大部制改革，面对监管方面出现的问题及通胀难题，似有加强央行独立的趋势。甚至有学者呼吁效仿美国，实施央行脱离国务院，而直接与全国人大对接。

央行独立的推崇者甚多，但此一时，彼一时。在世界经济一体化大前提的今天，中国的实际情况是，央行实施货币政策的效果与财政部等诸多部委的经济产业政策密切相关。中国央行独立的重要性不必刻意去提高，不必去盲目崇拜那只"看不见的手"的调控作用。

曾有学者在对发展中国家战后长期高通胀现象进行大量分析之后，形成一个普遍观点：一方面，中央银行的独立性指数与通货膨胀率之间存在着负相关关系；而另一方面，中央银行独立性指数与实际经济增长率之间则不存在相关关系。这也就是说，中央银行的独立性越小，通货膨胀率就越高；反之，中央银行独立性越大，通货膨胀率就越低。例如，美联储成立以来的百年时间里，美国的年平均通货膨胀率在3%左右。尤其是在过去30年左右的时间里，美国的年平均通货膨胀率稳定地维持在2%左右。

我国的通货膨胀率以食品价格的上涨为最，单以央行的加息抑制，显然难以奏效，其中还有许多深层次的原因。综合来看，食品价格的上涨大体归之于结构性通胀，与农业部、商业部、劳动人事部、国土规划部、交通部、发改委甚至计生委都有关联。

在世界经济一体化的今天，封闭而独立运作的市场体系已经难以立足，世界各国央行争相印钞推动国际商品价格上扬。发展中国家的经济问题主要是输入型通胀，即由于国外商品或生产要素价格的上涨，引起国内物价的持续上涨现象。输入型通货膨胀与开放经济有密切的关系，开放的程度越大，发生的概率越大。全球化促进了资本、人力、知识、技术在国际间更快流动。而由于弱美元、强石油的格局形成，国际市场上美元跌则大宗商品上涨的现象也开始盛行，中国央行对此类现象的调控手段就很有限。如进口关税的高低，进口商品在国内销售价格的制定，甚至物流运输成本核算，就涉及财政部、海关总署、发改委、商业部、交通运输部、物价局等一大批相关的机构。

在国际上，央行独立始终是一个似是而非的话题，毕竟一个国家在追求经济增长、币值稳定的大框架下，政府与央行的目标并不矛盾，只是在不同时期针对各自的侧重点进行权衡。

例如，在日本，央行独立问题就曾经峰回路转、大起大落。长期以来，日本的大藏大臣对日本银行享有业务指令权、监督命令权、官员任命权以及具体业务操作监督权，但1998年4月，日本国会修正《日本银行法》，将上述条款推翻，以法律形式确认日本中央银行的独立地位。

英国央行的独立性亦同样富有戏剧性。在1997年5月，新上台的英国工党政府做出了改革英格兰银行的重大决定，授予英格兰银行货币政策的决定权,并成立没有政府代表参与的货币政策委员会,从而使英格兰银行摆脱了政府的控制,走上了独立化的道路。

2012年10月,英国央行为了扮演公众心目中独立的公共机构角色,别出心裁地聘任47岁的加拿大人马克·卡尼从2013年夏天开始出任英格兰银行行长。在英国经济久未从危机中复苏的情况下,一贯以保守形象示人的英格兰银行请来318年历史上第一位外籍行长,这显然是加强了中央银行的独立性。

2. 决策中的民粹主义思潮

如果一份信息情报仅仅是对表面经济现象简单地描绘,想当然地评论,缺乏系统性的分析与深层次的思考,通常这类报告被决策层视作"噪声"。这类报告表面上看起来颇有道理,但实际上经不起理论的推敲和实践的检验。在国内经济界,这样的报告为数不少。例如,某经济学家曾提出要将国家外汇储备分配给全国人民,也曾有身居高位的经济学家提出人民币国际化要储存数亿吨黄金的建议,等等。

被决策层视作"噪声"的报告,大多源于社会上的民粹主义思潮。民粹主义,是指一种在政治上刻意迎和普通民众理念的做法。作为一种历史悠久的社会思潮,民粹主义的基本特征是,为强调平民群众的价值和理想,把"全体人民的利益"当作所有决策行为的唯一合法性源泉,甚至要求全体普通群众直接参与国家政治决策,主张依靠平民大众对社会进行激进改革,非常强调对大众情绪和意愿的绝对顺从。

民粹主义出现在情报中,是对基层民众呼声的重视。这类情报的撰写者在建言献策中会更多考虑民意,试图通过情报来影响决策。

还有一个值得注意与探讨的问题是,由于经济现象本身的多样性和复杂性,相当部分的金融研究报告或提议,是从撰写人本身看问题的角度或自身的经济利益出发来分析思考的。这些建议和意见有一定的合理性,也有可能与施政者的谋略产生分歧;这些意见或许过于短视,或许过于抽象与专业,或许过于强调维护维护民众利益,于是这样的思潮也被贴上民粹主义的标签。

民粹主义影响决策是世界各国普遍存在的问题，越是民主化的国家越是明显。在信息时代，许多没有参政议政机会的普通民众，也可以通过网络发表意见、表达思想。于是，在一些重大的金融决策者出台、金融法规的修订、金融监管措施的改进中，都能看到民众的意见在其中起到了一定的作用。

决策机构在进行重大的金融决策前广泛听取民意，既避免了"决策失误"，也避免了因失误而要承担的责任。2014年11月30日，瑞士为提高黄金储备动议，举行全民公投。这项名为"挽救瑞士黄金"的公投议案的内容是："瑞士中央银行外汇储备中的黄金份额至少提高至20%，储备黄金不许出售且必须在瑞士本国储存。为达到20%的黄金储备比例，瑞士央行应在未来5年内购买1500吨价值700亿瑞士法郎（约合725亿美元）的黄金，并且在3年内收回瑞士存储在英国和加拿大的黄金。"然而，瑞士官方当天公布的公投结果显示，约49.8%的瑞士选民参加了这项公投，其中77%的投票选民反对这项动议，瑞士联邦26个州全部否决了这项议案。

在金融决策中倾听民意的事例也曾在中国发生。如本书第七章的案例分析中，中国银监会在出台一个政策法规前广泛听取各方意见，继而采纳国内主流民意来立法。

也有人认为，民粹主义声音总会通过各种信息、报告渠道，甚至是人大政协委员们的提案反映到决策层，因此，金融情报的传输渠道也有可能成为各种"噪声"与民粹主义的传声筒。

笔者认为，要一分为二地看问题。对来自民间的声音与诉求，一概斥之民粹主义而拒之是不可取的，但走极端，过分强调精英治国也并非明智之举。

3．精英治国的实践

在我国的"一行三会"管理层中，有一批海外归来、具有全球视野与深厚西方经济学理论功底的行业精英与技术官僚。

精英治国是情报与决策的融合体，这是世界各国的普遍状况。例如，中国有许多专家学者常常向朋友炫耀或看似不经意地在文章中透露，自己提出的

第八章 | 金融情报机构与决策机构的关系

某项金融管理、宏观调控方面的"建言献策"获得了中央的首肯并付诸实施。更为普遍的是，从中央到地方的各级领导，出现了一大批具有专家学者背景的领导干部，他们或是高校的教授，或是研究院、政策研究室的专业研究员。显然，他们快速地经历了从情报机构到决策机构的华丽转身。

决策者深厚的金融理论功底与丰富的海外金融实践经验，必须与中国经济的基本情况相结合，具体问题具体分析，切忌生硬照搬。

俗语说："三个臭皮匠，顶个诸葛亮。"只有兼收并蓄、集思广益，才能做出正确的决策，才能不犯关键性错误。例如，我国效法新加坡淡马锡成立的中投公司管理国家外汇储备的做法，就是在广泛听取民间建议和吸收民间智慧后所做的决定。

2003年，中国银监会发布了外资机构入股中资银行的意见稿，民间的质疑声不绝于耳，因而彼时的各种意见、建议，甚至消极的推测都通过各种渠道反映到决策高层。最后，中国银监会发布法规进行界定：外资入股中资银行的比例最高为25%、单个的最高上限为20%。

今天看来，当年的外资入股中资银行到底应该占多少股份，已经没有必要争论。精英治国是一种潮流，底层民众影响国家决策与变革则是另一种潮流。

国家智囊团的精英为中国的经济发展与改革做出了贡献，他们提出过很多治国安邦的锦囊妙计，但也混杂着一些诸如"全体国民平分国家外汇储备"的平庸建议。

为了防范和化解金融风险，政府常常邀请经济学家和企业家参加经济形势座谈会，倾听他们对中国经济发展与平稳运行的建议。2014年7月15日，在经济形势座谈会上，某位专家建议发行国家建设债，用于公共消费性投资。恰好在同一个月，某国权威刊物的一篇有关中国债务水平的评论文章，说的也是中国政府的债务问题。作者认为，中国的债务水平不低，全社会的杠杆率为230%，其中政府部门债务为57%。

现将该文摘录如下：

数据显示，2013年6月底，全国各级政府负有偿还责任的债务20.6988

万亿元。地方政府负有偿还责任的债务 10.8859 万亿元，负有担保责任的债务 2.6655 万亿元，可能承担一定救助责任的债务 4.3393 万亿元。部分省本级债务借新还旧数额较大。2013 年 6 月底至 2014 年 3 月底，9 个省本级为偿还到期债务举借新债 579.31 亿元，但仍有 8.21 亿元逾期未还。

国际金融专家预测，中国的债务总额为 GDP 的 220% 以上。该数值包括国家、企业和私人家庭的债务在内。尤其危险的是中国债务的增长速度。美国信用评级机构惠誉计算，中国的整体债务在过去 6 年间增长逾 60%。专家认为，中国当前与日本 20 世纪 80 年代后期有相似之处。

假如我们认同上述这篇文章的观点，就要分析专家提议的"建议发行国家建设债"议题的可行性。

专家提出在融资中加杠杆，似乎与当时国家政策策略与现实发展相背离。因为 2014 年 9 月的报纸曾刊登文章《国务院常务会议定调勒紧地方债务风险"缰绳"》：

9 月 2 日，国务院常务会议指出，改革完善预算管理是财税体制改革的"重头戏"，也是政府自我革命的重要举措。针对地方债务，常务会议指出，要勒紧债务风险的"缰绳"，妥善处理存量债务，确保在建项目后续融资。据 21 世纪经济报道记者了解，财政部目前正在研究制定加强地方政府性债务管理的意见及配套实施细则。

会议同时指出，截止到今年 6 月，政府在国库中存款为 3.32 万亿元。从今年的月度数据来看，最低位 2.89 万亿元，最高为 3.6 万亿元。我国政府有大量趴在国库上的低效留底资金，同时在大肆举债，这个问题被诟病多年。

看来，要判断专家们的建议是否可行，必须认真研究后方可定论。

四、金融情报机构的定位

1. 情报分析为真理服务

许多情报人员为了迎合上级监管部门的管理思路，不惜在报告中大量堆砌对某些决策的赞美之词，而缺乏独立思考。

在基层银行工作中，监管部门每年都要向辖区内的金融机构征集银行经营业务中发现的问题和困难，以及对银行监管机构的意见和建议。换言之，就是站在监管机构的角度发问：你有什么需求，我就想办法给你制定相应的政策。当然，这必须在自己机构的权限范围内进行，如果超越了权限，就会打报告向中央争取相应的政策，并贴上"金融创新""先行一步"的标签。这种做法在某些特殊区域，如国家经济改革示范区、自由贸易区、经济特区等较为常见。

基层金融监管机构的本意是为了促进辖区内金融业的发展与繁荣，尽量打破地区平衡，形成政策洼地，吸引外地资金流入，为当地的经济发展寻找捷径，但容易走向极端。

每年，基层商业银行的研究部门都会收到一些专题研究项目，这实际上是上级（情报使用者）给下级（情报生产者）下达任务的一种被动型的情报搜集行为。例如，中国人民银行总行每年都会下达一些金融课题研究项目给下属的分行及金融研究所，人民银行的内部理论刊物上通常会发布这些特定内容的征稿信息。

如果银行的基层从业人员撰写了批评中央银行货币政策或指出某些监管和操作失误的文章，别说通过内部信息渠道报送受阻，就是在投稿时也会屡次被央行系统内刊的编辑拒绝，只好投到系统外的刊物上发表。这实际上反映了体制内的信息情报传递过程中的特点，出自本系统的研究报告、学术论文大都是喜好讲成绩、充满正能量的情况报告，使得情报缺乏客观性、真实性。

要避免这种情形，就要处理好金融情报机构与决策机构之间的三种关系：

（1）促进金融情报生产者与用户间的相互理解与沟通。

（2）金融情报要有针对性地为金融决策服务，金融情报的内容应尽可能地贴近政策，贴近行动，为决策层提供急需掌握的情报信息。但这种情报信息不要脱离实际，不要过多地渗入个人的主观判断，决不能以牺牲金融情报信息的客观性和真实性为代价。

（3）金融情报机构与金融决策机构，应该尽可能地独立开来。这是两个功能不同、形式不同、职责不同、权限不同的机构，不能相互取代。一个著名的论点是：情报分析人员要为真理服务、为真实性服务，而不是为权力服务。

2. 情报机构不制定政策

通常，情报的采用率（指情报信息的报送量与高层决策者签批的情报个案之间的比率，或上级部门内部刊物转载的比例）决定了情报产品的合格率。因此，情报信息必须紧贴国家重大政治部署、战略、规划、计划，甚至于现阶段的各项行动，才能获得情报使用者最大限度的理解与支持，情报的采用率才可能高。但是，情报人员与决策者不能靠得太近，投其所好的做法会让情报人员丧失反映实际情况与实际问题的客观性和公正性。

现实中，有的情报人员紧盯高层领导人对某个悬而未决的金融策略部署的表态或有关金融决策者的讲话，反复揣摩，研究金融决策当局关注某些方面的政策动向，提交的信息情报有太多的观点与高层领导的想法"不谋而合"，却与实际情况有很大的差距，这必然会弄巧成拙。与实际脱节，显然是情报工作中的一大败笔。

关于情报机构与决策机构的关系，我们可以明确地界定为：情报人员不是目标的设计者，不是政策的起草者，不是计划的制订者，不是行动的执行者，而仅仅是一个情报信息的提供者。说白了，金融情报机构与金融决策机构之间要保持适当的距离，要明白彼此间的目标与计划的差异，要清楚自己在工作链条中所处的位置。

3. 决策失误与责任追究

世界各国在实施重大金融决策时都会小心翼翼、多方考量、综合评估，以免决策失误。错误的金融决策可能会导致严重的后果，令一个国家的金融危机爆发、国民经济衰退、人们生活水平下降、综合国力削弱。因此，在某些国家，如果是由于个人武断造成的渎职行为，则还要受到追究。

冰岛前总理出庭受审就是一个金融决策失误受到追究的例子。

2008年，金融危机把一向平稳发展的冰岛推向深渊。冰岛最大的3家银行Glitnir银行、冰岛国家银行以及Kaupthing银行相继破产，违约总金额达850亿美元。要知道，这仅是一个只有32万人口的小国，却人均负债26万美元之多。危机爆发后，冰岛失业率曾一度飙升到10%。

其后，在2010年4月，冰岛议会的一个特设委员会发布了一份关于冰岛金融危机真相的调查报告，一针见血地指出，政府前总理吉尔·哈尔德、相关部长和央行行长等都应为国家金融体系的崩溃负责。这份历时1年多调查完成的报告解释了冰岛危机的深层原因。

调查报告显示，冰岛政府对金融风险缺乏起码的警惕。早在2006年年初，已有多种迹象表明冰岛即将面临金融危机，但政府却漠然置之。到2008年，冰岛央行意识到金融问题的严重性，却迟迟没有采取相应的措施。

调查报告认定哈尔德领导的前任政府存在疏忽，导致冰岛3家银行在2008年10月间先后倒闭，从而引发冰岛历史上最严重的一次金融危机。

2010年9月冰岛议会通过一项议案，决定成立"国家法庭"，审理前总理哈尔德是否应为冰岛2008年金融危机承担刑事责任一案。同时，特设委员会向议会递交议案，提议追究哈尔德及3名前部长的法律责任。

冰岛议会28日展开激烈辩论，最终以33票赞成、30票反对的结果通过这项议案，决定成立"国家法庭"审理哈尔德渎职案。哈尔德因而成为冰岛自独立以来，首位受审的部级以上官员，也是世界上第一个因2008年金融危机受审的国家领导人。

在法庭上，哈尔德辩称："作为总理，我的行为没有导致银行崩溃，防止三大银行破产不在我的能力范围内。"

哈尔德还申辩说，他当时受到身边的经济顾问和一些金融专家的影响与误导，他们多次向他建议国家要大力发展金融业。其依据是，"金融业是一个投入少、周期短、见效快的吸金行业"。

国家领导人的周围总是聚集了一大批出谋筹划的"经济顾问"，相当于古代的"食客"或"门生"，他们提出的治理国家对策和建议，可能是治国安邦的锦囊妙计，也可能是令国家经济遭受重创的馊主意，这需要国家领导人仔细分辨。

案例分析

部门利益与金融改革

论及金融情报机构与决策机构的关系问题，现代的情报观认为：情报机构不应该是政策目标的设计者、政策的起草者、计划的制订者、行动的执行者，而应该只是它们的辅助者。中国的金融监管机构就是金融情报机构与决策机构合二为一的架构，这种关系放到整个国家宏观金融决策的动机和效果上看，就会产生部门利益与国家利益、局部管理策略与国家整体战略的矛盾。金融监管机构的决策者若不了解这些，或短视，或欠缺勇于担当的牺牲精神，以至于在决策上明显地向自己的部门利益倾斜。我们必须认识到，符合部门利益的决策，却未必符合国家利益。

（一）

自20世纪改革开放的80年代，我国确立多种所有制形式并存、有计划的市场经济方针政策后，作为改革开放前沿的深圳，中小企业大量浮现，与之相适应的"信用合作社"——民间资金、民营资本参股、管理的草根金融机构亦相伴而生。

当时，这些信用合作社的生意很好，发展很快。但没过多久，金融监管部门以防范和化解金融风险的名义，把它们给整合了。1987年12月，深圳的人民银行出面在对原特区内6家农村信用社进行股份制改造的基础上，组建了全国第一家地方性的发展银行——深圳发展银行。后来，深圳发展银行成了一家在北京、上海、广州、深圳、杭州、武汉等22个经济发达城市设立约300家分支机构的全国性商业银行，在2010年英国《银行家》杂志公布的全球前1000家银行排名中列第231名。

第八章 | 金融情报机构与决策机构的关系

20世纪90年代，人民银行在全国的金融监管实践中发现，大银行与信用社的目标客户是不一样的。信用合作社的目标客户群是中小型企业（特别是小企业）和周边居民这些中小客户，大商业银行则是以服务大中型企业客户为主。例如，在深圳不仅大银行多，中小企业亦多，资金需求也很旺盛，中小企业融资难的问题频出。

1988年8月，中国人民银行颁布《城市信用合作社管理规定》，明确了"城市信用合作社"是中国城市居民集资建立的合作金融组织。其宗旨是通过信贷活动为城市集体企业、个体工商业户以及城市居民提供资金服务。其后，全国各地陆续组建了4000家由城市企业、居民和地方财政投资入股的地方股份制性质的城市信用合作社。到1993年年底，城市信用社数量近4800多家，总资产为1878亿元，职工12.3万人。城市信用合作社的出现对缓解民营中小企业融资难起到了十分重要的作用。

然而仅仅两三年时间，一些城市信用合作社的经营风险问题陆续出现，被动走上了由中国人民银行主导牵头的"剥离、注资、上市"的大中型银行市场化改革路径。

为了从根本上解决城市信用社的风险问题，一位主管金融体制改革的央行副行长在来深圳短暂调研后，撰写了一份报告上报决策层。他认为："80年代中期，由于城市私营、个体经济的蓬勃兴起，为其提供金融服务的城市信用社也迅速发展。但由于城市信用社规模小、经营成本高、股权结构不合理、内控体制不健全等，经营风险日益显现和突出。"

于是，依据这位副行长对城市信用合作社"规模小、经营成本高"及"部分城市信用社管理不规范、经营水平低下、不良资产比例高、抗御风险能力差"的说法，市监管机构提出要实现"为切实防范和化解金融风险，保持社会稳定，确保城市信用社稳健经营和健康发展"之目标，必须搞抱团合并，就出面主导成立了"深圳城市合作商业银行"（后更名为深圳市商业银行、平安银行）。这一次，深圳又在全国城市金融改革方面拔得头筹，谓之第一家。

经人民银行批准，于1995年8月3日在原深圳市16家城市信用合作社的基础上，组建成立地方性股份制商业银行"深圳城市合作商业银行"，注册资本11亿元。自城市信用合作社筹办到深圳城市合作商业银行成立,深圳人民银行均派出大批干部出任这些商业机构的中高层领导,分流了部分富余的干部,他们的薪水也大幅提升,彼此皆大欢喜,尝到了金融机构设置扩张的甜头。

其后,中国人民银行有意将深圳经验推广,向国务院递交深圳成功组建城市合作商业银行的报告。于是,各省市均派人来深圳,向"改革开放的排头兵"取经。彼时,党的十四届三中全会召开,为进一步深化金融体制改革,完善我国的金融体系,促进地区经济发展,国务院决定推广"深圳城市合作商业银行"的成功经验,在大中城市分期分批组建城市合作银行。

1995年9月7日,国务院发布《关于组建城市合作银行的通知》,决定自1995年起,在撤并城市信用社的基础上,在35个大中城市分期分批组建由城市企业、居民和地方财政投资入股的地方股份制性质的城市合作银行。以后,组建范围再扩大到35个大中城市以外的地级城市。

由中国人民银行主导、各地政府出面协调的合并潮开始,各省市纷纷将辖内的城市信用合作社改造为城市合作银行。1998年3月13日,经国务院同意,人民银行与国家工商行政管理局联名发出通知,将城市合作银行统一更名为城市商业银行。到2007年年底,我国已有城市商业银行124家。某些后来居上者,较之深圳合作银行更大更强,它们不仅跨区设网点,还有部分已经上市,如现在A股挂牌的北京银行、南京银行、宁波银行。

(二)

城市银行变大变强后,中小企业融资难的问题又冒出来了。现在,金融监管部门为应对反复出现的"难题",又开闸发放小型金融机构的牌照。

因为银行也是服务行业,金融机构的服务对象与其本身的定位是紧密相关的。服务行业最重要的特点就要根据服务对象的要求来提供特殊服务。例如,在餐饮业里,快餐店是针对上班一族的,所以特点要体现在"快"上;大排档是个打工一族的钟爱,其特点是"价廉物美";五星级酒店里面的西餐厅、咖啡馆是给商务人士提供洽商交际服务的,讲究的是环境优雅以及时间充裕与轻松,钱不是问题。因此不同的服务对象决定了不同的餐饮业架构。银行也一样，大银行争夺大客户，小银行针对小客户，这是浅显的道理，全世界的金融结构都是这样的。可偏偏中国的金融监管部门却在这个问题上犯迷糊，不断地拔高小银行，要把它做大做强，让那些微小企业借贷无门。

实际上，银行的规模决定了其服务的对象。

假设某地有100家小银行，只能分别发放100万元贷款给100家小企业。某天，这100家小银行合并成一家大银行，那么原先的100家银行贷款部门就只剩下一家了。它当然不会再去干那种放款给100家小企业的贷款业务了，而是会集中精力将这1亿元的资金一次性发给某家大企业。这样既节约了成本，又追求了效益，同时还兼顾到"安全"和"盈利"。

于是，原先的那100家小企业就贷不到款了。

从经济学的角度看，一家银行将1亿元资金放贷给一家大型企业；或将此1亿元资金分拆成100份，每份100万元，分别贷款给100家小企业，其风险、成本乃至效益都是大不一样的。

就风险而言，这家大型企业是处于垄断地位的上市国企公司，信息披露充分，垄断经营的地位带来稳定的收入保障，再辅之以相应的不动产抵押物，贷款风险很小。而小企业则不同，本小利薄，市场竞争激烈，或者信息不透明，或者恶意骗贷事件时有发生，甚至缺乏相应的抵押物，贷款风险很大。

贷前调查、贷中审查和贷后检查的操作成本也大不一样。贷款给一家大企业办理相应的放贷手续，均可一次性完成。而放给100家企业则要将上述作业过程分别操作100次以上，尤其是小企业状况千差万别，特别烦琐，需耗费100倍以上大量的人力物力。

最后，在收益的保证上也是不可比的。大国企、大企业收入稳定，还款来源有保障，即便挂账也有政府担着；而中小企业多有经营不善难以还贷，甚至发生恶性骗贷、经营者"跑路"藏匿等极端事件。经验表明，发放中小企业贷款的呆账率高于大型企业30%以上。

同样，大银行的基层单位分行、支行都是有一定的业绩考核指标。为了达标，少投入多产出，经营者"嫌贫爱富"，乃经济规律使然。由是之，导致多年来国内中小企业因向银行借不到款或倒闭，或卷入民间高利贷，则不足为奇。而这类企业对资金的需求推动中国金融市场借款利率一再高攀，金融风险不断加大。

（三）

据观察，多年来监管当局热衷把我国的小型金融机构做大做强，出于两个对其非常有利的部门利益：

1. 银行机构变大了，容易管理，以至于"太大而不能倒！"，这或许是懒政的表现。

就国家金融监管部门而言，每个科室（人）审阅一份被监管对象——大银行的报表与每个科室（人）审阅100份中小银行的报表所投入的人力、物力、财力，即监管人员付出的精力、工作的效率都是不一样的。

大银行的报表编制规范、整洁，有完善的内部审计合规制度，也经过著名大会计师事务所审核，同时许多银行都是上市公司，信息披露规范，可信度高。

小银行的特征是五花八门，经营有较大差异，同时编制人员素质不高，规范性欠缺，甚至数据的真实性存疑。监管机构要投入较多的人力、物力进行监管。对小型金融机构，还要时时提防支付风险、操作风险、信用风险等等金融风险的出现。

因而银行变大了，与存款人、政府、企业都有了更深更广的联系，不能出问题、不能出乱子，更不能倒闭，也就是所谓的"太大不能倒"。尤其是由许多个人小股东占股份的小银行上市后，其个人投资入股银行的风险立马转嫁给了社会，监管责任由银监会转给了证监会乃至整个股市的投资者。这实际上是监管者把责任推给了政府，把风险监控推卸给了国家，让国家为经营不善的银行买单，等于银行绑架了政府。

把小银行合并成大银行，不符合国家把利率降下来，解决中小企业"融资难""融资贵"的初衷，不符合金融业支持"大众创业、万众创新"的精神。中国的银行贷款利率为何那么高，为何货币政策失效，难以用利率引导市场，央行发再多货币也没用，经济学理论中所说的"流动性陷阱"就产生了。

中国的银行普遍愿意贷款给大企业，中国的大企业再把贷款拿到手后转借给小企业，做高利贷生意。小企业难以得到大银行的服务，利率焉能不高？

2. 监管机构外派人员到所监管的金融机构出任高级管理人员，这或许是中国金融监管机构独特的员工福利。

金融监管机构是代表国家行使监管权力，对商业银行合法合规的经营实施行政管理、行使权力的国家机构，他们享受国家公务员的待遇。

被监管的金融机构，是商业化运作的市场经济体，是以营利为目的的商业机构。

多年来，国家统计局发布的金融从业人员的薪酬统计在各行各业中始终是最好的。可是，商业银行的高薪制有了，商业银行因经营不善导致的破产却从未实行过。

就基层来说，监管机构的办事员与商业机构的一线人员待遇相比，监管机构普通干部的福利薪酬要优于商业银行的一线人员。

但是，如果将监管机构管理层的人员与商业银行的中高层管理人员相比较，后者收入就要大于前者。在这样一个背景下，国家公务员从金融监管机构被委派到商业金融机构担任中高层管理职位的现象就会频繁出现。30年来，这种现象从各省市的地方性金融机构到北京的全国性金融机构都普遍存在；金融监管机构的处、局级干部"跳槽"到商业银行任职的案例，不胜枚举。例如，当年深圳城市合作银行成立，监管机构一次性派出30多位干部去占据中高层的位子，薪酬与待遇立即翻番。2014年，央行上海总部的一位享受副部级待遇的领导在退休前连副部级待遇也不要了，赶紧"跳槽"到一家银行去任董事长。同年，某市两位同一银监局的局长同时"被委派"到其监管辖区内的同一商业银行出任高管，实现了年薪百万的跨越；甚至有某商业银行（监管机构委派）的一位行长，在此位置上超过退休年限多年也不愿退休的事例。据某财经日报的不完全统计，2013—2016年3年来，有金融监管机构的近百名司局级、处级干部"下海"到辖区各金融机构出任董事长、行长、总经理等高级管理人员职务，大多数是奔着高薪去的。

简言之，在金融监管机构的政策指引下，中国中小商业金融机构做大做强，躺着也能赚大钱了，就有监管机构的人员向商业金融机构流动，享受高薪了。然而，如果商业金融机构太小，例如小额贷款公司、农村信用社等小型商业金融机构，待遇差、工作累，是没有金融监管人员愿意下去任职的。

（四）

囿于地域经营限制的城市商业银行为了做大做强，就打起了跨省区经营的主意，没想到竟与中国银监会的监管理念一拍即合。2006年，中国银监会经不起各地城市商业银行的公关，竟然宣称：允许部分符合条件的城市商业银行开设跨省的异地分支机构。

例如，上海银行是由200家城市信用合作社合并组成的城商行。目前，上海银行的跨区域经营成效显著，已经建立起覆盖长三角、珠三角、环渤海及中西部重点城市的网点架构，分支机构均集中分布在相对富裕的地区。截至2016年，该行先后在宁波、南京、杭州、天津、成都、深圳、北京、苏州、无锡、绍兴、南通和常州分别设立了分行，并在这些分行下辖设立了69家支行。上海银行总资产约1.53万亿元。在2016年英国《银行家》杂志公布的"全球前1000家银行"榜单中，上海银行跻身全球银行百强。按照一级资本和总资产排名，上海银行分别位列全球银行业第91位和第97位。

城商行的跨区域经营发展促进了银行做大做强的趋势，但银行的跨省区经营与企业生产产品的跨区销售是有本质区别的。这实际上是虚拟经济与实体经济的区别。生产实物产品的企业可以向全国各地提供物美价廉的产品，通过竞争淘汰落后产品，让当地民众享受高质量的产品。但银行跨区域设立分支机构，则是一种隐性的资金掠夺，通过吸收当地的存款，投放到经济发展比较快的地区或者回笼到其总部所在地。

正如《21世纪资本论》的作者皮凯蒂所说的，在21世纪，对于理解全球财富分配来说，忽略"稀缺性原则"的重要性将是一个严重的错误。我们知道，在中国金融业是垄断行业，银行是稀缺的"资源"，各地政府都在争夺设立银行的名额。地方性的中小银行一味追求扩张、兼并重组、做大做强，主要目的在于吸收异地的存款。大银行的内部资金调拨权总是高度集中于其总行的资金管理部门，而为了追求利润的最大化，其筹集的信贷资金则必然投向经济发达、GDP增速快、风险小的沿海省市。结果是，本来就渴求信贷资金支持的相对落后的地区经济更加失血。目前，城商行跨区设立分支机构的做法已被叫停。

例如，招商银行数十年来一直是深圳的纳税大户。但我们肯定不能说，招商银行的利润与缴纳给深圳政府的税收都是在深圳创造的。从偏居深圳蛇口一隅的财务公司到中国第六大商业银行，它的发展具有非典型意义。

首先，如果一家银行在省内的其他城市、在国内的其他省份没有设立异地经营网点，其为国内大客户服务的产品与手段就会大打折扣，而客户的减少又进一步制约了其业务的扩张以及效益的提高。因此，就银行的经营管理而言，抢占更多的市场份额，扩充更多的网点，把资产规模成倍数地放大，做大做强，始终是其孜孜以求的远大目标。

其次，小银行因为跨区经营而变成了中型银行，中型银行因为上市而跻身大型银行之列，对其注册地政府而言，除了耀眼的政绩外，还体现在对其输入地经济造成隐性盘剥与伤害。例如，某地区性股份制银行的年报这样叙述其资产经营策略："本集团以全行统一的信贷策略为向导，根据区域资源禀赋、产业集群特征和金融生态环境等差异，因地制宜地制定区域信贷政策，重点支持产业及成长性良好的价值客户，实现区域风险收益的最大化。"

再次，跨区经营对输入地经济的打击还在于其对当地财政税收的掠夺。毕竟，跨区域银行作为一个企业法人机构，其资金成本核算，缴纳税赋很大部分总是在注册地完成。换言之，其跨地经营机构不具备独立法人资格，缴纳相关的税费较少。仅此一项，沿海发达地区的银行通过跨区经营模式又一次对欠发达地区的财政收入实现了隐性盘剥。

最后，马克思将经济发展的两个重要因素划分为资本与劳动力。资本是通过投资资本吸引劳动力的。一个地方要维持简单再生产或推动经济发展的扩大再生产，当地社会经济剩余资金的自我平衡、资本与经济效益的匹配是很重要的一个因素。与当地经济发展相适应的本土银行是推动这种储蓄与投资自我循环、自我平衡的一个重要连接器。

据考证，当年中央开办深圳经济特区，言明只给政策没有拨款。推动深圳经济发展的就是两大块资金：外资和内资。外资是三资企业的投资，有数可查。但国内市场的资金对深圳贡献了多少,却难以估量。

地方经济发展,除了外商投资的资金推动,主要靠两方面的资金,一是中央财政下拨资金,二是各地区民间资本的投资。深圳创办经济特区,虽然获中央财政下拨的资金有限,但利用金融手段,广泛吸纳了全国各地的资金。

深圳靠特殊政策,建成了全国的金融中心。据统计,截至2016年12月底,深圳金融业总资产达到12.7万亿元(其中银行业7.85万亿元、法人证券公司1.25万亿元、法人保险公司3.6万亿元),金融业总资产稳居全国大中城市第三位,仅次于北京和上海。2016年,深圳金融业实现增加值2876.89亿元,同比增长18.7%,增速高出全市GDP增幅10.3%;金融业增加值占同期全市GDP比重14.8%,对全市GDP增长的贡献率达到30.4%。

2016年,深圳金融业实现国地税合计税收979.1亿元(不含证券交易印花税790亿元),占全市总税收的20.2%,居各行业第二位。但深圳税务局公布的深圳纳税前10名的企业中,有6家是金融企业,即招商银行、平安银行、平安人寿保险公司、平安财产保险公司、国信证券公司、中信证券公司。这些金融企业的显著特点是在全国广泛布局设立网点,抢到了大量的金融资源,深圳也成了名副其实的金融强市。

面对深圳的辉煌业绩和可以复制的"吸金纳银"式金融改革经验,各地仿而效之,纷纷向中央伸手要金融特殊政策,搞虚拟经济、以钱生钱,建立自己的银行。而可以看到的是,我国银行业利润丰厚,并保持着年均30%左右的增速。2011年,商业银行净利润高达1.04万亿元,同比增长36%。地方政府办自己操控的大银行是如此的实惠。如1988年海南设特区,其上报中央的第一条是设立海南发展银行。1992年上海浦东开放,当然要设上海浦东发展银行。2005年,央行行长戴相龙调任天津市长,国务院发布关于天津滨海开发区金融改革"先行先试"文件,其首先要干的也是办一家辐射全国的银行,于是渤海银行诞生。

至于各地政府挖空心思,要打造"吸金纳银"的金融体系,提出要将本地办成国际性的金融中心、全国性的金融中心、区域性的金融中心的城市则数不胜数。例如，香港、深圳、广州三地，或北京、天津、上海、杭州、重庆与成都等城市，均向国务院上报规划，以建成国际性、全国性、区域性的金融中心为目标。

(五)

2012年，一份直指地方性的中小银行跨省经营、掠夺彼地资金的情况报告获得高层的重视。于是，城商行的跨省区经营、做大做强之路被终止了。但已经在全国设立的网点无法撤销，没有设立跨省网点的却又大叹不公，同行怨声载道：在本位主义思想主导下，金融监管理念留下的混乱与制度套利难以平息，业界一地鸡毛。

为解决中小企业的融资难问题，世界各国建立小型金融机构为主的银行体系值得我们借鉴。在美国，以小型金融机构为主的银行体系称为"社区银行"（Community Banks），因而，美国的社区银行资产总额小于10亿美元。这类银行有两个基本特点，一是规模小，二是属于商业银行。

2010年年末，美国共有社区银行7258家，占商业银行总数（8005家）的90.67%；员工30.79万人，资产总额8030.77亿美元，负债总额7224.45亿美元，所有者权益806.32亿美元，分别占全美商业银行的17.87%、12.30%、12.25%和13.33%；平均每家银行的资产总额为1.11亿元，所有者权益为1111万美元。社区银行由于规模小，因而分支机构也少，2002年平均为3.4个（含总行），最多的在10个左右，主要分布在当地，很少在别州设置分支机构。

美国的社区银行主要为小企业及个人小客户服务，决策灵活，服务周到，贴近客户，一般不发放没有抵押物的贷款；同时，为保证竞争力，存款利率高于大银行，贷款利率低于大银行，收费也更低廉。

美国的社区银行与我们20世纪90年代中期的城市信用合作社、合作银行相似，但监管当局对其发展的思路与政策，对其经营的方式与理念的指导却是不同的，因此就有了不同的命运。

可见，多年来金融监管机构提倡小型金融机构的合并，源于监管部门利益的驱动：一是金融机构太大而不能倒，由国家兜底。这样就把发生金融风险的包袱甩给了国家财政；或者在银行上市后，把监管责任转移到其他监督部门；

同时，大银行比小银行便于管理。二是金融监管机构可方便利用权力安置干部（或富余人员）去银行任职赚钱。

这样的事情在中国金融改革历程中，在金融监管机构对商业机构的监管上，毕竟有太多的例子。金融监管者对小型的金融机构不断改组、刻意拔高，一门心思把小银行合并，让其跨地区经营、上市，做大做强，但中国的中小企业融资难、融资贵的问题却一直解决不了。

2017年3月，引国人侧目、舆论大哗的山东"刺死辱母者"案，反映了我国社会诸多深层次的矛盾，其中就有中小企业贷款难的金融环境问题。主要生产汽车刹车片的山东源大工贸有限公司，因公司资金困难，2014年7月和2015年11月，两次向一家从事高利贷放款的公司分别借款100万元和35万元，约定月利息10%（10%的月息相当于120%的年息，已超出国家规定的合法年息36%上限），截止到2016年4月，共还款184万元，并将一套140平方米价值70万元的房子抵债。"最后还剩17万元欠款，公司实在还不起了"。于是，债主招揽社会闲杂人员上门武力讨债，引发了轰动全国的"辱母命案"。

国家搞金融改革，当初制定的建立小型金融机构为主的银行体系，是为了合理分配市场资源，降低融资成本，搞活经济，扩大就业。但后来，为什么演变成这样一种各地竞相攀比着把小型金融机构合并"做大做强"的游戏呢？

银行是现代经济活动的神经中枢，因此，任何偏差的金融改革，如整体框架设计、法律、监管、宏观政策等都会对国民经济造成影响。而金融监管机构一门心思把小银行做大做强，却让中小企业承受较高的融资成本，这反而阻碍了经济的发展与人民生活水平的提高，与国家的战略、国家的利益是不一致的。中国金融改革的过程说明："一个政策法规的制定与执行，符合政策决策者利益，却未必符合国家利益。因此，从国家的角度看，应该寻求使用最佳的方案来推行最好的政策。"

第九章
金融反情报

在军事界,反情报是指识别、欺骗、利用、瓦解、防止由外国或非国家行为者实施的间谍活动,以及为此而搜集的信息和采取的其他行动。

相对于情报搜集而言,反情报是指从己方的角度,防范与干扰对方的情报搜集工作。在西方各国的情报机构中,进攻与防守、搜集情报与防谍防特的职能都是以机构的分工来设置的。例如,美国中情局专注于国外情报搜集,呈进攻之势;美国联邦调查局则负国内安全防范之任,担反情报之责,呈防守之势。类似的还有英国,军情六处搞国际情报搜集,军情五处则负责国内安全防谍。

苏联及东欧各国的国家安全机构设置以苏联克格勃为样板,将情报搜集与反间谍的职能合二为一、攻防结合。同样,中国的国家安全机构也将情报搜集与防谍侦察的职能合二为一。

在情报领域的攻防战中,不仅进攻的一方要加强防守,防守的一方也可以发动进攻。因而,"反情报"的提法较为符合情报领域攻防战中的实际情况,是指利用各种防守或进攻的手段来挫败对方的情报搜集与情报干扰。

在金融领域里,也要做好反情报工作,防范情报泄密;抵御对方的渗透和攻击,识别对方安插在己方的代言人,辨别那些貌似合情合理,实则包藏祸心的计策。

就金融博弈领域而言,搜集金融情报属于"攻",防止己方金融体系泄密属于"守"。

一、金融反情报

1. 金融业防谍的必要性

用通俗的话来说，反情报是指保护己方的情报活动，使其免受敌国或其他情报机构的渗透和破坏。在金融领域，反情报的内容就是"安全保卫"与"防谍防特"，但这些传统手段主要采取的是防御策略，而现代情报战的发展特征是建立在攻防结合基础上的。显然，就情报的"搜集"与"反搜集"而言，前者属于进攻的"矛"，后者属于防卫的"盾"。因此，要遏制和防止对方的进攻，就要加强己方情报的"安全保卫"或"安全保密"工作，防止对方得手与攻陷。

反情报是从防止信息情报泄密的防御角度而言的。在金融领域的反情报方面，我们应该注意的是，要了解敌方对我国金融系统的攻击和威胁的重点之所在。换言之，就是要明确我们的防范重点。

在我国，将情报学作为一门学问来探讨的书籍寥寥无几，对于间谍行为的分析与探讨更是讳莫如深。即便是军事情报学专著，也缺乏反情报的相关章节。

传统间谍采用跟踪、偷拍、录音、录像等手段获取原始情报的方式正在逐步弱化。现代间谍拥有更多高科技手段，比如利用卫星在太空侦察。因而，在新形势下，国家情报工作正面临一个重大转折，情报工作的发展趋势正从传统向非传统过渡；从秘密手段获取情报向公开搜集情报过渡；从单纯的军事情报的搜集向综合性的经济金融情报的研究分析转变。

金融领域的双面间谍是指：国家体制内的工作人员，一方面为国家的金融政策、宏观决策、微观管理提供建议意见、撰写分析报告；另一方面却向境外的竞争对手提供我方的内部信息以图获取利益。

防范境外渗透式反情报工作，最重要的就是加强对国家政府工作人员的监管。据2016年公开披露的消息，中央纪委驻某国家级研究机构纪检组组长讲话指出，该研究机构的意识形态存在"四大问题"，包括"每逢敏感时期，进行不法的勾连活动""接受境外势力点对点的渗透"等。他要求全院"高度保持政治敏感性""绝不容忍任何人搞特例"。

作为"思想库""智囊团",这类研究机构专家云集,著述丰富。其研究成果可以直接提供给中央与政府部门决策参考,这就决定了它的思想不能出问题,意识形态工作不能放松。如若不然,轻则干扰政府决策,影响现代化进程;重则误导政府决策,危害国家安全。而在意识形态方面可能存在的主要问题有:第一,穿上学术的隐身衣,制造烟幕;第二,利用互联网炮制跨国界的歪理;第三,每逢敏感时期,进行不法的勾连活动;第四,接受境外势力点对点的渗透。

因此,国家智库应时刻保持清醒的头脑,切实加强意识形态建设,在政治上要与党中央保持高度一致,增强政治意识、责任意识;要切实加强党的纪律建设;要切实加强制度建设。

2. 金融业的数据保密

从本质上讲,金融反情报是一种保护性(保密性)、防卫性的行动,其最简单、最基本的目的就是防止泄密、防止对方获得对其有利的金融情报信息,杜绝给对方留下可乘之机。

由金融监管机构搜集的,在金融活动中产生的某些关键数据信息需要保密,这是无须质疑的。金融情报的搜集整理、撰写、研究分析等,其最终目的是为决策者提供参考;金融活动是一种博弈,那么,保持一定的神秘感,保守某些关键的信息,也是很有必要的。例如,中国央行行长周小川就说:"中国的外汇市场尚不是一个充分竞争的完备市场,对于不同的市场主体,中国央行与其沟通的策略是不一样的。对一般大众,重在知识和体制框架的沟通;对进出口商等使用外汇的机构,引导并稳定预期很重要;对于投机者,则是博弈对手的关系,央行不可能把操作性策略都告诉他们。这就像是下棋,你不可能把准备的招数向对手和盘托出。"

诚然,货币政策的连贯性能让公众对金融市场有良好的期待,即巩固投资者信心。例如,美联储的货币政策宣称是公开透明的,它所设定的 QE3 在 CPI 达到 2%,失业率降到 6.5% 后就退出的问题,可以给公众和市场一个期待,这似乎已经将货币政策最大限度地透明化了。但实际上,数据的变化是缓慢的、不确定的，这也导致了货币政策变动的不确定性，因而美联储的货币政策也充满了不确定性。

那么，哪些金融数据需要被保密呢？例如，美元的海外流通数量是值得保密的一组数据。发布该组数据的并不是美国政府负责金融市场监管的财政部，也不是实施货币政策操作、主管货币发行的美国联邦储备银行，而是肩负反情报重任的国家安全局。美国财政部作为美国国家安全委员会的成员之一，其属下也设有金融情报搜集的二级机构。在2008年发生的澳门汇业银行事件中，澳门银行被冻结了其美元结算的海外账户，这实际上是美国中情局与美国财政部金融情报司联手操作的。

通常来说，有些金融数据是公开的，比如反映国家宏观经济运行的一系列数据如 GDP、CPI、PMI 等；反映一国货币流通量的 M1、M2、M3 等；央行进行的相关利率调整（加息或减息）、市场上购入或抛出外汇，资金市场上的逆回购、顺回购；反映一国国际收支状况的资产与负债、外汇储备币种与比例等。但这些数据在没正式发布前则被列为国家机密，必须严格保密。

有的数据只在发布前要求保密，有的数据却在相当长的一段时间内都要求保密，这主要是涉及己方经济、金融稳定的核心数据，不能给博弈对手有可乘之机。前述的一国货币在海外的真实流通量就是一个典型。又例如，人民币汇率与各种外币进行"一篮子"挂钩操作时，组成这个"一篮子"货币的币种与权重就必须保密。同样，我国外汇储备的现金头寸，外汇储备中各种货币的构成和比例等，都应被列为国家机密。从国际货币基金组织发布的各国统计数据看，我国并未向该组织报送这个外汇储备中各种货币的构成和比例的数据。

3. 数据泄密的危害

论及金融数据的保密，多年来我国在这方面的工作是相对薄弱的。例如，直接影响股市与汇市的 CPI 发布前的保密工作就做得不够，往往在国家统计局没有正式发布之前，该数据就已经在境外先泄露出去了。

在 20 世纪 90 年代，我国央行的加息或减息通知，采取提前一两天向金融机构传达，然后通过媒体正式发布。当时银行机构的通信及业务操作设备落后，央行的利率变动靠电话逐级传达，因为突如其来的利率变动，必定会影响银行的正常营业，全国几万家银行营业机构无法在较短的时间调整业务数据。但是，这也造成了关键数据的提前泄露，引发股市大幅波动，看空者提前抛出、看多者提前买入的状况都时有发生，导致经济数据的保密一度成为中国保密体系的"短板"。目前，我国虽有《保密法》和《国家安全法》明确将"国民经济和社会发展中的秘密事项"列入国家秘密的保护范围，但其内容都侧重于传统的政治安全领域，而对于经济、金融数据的保密却不够重视。

数据保密也要运用技巧，应对不当，反而弄巧成拙。典型的事例是，2007年5月22日，提高印花税的传闻早已在市场上流传，但中国财政部新闻办、国家税务总局新闻办均一致表示："没有听说过此消息。"随后几天，上证指数一举突破4300点，创历史新高。然而，5月30日凌晨公布的印花税调整信息与此前的市场传闻毫无二致。国内公众强烈质疑：这是一起严重的国家机密泄露事件。

再如2009年7月5日，澳大利亚某矿业公司上海办事处的4名员工，被上海市国家安全局刑事拘留。据称，他们采取不正当手段刺探窃取中国国家秘密。因为其搜集了重要的钢产量与铁矿石需求量等经济数据，致使在6年多的时间里，中国钢企在海外进口铁矿石价格上多付出7000多亿元人民币的沉重代价。

重要经济数据背后是巨大的经济利益。因为关键数据的提前曝光，就有投资机构在境内外金融市场上提前布局，成为背后的赢家。例如，由于我国国债期货的价格是由国家给予商业银行的保值贴补率决定的，而这个保值贴补率的高低，又取决于我国公布的月度CPI数据。由此推断，每个月国家CPI的涨跌直接决定了国债期货的价格走势。如果市场参与者能够预知未来数月的CPI涨跌趋势，就可以提前买入或卖空国债期货，稳赚不赔。

较典型的事例是，在2008年7月17日公布中国上半年经济数据时，某国际通讯社引用"两位官方消息人士"的说法称，中国上半年CPI同比上涨7.9%。当月15日，该通讯社再次引用"三位官方消息人士"称，上半年我国GDP同比增长10.4%。这些指标此后都得到了证实。

2011年4月，经我国安全机关介入查处的"国家CPI泄密案"就是一个典型的金融情报泄密事件。

国家统计局新闻发言人表示："近3年来，国家统计局发布的国内生产总值、消费者物价指数等关键数据频频被提前曝光。国家统计局严厉谴责任何泄露还在保密期数据的行为。"

据悉，国家统计局得出初步数据后，会以快报的形式转送决策层，同时，一些重要的数据要抄送央行、发改委、国务院发展研究中心等宏观决策部门。于是，在顺藤摸瓜式的排查后，国家统计局办公室一名局领导的秘书与一名央行研究局的副研究员被有关部门带走调查，其后被判刑。

此事件发生后，国家统计局新闻发言人指出，国家统计局也吸取教训并高度重视数据发布前的保密工作，为此制定了相关的管理制度和程序，进一步缩小掌握涉密数据的人员和范围。

可见，重要的国家经济数据外泄，受伤害的不仅是政府部门的公信力，还危及了国家经济安全和国民经济秩序。《中华人民共和国保密法》规定：一切国家机关、党政团体、企事业单位和公民都有保守国家秘密的义务；在互联网和其他公共信息网络上传播国家秘密的也应该给予相应的责任追究。《国家互联网新闻信息服务管理规定》第19条也明确规定，登载发送的新闻信息不得含有危害国家安全、泄露国家秘密的内容。

据《证券市场周刊》（第2194期）披露，中央纪律委员会证实，近年来，国家统计局的经济数据泄密案件仍旧时有发生，数百名统计官员"以数谋私"。自2015年10月，中纪委对国家统计局启动了反腐败调查之后，这些数据的外流已经停止。该局前局长王某在接受组织调查之后于2016年2月底被免职。

在电子信息时代，数据泄露成了各国政府较为头疼的问题。2013年，美国国家安全局的承包商雇员斯诺登泄密案再次给人们敲响了警钟。据2013年12月5日英国《卫报》的文章称，斯诺登私自获取的文件仅被披露1%。

据新华社报道，英国《卫报》2013年12月3日说，美国"棱镜门"曝光者爱德华·斯诺登向其提供了大量文件，迄今为止，这家报纸只公布了其中的极少部分。英国《卫报》从斯诺登处获取了 5.8 万份机密文件，目前只曝光了其中的 26 份。

这显然给美国情报界，也给世界各国的情报机构敲了警钟。一个体制外的公司职员如何能有机会接触到大量的机密情报，又如何轻而易举地将这些情报带走，这值得深思。现代特工、间谍的窃密手段，已经发生了彻底的转变。过去那种飞檐走壁、入室撬开保险柜窃取文件的情形恐怕不会再出现。而由于网络的普及与无纸化的办公的流行，间谍可能通过黑客入侵，或者以内部人的账号和密码在内联网窃取情报。当今先进的科学技术，使窃密与保密面临新的考验，仅仅是一小块指甲大小的芯片就能存储上万份文件，让情报保密面临着严峻的挑战。

二、金融反情报的防卫

改革开放以来，尤其是"千人计划"的实施，使得大批海内外人才进入我国各级金融机构和金融监管机构任职。那么，应该如何鉴别他们的本意和初心呢？他们的真正动机又是什么？从哪几方面去审核和判断呢？

经济学毕业的学生在国外很难找到工作，尤其是很难进入国家智囊团，接近政府高层。美国政府要求，对于科学、工程、数学类本科毕业生在美实习年限最高为两年半，但经济学专业的本科毕业生在美实习年限最高的仅仅是一年。

这倒不是说，美国政府不需要好的经济学家，不需要国外的专家为政策博弈出谋划策，而是质疑外籍人士参与国家管理的动机。毕竟，这些背景复杂的外人靠脑力吃饭，难以辨别他们出的是好主意还是馊主意，他们的建言献策是真心实意还是假心假意。

美国虽是思想自由开放的国度，诞生了几十名诺贝尔经济学得主，但即使是本国公民，想进入国家智库与专业机构做学问，也必须进行严格的背景审查，因为这涉及国家安全。

在许多人看来，金融学是一门纯粹的、有社会人众参与的社会学科。他不应像军事斗争那样产生激烈的对抗；也不应该像现代高、精、尖科技成果那样严格保密，金融学领域应该是不设防的。中国的金融体制建设在20世纪的80年代以前，都是仿效苏联的体制，在外国专家的指导下建立起来的。而改革开放以后，一大批在西方国家留学的精英人士陆续归来，他们逐渐登上国家各级金融管理的重要岗位。

在冷战时期，曾经发生过有关美国隐形技术和太空防御的误导性信息流入苏联的情况，由此导致的各种故障给苏联的主要工业领域带来严重的挫折。最惊人的一次事件，是由美国的天然气管道管理软件引起的。该软件被安装在苏联西伯利亚天然气管道上，但它有一个刻意隐瞒的缺陷，即在某一时刻，管道内的压力将远远超过管道的耐受力。结果，这枚镶嵌于天然气管道系统的"定时炸弹"于1982年发生爆炸，而美联社将这次爆炸描述为"从太空都能看到的最巨大的非核爆炸与火灾"。

因此，安全起见，我们要开发自己的软件，要用自己的东西。

中国在金融领域也曾遇到这方面的问题。有文章披露，在我国某商业银行的电脑系统里也植入了从境外花高价购入的银行监管软件。前央行官员回忆说："早在20世纪90年代，某国际组织就耗费巨资向中国提供过金融监管机构设置和人员岗位描述的技术援助。"西方的金融监管理念与金融监管体制框架，对中国金融体系改革的影响，就是这样伴随着西方的精神与物质深入我们金融管理层的，值得我们深思。

或许，还没有发现什么惊天动地的"金融大爆炸"，但中资银行、中资金融机构在与境外金融机构及组织的交易中，损失惨重的案例还是时有发生。小心驶得万年船，适度的保密与适当的反情报措施还是很有必要的。

在情报实践中，"外部渗透"是一套较为成熟的获取情报的方式。它是指对情报搜集方式采取先笼络其人、再指使其谋事的一种迂回获取情报的方式。在20世纪东西方的冷战时期，"北约"与"华约"这两大阵营在彼此的情报攻防战中，利用这种方式在海外留学生中打开缺口相当普遍。而著名的电影《走向深渊》讲的是埃及在法国的女留学生被以色列特工摩萨德收买了，然后返回埃及从事间谍活动的故事。据披露，跨国公司喜好聘请有官方关系的在华人士加盟，为其搜集情报。2010年左右，我国与海外跨国公司进行的铁矿石交易就令国家蒙受百亿美元的损失。

1. 关键岗位人员的背景审查

出国留学人员可以为治理国家引入先进的思想和人才，这是毋庸置疑的。在我国23位"两弹一星"的元勋中，有20位是留学生。两院院士和教育部直属大学校长中，90%都是归国人员。甚至在新中国的开国大典上，站在天安门城楼上的63位中央政府领导人中，就有36位是留学归国人员。2000年以来，我国开始实施海外高层次人才引进计划，简称"千人计划"，已经是国家发展战略目标，成为实现中华民族伟大复兴的重要举措。

金融监管机构是制定与执行政府政策的机关，如何考核人才的本意和初心呢？在这方面，美国中情局高官认为：关于政府机构招聘，首先要了解应聘者的动机是什么。

美国联邦调查局前局长胡佛在谈及政府机构招募职员时曾经强调："和动机一样，意识形态和爱国思想都要列在聘用标准的首位。"政治倾向、价值理念决定了一个人的基本世界观，进入国家金融监管机构和国有金融机构高级管理岗位的人员，应该拥有对国家负责、为人民谋利的基本价值观。

目前，我国的出国留学人员很多，在英国有留学生60万，在美国的也有50万。

留学生回国有两类，一是毕业后即回国工作；二是拿了绿卡，或者加入了其他国家的国籍后回来工作。

我国的军队、武装警察部队每年都直接招聘国内大学生入伍并授予军衔、警衔，但在招聘条件上均列明有海外留学经历的除外，这实际上是防止外部渗透的一个重要举措。

目前，进入国家金融监管机构工作的门槛很低，应该进一步提高招聘条件。这是因为国家工作人员的履历必须是清白的，如果有海外留学、进修、工作、生活居住的经历就更必须如实反映，最好能有国内的同学、朋友对这些经历的大致情况做担保证明。这如同银行的放款业务，引入担保人对贷款人进行担保的模式一样，有胜于无。

此外，在海归人员中以专家学者的身份出任国家金融管理机构的重要高级管理人员（司局级以上的），还要对其公开发表的学术文章、观点主张进行内部评价。这里主要是评估其政治观点与人生价值取向，不涉及学术问题的争论评估。

相关的机构，如国家中央组织部、安全部门应该肩负起这些人才的甄别工作。例如，可以从其在公开发表的文章来分析其一贯的立场。许多有远大抱负的专家学者，特别是身居高位的某些政策制定者都有其救世济民的宏图伟略，关键是辨别其立场与阵营。可以从其言谈举止和文章中看出端倪，毕竟言为心声，专业论文也是如此，可以引入专家评估，对其价值取向、信仰和政治主张进行全面评估。

实际上，这样简单的政治背景审查不算苛刻，而美国在甄别海外人员背景方面的做法值得我们学习。譬如，在美国，政府机构是不录用海外人员的。而且，任何海外人员在美国的公司企业获得一份正式工作，都必须过两关：劳工部的职业资格审查（是否为美国急需引进人才），国土安全部的反恐背景审查（履历上是否有瑕疵）。过了这两道关，才可被企业正式录用。

此外，几乎所有的外资投行都热诚欢迎并有针对性地招聘有政府高官背景的海外留学人员来华开拓业务，这是公开的秘密。

同样，在1990年前后，中国有多家国有商业银行自行聘请外国人出任高层管理人员。例如，美国财政部的前副部长，领千万年薪出任某沿海城市的一家商业银行行长；又如作为"战略合作伙伴"的美国某银行派出过200多人的庞大团队，以进入中国大型国有商业银行总部各个部门"全面了解、深入分析，改善内部架构和运行机制"。甚至在20世纪90年代，央行的某副省级分行也曾聘请一位持南美某国护照的外籍华人出任分行办公室副主任，4年后该人不辞而别，不知所终。

出任我国金融机构高级管理者的程序，目前仅限中国银监会对从业资历进行审查和组织部门的履历审查，今后是否也要增加国家安全部门的政治背景审查呢？这是值得探讨的。

2．"测谎仪"的使用

冷战期间，大批东欧国家的民众穿越柏林墙来到西方，许多人甚至进入政府部门的敏感岗位。对他们动机的判断和甄别，就成了西方情报机构面临的难题。

时任美国中情局局长杜勒斯认为："并不是说那些所谓的背叛者全部都是因为意识形态的原因来到西方。有的人过来是因为他们自己的事业失败了；有的人是因为他们恐惧政权动荡，那可能意味着自己地位降低甚至更糟糕；有的人被西方的物质所诱惑。不过，有一大群人的确是出于相当高尚的意识形态原因来到我们这边。他们对东方世界的生活感到厌恶，渴望着更好的事物。"

在我国，大量受过海外良好教育与专业训练的人才，在近10年里直接进入了为国家金融发展战略建言献策的智库，或者进入了握有实权的国家金融监管机构。我们经常看到国内媒体这样描述，某某人放弃了国外优厚的待遇生活条件毅然回国效力。思想决定行动，那么，这个人回国出任国家金融管理高级职位的动机是什么？动机决定了他今后工作的方向，从大的方面说，是否在国际金融的博弈中维护本国本民族的基本利益；从小的方面说，他是否胜任、是否珍惜这么一份工作。

当然，个人动机肯定是五花八门的。也许他在海外怀才不遇，也许他的职业生涯在海外撞到了天花板，也许他想在桑梓地出人头地、光宗耀祖，也许他只是喜欢吃中餐等等，又或许他在国外已经失业，又或者他心中有"苟利国家生死以，岂因祸福避趋之"的高尚情操。

只有清晰地了解一个人加入国家金融高级管理人员行列的基本动机以后，才能放心把比较重要的角色交给他。因此，在国家机关人员录用过程中引入测谎仪器测试就非常重要了。

"测谎仪"的原文是 Polygraph，直译为"多项记录仪"，是一种记录多项生理反应的仪器。在对某些难以把握的调查中，人们可以借助测谎仪了解测试者的心理状况，从而判断其是否说真话。由于说假话的人此时大都会否认说谎，故俗称为"测谎"。准确地讲，"测谎"不是测"谎言"本身，而是测心理所受刺激引起的生理参量的变化。所以"测谎"应科学而准确地叫作"多参量心理测试","测谎仪"应叫作"多参量心理测试仪"。

美国政府曾经用测谎仪测验重要政府部门职员的忠诚度。1982年,美国联邦政府用测谎仪对其雇员进行了2.3万次测验。美国前总统里根在位时,曾颁布一项命令,联邦政府将更加广泛地使用测谎仪来进行保护国家安全的调查,以防止雇员们向新闻界泄露机密情报。美国的斯诺登泄密案件发生后,测谎仪的应用越来越普遍了,仅美国国防部就有12.8万名雇员接受测谎检验。如果拒绝测谎,就会受到降级以至解雇等不同程度的处分。此外,招聘为美国联邦政府服务的各级机构公务员,也都有可能在录用时接受同样的测验。

一个著名的例子是,1995年10月,美国中情局的外派高官尼克松回国述职期间进行的测谎例行检查不合格,同时其个人申报的收入中有7.3万美元来路不明。于是,他被列入中情局的内部观察名单。直到1996年6月,他在新加坡与俄罗斯间谍秘密会面出卖美国情报,被中情局全程跟踪录像,其内鬼身份才曝光。同年10月,此人被召回国,旋即被捕受审,获刑23年。

目前,越来越多的美国人在接受政府雇用时必须服从广泛的背景调查、测谎仪测试和安全调查,而且调查侧重于个人生活方式、态度和行为。

如今,测谎仪已成为许多国家警察机构的办案常用设备。美国、加拿大、日本、土耳其、韩国、以色列、俄罗斯、波兰等国都使用测谎仪辅助办案。

中国公安部在1981年引进美制MARK-Ⅱ型测谎仪一台,先后在北京、沈阳、南昌等地办案,准确率在90%左右,初步显示了"测谎"技术辅助预审工作的作用。1991年,公安部科技情报所和中国科学院自动化所组成的"测谎仪课题组"研制出"PG-1型心理测试仪",并开始试用。某省公安机关据此侦破了几起只有嫌疑人而缺少物证的久拖未破的积案,其具有100%的排除无辜准确率和98%的认定准确率。接着,公安部将此项目列入国家科技攻关项目。迄今为止,在我国使用测谎仪的单位已经有数百家。测谎仪在全国各级公安司法部门试用的几年时间内,已成功地辅助侦破了大批疑难案件。

3. 杜绝"裸官"

"裸官"的是中国特有的现象，一般是指配偶已移居国（境）外的国家工作人员；或没有配偶，但子女均已移居国（境）外的国家工作人员。移居国（境）外，是指获得外国国籍，或者获得国（境）外永久居留权、长期居留许可。

对于裸官，国内公众的信任度较低。多年来，国内纪检部门查处的贪腐官员，其妻儿移居国（境）外的现象不在少数。有研究报告指出，"裸官"和贪官之间存在相互转化关系，"裸官"更容易变成贪官，贪官往往会选择做"裸官"。所以，"裸官"俨然成为外逃贪官的高风险人群。2014年1月，中共中央印发《党政领导干部选拔任用工作条例》，对社会反响强烈的"裸官"现象首次做出明确规定：配偶已经移居国（境）外；或者没有配偶、子女均已移居国（境）外的，不得列为考察对象。

"裸官"对祖国缺乏认同感与归属感。上述《工作条例》的规定具有非常明显的针对性。裸官，不仅容易滋生腐败，还是危及国家安全的重要因素。由于一些"裸官"可能肩负重任、知悉国家秘密，若因家属在境外被策反，极可能对国家安全造成巨大威胁。

裸官不仅不能提拔，而且依据上述《工作条例》的配套文件《配偶已移居国（境）外的国家工作人员任职岗位管理办法》，国内的五类岗位裸官需清理：

（1）党委、人大、政府、政协、纪委、法院、检察院领导成员岗位，上列机关的工作部门或者机关内设机构负责人岗位；

（2）国有独资和国有控股企业（含国有独资和国有控股金融企业）正职领导人员、事业单位主要负责人岗位，及其掌握重大商业机密或其他重大机密的领导班子成员和中层领导人员岗位；

（3）涉及军事、外交、公安、国家安全、国防科技工业、机要、组织人事等部门中的重要岗位；

（4）掌握国家安全事项，以及发展和改革、财政、金融监管等重大经济或科技安全事项等方面的工作岗位；

（5）其他不适合由配偶已移居国（境）外的国家工作人员任职的岗位。

注意，上述的第四点，首次将金融监管岗位列为"国家重大经济安全的工作岗位"，这是一个进步，是对 2000 年以来我国金融监管机构敞开招聘外籍人士、海归人士出任高管的一个纠正。

三、金融反情报的进攻（一）

1. 噪声干扰

情报专家认为，在向敌对国进行情报攻击方面，误导其政府执行错误的决策是最有效的办法。影响一国政府行为最主要的手段是利用大众传媒操纵舆论导向，或者是以专家的名义给出貌似合理的建议。

以前，外国的专家学者针对中国的经济、金融改革，给中国政府和相关管理层，提了许多意见和建议，有的有效，有的则成了噪声干扰。

噪声干扰本来是军事术语，是指通过声呐噪音，干扰敌方潜艇的通信与定位，使其迷失方向或偏离航线，甚至误入雷区被攻击摧毁。而金融噪声干扰，是指金融博弈的一方，通过各类方式在公开或非公开的场合，针对该国经济、金融发表一些具有迷惑性的学术报告或策略信息，以此干扰对方的某项金融决策。

金融噪声的干扰分为善意、恶意两种。例如，一些海外媒体在我国央行行长、证监会负责人的人选问题上过度热情、积极参与，刊文列出某人的过往政绩、著作水平、执政倾向、办事作风，甚至曝光家庭出身、裙带关系、资历背景等来干扰我方人事任命，从而达到某种目的。

在我国加入 WTO 前，某些媒体连篇累牍地对我国开放金融市场、让外资进入中国市场做出恐慌性评估；我国加入 WTO 后，又对外资银行管理人员进行花式吹捧，甚至大造舆论让国有银行花高价请外籍人士出任中资银行高级管理员。2016 年年初，某些国内专家从西方国家照搬过来的股市下跌熔断机制，在中国股市中仅仅施行了 4 天，就被迫放弃了。

2. 拒止与欺骗

拒止与欺骗是情报专业中的反情报术语。拒止是指利用对敌方的了解，来防止其情报被有效搜集，是反情报的一种防卫手段。

而欺骗则是反情报的一种进攻手段。欺骗，通常是指成为情报目标的国家，可以利用相同的知识与手段，将信息传递给对方的情报搜集人员，这个故意传递的信息可真可假，传递真信息是为了获得信任；若为假信息，则称之为欺骗。欺骗的目的就是误导敌方对当前政治、军事和经济（金融）局势进行的情报分析，使其对局势形成错误的判断，引导他们采取有利于我方的行动。

欺骗又分为被动欺骗和主动欺骗。

欺骗与噪声干扰是有区别的。欺骗有确定的目标，是在特殊渠道暗中进行的，其虚假信息有可能为对方的决策层所接受；噪声干扰是利用媒体公开进行的，它的虚假信息不一定能够抵达对方决策层。

有时候，欺骗与噪声干扰一样，也会利用公开媒体进行，但它的目的一定是有针对性的。在美国里根政府执政期间，中情局挑起了美苏星球大战军备竞赛，旨在拖垮苏联政府。美方知悉苏联的情报机构非常重视阅读与分析美国的《航空周刊》与《航天技术》这两本杂志，于是就组织情报人员撰写并发表了一些透露美国航天技术达到了太空攻击能力水平的论文。通过这些有分量的虚假文章，美方成功地误导了苏联当时对美国航空与航天技术及能力与意图的判断，并营造出一种美苏将在太空进行星球决战的气氛，从而诱导苏联积极投身星球大战军备竞赛。

在金融领域里，博弈的对手也有机会利用噪声干扰与欺骗手段达到目的。例如，国际货币基金组织提出的"华盛顿共识"，根本不适用于发展中国家，是导致 1997 年亚洲金融风暴的祸根。如果国际金融博弈中的某些对手国家依旧在媒体上公开向情报目标国（发展中国家）的决策层大肆宣扬，极力兜售，则是噪声干扰；但这些对手国家通过内部渠道与情报目标国（发展中国家）的金融专家及政府人员接触，刻意献计献策，或做成一份秘密报告直接呈递给该国决策层,则是欺骗。

3. 隐蔽行动

尽管金融反情报在策略上是防守性的,但这并不妨碍在防守的前提下进攻,有时也可以主动出击,发现对方的情报搜集计划并将其挫败,而不是等他们的计划已经开始实施了才予以反击。这样就首先需要了解对方急于获得什么样的信息,继而实施干扰对方的情报搜集与分析行动,甚至提供虚假信息,有意误导对方,使对方误判我方的能力、意图和行动。隐蔽行动就属于反情报行动中主动出击较为常用的一种反制手段。

美国政府将隐蔽行动定义为:"政府开展的一项或多项行动,目的是影响外国的政治、经济和军事,但政府不愿公开暴露或公开承认它在其中的作用。隐蔽行动不包括传统的反情报、外交、军事、(或)执法行动。"

但在苏联的情报术语里,隐蔽行动的定义较为宽泛,是指有主动出击意义的"积极措施"。其定义为"利用公开和隐蔽的手段,影响外国的事件、行为和行动"。因此,它并不完全是情报机构的职能,还包括政府、政党在国外开展的其他政治行动。

而英国对隐蔽行动及其行事方法和手段的使用比较谨慎,称之为"特别政治行动"。

概而述之,在西方的情报理论中,所谓隐蔽行动,就是指一国政府或集团在不暴露自己的情况下,影响其他国家或地区事态发展的努力与尝试,是一国政府或组织所施加的秘密影响和操纵国外事态的所有行动的统称。隐蔽行动的要旨就是间接性、非归属性和秘密性,政府或组织在隐蔽行动中的角色既非显而易见,亦未得到公开承认。正因如此,隐蔽行动又被称为"寂静的行动",或者是外交与战争之外的"第三种选择"。隐蔽行动的目的是,"影响外国政府的行为,外国内部的事件和形势。这些行动可能直接针对一个国家的政府、整个社会,也可能针对其特定的阶层"。

隐蔽行动的使用在美国对外打击方面有较长的历史,是美国的独创,一般由中情局组织实施。早在1948年,美国就成立了政策协调办公室(OPC),专门用于实施隐蔽行动。1952年，政策协调办公室与负责情报搜集的特别行动办公室（OSO）合并组成中情局计划分局，其后更名为行动分局，接受美国国务院和美国国防部的政策指导。

隐蔽行动是美国情报机构实施反情报、对外攻击的一种手段。鉴于隐蔽行动涉及的政策范围和政策手段相当庞杂，美国情报界还对隐蔽行动进行了归类，将隐蔽行动划分为四种基本类型，即隐蔽宣传行动、隐蔽政治行动、隐蔽经济行动和准军事行动。

隐蔽经济行动作为隐蔽行动的重要方式，主要目的在于秘密扰乱目标国的经济，进而支持整个隐蔽行动的展开。由于经济混乱往往会导致政治动荡，因此扰乱目标国经济就成为有效展开隐蔽行动的重要手段。

20世纪末，美国的里根政府除了企图通过"星球大战"军备竞赛拖垮苏联经济，还暗地里对苏联进行了隐蔽经济行动。据多年后里根在其回忆录《自传》中坦承，此举就是要"对苏联施加我认为足够的经济压力，以加快共产主义的死亡"。当年这项子虚乌有的"星球大战计划"的隐蔽行动，结果使苏联"损失了150亿～200亿美元"，间接地导致了苏联的解体。

历史上，美国还曾经通过操控国际石油价格打击苏联经济。在20世纪80年代中期，美国的里根政府秘密实施了一个代号为"沙特行动"的计划，即绕过石油输出国组织分配的石油产量限额，在短期内通过美国大量提供的资金与技术援助，促使沙特阿拉伯大幅提升石油产量。沙特的石油日出口量出口从不足200万桶猛增到900万桶，导致国际市场上石油价格暴跌，从而使原油输出大国苏联的外汇收入锐减。据当时中情局的一份秘密研究报告称，国际市场上每桶石油价格下跌1美元，就会导致苏联在每年损失5亿～10亿美元。在隐蔽行动计划实施5个月后，每桶国际石油价格从30美元竟跌至12美元。据此推算，苏联因此减少石油收入的损失为180亿美元。同时，石油价格下跌也使一些亲苏联的中东国家收入锐减，被迫缩减了对苏联的武器购买，因而又连带减少了苏联军火销售的外汇收入。前苏共中央高级财政官员诺维柯夫说："石油价格的下跌是破坏性的，它使预期收入的数百亿美元打了水漂。"

当时，苏联正在实施加速经济发展战略，急需大量资金进口西方技术设备。但这次针对苏联实施的"沙特行动"的结果是，苏联的石油外汇收入锐减，继而给苏联经济带来严重困难，加上当时的"星球大战"军备竞赛，都加速了苏联垮台。

苏联解体后，美国又于1998年对俄罗斯发动了一次打击。亚洲金融危机和国际原油及有色金属的需求降低，两大外因严重地打击了身为资源输出国的俄罗斯的外汇储备。1997年亚洲金融危机爆发前夕，国际石油价格暴跌。原本就脆弱的俄罗斯经济迅速崩溃，陷入一片混乱。1998年俄罗斯石油外汇收入比1997年同期减少了约60亿美元，若再加上其他资源品出口的降价损失，实际外汇收入减少了100亿~120亿美元。俄罗斯当时确认的对外负债总额为1280亿美元，资产总值却仅有277亿美元，而外汇储备也只有130亿美元，为对外负债总值的十分之一，发生了严重的经济硬着陆和债务违约。

四、金融反情报的进攻（二）

在金融情报的理论研究与实践操作中，隐蔽行动具有特定的含义。由于金融博弈对象的不确定性。因此，一国政府在针对本国的金融市场上的隐蔽行动也是多样化的。例如，中央银行通过其有影响力、有约束力的"公开劝导"，发布一些函件、通知和窗口指导来影响市场银根的松紧；央行负责人针对性地评价某个时期的金融运行状况，劝导发展某项金融业务，评估某个金融数据，并通过媒体公开发表言论试图影响市场运行的趋势；中央银行直接采取干预措施，通过在资金市场上对央行票据的"顺回购"或"逆回购"来影响市场银根的松紧；在国家金融市场上通过合法渠道（如主权债务基金）秘密收集筹码，尤其是在股市、汇市上的买进或抛出行动。

因此，金融情报学里的隐蔽行动的可以定义为：一国中央银行或其他金融管理机构，针对市场运行进行宣传劝导或直接干预，继而达到扭转市场运行趋势的目的。隐蔽行动的手段既可以针对本国的金融市场，也可以是它国的金融市场甚至是国际金融市场。这是由金融博弈没有特定对象边界的这一特性决定的。

1. 舆论对金融战略的影响与误导

在西方的情报理论与实践中，情报机构影响敌方的公众舆论与政府观念，是反情报武器的重要组成部分。

在冷战期间，利用报纸、电台等宣传工具，利用国际机构中立的形象对目标国进行宣传渗透，通过引导社会舆论导向，继而影响政府观念，是美苏两个超级大国互相进行情报渗透的惯用手法。

影响外国政府高官的行政思维与传统观念，是西方情报机构的拿手好戏。美国中情局的一位高官对此有精辟的见解。他认为，这是一种更为常见、更具特色的隐蔽行动，即通过影响外国政府的行为，或影响外国的社会、团体或者阶层的价值取向和政治信仰，继而改变其管制行为，左右事件发展，甚至操控局势，以达到拓展己方利益的目的。

据苏联克格勃官员回忆，20世纪70年代中期的欧洲，由于自由思想市场的繁荣，法国是特别适宜从事此类活动的沃土。大多数克格勃的高级特工在法国是以新闻记者的身份或以媒体相关的职业出现。他们在不同的场合一直积极利用法国公众舆论中的共产主义，即戴高乐主义的倾向，挑唆法国与北约的关系，促进民众支持法国与苏联的友好关系。那段时期，法国政府是西方阵营中与东方交往密切的异数，常因此与英美等老牌西方大国闹得不可开交。法国是第一个在"布雷顿森林体系"崩溃前向美国政府叫板的西欧国家。而且，由于苏联特工施加影响及宣传共产主义的特别行动，法国与社会主义中国的关系也得到改善。1970年，戴高乐总统亲自来中国访问，法国成了首个在西欧阵营里与中国建交的国家。

影响敌方的公众舆论，相应的做法是出资在目标国建立电台，还有出版物。"这些电台是打着私有组织旗号建立的，为了形成这层掩护，它们甚至呼吁公众资助。事实上，这些电台是由中情局经营的。"中情局曾经将电台与美国政府的关系隐藏起来，在其他国家进行宣传广播。另外，他们还有一种做法，即将故事刊载在独立媒体上，安排与政府或情报机构无明显关联的作者和出版社创作并出版书籍。这样全方位的宣传可以达到意想不到的效果。

中国金融改革中遇到的问题，找不到现成的答案，要么摸着石头过河，要么从西方的经济发展历程中借鉴经验教训。无论是自己探索还是向西方取经，都是一个不断试错并纠错的过程。而此时，金融博弈对手的情报机构或利益代言人就会通过各种途径，不断对中国的金融改革政策施加影响，试图左右公众舆论与中国政府金融决策者的观念。现阶段，每年都有大批各国政要、经济学家、金融专家或外资金融机构的大牌首席分析师，在我国各级政府、行业或各类团体举办学术活动，在精英论坛中发表观点，在各大媒体的专访中高谈阔论，提出或加速，或延缓，或立即实施，或完全中止某项金融改革的建议；甚至直接参与设计我国金融监管框架，描绘我国金融改革的宏图伟略。他们提出的一些具有建设性的"良策"，由于需要时间与实践的检验，无法在短期内被判定是"好办法"还是"馊主意"。自从 2010 年我国央行启动人民币跨境贸易结算的战略部署以来，海外媒体上时常有大牌专家高调宣称，"世界将迎来人民币的时代""人民币将在世界金融舞台上赶英超美"……这样的提法如同几十年前"大跃进"时代"中国将在 GDP 上赶英超美"的口号一样会引起轰动，至于其是否在执行图谋不轨的隐蔽行动，则不得而知了。

2. 献计献策的"造纸厂"

"造纸厂"是西方情报理论中的一个专业名词。它指的是"秘密线人"制造了大量的虚假、毫无价值的"情报"，如同工厂里生产纸张的生产线一样，源源不断地涌现出来，并通过专门渠道交给情报官，用以骗取情报机构的酬金。

20 世纪 50 年代初，西方情报机构迫切需要了解冷战对峙下的"华沙条约"国家的社会、经济、国防等全方位的情况。当时，有很多东欧人穿过柏林墙逃往西方，他们身无分文，也没有谋生技能，但是，他们在社会主义体制里的生活经历却引起了西方情报部门的浓厚兴趣。西方情报机构经常找他们谈话，了解他们在祖国生活的各种细节，甚至要求他们发挥丰富的想象力，制作一些所谓的内部报告和消息，并以好吃好喝加以款待。

这些东欧人从此事中得到启发，认为这是一门可以发财的生意。于是他们中的一些人，主动向西方情报官声称自己的某位亲戚或密友在东欧某国的国防部或其他政府机构中担任要职，只要肯花大价钱，就能够搞到机密文件，包括军队驻防状况，机场、港口、仓库、基地的设计图纸，甚至能弄到一些东欧国家国防部的文件。这些"秘密线人"还根据"情报"的密级与重要等级，开出从数万美元到数十万美元不等的价格。

"秘密线人"与西方情报机构合作了很长一段时间，直到数年后才真相大白。原来，那些构思巧妙、看似合情合理的情报都是他们伪造的。虽然仿真度极高，但实际上形同废纸，"秘密线人"与西方情报合作的模式因此被形象地称为"造纸厂"。

今天，这种"造纸厂"似的牟利手段是否已经转变为另一种形式，从西方流向东方了呢？可以看到的是，中国各国政府及金融机构每年花大价钱，从西方聘请许多经济金融专家为特聘顾问、论坛嘉宾，他们都是声称对中国经济发展拥有真知灼见，可以为中国改革开药方的专家学者。他们走马灯般出席各监管机构主办的各类经济讲坛、论坛、研讨会或博览会，他们的到来成了国内会议主办方吸引参会者的噱头与招牌。

关注中国经济、金融改革的外国专家很多，但在他们身后，或许代表着某些隐蔽的机构和组织。他们中的很大一部分人享受中国政府或企业给予的优厚待遇，频繁来华出席会议、举办讲座。美国前总统克林顿也数次飞越大洋，来中国参加项目剪彩，手握金剪刀，挥挥手，笑纳数十万美元，得意而去。

据了解，改革开放以来，海外专家的中国淘金之旅成了一道风景。例如，有位西方的"诺贝尔经济学奖"得主在不到10年间来华70多次，以出席会议的方式游遍中国，不仅费用全免，而且有丰厚的出场费。他还担任中国40多所高校的兼职教授，国内主流媒体称赞他"对中国经济问题有着深刻独到的见解"。

更有甚者，2015年，有一位自称"罗斯柴尔德"的英国老男人数次来华，在中国一些见多识广的高校、智库享受了专家级礼遇。

据《环球时报》2016年3月25日报道：

一个身材微胖、满口伦敦腔、年过六旬的英国老男人，竟山寨了欧洲乃至世界久负盛名的金融家族——罗斯柴尔德家族第九代继承人，于2013年、2014年、2015年多次到访中国，被冠以"国际金融投资家、企业战略家、国际慈善家，曾任联合国儿童基金会、英国红十字会等10多家公益基金会和慈善组织机构负责人"。而被骗的则是中国顶尖的大学、智库与科研机构。

"山寨罗"在中国招摇撞骗的行径，除了令人愤慨也值得反思；"山寨罗"固然可恨，但我们轻易盲从的"缺心眼"更为可怕。

此外，某些在华常驻、深耕中国市场的外籍经济学家更是全方位出击，又是天价出场费演讲，又是频频出书，以指导中国金融改革的意见领袖面目四处招摇，赚得盆满钵满。这里面的故事实在是耐人寻味与深思。

《华盛顿观察者报》于2014年7月30日公布了一份调查报告：经过调查发现，美国前总统克林顿在其妻子希拉里执掌美国外交政策期间发表了215次演讲，共赚得4800万美元。调查显示，这份巨款的相当一部分来自中国各级政府与商业机构的贡献。

经济研究不像物理、化学那样有精确的定论，没有固定的发展模式与结论。同样，金融发展与金融改革充满诸多变数，况且各国的情况又不尽相同。这些洋专家的演讲到底能给中国金融改革带来什么珍贵的建议与后果，大多数是无从考证的。但是，他们对名利双收的事情又何乐而不为？到中国走一趟，既推广了西方的经济思想、价值理念，又收获了物质享受和国宾级的招待，就像周瑜打黄盖，一个愿打一个愿挨。有些时候，社会经济事态演变，在开头并不能看到结尾。这些西方经济学家来中国，到底是仁心仁术的良医，还是盛名之下的庸医；是经济杀手设下的圈套，还是"造纸厂"炮制的假情报，又或者是金融博弈对手居心叵测的"隐蔽行动"。这一切都有待时间的验证。

正是因为现代经济学是建立在人类行为的基础之上，所以，它永远也无法做到像其他自然科学那样严密，那样经得起演算与验证。这也是经济学与其他学科的最大区别。因而，对决策层的献计献策不仅关乎专业能力，更重要的是忠诚。

3. "华盛顿共识"诱发的金融危机

近代国际金融理论体系中，有一个著名的理论框架叫"华盛顿共识"（Washington Consensus），是指位于华盛顿的三大机构——国际货币基金组织、世界银行和美国政府，根据 20 世纪 80 年代拉美国家减少政府干预、促进贸易和金融自由化的经验提出并形成的一系列政策主张。而这些政策主张的主要推销对象是广大的发展中国家。

"华盛顿共识"的产生，是由于 1989 年陷于债务危机的拉美国家急需进行国内经济改革。美国国际经济研究所邀请国际货币基金组织、世界银行、美洲开发银行和美国财政部的研究人员，以及拉美国家代表在华盛顿召开了一个研讨会，旨在为拉美国家经济改革提供方案和对策。在会议上，经济学家约翰·威廉姆森系统地提出指导拉美经济改革的各项主张，包括实行紧缩政策防止通货膨胀、削减公共福利开支、金融和贸易自由化、统一汇率、取消对外资自由流动的各种障碍，以及国有企业私有化、取消政府对企业的管制等，这些金融改革建议得到世界银行的大力支持。由于国际机构的总部和美国财政部都在华盛顿，加之会议在华盛顿召开，因此这一共识被称作"华盛顿共识"。这些思想秉承了亚当·斯密自由竞争的经济思想，与西方自由主义传统一脉相承。于是，人们又将这些观点称为"新自由主义的政策宣言"。

"华盛顿共识"是基于这样的假设：完全相信市场理性，认为市场会自动调整达到均衡，认为所有国家都存在一个有效市场。"华盛顿共识"的政策主张，由国际货币基金组织、世界银行等国际组织在发展中国家推动，声称在国家宏观治理中只要掌握了几个最主要的经济指标，例如通货膨胀率、货币增长率、利率、财政赤字和贸易赤字，便能做出一系列的政策建议。

于是，"华盛顿共识"变成了一个万能的药方，国际货币基金组织的经济学家甚至将其浓缩为一个简单的模型：假设每个面对危机的经济体有两个逆差——贸易赤字与财政赤字，打破困局的改革药方就是货币贬值、提高利率、加税、减少财务开支，以及最大限度私有化。

将发达国家的经验套到发展中国家身上，如此千篇一律的金融自由化的药方,其治疗后果却让人大吃一惊。事实证明,"华盛顿共识"是引发20世纪90年代初拉美危机和1997年亚洲金融危机等的罪魁祸首,因为南美、东亚部分国家和地区在危机爆发前都依此药方调控本国的经济发展。

把发达国家经验生搬到发展中国家,其实是用另外一种方式,为发达国家打开了发展中国家的市场。2008年金融危机之后,世界各国得到最清楚的一个教训是:对资本市场完全开放,并不见得完全合理,所以还是要修正或舍弃"华盛顿共识"。

五、影响金融决策的间谍

1. 一种特殊的间谍

有一种间谍不是以窃取对方的机密情报为主,而是以其本身的思想与行为影响对方政府的决策,误导对方战略战术的部署,使其目标或规划步入歧途、国力遭受损失。

中情局的国际问题专家认为:"通常,在一个大型官僚政府中更常见的情形是,这种间谍能说服其同僚采取某种政策,从而使另一国政府从中获益。显然,他不能公开鼓吹对外国(而且可能还是不太友好的外国)有利的政策。但他必须试图影响其同僚对政治局势的看法,从而自然而然地引导他们采取有利于自己所代表国政府的立场。"

在国际间谍战中,隐蔽行动的实施是多种多样的,要影响外国政府的行为,最简单、最直接的手段莫过于使用"影响间谍"(Agent of Influence)。这种间谍的任务,是直接影响敌国政府决策而不是搜集情报。他们通常具有高智商、受过良好教育,为信念而战,不窃取机密,不领取报酬,不传递情报,难以寻找到其为某个组织服务的证据。这些间谍可能是目标国的政府官员,或以专家、学者的身份活跃于目标国智囊团的显要人物。他们可以方便地接触政府决策圈里的高层官员,甚至以其所展现的丰富知识引导目标国领袖的思维及媒体的动向。如果这些间谍是目标国的政府高官,那他们就可以更为方便地采取行动,使其所代表的国家获益。由于身居高位,他们能轻而易举地游说目标国政府决策层，或利用其本身的权限左右行政部门的高级官员制定有利于其代表国的政策。这些政策措施表面上冠冕堂皇，但实施起来却非常糟糕，总是神不知鬼不觉地让对手在博弈中获利。

最著名的影响间谍是，20世纪60年代在叙利亚国内左右逢源、操弄政府决策的以色列间谍伊利·科恩。

据资料记载，科恩早在侨居阿根廷时就结识了叙利亚驻阿根廷使馆武官阿明·哈菲兹。阿明后来出任叙利亚总统，科恩也就打着总统密友的旗号来到叙利亚定居，并作为总统的私人朋友和高参，顺利进入叙利亚当局的核心圈。科恩向叙利亚高层推销了很多表面上有利于叙利亚，实际上对以色列有利的治国策略。当时，很多人都认为他即将进入内阁，甚至有人断言他会成为国防部长。

然而，一个偶然的机会，科恩的间谍身份暴露，这段近乎天衣无缝的影响间谍生活戛然而止。

伟大的影响间谍不在于其卓有成效地获取了目标国多少重要的机密情报，而在于他们身体力行地参与了目标国某些重大经济政策的制定与实施，并从中埋下了日后使该国政府遭受重大损失的定时炸弹。可以毫不夸张地说，他们的工作甚至会轻易改变历史发展的轨迹。

在金融领域里，同样存在影响间谍。影响金融决策的间谍，就是指那些身居目标国金融决策层，通过利用自己的权力和地位，巧妙地实施某些有利于其代表国经济发展的政策与策略，误导目标国的经济和金融发展，并造成巨大损失的金融谍报人员。

2．冀朝鼎的故事

冀朝鼎出生于中国山西，1924年从清华大学毕业后赴美留学，先后在芝加哥大学、哥伦比亚大学等名校就读，并获法学博士和经济学博士。1927年，冀朝鼎在布鲁塞尔参加世界反帝大同盟成立大会并加入共产党，成为第一批加入中共的留美学生。后来，他曾到莫斯科中山大学学习，并为参加共产国际会议的中共代表邓中夏等做秘书和翻译。

1929年，经周恩来批准，冀朝鼎回到了美国。此后，冀朝鼎结识了美国财政部货币研究室的柯弗兰，并发展他加入了美国共产党。柯弗兰又将冀朝鼎介绍给美国财政部的经济学家，其中包括罗斯福的助手居里和美国财政部长摩根索的助手白劳德。"这些对美国财政政策拥有发言权的学者们很快发现，年轻的冀朝鼎对中国形势的分析判断总是十分可靠，于是将其意见作为自己对华政策的依据。"这是《瞭望东方周刊》文章的原话。这份由新华社主办的刊物发布的信息有一定的权威性，点出了冀朝鼎在影响美国对华政策方面的重大作用，也对其在美的学习与工作情况进行了简略描述。

笔者在本书写作的过程中，意外地发现了一张记录冀朝鼎1940年从美国回到国内的珍贵历史照片。

据相关资料介绍，冀朝鼎回国后，上海商业储蓄银行行长陈光甫先生带他一起出入陪都重庆的各政府机构与社交场合，使他认识了当时的国民政府的财政部长孔祥熙。冀朝鼎凭借流利的英语、哥伦比亚大学经济学博士背景和美国财政部的人脉关系，获得了孔祥熙的赏识。况且，他与孔部长都有留美求学经历，他们还是山西老乡，彼此的父辈也是世交。于是，孔祥熙带着这位年轻有为的归国留学生去见蒋介石。显然，冀朝鼎能够在1941年中美英平准基金会成立后出任秘书长，便是获得了蒋介石的首肯。据相关文献透露，蒋介石很在意这个中美英平准基金会委员与秘书长的人选，曾与宋子文反复通电商榷。

巧合的是，冀朝鼎熟识的美国共产党同志、美国财政部的官员艾得勒也被派往中国出任美国财政部的驻华代表，于是他们的友谊又延续到抗战时期的中国。更重要的是，冀朝鼎在重庆还与出任八路军重庆办事处负责人的周恩来建立了联络关系并获得他的直接领导。

冀朝鼎在当时的抗战陪都如鱼得水，左右逢源，秘密接受延安的指示，游走于国民政府高层与美国驻华使节之间，开始了他中共第一经济特工的潜伏工作。他于1941年4月出任中美英平准基金会秘书长；1942年，又出任国民政府外汇管理委员会主任（相当于今天的外汇管理局局长）；1944年跟随行政院副院长、财政部长兼中央银行总裁的孔祥熙等人出席了在美国新罕布什州的布雷顿森林举行的联合国货币金融会议；其后更是参与了国民政府多项经济、金融相关政策的制定，而在以金圆券强制收兑法币的币制改革中，他又利用与美国财政部友人的关系，巧妙地阻止了美国及国际货币基金组织的对华援助。

国民党元老陈立夫在以《成败之鉴》为题的回忆录中，专辟一节写到了冀朝鼎。陈立夫说："孔（祥熙）、宋（子文）两人都因冀（朝鼎）很能干（而重用他），结果冀为共产党在我方财政金融方针任设计工作，他专门替孔、宋出坏主意，都是有损害国家和损害政府信用的坏主意。"并举"黄金储蓄券六折还本"与"美金储蓄券到期赖账"两例，指其均为冀朝鼎所为，"以上两项金融缺失，再加上法币与伪币不合理的悬殊兑换比率，无异使富者变穷，贫者愈加穷困了。这都是冀朝鼎替宋出的坏主意"；"大陆沦陷后，冀朝鼎被毛任为财政部重要职位，可以为证"。

有多位台湾学者指出，"金圆券是大陆沉沦主因"。

或许国民政府的决策者不懂经济，不了解金融的运行管理规则。货币超发理论说的是：货币在交换中不过是一个象征符号，因而货币的物质实体不必具有固有的价值，货币的物质实体与货币的价值没有任何必然联系；亦即是说，纸币和金铸币一样发挥作用，而无须花费稀缺的社会资源（如开矿、提炼和铸造）去铸造硬币，因而（政府）超发货币是很自然的事。而国民政府对金圆券的发行大大超越了当初设定的20亿元的限额，至1949年5月达67万亿元之多。

显然，金圆券的发行掉入了一个"货币超发陷阱"，但金圆券作为一种公开宣布与美元、黄金挂钩的货币，要维护币值稳定和公众对它的信心，进行币制改革，必须要得到美国政府以及国际货币基金组织的支持与援助。

金圆券超发的严重后果是："每日上海黄浦滩中央、中国、交通三银行门前，自清晨至傍晚，鹄立群众拥挤不堪，现象十分恶劣，终于发生挤毙人命。"更要命的是，作为当时这场事关国民政府命运与前途的金圆券币制改革，由于冀朝鼎从中作梗，国民政府没有获得作为老朋友的美国财政部在维持货币稳定、汇率控制方面的承诺与支持。同时，在美国人的操纵下，以维护各成员国的汇率稳定和提供紧急援助为己任的国际货币基金组织也拒绝了国民政府提出的借款要求，以至于法币汇率一泻千里，金融改革一败涂地。冀朝鼎在影响美国对华财政政策方面的重要作用就在于此。

1963年8月13日冀朝鼎病逝,追悼会在北京首都剧场举行。周恩来获悉冀朝鼎病逝的消息时正在外地视察,他立即中断行程、返回北京布置追悼会事宜,并当即给国务院办公厅发报,指示:

a. 冀朝鼎同志治丧委员会的名单中要加上我和邓颖超的名字;
b. 何时举行追悼会,我参加;
c. 追悼会不能在一般地方举行,要改在首都剧场。

在周恩来的安排下,冀朝鼎的公祭规模非凡,1000多名中外人士参加,由周恩来、董必武、陈毅、李先念、康生、郭沫若、陈叔通、傅作义、叶季壮、南汉宸、廖承志、刘宁一、张奚若、楚图南、柯弗兰、爱德乐共15人担任主祭。邓颖超、伍修权等一干人等担任陪祭,周总理更是特意在悼词中增入一句:"尤其在秘密工作时期中,他能立污泥而不染。"

这是一个规格很高的追悼会。据一份回忆录披露,当时在商议为冀朝鼎的丧礼举行的工作会议上,针对在场的将军、部长等多人对这位职务为"中国国际贸易促进委员会副主席"、行政级别仅为"副部级干部"的追悼会规格是否过高而产生疑问时,周总理站起来以不容置疑的口气大声说:"他的贡献比在座不少人都大!"周恩来这句话指的是,冀朝鼎在1949年以前,通过自己独特的、与美国政府高级官员的关系,做了大量工作,继而影响了美国政府的对华政策。而国民党政府在大陆失败的一个重要原因,就是在解放战争的后期,美国的杜鲁门政府放弃了对蒋介石政府的援助,直接导致了1948年国民政府币制改革的失败和美国对华军援的终止。

3. 间谍怀特的故事

世界上最著名的影响间谍,是为苏联情报机构服务的美国财政部助理部长哈里·德克斯特·怀特(Harry Dexter White)。他以其卓有成效的工作影响了美国政府的决策,从而改写了历史进程。

第九章 | 金融反情报

情报研究著作《无声的战争》(Silent Warfare)披露了这段被历史尘封的秘密:"20世纪30年代及40年代,苏联情报机构控制了许多为美国政府工作的间谍,其中最重要的是在财政部工作的哈里·德克斯特·怀特。怀特最后荣升财政部助理部长,成为财政部的二把手,充当了影响间谍的角色。"

怀特利用美国财政部部长助理的身份,几乎左右了美国财政部从金融到财政政策的制定与实施,很多政策措施都暗地里照顾苏联利益,为苏联赢得卫国战争铺平了道路。

二战爆发后,由于苏联难以顾及东西线同时作战,苏联高层认为,造成美日关系的紧张就可以保证苏联在远东地区免受日本攻击,从而把日本的进攻矛头引入南亚,解除苏军对德作战的后顾之忧。为此,"怀特接受了苏联的指令,在'珍珠港事件'前的一段时间里,建议对日本实行强硬政策"。

于是,本属于二战中立国的美国政府要求日军撤出印度支那。美国财政部还下令冻结日本在美国的1.3亿美元资产。1940年8月1日,美国宣布对日实行全面禁运政策。美国及其西方盟国对日本的全面禁运政策使日本经济遭受重大打击,因为日本使用的汽油全靠进口,而维持日本侵略战争所用的战略物资大部分都来源于中东、南亚一带。禁运的结果导致日本当时的战略物资库存只能维持一年半的全面战争消耗,甚至日本本土的车船由于汽油紧张而采取限额供应。这直接导致日美谈判的破裂,最终促使日本偷袭了珍珠港。这让斯大林长长地舒了一口气,东线的日军威胁解除了,他可以全力以赴调动军力应对德国200个师在西线的进攻了。

"在1945年2月雅尔塔会议的准备期间,怀特建议向莫斯科提供35年期的大额低息贷款,并将拟议中200亿美元德国赔款的一半给莫斯科。此外,怀特力促彻底解除德国的化学、电力和冶金工业能力——这一立场与苏联完全一致。"书中披露,怀特代表苏联利益提出的很多方案和采取的行动,都受到了美国政府内部工作人员的抵制与反对。最终,美国既没有向苏联提供巨额贷款,也没有瓦解德国的工业能力,但罗斯福(总统)最后还是采纳了怀特的某些建议,同意了苏联提出的战争赔款要求。

显然,由于怀特的暗中配合,促使美国政府在谈判中让步,苏联在战后从德、意等国获得了大量战争赔偿款，这都是以美元计价及偿付的。其中，包括德国76.5亿美元、意大利1亿美元、奥地利1.5亿美元、匈牙利2亿美元、芬兰3亿美元、罗马尼亚3亿美元，合计81亿美元。以当时牌价35美元兑1盎司黄金计，相当于获得了231428571.43盎司黄金。

怀特为苏联勤奋工作，取得的效果还不止这些。更令人诧异的是，据当年的新闻报道，1941—1945年担任美国副总统的亨利·华莱士宣称，"如果他继任总统，将会提名怀特担任财政部长"。

苏联间谍怀特在国际金融领域里的影响力，甚至盖过了大名鼎鼎的西方经济学家凯恩斯。几乎所有的金融教科书都这样描述：在1944年7月召开的布雷顿森林会议上，44个战时盟国的730名代表，共同探讨如何重组战后世界金融秩序。当时，有两套著名的对决方案。其一是凯恩斯代表英国政府提出的"凯恩斯方案"，主张采用透支原则，建立一个世界性中央银行，发行以一定量黄金计算的货币"班柯"（Bancor）作为国际清算单位。各国货币的汇率以班柯标价，通过班柯存款账户的转账来清算各国官方的债权和债务。这种国际货币安排将两国之间的国际支付扩大为国际多边清算。而且，在清算以后，一国的借贷余额在超过份额的一定比例时，无论是顺差国还是逆差国都要对国际收支的不平衡状态进行调节。

另一套方案则是怀特提出的，主张采取存款原则，建立国际货币稳定基金，基金总额至少为50亿美元，由各会员国用黄金、本国货币和政府债券缴纳，认购份额取决于各国的外汇与黄金储备、国民收入与国际收支差额的变化等因素，并根据各国缴纳的份额决定各国在基金组织中的投票权。联合国的所有成员国都可以参加，但要保证取消对外汇交易的管制（经基金组织的批准者除外），并制定固定汇率，仅在必须纠正国际收支基本不平衡时，经基金组织同意，方能调整汇率。基金组织由执行董事会管理，发行一种名为"尤尼它"（Unita）的国际货币作为计量单位。尤尼它可以兑换为黄金，也可以在会员国之间相互转移。同时，各国也要规定各自货币与尤尼它的法定平价。各国的货币平价一经确定，非经基金组织的同意不得任意变动。在这种国际货币本位的条件下，基金组织的主要任务就是维持国际货币秩序，特别是汇率的稳定，并通过提供短期信贷的方式，帮助会员国解决国际收支的不平衡问题。具体地说，会员国为了应付临时性的国际收支不平衡，可以用本国货币向基金组织申请购买它所需要的外币，但数额最多不能超过它向基金组织缴纳的份额。

最终，怀特的设想得以推行。《布雷顿森林协定》生效，建立了美元与黄金挂钩、成员国货币和美元挂钩的汇率制度。

由于怀特的主张占了上风，国际货币基金组织成了一个以美元为基础的国际货币供应机构（准中央银行）。虽然布雷顿森林体系存在致命的缺陷，但它所倡导的美元金本位制对苏联是非常有利的，因为苏联是产金大国。在获悉"怀特计划"被布雷顿森林国际会议通过后，斯大林极为高兴，下令多家监狱金矿抓紧进行开采。苏联的黄金产量很快跃居世界前列，斯大林甚至构思向世界发布卢布的法定含金量，推出社会主义阵营的"金卢布"，在国际上与资本主义的"美金"一较高低。

然而，怀特的一系列诡异举动早已引起怀疑，美国反情报机构秘密启动了"维诺那计划"，揪出了藏匿于美国政府高层中的苏联间谍团伙，由此牵出冷战初期的苏联间谍案，怀特名列其中。

在"维诺那计划"实施的头几年中，美国反情报机构在搜集苏联情报信息方面成效显著。由于它实行了最严格的保密措施，连总统都无从知晓。"维诺那计划"破译的机密信息显示，美国和其他西方国家最早被苏联间谍组织作为重点渗透的时间在1942年。这其中被发展为间谍的人员有著名的原子弹专家罗森堡夫妇、国务院的高官阿尔杰·希斯、位居美国财政部第二把交椅的哈里·德克斯特·怀特、罗斯福总统的个人助理劳克林·柯里、美国战略情报局的部门领导莫里斯·哈尔珀林。

无论是被捕特工的指证证言，还是美国中情局高官的回忆录，都确凿无疑地揭示了怀特的真实身份。和所有伟大间谍在身份暴露后都选择悄然消失不同，怀特在开庭审判他的前三天就因"心脏病突发"而"病逝"。

美国图书馆保存了FBI解密的怀特档案，详细记录了当时的办案过程及所有文档资料,以确凿的证据揭示了他到底是"美国英雄"还是"苏联英雄"。

如今，美国财政部的官方网站上依旧挂有那段时间的财政部长摩根索的照片，但在他的简介中却小心翼翼地避开了其在任上重建战后金融体系的辉煌岁月，对他的得意助手怀特更是只字未提。

相较于许多为生活所迫，不惜出卖灵魂的低层次的间谍，怀特从未被美国联邦调查局发现其接受过苏联政府的酬金，这也是诸多学者要为怀特开脱罪名的主要理由。

4. 他们改写了历史

影响间谍一般不领取报酬，很少甚至不与组织联系，他们对时局的影响往往要十年、数十年以后才能实现。

1971年，尼克松发表电视讲话，宣布美元与黄金脱钩，他感叹道："美国再也不能自戴枷锁参与世界竞争了！"显然，这个枷锁就是指怀特设计的美元双挂钩策略。

影响金融决策的间谍得以大显身手的前提条件在于，经济学的不确定性及金融博弈的多样性与特殊性。身居高位的影响间谍向决策层提出很多建议，看似缜密周全，既有国际惯例，又有理论依据，还具有可操作性，实际上却隐藏着陷阱。

由于影响间谍身居政府高位、衣食无忧，他们的工作目的不是为了金钱，而是为了信仰或某种深入骨髓的理念；他们的行动目标不是搜集情报与传递秘密，这几乎不可能被反间谍机构看出破绽，即便是他们向敌方输送利益也可以归因于工作失误或考虑不周，一切都无懈可击。因此，他们的身份或许永远是一个历史谜团。

间谍的功绩，恰如林肯所说："很少被人们提起，也不会被人们长期记忆。"

怀特设计的布雷顿森林体系，是从美元等同于黄金的构思设置的。其后28年的布雷顿森林体系的运作，达到了美国建立美元霸权的目标，运作头两年便使美国国库的黄金增加了近50亿美元（约405吨黄金），这也初步验证了怀特设想的合理性。然而，二战后各国都需要恢复经济，迫切需要美元。此时，美国通过国际收支逆差所输出的美元数量有限，世界面临"美元荒"的局面。但随着美国国际收支的持续逆差，各国手中持有的美元数量激增。

"美元荒"演变为"美元灾",人们对美元的信心日益丧失。当人们对美元与黄金之间的可兑换性产生怀疑时,就会抛售美元、抢购美国的黄金和经济处于上升阶段的国家的硬通货。这便爆发了美元危机。布雷顿森林体系的瓦解过程就是美元危机不断爆发、拯救、再爆发直至崩溃的过程。以黄金储备按每盎司等于35美元计算,在布雷顿森林体系建立时的1945年,美国的黄金储备为201亿美元(合1628.25吨黄金),到1949年美国的黄金储备达到巅峰为246亿美元的黄金(合1992.79吨黄金)。但在尼克松总统宣布黄金与美元脱钩,即布雷顿森林体系崩溃前夕的1972年,美国的黄金储备仅仅剩下96.6亿美元。与最高峰的246亿美元比较,美国一共损失了150亿美元的黄金(合1215吨黄金)。

可以这么说,怀特的整个阳谋已经得逞,如果可以用数字计量的话,他以一人之力令美国损失的1215吨黄金,用今天的金价折算,相当于损失了642.6亿美元。

但是,在美国政治、军事、经济实力达到巅峰的年代,美国人在布雷顿森林会议上说一不二,刚从二战硝烟中脱身的各国金融首脑也只能俯首称臣、唯命是从。假如美国提出的国际货币新秩序不是"各国货币与美元挂钩、美元与黄金挂钩"的硬约束,而是稍微更改一下,变成"各国货币与美元挂钩、美元与美国的国民生产总值的总量挂钩"——这是可以讲得通的,因为担当国际货币的货币,其本身就是该国经济实力的象征。一国的货币与该国的国民生产总值挂钩,这也是一个可以讲得通的理论,因为货币的真实价值就是它的购买力,某个国际货币的背后就是一国的政治、经济、军事等各方面的硬实力和软实力的象征,即纸币的发行是以国家信用为基础的。假如当年美元的货币锚如此设计,则其世界金融霸主地位依旧坚如磐石。

其实,早在19世纪末至20世纪初的欧洲,有些国家的中央银行已经尝试实施了一种摆脱黄金或白银库存量束缚的货币发行体制,其中央银行发行的法定货币是一种以国家信用为抵押的、可以无限量发行的货币。

现在的港币与美元挂钩,实质就是香港的货币与美元的购买力、与美国的经济实力挂钩。只要怀特当年的那个方案稍加改动,又或者美国政府采纳凯恩斯提出的那个淡化了黄金作用的方案，或许就不会发生1971年那场令美国颜面扫地的布雷顿森林体系崩溃事件。

从长远发展来看，怀特很清楚：世界上黄金的产量是有限的，美国黄金的库存量是赶不上美元作为世界货币对经济发展的需求的。他埋下的这颗定时炸弹终于在他去世25年后（1971年）引爆了。

通常，影响间谍身居高位，能够影响甚至左右金融政策、法律法规的制定与实施，他能够有效延缓或阻挠一些有利于目标国经济发展的政策措施的制定与实施，使该国的金融市场体系发展严重滞后，甚至恶化；造成对实体经济融资的打击与摧残，影响目标国实力的提升与国民生活的改善，甚至倒退，最终使对手赢得博弈的胜利。由于经济金融市场的不确定性给了影响间谍较大的操作空间，他们甚至可以堂而皇之地提出一些不成熟的或明显给予对方较大利益的方案。

怀特当年操刀制定的国际货币体系改革的方案，明显有利于苏联。因为苏联在当时是世界上最大的黄金生产国，同时在战后获得了德国、意大利、奥地利等轴心国总共220亿美元的战争赔款（这已经多于美国当时的黄金储备210亿美元）。甚至怀特制定的政策在某些方面与苏联方案"十分巧合"，使自己成了苏联在美国政府内部遥相呼应的代言人。

金融政策制定者做出某些不符合国家利益，甚至有损国家利益的决策，是受其知识与水平所限，造成了无心之失？还是因为个人利益，刻意为之？甚或是在敌方的授意下的组织行为？这其中是否有影响间谍参与宏观的决策，或者是直接影响了决策？这一切就成为反情报机构应研究的重要问题。

启动任职评估与责任追究，是对付影响间谍的最好手段。也许，我们永远找不到这些影响间谍作案的证据，但国家机构可以全面核查其是否存在渎职失职。在当今现代文明社会中，身居高位的政策制定者如果决策失误，不仅会给本国的金融体系造成重大损失，让大量的财富外流，还会使国家经济遭受重创，人民的福祉受到伤害。对这些高层决策者以渎职罪追究刑事责任或许是一种可以考虑的方式。

案例分析

"千人计划"与金融人才引进

2008年10月23日，中共中央办公厅发出"《中央人才工作协调小组关于实施海外高层次人才引进计划的意见》的通知"，其基本规划为：要围绕中央层面的海外高层次人才引进计划（以下简称"千人计划"），要围绕国家发展战略目标，重点引进一批能够突破关键技术、发展高新产业、带动新兴学科的战略科学家和科技领军人才。从2008年开始，用5~10年时间，在国家重点创新项目、重点学科、重点实验室、中央企业、国有商业金融机构、以高新技术产业开发区为主的各类园区等，引进并有重点地支持一批海外高层次人才回国创新创业。

（一）

"千人计划"出台的背景是，改革开放以来，我国出国留学人员不断增多（至2016年已达121万余人）。据有关方面统计，我国在主要发达国家有20多万留学人员学成后留在海外工作。其中，45岁以下、具有助理教授或相当职务以上的约6.7万人；就职于国际知名企业、高水平大学和科研机构，具有副教授或相当职务以上的高层次人才约1.5万人。这些留学人员虽然长期在海外工作、生活，但"其中许多人始终心系祖国，有回国工作和为国服务的愿望"。

颇为引人注目的是，"千人计划"首次提出了要引进海外金融人才进入国有商业金融机构出任高级管理职位。其后，中央组织部发布的《引进海外高层次人才暂行办法》（中组发〔2008〕28号），把该项人才引进工作进一步细化，提出"在中央人才工作协调小组指导下，成立海外高层次人才引进工作小组（以下简称'工作小组'），负责海外高层次人才引进计划的组织领导和统筹协调。工作小组由中央组织部、人力资源和社会保障部会同教育部、科技部、人民银行、国务院国资委、中国科学院和中央统战部、外交部、国家发改委、工业和信息化部、公安部、财政部、中国工程院、自然科学基金委、外专局、共青团中央、中国科协等单位分管领导及相关司局负责同志组成"，并明确分工,由国资委、人民银行牵头,由中央企业和国有商业金融机构负责人才引进工作;制定《中央企业和国有商业金融机构引进人才工作细则》和《海外高层次创业人才引进工作细则》,同时对各领域海外高层次人才引进工作做出具体规定,"一般应在海外取得博士学位,原则上不超过55岁,引进后每年在国内工作一般不少于6个月,并符合下列条件之一:在国外著名高校、科研院所担任相当于教授职务的专家学者;在国际知名企业和金融机构担任高级职务的专业技术人才和经营管理人才"。"一行三会"将按照"千人计划"的部署,围绕中央企业和国有商业金融机构的需要,从2008年开始,用5~10年,引进500名左右海外高层次科技创新人才和金融人才。

在引进人才的相关工作细则里,对这些金融人才回国的工作安排与生活待遇,还明确了可以在"中央企业、国有商业金融机构担任领导职务或专业技术职务";甚至提出,对"外籍引进人才及其随迁外籍配偶和未成年子女,可办理《外国人永久居留证》,或2~5年有效期的多次往返签证;具有中国国籍的引进人才,可不受出国前户籍所在地的限制,选择在国内任一城市落户",等等。

国家竞争归根结底是人才的竞争。20世纪末,美国政府意识到要培养创新人才、抢占人才高地是保持美国在世界处于领导地位的战略部署,因此制定了著名的STEM教育战略规划。所谓的STEM是指科学(Science)、技术(Technology)、工程(Engineering)和数学(Mathematics)的缩写。

STEM教育战略是美国为满足经济社会发展需要,强化在科学、技术、工程和数学领域的全球领先水平而制定的人才培养战略。其代表性的报告为1986年由美国国家科学委员会发布的《本科的科学、数学和工程教育》,将STEM学科的发展上升到国家战略。美国国会也制定了《美国竞争力计划:在创新中领导世界》,将STEM计划全面推开并延续至21世纪。2007年8月,美国国会又通过《国家竞争力法案》,强调创新需要加大研发资金的投入和对STEM计划的切实执行,并从2008—2010年为国家实施STEM计划加大投资,总额达433亿美元。至2013年5月,美国国家科学技术委员会的STEM教育委员会又向美国国会提交了《联邦科学、技术、工程和数学(STEM)教育战略五年计划》,稳步推进这个吸引人才的战略规划。

美国政府认为，人才战略成功的关键在于本土人才的培养，因此不断加大本国教育投资，加强师资队伍的建设，提高人才培养的效率。美国联邦政府的具体规划是建立两大协调机制，一是在STEM优先投资领域指定牵头机构与合作机构，建立跨机构的协调一致的投资组合，放大教育投资资产和技术的功效；二是建立STEM教育的考核评估体系，并向社会公开评估结果，接受纳税人的监督，促进政府提高STEM战略教育的投资效率。

除了加强国内自身人才的培养外，美国政府还在世界各国的海外留学生中挑选STEM的精英，广纳人才，为他们到美国工作提供各种优惠条件和便利措施。例如，针对各国在美留学生实习的OPT计划，就把学习社会科学与自然科学专业的学生分别对待。在美国就读社会科学系列专业的本科学生，毕业后虽然可以在美国以实习生的身份找工作，但时间限制在半年，最长一年；而学习自然科学STEM专业的海外本科毕业生却可以有长达两年半的时间在美国实习，这将使他们有充裕的时间在美国找工作，接受各大科研机构、500强企业的挑选。因此，就各国赴美留学的学生而言，相较于STEM专业的本科毕业生，学习经济、会计、金融、管理等其他专业的本科留学生在美国是很难找到工作的。

同时，美国为了吸引海外人才，对开辟国际留学生申请绿卡的通道也是区别对待的。国际留学生一般是先找到一个雇主（企业），然后申请H1B工作签证，但近10年来，申请H1B签证的留学生大大多于美国劳工部设定的劳工配额，于是美国劳工部对申请工作签证的国际学生采取抽签的办法来决定H1B工作签证的发放。然而，在美国就读STEM专业的硕士、博士的国际学生则不需要参与H1B工作签证的抽签，他们只要获得雇主的聘用，就可以直接申请获得H1B的工作签证。拿到H1B工作签证后，接着在3年左右就可以申请绿卡。

（二）

对比中美两国的人才培养战略，可以发现其中一个重要区别是，美国既加强本土人才的培养，也注重科学技术人才即自然科学人才（STEM人才）的引进；而中国的"千人计划"既包含有自然科学人才的引进，又牵扯海外社会科学人才（金融人才）的聘用。

  金融专业属于社会科学的范畴，把一批思想、理念、人生观、价值观不同的"海外高级金融专业人才"引进到国家金融管理机构或国有商业金融机构的重要岗位，让他们参与制定金融改革政策，谋划国家金融业的发展蓝图，甚至直接参与我国在国际市场上的金融博弈，这是要冒一定程度的"信用风险"的。因为在如此重要的岗位上聘请外人，涉及对国家的忠诚问题，对社会制度的认同问题。美国中情局的一名高官曾提及这个问题，他明确指出："毫无疑问，如果一个人被证明和国外势力保持着联系，或者意识形态和美国有别，那么这个人就不适合到安全机构或其他政府部门任职。（对政府雇员来说）忠诚问题是第一位的……这类人不甚可靠，或者说具有一定的安全风险。"

  所谓知人才能善任。近年来，中央已经意识到在国家重要岗位上，某些工作人员在这类事关立场、态度、人生价值观问题上心猿意马的严重性，授权中央组织部于2014年发布了《配偶已移居国（境）外的国家工作人员任职岗位管理办法》（中组发〔2014〕6号），提出配偶已移居国（境）外的或没有配偶但子女均已移居国（境）外的国家工作人员不得担任"国有独资和国有控股企业（含国有独资和国有控股金融企业）正职领导人员、事业单位主要负责人岗位，及其掌握重大商业机密或其他重大机密的领导班子成员和中层领导人员岗位"，以及"掌握国家安全事项，发展和改革、财政、金融监管等重大经济或科技安全事项等方面的工作岗位"。

  显然，这是对此前中央组织部制订"千人计划"中提及大力引进金融人才的一个纠偏，因为这类海归人员有相当部分涉及"裸官"问题。

  由此可见，金融人才的引进必须格外慎重。事关国家金融安全，即使求才若渴，条件也不容放松。

第十章
香港的金融情报

香港是中华人民共和国的特别行政区，1997年脱离英国的殖民统治回归祖国。在"一国两制"的法律框架下，香港与中国内地在金融体系与市场运作方面有重大区别，表现为金融法律法规制度的不同、货币发行制度的不同、金融监管框架的不同、金融市场运作机制的不同。而香港的经济运行、金融发展又与中国内地有着千丝万缕的联系。此外，与国际接轨的香港经济、金融的发展对中国内地的改革开放有一定的借鉴作用。因此，重点研究香港的金融状况，通过香港的金融市场了解世界的金融发展现状与趋势，搜集与掌握更多的国际金融情报，对国民经济健康发展，维护国家金融安全与稳定，有着特殊的意义，故本章在此做一个初浅的探讨。

一、香港的特殊性

香港是全球著名的国际金融中心，香港的市场环境高度国际化，信息渠道畅通，对外资讯交流频繁，国际商业网络健全，辐射力强。同时，香港也是全球自由度最高的经济体之一，对外汇、利率等管制很少，也没有贸易壁垒。在资本流动方面，香港作为国际金融中心，汇集全球的资金，资本进出自由，企业、机构融资方式多、成本低；在税制方面，税率低、税制简单，对海外企业在香港获得的利息、股息、资本收益都不征收税款；在融资效率和金融法制方面，香港特区政府的金融监管机构廉洁高效，监管制度透明公开，拥有健全公平的金融监管体系。

香港是中国的一部分，但在金融体系上相对于内地比较独立，不能把它划为内部管制辖地，进行执法监督，而是在人流、物流、资金流等方面画一条线，在行政管理时把它称为"境外"。

在香港，我们能够触摸世界经济脉搏的跳动，感受国际金融市场上各种各样复杂局面的冲击，但在国际金融的博弈方面，香港又是防止金融风险蔓延与传播的一道屏障。就此而论，来自香港的金融情报对中国的金融改革方向、发展规划、战略部署、重大决策都有重要的参考价值。

1. 香港是世界情报之都

香港既是全球著名的国际金融中心，也是国际著名的情报中心，还堪称国际金融情报中心。

近百年来，除了享有"东方之珠"的美誉之外，香港还有"间谍乐园"之称。它作为东西方经济、政治、文化交流的枢纽，除了明面上每天都在进行的政治、商业、文化等领域的活动之外，各国驻港机构、情报人员也在寻找目标、暗中较量。与其他地方相比，香港有着独特的开展情报工作的优良环境。首先，香港并无与间谍罪相关的法律。即便是在1997年以前港英时期，英国驻港的情报机构"政治部"在抓获他国间谍之后，也找不到相应的法律条文定罪，只能采取驱逐出境的方式处理。也就是说，在一个间谍并未涉及在香港犯下的其他刑事犯罪的情况下，最多只能将其驱逐出境，而不能采取任何有效措施将其控制起来。

更为独特的是，由于香港与内地的法律不同，香港承认双重国籍。例如，当一名外国人在港居住满了7年，成为一个名正言顺的外国籍香港公民后，即使他在香港被发现进行间谍活动，如果他不愿被驱离，可以向香港法院提起诉讼，就会令香港当局陷入一场旷日持久的官司中。因为政府无权将一个并未犯罪的香港永久居民驱逐出境，否则就等于剥夺了他的香港居住权利。实际上，这也是香港多年来一直是间谍乐园的根本原因——你在世界上很难找到另外一个如此便利而又没有禁止间谍活动的地方。由于英国在香港经营多年，所以香港有大量拥有永久居住权利的外籍人士。如果这些人在香港从事间谍活动，却又没有触犯香港法律,那么香港政府几乎对其毫无办法。

假如某个间谍在他国从事间谍活动,身份暴露后逃往香港,即便香港与他国签订有刑事犯罪递解约定,但香港政府还是无权将他交出去,因为递解的对象必须犯下在香港本土也视为犯罪的行为。而问题在于,从事间谍活动在香港并不是犯罪。例如,美国中情局前雇员斯诺登窃取了大量的美国机密情报,2013年5月事情败露后其首选的逃亡地就是香港。他在香港的五星级酒店住了一个多月,后通过国际人权组织的协助,慢慢寻找最终的目标停留国。在此期间,香港对于美国要求拘捕斯诺登并将其引渡回美受审的要求置若罔闻,以无法律依据为由拒绝了。

2. 香港是世界金融中心

香港一直是外资进入中国的主要门户。中国内地2016年共吸引外资1240亿美元,而根据历年数据,这其中有将近一半的资金来自香港。根据香港律师协会的统计,得益于香港健全的法律,香港是超过3700家海外公司的大中华地区总部所在地。据估计,大约60%的对华投资都直接或间接通过香港。

香港的门户角色也反映在其金融行业的规模上。香港银行业资产相当于其GDP产值的8倍。2016年,香港银行业总价值9万亿港币的外币贷款中有40%都流向中国内地,而这一数字在10年前仅为5%。根据国际支付体系Swift的统计,72%人民币离岸支付都发生在香港。香港是中国内地企业IPO的目标发行地之一,由于过去10年中国内地企业大量在这座城市融资,香港的融资总额排名世界第二。

香港也是全球五大贸易港之一,其年吞吐量相当于美国最大的港口洛杉矶的3倍。大多数货物都是经香港转运到中国内地的原材料,以及从中国内地运出的完成品。

3. 香港金融与中国内地高度关联

香港与中国内地的金融关联性通常表现在如下两方面:其一,香港的金融机构与中国内地的金融机构在设置上有结构性的关联,几乎所有的香港本土银行都在中国内地设置分支机构,其中还有一些银行与中国内地的银行交叉持股;其二,香港和中国内地有资金融通上的关联,中国内地的金融机构有大量的外汇资金存放在香港的金融机构账户上,而香港的银行又有三分之一的信贷资金投向内地或借给内地企业。

历史上,香港的金融发展起伏不定,都是因为政治等非经济的因素所致,都曾造成香港金融业剧烈动荡。香港回归以后,香港金融业与内地的这种联系,已经变成一种同舟共济的密切关系了。

1978年以前,香港是中国内地与西方世界接触的端口,中国内地通过设在香港的机构采购一些国内紧缺物资,了解西方世界的发展变化,获得许多重要的情报信息;改革开放后,香港是中国内地引进西方资金与先进技术的窗口;2010年以来,中国实施人民币国际化的金融战略,香港又是海外最大的人民币离岸金融中心。人民币能否走出国门,走向世界,香港成了中国金融与西方金融体系短兵相接之地。香港又是我国资本市场筹集国际资金的重要场所,是中国的金融系统向外扩张的前沿阵地,是中国的银行业融入国际金融市场的第一道坎。1997年亚洲金融风暴发生时,香港政府为捍卫联系汇率制,曾经与外国基金大鳄在此决战。中国央行的两位副行长受命携巨资南下,坐镇香港中银集团的外汇交易室,协助香港金融管理局共同击败了国际投机资本的冲击。早在1997年,中国外汇管理局就在香港成立了一家子公司——中国华安投资有限公司,注册资本1亿港元,是一家运用国家外汇储备进行海外分散投资,以图获取较高回报的投资公司。据测算,至2016年年底,华安公司在香港管理的资产价值大约为8500亿美元。

2013年以来,中国政府推动"一带一路"的资本输出战略,香港又是一个推动"一带一路"倡议的重要资金、物质的中转站。

二、香港的金融情报搜集

香港地区金融情报搜集的目标范围很广泛。例如,目前对中国而言,既有人民币国际化战略的实施问题,也有"一带一路"建设的开展障碍性因素研究，以及各种国际金融资本对香港市场冲击的评估和预判。

世界各大新闻机构云集香港，各种传媒的信息搜集渠道在香港也相当丰富，许多影响中国内地却未经证实的消息，有的是在香港首先传播开来，然后再引入内地，最后才得以证实。例如，2008年我国要实施"四万亿"投资的财政政策扩张的消息，就首先在香港的报纸传出，然后再通过媒体传入中国内地。

1. 香港的金融情报人员

世界各国驻香港的情报机构中，有很多金融情报人员。由于背景不同，他们对金融情报的取舍也不尽相同。

在海外的金融情报机构看来，香港是眺望中国内地的窗口，是进入中国内地的桥梁。中国内地的出版物，各种报纸、杂志、书籍大都可以在香港买到；各种穿梭往返两地的人流相当密集，各种南来北往的信息也在这里交汇。

世界各国在香港的官方、非官方机构很多，各驻港领事馆林立。例如，英国驻香港的领事馆，不仅级别高，而且在人员配备与馆舍的规模上，超过了英国在世界上大部分地区的使领馆。其他国家，如美国、俄罗斯、德国、日本在港的领馆规模也不小，而且一般都是人员多、面积大、部门齐全。这些领馆中的政治经济领事就是专注于搜集和研究经济、金融情报的高手。

此外，还有许多在香港金融业工作的外籍职业经理人，这其中有一些是对香港经济、金融的观察、分析具有独特见解的情报胚子，他们是中外情报机构都想争取利用的外围线人。

世界各大金融机构的亚洲总部与研究总部大多设于香港，这些外派机构每年都向本国发回大量的中国经济分析报告。

据媒体披露，各大外资金融机构都比较喜欢招募中国内地高级官员的子女。其一，是为了开展对华工作的便利；其二，是希望通过他们获取更多的国家政府的内部信息。

不仅如此，中国内地对香港金融情报也有需求，下文所说的金融情报人员，也是针对中国内地对香港金融情报搜集而言的。

中国内地在香港的机构五花八门，官方的、半官方的、国企的、民企的都有，但能够从金融专业的角度去搜集、分析香港的金融发展现状和概况，能够形成有分量的情况报告并提供给高层做金融决策参考的并不多。

中国银行（香港）集团是较为专业的金融机构，它的研究部门实力雄厚，定期出版一些反映香港市场动向信息的内部刊物，并经常承担对香港的金融形势分析、调查研究报告的撰写。据观察，一些在这方面颇有建树的研究人员还上调北京，他们经过香港金融工作的历练，成了国家金融决策机构的专家。

其他各个系统驻香港的官方机构，诸如新华社香港分社的经济部，中央政府驻香港特派员公署的经济部，外交部驻香港特派专员公署的经济部，其工作人员都负有信息调研的任务，每年向中央高层提供不少香港经济研究方面的情况报告。

此外，中国人民银行、中国银行业监督管理委员会也定期派人到香港金融管理局去培训、代职锻炼，他们中的许多人都是一些业务精湛、思维敏锐、观察力强的业务骨干。

2. 香港的金融情报搜集手段

香港的金融情报搜集手段以公开搜集为主，这是由金融情报的特点决定的，还因为香港的传媒高度发达，全球的财经信息、香港本土的金融市场发展概况等各类信息都能在这里得到快速的汇集和传播。香港的经济新闻记者非常敬业，能写出许多有深度的财经新闻，这些报道可较为全面、快速地反映香港经济、金融的实际发展状况。因此，充分利用传媒渠道，搜集公开的情报信息进行分析对比和研判，是香港金融情报搜集手段的最大特点。

还有一种可以利用的公开搜集情报的手段，就是获取世界排名靠前的各大投资银行、证券公司、信誉评价机构、世界四大会计师事务所等金融服务机构发布的消息。它们每年、每季甚至每月都会定期推出一些金融市场分析报告，以及研究人员对香港金融市场现状与趋势进行评估预测的报告。这些专业性的报告是值得研究和借鉴的。当然，这些报告是按客户的重要程度进行分类投放的，如果要获取这些报告，必须成为他们的客户或与相关机构有密切的接触交往。

如果真的有一些体制内的或与体制有关联的外线人员在香港的金融业工作，那么利用在工作中接触到的实际情况，则是一种较为理想的、较为真实与客观的金融情报搜集方式。因为这类业务人员可以接触到机构内部的许多商业机密、经营策略、发展计划，真实地感受到金融市场的资金流向、汇率变化、信贷投放、资产分布、负债来源等珍贵的金融市场脉搏跳动的信息，只要他们能结合大环境，了解高层的情报需求，充分挖掘，合理分析，就会搜集到很多有价值的香港金融一线的情报。

香港高层次金融管理人员都有各种自发的俱乐部活动，银行家们定期聚餐交流信息，或者召开一些专题研讨会。这种公开场合的交谈，也是了解金融情报信息的一个手段。

最后要说的是，关注细节、深入民众，了解普罗大众的所思所想，也是金融情报搜集的重要特点。因为金融业是大众参与的一种博弈活动，每个个体成员、机构之间都有不同程度的从众心理，或称之为羊群效应。众多个体的想法一旦汇合、达成共识、成为趋势，则可对金融市场造成非常大的冲击。例如，某上市公司的不良信息传播引起其股票被抛售，某家商业银行资金紧张的传闻引发其被挤兑，而一些似是而非的信息也会对市场造成影响。

3. 香港的金融情报评估

由于香港的特殊地位，评估香港的金融情报，既要有国际视野，了解国际金融最新的发展状况与趋势，又要有国内的金融工作经验与政策法规的知识，把中国内地与香港，以及境内外的各种因素综合起来进行分析。举例来说，2013年夏，中国的金融监管机构在中国金融体系开展清理"影子银行"的行动，中国银监会要求各商业在境外银行挂账的"同业代付"业务的余额要在年底结清，把表外业务并入表内。于是，年底时各个商业银行将大量的外汇汇往香港。对于市场来说，确实是有大批的资金涌入香港，并由此将联系汇率制的上限推高，香港金管局被动地抛出港币、吸纳美元。然而，香港金管局的这个市场操作行为，被许多不明就里的香港传媒记者，甚至还有相当部分的专业人士误判为是美国的第三轮量化宽松引发的欧美热钱涌入了香港，导致香港金管局被迫接受这些热钱。

国际的热钱在香港进进出出，但不是每一次香港金管局干预的资金对象都来自欧美市场。分析外来资金涌入香港，可以从两方面来看，既有海外来的，也有中国内地南下的，要辩证来看。

又例如，香港要打造人民币的离岸中心，这是国家战略，也是香港的金融发展规划。2015年以来，美联储加息的步伐开启，港币亦将追随美元进入加息通道。而港币的利率上扬，将诱使内地与香港的大量企业提早归还美元和港币借款，并将外币"束之高阁"（存银行），而相对廉价的人民币借款则乘虚而入，这实际上又引发了货币流通中的一种"货币替代"的现象出现。所谓货币替代，简单来说，就是指在开放经济与货币可兑换条件下，本币的货币职能部分（或全部）被外国货币所替代的一种经济现象。例如，2017年年初，香港人民币存款的流动性趋紧，银行间同业拆借利率在2%～4%间浮动，香港人民币存款3个月的利息已经达到了5.2%，一些英资大行也挂出了3个月5%的定存年利率，大幅高于中国内地商业银行的2.25%年利率。这说明香港发生了追逐人民币的现象。假如港币被收藏，人民币充斥市面，市面上人民币作为支付手段的职能逐步代替了港币，那么港币被边缘化的状况就不可避免。而外币取代本币流通，将增加香港对金融市场管理与调控的难度，这是香港打造人民币离岸中心造成的另一个负面结果。

例如，本章的案例分析中，由观察到香港市场上人民币国际化的一些反常现象，而推导出人民币汇率博弈空方的情报信息，就为我国中央银行在香港汇市上的操作提供了重要参考。

三、香港的金融情报要点

1. 对金融体系稳定的观察

关注香港金融体系的稳定，也是观察中国内地金融体系稳定的一个视角。1997年，索罗斯就是看出香港货币体制的破绽而攻击港币的。

维护香港金融体系的稳定，除了履行中央政府对于维持香港高度繁荣稳定的政治承诺，还因为香港金融业与中国内地的关联度极高，金融风险的传染力极强，有唇亡齿寒之忧。

由于联系汇率制度的制约，香港金管局在追求"经济增长、充分就业、物价稳定、国际收支平衡"四大目标方面缺乏了"货币政策的独立性"这一重要手段，因而造成了目前这种资产价格（股市、楼市）与CPI指数受内地影响、货币价格（存、贷款利率）追随美联储变动的尴尬局面。经济学原理告诉我们，一国或地区的货币投放量与该地的GDP增长率必须保持合理的比率，货币投放过多则产生通货膨胀，货币投放不足则引发通货紧缩。

实际上，当非本地居民持有的外来货币流入香港，由于其不受货币发行当局的监控，其产生的购买力将蚕食本地居民的购买力，对当地通货膨胀的压力也是缓慢推高而不易察觉的。例如，香港自由行开放以来，大量的内地游客携带外币在香港购物，推动香港的物价指数一直稳步上升。因为这部分外来货币的购买力不是本港居民的真实购买力，是不进入香港居民的商品需求预算之中的，等于以欠条的形式（负债）将本该属于本地居民的购买力推高了。

随着中国内地外汇管制的解除，人民币资金的大量涌入，或在香港外汇市场巨额交易，引发市场大幅波动，香港金管局将被动把对市场的监管与调控精力更多地放在调节港币的流通与人民币流动性的维护上。

在投放人民币流动性方面，香港金管局与中国央行签有4000亿人民币金额的货币互换协议，若不够时也可向中国央行申请追加，加上近年金管局储存持有的人民币，目前尚不足虑。

在回收人民币流动性方面，香港可以借鉴回收港元流动性的做法。香港金管局2015年连续发行了总值350亿港元的外汇基金票据，以应付2015年银行体系流动资金充裕的局面。故此，笔者预料金管局在回收香港市场的人民币方面也会采取发行人民币债券的做法，但这会冒一定的汇率风险。英国央行英格兰银行曾在2014年10月发行了期限3年的30亿元人民币债券，从其后的人民币兑美元汇率的走势看，其后两年，人民币大约贬值了5%；人民币兑英镑贬值了3%，已经抵消了发行利率3%的成本。因而就目前而言，英格兰银行是赚了一笔。但发行人民币债券是一种主动负债，只有人民币贬值了才能赚钱。

人民币与港币无所谓优劣之分，是一国两制的产物，但依据格列欣的劣币驱逐良币定律，处于升值阶段的货币是良币，而处于贬值通道的则为劣币。故此，香港市场上何种货币被居民当良币收藏（存银行），何种货币（被抛弃）充斥市面流通，是与其价值预期息息相关的。

人民币不是香港的法定货币，从权责方面来说，香港金管局并无责任对其在港流通进行调控；但从道义来说，把过量的人民币推到香港外汇交易市场，将导致人民币兑美元汇率大幅下滑，影响香港政府力推的人民币离岸中心建设计划的实施，同时也会持续消耗中国的国家外汇储备，令人民币国际化的国家战略遭遇重挫。

简言之，随着美联储加息日程的开启，随着人民币加入 SDR 而引发的中国外汇管制的解除，香港金管局将迎来人民币离岸中心管理者的大考：是继续维持港元的联系汇率制度，做美联储在香港的"影子银行"；还是着力进行人民币的流动性调控，做中国央行的香港分行，这实在是一个两难的选择。

关注香港金融业的稳定，首先就是要关注香港货币体制的稳定，关注联系汇率制的稳定。联系汇率制的港币发行结构令香港经济平稳快速地发展了多年，但 1997 年亚洲金融风暴的历史证明，香港联系汇率制也有它脆弱的一面，也有要中央政府施以援手才能渡过难关的时候。近几年来，尽管没有看到什么外部冲击的迹象，香港的金管局依旧不时出手维护联系汇率制，进行干预性的市场操作。对于这些市场干预背后的原因，香港金融监管当局要深入了解，中国内地的金融监管当局也要了解其来龙去脉，做好应急的施救方案。

2. 人民币离岸中心的研究

目前，香港的资金市场由三种主要货币组成：其一是作为联系汇率制下的港币发行的担保货币美元，其二是作为香港政府法定货币的港元，其三则是香港与中国内地经济融合、贸易结算带来的人民币。依据香港金管局的数据划分标准，为便于统计，将香港地区的存款分为三大类：美元、港币、其他外币。但人民币在"其他外币"类中占了大头，据香港金管局 2016 年年底发布的数据显示，全港"存款货币"为 9.92 万亿港元。三者所占的比例分别为"港元"50%（4.78万亿），"美元"30%（折合3.08万亿港元），"其他外币"20%（折合2.05万亿港元）。

由于人民币在中国内地是法币，在香港是"外币"，因此人民币自然归入"其他外币"类。据公开数据显示，2017年年初，香港的人民币存款为6500亿元，按0.9的汇率换成港币，则相当于0.585万亿港元，占"其他外币"类2.0万亿港元中的29%，余下的71%的份额，即相当于1.4万亿港元的"其他外币"里，主要包含英镑、欧元、日元、澳元、韩元等国际货币。

在这三种货币里，美元是发钞储备用的，很少在流通领域出现，市面上用得最多的就是港币与人民币。依据劣币驱逐良币规律，人民币与港币的较量是随着其升值、贬值趋势的变动而不断变换角色的。

麦金农的单一货币理论认为，商品交易市场上总是会选择一种货币作为中心货币。而两种以上的货币充斥市场，势必会引发经济秩序的紊乱与交易成本的上升。显然，这是香港添加人民币离岸中心的功能后，对香港经济运行的负面影响之一。

在中国推动人民币国际化的努力下，国际清算银行（BIS）的全球外汇市场成交量调查报告显示，2013年人民币已成为日均交易额前十名的货币，从2010年4月的第17位跃升至第9位，将瑞典克朗、新西兰元和港币甩在身后。

香港作为全球第五大外汇市场，外汇交易的平均日成交金额约为2900亿美元。外汇交易成交金额增加的部分，主要为外汇掉期交易、即期交易和远期交易三大部分。

美元兑人民币的交易，在香港市场平均每日成交金额总计中所占比重，已由2010年的4.5%升至目前的20%，超越港元兑美元的交易，成为香港市场交投最活跃的货币组合。涉及离岸人民币的外汇交易约占所有人民币交易的63%；港元兑美元的交易降至第二位，所占比重为17.2%；第三位才是美元兑日元的交易，所占比重为16.6%。香港的资金市场已经形成了港元、美元、人民币并驾齐驱、相互角力的局面。

资料显示，每当美国节假日，华尔街的交易休市，人民币兑美元的交易量就会大幅下降。这种美元与人民币交易的增减,并没有与人民币贸易结算量的增加相吻合,这只能说明人民币的交易是美国华尔街的主要投机货币之一,而且是以华尔街的对冲基金为主的投机交易货币。

香港是全球最大的人民币离岸中心,也是最重要的人民币境外汇率的报价市场。关注香港市场人民币汇率的变化,就必须了解系列的香港人民币市场,例如人民币的存款量,人民币存款利率与贷款利率的利差,人民币债券(点心债)的发行量与市场存量,各金融机构的人民币头寸,人民币的同业拆借利率。

如今,人民币汇率的报价,分别有在岸金融市场汇率与离岸金融市场汇率两种。在岸的金融市场以上海外汇交易中心为主,由中国央行参与、国家金融决策机构可以监控报价;离岸的人民币汇率由香港金融市场决定,这个汇率在目前的资本管制下还是间接可控的,将来却不一定可控。在岸的人民币汇率由中国央行发布,而离岸的人民币汇率则由一个完全股份制的民间组织——香港财经公会发布。

在岸与离岸的人民币汇率的差异,实际上是外币与人民币跨境流动的风向标。就境内外的汇率而言,"外高内低"则资金流出,"内高外低"则资金流入。在市场条件下,境内外的人民币汇率指标自动调节境内外市场的资金流向,达到在岸与离岸人民币汇率的大致平衡。例如,2015 年 8 月 11 日,中国央行实施汇率标价改革以来,由于调控手段的不同,以及内地与香港的机构对人民币汇率走向的评估不同,两地外汇市场曾有过数次汇率差异较大的情况。差异的最高点发生在 1 月 16 日,内地市场上 1 美元兑人民币比香港市场 1 美元兑人民币高了 1.6%。于是,逐利资金加速流向境外,寻求在境外市场上进行人民币买美元的操作。据资料披露,当月中国央行为维持汇率稳定而大举抛售美元,致使国家外汇储备减少了 850 亿美元。最后,中国央行承袭了香港金管局在 1997 年亚洲金融危机期间的做法,委托香港的中资金融机构在香港的同业拆借市场上进行抽紧人民币银根的操作,大举抛售美元,回收人民币,瞬间就把人民币的拆借利率给拉抬起来。曾经甚至出现过香港金融同业拆借市场的人民币隔夜拆借利率被拉升至 1650% 的纪录。当年亚洲金融危机期间,香港金融同业拆借市场的港币隔夜拆借利率最高也才280%。由于市场的人民币资金流动性几乎枯竭,断了香港的外资套利机构后援,迫使他们平仓离场,暂时不敢在人民币汇率上与中国央行博弈。被打压的人民币汇率也逐步回升,达到境内外的汇率水平大致平衡。

香港的境外人民币汇率与中国内地的人民币汇率的差异,是相互影响、相互引导资金跨境流入或流出的重要指标。在这种情况下,我们就要将影响汇率变化对博弈双方的多、空力量进行对比,分析现状,预测发展趋势。

由于香港是境外市场,中国央行的宏观货币政策与微观的市场操作很难在此直接进行。目前的情况下,央行是将政策意图传导到香港金管局,由后者出面履行中央银行的职责,维护人民币汇率的稳定。中国央行与香港金管局签有多份合作备忘录,甚至有以维护人民币市场稳定为宗旨的货币互换协定。2015年,这个货币互换额度已经达到4000亿元,香港金管局据此设定每日向9家本地经营人民币的银行,提供上限为100亿人民币的投放额度。

情况总是在不断变化的。香港市场人民币资金的松紧会影响跨境贸易结算的发展,这可能是由于某些对冲基金、外汇交易机构在市场上收集筹码所致。因此,金管局是否应该履行职责,以中央银行的身份向市场提供流动性,或果断配合中国央行抽紧银根,这一切都要以市场信息的搜集、分析来进行研判。

中国央行间接调控香港市场的人民币资金流动性的操作,与1997年香港金管局拉抬港币同业拆借利率有区别。因为港币是香港资本市场的结算货币,是香港的本币,港币利率的拉升会牵连以港币计价交易的香港股市的大幅下挫。而人民币是香港的外来货币,其市场利率、汇率对香港股市的影响是间接的,并不会立即影响香港市场,也不会直接导致香港股市、期货市场的大幅下挫。这不存在投鼠忌器的顾虑,就为中国央行跨境打击香港外汇市场的人民币做空力量提供了一个合理、适宜的条件。

据悉,中国央行如此快捷的行动,与当时的一份经高层做出批示的香港市场金融情报有关。该份金融情报的结论认为:不断加大的境内外人民币汇率差价助长了汇率投机,并侵蚀了国家的外汇储备。

可以预测,今后相当长的一个时间段,中国央行对人民币汇率的关注重点依然在香港。这是因为境内的外汇交易市场的入场机构，甚至交易多方数量的控制、人民币汇率的发布以及一切相关信息的把握都是可控的，而在香港的金融市场则难以做到如此。

汇率的平稳决定了一国经济的正常运行，尤其是在中国内地，汇率与股市联动，与石油、重金属等等都密切挂钩。因此，香港的金融情报信息是人民币国际化战略部署的实施、人民币汇率的监控、我国金融机构能否顺利走出去等一切信息的重大来源地。

中国人民银行在2010年后实施的"跨境贸易结算"，即人民币国际化战略，本质上就是进行货币资本的对外输出。而香港作为全球最大的人民币离岸金融中心，首当其冲地承接了这种货币输出的压力，具体表现为香港的人民币资金存款逐年攀升，促使香港的货币供应量大幅增长。香港人民币存款的增长曲线与香港资金市场的货币供应曲线高度吻合，从中我们甚至可以发现：

2010—2015年间，占港币存款20%左右的人民币资金流入香港，促使香港货币当局被动地投放了等量比例的流通货币。香港的货币基础（投放）由2009年的3000亿港元陡然上升至2015年的14500亿港元，令市场出现货币供给大幅增加的局面。

香港金管局为应对境外资金（含人民币）对联系汇率制的冲击，以及维护香港金融市场的稳定，亦相应地增加了外汇储备的存量。根据弗里德曼的货币数量理论解释，商品交易市场对于货币的需求是相对稳定的，甚至是可以预测的。货币数量的变化必定对商品的价格产生比较大的影响，因而流通货币数量大幅增加将带来商品价格的大幅度上涨，即通货膨胀。因此，一国或一地货币供应的最佳状态，是把货币供应量的增长率确定为预期物价总水平增长率上限与预期GDP的实际年增长率之和，外加上下浮动幅度，由此形成一个"货币供应量走廊"。可以看到，香港的这个"货币供应量走廊"在2009年之前一直是平缓延伸的，但在2010年中国央行推出的人民币跨境贸易结算后呈陡然拉升、严重扭曲之势。这不仅影响了香港的货币政策（即香港金管局追随美联储的货币政策），还令香港的货币投放超出了市场上商品交易的需求。

第十章 香港的金融情报

香港是一个高度开放、资金自由流动的离岸金融市场，香港与中国内地进行的人民币跨境贸易结算，为香港的外币兑换与外汇交易市场增加了新的能量。例如，在2010—2014年间，人民币兑美元处于升值阶段，香港的金融机构推出大量与人民币（升值）挂钩的基金、理财产品、衍生品，中国内地诸多机构在香港发行"点心债""熊猫债"，为香港的人民币资金提供了诸多投资渠道；而香港居民为博取人民币的利差与汇差的短期收益，将大量港币兑换成人民币存入银行，这就造成了港币的流动性充溢市场而拉抬物价。

2015年4—6月，由于中国央行的连续减息，以及人民币贬值预期的出现，大量香港企业与个人将存放在内地与香港银行的人民币存款取出兑换成港币，令港元承受压力，达到联系汇率制7.7500的强方兑换保证水平。金管局被迫连续12次向市场合计注入714.89亿港元，维护联系汇率制。

又如，在2015年的8月11日，中国央行突然调低人民币兑美元的汇率，不仅印证了2014年下半年出现的人民币进一步贬值的市场预期，还造成了在岸与离岸两个汇率的差异，触发套利交易；再加上中外企业提前归还香港银行的外币贷款，对港币需求甚殷，迫使香港金管局在2015年8、9两个月间共5次、合计向市场注入363亿港元。

香港本地的人民币存款在被提前支取时，令银行的人民币头寸趋紧。例如，部分港资银行在2015年8月中旬挂出了高达7.5%提前支取的罚息率应对；而香港财资公会8月25日发布的人民币隔夜同业拆借资金利率高达7.812%、一周为10.095%，令人民币银根趋紧，离岸人民币同业拆借利率再创新高。于是，香港金管局首次启动了与中国央行的货币互换机制，向市场投放人民币，令人民币同业拆借资金利率回归正常，扮演了中国央行在香港作为货币供应者调控市场的角色。

即便是在2016年10月人民币加入SDR后，要想被国际社会认同与接纳，成为国际储备货币，就必须要有一定的升值预期，至少要在相当长的一段时间内保持汇率的稳定。

今后的香港资金市场又将出现什么样的情况呢？中国央行面对的问题是必须使人民币的汇率境内外统一，这如同一个装上水的U型管，只要管道畅通，其两个端口的水面一定是平的；同样，境内、境外两个人民币交易市场处于管的两端，当不平衡状况出现时，必然引发币值高估的一端流向低估的一端，直至两个市场的汇率趋于一致为止。在这里，最重要的是要保持管道的畅通。

确定人民币汇率的统一不仅在于 IMF 对人民币在 SDR 份额中的核算需要，还在于 IMF 有可能采用人民币向会员国发放临时贷款的计价需求。假如两个不同汇率（CNY 市场与 CNH 市场）存在较大差异，则会导致计价的混乱和套利的发生。

例如，IMF 规定会员份额中的 25% 由 SDR 中的储备货币组成，即每个国家在对 IMF 的份额缴款中，可以在 2016 年 10 月后用美元、欧元、日元、英镑、人民币中的任何一种货币缴纳，剩下 75% 才由本国货币组成。因而，人民币必须形成有效的市场汇率。显然，要保持中国内地人民币汇率与香港人民币汇率一致，前提必须是人民币资金能在这两个市场之间自由流动。

3. 外资金融机构的动向

对香港金融市场，我们既要关注市场博弈的对手，还要关注各大金融机构的动向，尤其是具有攻击能力的对冲基金、投资银行的动态。这种动态信息包括外资机构在香港市场资金的增加或减少，管理层人员的调整与变动。国际性金融机构的资产布局都是全球性的，他们在香港市场的资产扩张和收缩，都会对本地金融市场产生影响，造成冲击，如令汇市波动、股市起伏甚至银根松紧。

外资金融机构高层人员的变动，表面上看是一种正常的岗位轮换或者任职调整，但如果了解这些人的业务能力、行事风格、驾驭市场的长处与短板，再结合各方的情况，就可以对这些机构的动向进行大致的综合分析与判断。

在战争中，指挥员的官阶与其在前线的位置是成反比的，即级别越高的指挥官，其所处的位置、所在的军事指挥所就离前线越远。而金融博弈、货币大战的情形则是静水深流，悄无声息。金融市场是由无数个单一个体或团体组成的一个无形市场，其中的博弈更是一种悄无声息的战争。指挥这场金融博弈的幕后决策者可以自由进出其关注的某个城市、某个金融中心，近距离观察、感受与接收方方面面的信息，甚至还可以与对手、与金融界的各式头面人物交流，亲自体会和感受市场脉搏的跳动，亲眼目睹人们对经济起伏、汇率波动的亢奋与狂欢、沮丧与悲哀。决策者还可以亲自判断与把握发起攻击的最佳时机，可以近距离地指挥甚至亲自操刀下单，让数以百亿、千亿的资金在价格的起伏中灰飞烟灭。

典型的例子是，1992年索罗斯的量子基金发动对英镑的攻击前，在一切安排就绪以后，索罗斯本人到英格兰银行大厦对面的酒店租下豪华房间住了1个多月。大隐隐于市，他在直接地感受，近距离地观察，无声地酝酿。直到某一天的早晨，酒店服务员送来《泰晤士时报》，上面刊登了该报记者对德国央行行长的采访。德国央行行长在谈话中透露德国不会对德国马克下挫坐视不理，读到这里，索罗斯欣喜若狂，立刻命令在外汇市场开始大量抛售英镑，买入马克。同样，2002年夏季，索罗斯部署赌日元贬值，也曾经以旅行为由，在东京小住了3个月。

四、香港的反洗钱情报

香港作为独立的自由经济贸易地区，有独立的法律体系，因此在金融市场管理方面追随西方的金融规则。例如，早在2015年，香港银行就遵循美国的《海外账户税收遵循法案》（FATCA）的规则，对一切客户的身份都必须核查是否是美国国籍，并填写相应的国籍声明表格。

虽然香港允许双重国籍的存在，但银行要清楚客户的背景。毕竟在香港，一个人的政治背景、国籍身份往往涉及政治活动，如参选议员、从政，甚至还有外交保护问题等等。但在中国内地，暂时还没有接纳美国的全球查税政策，因为这不仅涉及经济问题，而且事关重大的政治考量。

1. 香港的反洗钱定义

香港银行业反洗钱的工作是非常严格的，这首先体现在开户环节对客户的身份甄别、核查与分类上面。

令人惊讶的是，包括中国在内的各国政界人士，不论是政坛新星，还是为国服务几十年的高官都会被香港的银行列为高风险人士。

在涉及反恐怖主义、邪恶组织的银行业务禁止交易的人员名单与国别上，香港银行业执行的是国际通用规则。

香港《有组织及严重犯罪条例》关于洗钱的定义是："任何旨在掩饰和改变通过非法活动所取得的款项，使人以为有关款项来自合法行动，任何与严重罪案得益有关的交易，均是洗钱活动。"

香港《贩毒（追讨得益）条例》规定："明知或者有合理根据相信某人为贩毒分子或者从贩毒中获得利益，依然参与或者从事替该贩毒分子安排保存得益的活动，或者由此使得贩毒分子能够妥善保管或处置这些得益，或者将这些得益用于投资以获得财产利益的，即为洗钱犯罪。"

而中国内地相关法律对于洗钱定义为："明知是毒品犯罪、黑社会性质的组织犯罪、恐怖活动犯罪、走私犯罪、贪污贿赂犯罪、破坏金融管理秩序犯罪、金融诈骗犯罪的所得及其产生的收益，为掩饰、隐瞒其来源和性质，提供资金账户的；协助将财产转换为现金、金融票据、有价证券的；通过转账或者其他结算方式协助资金转移的；协助将资金汇往境外的；以其他方法掩饰、隐瞒犯罪所得及其收益来源和性质的。"

对比之下，香港的洗钱定义显然过于狭窄，不过其高明之处在于回避了一些较敏感的政治问题，如巧妙绕开了国际情报机构运作的间谍经费、国家政府官员外逃的资金等问题。

2. 香港的反洗钱法规

在反洗钱风险的甄别上，香港采用的是实用主义规则，直接指向问题的关键，把政府公职人员列为高风险的客户。这样的分类是很容易理解的，由于这些政府工作人员掌握控制了国家大量的财力物力，对他们的资金存款严加管理，在操作方法上也是合情合理的。毕竟，多年来，许许多多的腐败案件都指向这些政府官员。典型的例子是澳门政府工务署署长欧文龙贪污受贿案的发现，就得益于香港银行反洗钱情报提供的信息。

较为特殊的是，对这些在香港银行开立账户的政府工作人员的身份鉴别，香港各家商业银行的核查手段是通过路透网的汤姆森数据库（World-Check）来进行的。

汤姆森数据库是世界知名的数据库，收集了全球各国政府、组织、机构发布的制裁名单及金融合规风险情报，收录了全球近245个国家和地区超过60种语言的580多份制裁名单及20多万个资讯来源。收录的资源类型包括国际或国家制裁或禁运名单，法律或监管执法名单，其他政府或金融监管部门发出的名单（包含通缉名单），因触犯或涉嫌触犯在监测范围内的罪行而遭指控、盘问、调查、被捕、起诉的嫌疑人名单，全球恐怖分子名单等。经统计，汤姆森数据库所收录的资源有75%左右无法从官方信息渠道上获得。该数据库还收录全球超过100万条的政治敏感人物的档案信息，包括国家级政府人员、省市级政治人物、政治人物的紧密联系人等。

在汤姆森数据库中，现在收录的中国资料也非常丰富，有超过170000多份中国的档案资料，其中对中国的政治敏感人物（PEP）档案收录也超过了70000份（2016年10月31日数据）。

在认定可疑交易的标准方面，香港银行业也有自己的标准。例如，单笔业务的金额起点是个人5万港元、企业500万港元等。香港金管局在这方面的管理非常严格，经常在内部通报一批可疑的洗钱人士名单，提请辖内机构关注。作为银行一线的业务人员，笔者发现这些可疑名单中，有很大一部分是与中国内地有关的公司或个人，余下的则是香港本地的或者台湾的公司与个人等。典型的案例是2014年3月19日，香港法院公开审理一宗在香港涉嫌洗钱100亿港元的弃保逃逸案。这位来自中国内地的"90后"女士因为涉嫌洗钱，于2013年6月被香港警方扣押。但她因随后交出3000万港元现金而获得保释，条件是不准离开香港，每天必须到警察局报到。然而，1个月后她却消失了。香港法院已经将这3000万港元保释金充公。放弃如此高昂的保释金逃跑，在香港也是破了纪录的。

3. 香港的反洗钱情报共享

香港的商业银行搜集到的可疑交易信息,上报渠道是香港金管局和联合财富情报小组,有部分由他们转交国际组织金融行动特别工作组。

可惜的是,这些情报信息没能与中国内地的警方共享。因为两地的法律不同,对犯罪的定义与关注点也不同,管制的范围与执法的权限也不同,因此"井水不犯河水"。除非追捕跨境大案罪犯时可配合对方(通过国际刑警组织)要求实施联合行动。

── 案例分析 ──────────────

一、人民币汇率遭遇一场特别攻击

2016年,中国央行在境内外的金融市场上进行了异常艰难的人民币汇率维稳操作,国家外汇储备由年初的33304亿美元下降到年末的30105亿美元,全年由外汇交易形成的外汇储备消耗达4487亿美元,还把全年国际收支的贸易顺差4852亿美元给填进去了。结果,全年人民币兑美元汇率依旧下降了6.4%。

2016年另一个值得关注的现象是,人民币流出境外的数量大幅增加。据统计,当年我国跨境人民币结算的净流出为2.6万亿元,其中资本和金融账户合计净流出达1.62万亿元。例如,从4月国内各大银行发布的年报看,我国的工商银行、建设银行和中国银行的境外贷款分别大幅增加了2.3倍、1.8倍和3.7倍,贷款增量分别为2787亿、2125亿和2181亿元人民币,其他股份制银行交行、中信、招行新增境外贷款分别为580亿、300亿和414亿元人民币,增幅亦十分反常。若加上国家开发银行、进出口银行的数据,2016年我国中资银行在境外投放的人民币贷款接近1万亿元。

港澳地区是中资银行境外信贷投放的最主要目标地。例如,2016年中国银行在港澳地区分支机构的总资产增加了2456亿元人民币,而在其他国家、地区的资产却减少了73亿元人民币,以至于港澳地区新增资产占其所有境外新增资产的比例为103%。

（一）

对人民币如此大规模地流入香港，金融监管机构与国内传媒普遍的观点是，境外对人民币贷款的需求剧增是人民币国际化取得重大进展的标志。例如，有数位专家就将中资金融机构的人民币贷款大发展归纳为几个重要的政治经济原因：中资企业"走出去"加速是带动境外贷款激增的最主要原因；国际银行业资产扩张放缓为中资大行国际化提供了机遇；人民币国际化取得重大进展。

但笔者却不敢苟同，认为应该从以下几方面分析。

1. 利用经济学常识，从派生存款为何灭失中寻找原因。

2016年全年，中国各大商业银行的驻港分支机构，向香港地区投放了大量的人民币贷款，却没有产生相应的派生存款，这种有违常理的经济现象，值得探究。

派生存款是货币流通中与生俱来的普遍现象。举例来说，银行发放一笔贷款给A企业，该企业没有立即使用这笔贷款，而是将其暂时放在自己的银行账户上，从而形成了一笔银行存款；或者A企业将该笔资金支付给B企业，那么，在B企业的银行账户上就形成了一笔银行存款；又或者，B企业将该笔资金作为货款支付给C企业，C企业的银行账户上还是会有一笔存款的。无论如何，货币具有交易中介、支付、清算、储藏等功能。因此，银行投放在金融市场中的这笔贷款资金不会自然消失。

无论是A、B或C企业银行账上的这笔资金存款，是可以由银行用来发放贷款的；而新贷款的发放，又制造出新的存款来。如此循环，这种由发放贷款而产生的（派生）存款，在货币市场的流通中是可以数倍于最初的银行贷款的金额膨胀，从而推高了整个银行体系的存款资金总量。

中国银行业监督委员会的网站对"派生存款"的解释虽然有点拗口，却又颇具专业性与权威性：

"派生存款指商业银行通过发放贷款、购买有价证券等方式创造的存款。商业银行吸收到原始存款后，只按规定将一部分现金作为应付提款的准备，其余部分可以用于发放贷款和投资。在广泛使用非现金结算的条件下，取得银行贷款或投资款项的客户并不（或不全部）支取现金，而将其转入自己的银行账户。这就在原始存款的基础上,形成一笔新存款,接受这笔存款的银行除保留一部分作为准备金外,其余部分又用于发放贷款或投资,从而又形成了派生存款。以此类推,便使原始存款得到数倍的扩张。"

简言之,银行发放一笔贷款可以产生数倍于该笔贷款数量的存款。

由于贷款的发放可以带来派生存款,从而扩大整个社会信用工具的功能,中央银行常常采取向商业银行发放贷款来扩大整个社会的信用;反之,通过向商业银行收取存款准备金来调节、回收信用。

各商业银行向中央银行缴存的存款准备金,有两个重要功能,其一是具有保障商业银行备付的功能,在银行的流动性衰绝时,由中央银行向其提供资金支援;其二是遏制派生存款的无限扩张。

计算一笔银行发放贷款产生的派生存款总量,用公式表示为:

派生存款 = 银行初始贷款 × (1/存款准备金率 − 1)。

例如,当前中央银行向商业银行收取存款准备金的比例是20%,那么,商业银行发放一笔1000万的贷款能产生的派生存款量是:1000 × (1/0.2 − 1) = 4000万元。

假如存款准备金的比例提高到40%,则:1000 × (1/0.4 − 1) = 1500万元。

可见,存款准备金率越大,创造的派生存款量就越小。

极端的情况是,存款准备金率为0,则:1000 × (1/0 − 1) = 无限大。

存款准备金率为100%,则:1000 × (1/1 − 1) = 0。

可以得出结论,当银行发放贷款创造的存款不用缴存款准备金(比例为0)时,那么产生的这个派生存款量可以是无限大;而银行发放贷款创造的派生存款,全部都要作为存款准备金上缴给中央银行(比例为100%),那么这个派生存款就消失了。

香港没有中央银行,美元与港币按1:7.8的比率挂钩,商业银行发行的钞票都必须以1:7.8的比例缴存美元给政府作为货币发行的准备金,因此,香港商业银行的本币(港币)存款是不需要缴纳存款准备金的(有别于存款保险金)。同样,香港金融监管机构对流入香港市场中的外来货币一视同仁,那些美元、日元、欧元、人民币等外币存款,也是不需要向政府缴纳存款准备金的。

依据前述的分析,在香港市场投放一笔外币贷款,如人民币贷款,由于没有上缴存款准备金的限制,该笔资金沿着"贷款—派生存款—贷款—派生存款"的循环,其创造出的派生存款可以是无限大的银行存款,关键在于该笔资金的周转频率(次数)是否足够大。例如,将这笔资金用于费用清缴、贸易支付、债务清算、资金转存,甲企业付给乙企业,乙企业付给丙企业,等等。

由于香港没有存款准备金缴存制度,2016年香港的中资金融机构在香港地区投放了如此巨额的人民币贷款,依据前述的派生存款的原理,应该在市场上催生数倍于贷款量的派生存款额才对。

可是据香港金管局发布的数据显示,香港银行体系的人民币存款总量在年初为8520亿元,到年末已经缩小至5467亿元。那么,香港的中资银行在2016年向香港市场投放了大约1万亿元的人民币贷款,但整个香港地区的人民币存款总量不升反降,反映货币流通活跃程度的派生存款增量为零。这其中有什么值得探究的经济学奥秘,有什么值得归纳总结的经济学原理呢?

2. 从决定汇率的三大理论看,彼时香港人民币汇率是由货币借贷论决定的。

货币借贷论认为:当货币以一种商品形式在国际市场上流通,则其价格涨落必然受到供求法则的制约。一国外汇的供应与需求相等,则外汇供求平衡,汇率不变;一国的外汇供给大于需求,则本币升值;一国的外汇需求大于供给,则本币贬值。

2016年年初,香港的离岸人民币市场的存款总额仅为8520亿元,即便是以美元兑人民币按1:7的汇率计算,中国央行仅需动用1200亿美元,就可以轻松将对方的筹码收入囊中,从而掌握汇率变化的主动权。然而,实际状况却是另一番景象。中国央行艰难地在离岸市场维持汇率稳定,不断地通过在港的中资银行抛出巨额美元,但人民币汇率且战且退,全年对美元贬值高达6.4%,外汇储备的消耗高达4487亿美元。而且这是在全年国际收支的贸易顺差为4852亿美元的状况下发生的。

依据简单的货币兑换原理分析,中国央行向市场抛出了美元,交易的对手必须拿出等值的人民币。那么,在离岸市场中聚集的人民币来自如下几方面:

(1) 香港的人民币存款;

(2) 境外机构与个人在中国内地的人民币存款;

(3) 香港企业和个人借入的人民币贷款（包括中资银行发放的人民币贷款与香港的外资银行发放的人民币贷款）;

(4) 境内机构以人民币形式出境的对外投资;

(5) 香港金融管理局依据与中国央行签订的货币互换协议，主动向香港市场提供流动性而投放的人民币;

(6) 地下钱庄、利用境内的借记卡在境外刷卡的提款;

(7) 上海自贸区、深圳前海自贸区的金融机构发放的可以自由汇往香港的人民币贷款;

(8) 经批准的跨国集团资金池中的人民币资金调拨。

根据商务部统计，2016年，中国非金融企业对外直接投资1701亿美元，较2015年增长40%。

进一步调查可以发现，中资银行充当了重要的人民币套利资金输出渠道。而中外资企业在境内外开设关联公司，通过中资银行的境内外担保贷款套利有如下几种类型：

(1) 跨境内保外贷循环贷款

以人民币购入美元或自有美元质押给境内银行→境内银行向境外银行开出保函→境外银行向境外企业发放等额的人民币贷款→境外企业将人民币贷款兑换成美元→将该笔美元汇入境内→再质押给境内银行→境内银行再开出保函给境外银行→再贷款人民币，如此循环往复。据调查发现，有的企业1亿元的人民币本金，居然撬动了50多亿元的境外人民币贷款。

(2) 跨境内保外贷履约贷款

把人民币质押给境内银行→开出保函给境外银行→在境外银行贷款人民币→将该笔人民币兑换成美元→贷款到期不还款→境内银行履约支付人民币给境外银行。

(3) 境外人民币循环贷款

用一笔人民币出境后兑换成美元→质押给境外银行→贷款人民币→将人民

币兑换成美元→再质押给境外银行→再贷款人民币。

上述前两种套利手法的主要特点是境内外企业联动，相互配合；三种情形的共同特点是：资产以美元货币为主，负债以人民币为主。

（二）

依据货币银行专业上的"派生存款"理论，由银行贷款的发放而产生（派生）的存款，这是一种货币流通中的经济现象，也是普遍规律。这种无数个体的贷款投放产生的存款必然会使整个银行体系的存款总量增加。

在2016年全年，香港离岸市场的人民币对美元贬值了6.4%以上，而一种呈明显贬值趋势的货币是不被市场接纳和认可的。

可以这么解释，在金融市场中，由于银行发放贷款而产生（派生）的存款是一种普遍现象。但是，假如银行发放的贷款是一种有贬值趋势的货币，而贷款企业在取得该笔资金的支配权后，为了规避货币贬值的损失，立即将其兑换成另一种新的货币，我们在此将其称为（原币）"派生存款灭失"。

实际上，依据"物质不灭定律"推断，即物质不会无缘无故地产生，也不会凭空消失，只会从一种状态转化成另一种状态。于是，我们又可以这么解释上述经济现象：尽管这种原币种贷款产生的派生存款灭失了，却又必然导致了其他货币存款的产生（增加），即原来的贷款发放所具有的派生存款功能转移到另一种货币上去了。从这个角度来看，这种现象又可以称之为"派生存款转移"。

同样，2016年香港地区银行体系的港币、美元存款快速增长，又进一步印证了派生存款转移的经济学现象。例如，反映货币交易活跃程度的"活期存款"余额大幅上升，香港银行体系的港币活期存款余额由2016年1月的8100亿元增加到了12月底的11000亿元。

回顾2016年全年中资金融机构在香港投放了近万亿元的人民币贷款，但香港的人民币存款余额依旧呈现出负增长的态势，这就较好地印证了这种颇为罕见的（人民币）贷款投放导致（人民币）派生存款灭失的经济现象；也较好地解释了2016年中国央行耗费九牛二虎之力在香港市场维持人民币汇率稳定，但博弈对手的人民币资金却持续涌现、源源不断，以至于离岸人民币汇率呈节节下探的全过程；这还说明，近万亿跨境人民币资金根本就没有在境外银行的账户上停留，更没有发挥货币职能在市面上流通、担当起人民币国际化的重任，而是被贷款企业所抛弃，将它们全部兑换变成美元或港币，成了在离岸市场中与中国央行进行汇率博弈的重要筹码。

不仅如此，各大中资商业银行的2016年年报显示，由于全年其境外贷款的大幅增加以及"外汇交易"（投放央行的外汇）的手续费收入不菲，导致其境外业务盈利呈爆发式增长态势。在香港的人民币离岸金融市场上，它们集"影子央行"与商业机构两种身份于一体，左右逢源、大小通吃。

细究这些跨境人民币资金的流程也十分令人沮丧。可以肯定的是，这些人民币资金来自中国内地，通过中资银行的香港分支机构以境外贷款的方式投放于香港市场，而后又通过香港的外汇市场的交易，由人民币清算银行（中国银行）回流中国内地。同样，那些在汇率上博弈的另一方的港币、美元也源于中国内地的国家外汇储备。彼时，驻港的中资金融机构受中国央行的委托，将这些美元、港币在香港市场投放，以达到回收市场中的人民币流动性、维护离岸市场的人民币汇率稳定的目的。然而，通过这样一个离岸市场的外汇交易后，它们却转到了香港的机构和个人的外汇存款账上，即"境外机构"手中。这样，就解释了国家外汇储备总量下降而香港的美元、港币存款总量上升的主要原因。

（三）

2016年12月，中央经济工作会议明确提出，将保持人民币汇率在合理均衡水平上的基本稳定作为2017年的重点工作。对未来中国经济的发展预测，是"L"走势的平行发展，还是继续向下倾斜？人民币汇率未来走势又将如何？这对维护国家金融安全至关重要。

人民币汇率与国家外汇储备的稳定是相互影响的。假如汇率趋降明显，则市场套利交易活跃，市场主体增持外币资产、加大人民币负债的操作，将进一步推动外汇储备的下降。

而国家外汇储备的下降，又进一步影响到人民币汇率的下滑。

可见，雄厚的外汇储备是人民币汇率稳定的基石，外汇储备不保，则人民币汇率不保。

显然，这是笔者的一份关于2017年年初香港外汇市场中的人民币空方积聚了万亿人民币风险敞口的重要情报（注：该报告在2017年5月上旬上报央行后，又以学术文章的形式发表在5月26日出版的《证券市场周刊》第37期上）。

何为风险敞口？风险敞口（risk exposure）是指在金融交易中，未加有效保护的风险。

比如在这里的实际情况，香港地区企业收入的是美元、港元，但为了套利，借了中资银行的一笔有贬值预期的人民币，并立即将其兑换成美元了。当人民币的汇率继续下跌时，到了还款日，借款企业只需花较少的美元去买等额的人民币，就可以把借款还掉了。但假如人民币没有如愿继续贬值，或者是反而升值，这个企业就有可能要花较多的美元去购买等额的人民币。这样，这家企业在借入人民币贷款进行套利时，就要承受这个人民币兑美元的汇率风险敞口。

这种汇率风险敞口是指，风险的产生源自不确定性，汇率敏感性资产（负债）就是遇到汇率的变动使其到期价值产生不确定性的资产（负债）。由于到期价值的不确定，因而会产生增值或减值的风险，即汇率风险。

中央银行在2017年5月中旬采取了一系列诸如收紧人民币的境外使用、在境外的同业市场上拉升人民币的拆借利率、汇率报价引进逆周期因子等手段与步骤，对空方进行大围剿，于是人民币兑美元的汇率在5月中旬后快速反弹。

此外，商务部对企业境外投资的严格管控，外汇局对境外刷卡提现的联网监督，都扼住了人民币无序流出境外的喉咙，配合了中国央行对境外人民币空方的围剿。

二、人民币与美元再次决战香港的兵棋推演

1997年的亚洲金融风暴期间，美国索罗斯统领的量子基金及其他国际游资大量云集香港，与香港政府决一死战，而以香港险胜告终。背后的关键原因是中央政府大力支持，调动巨量外汇储备南下驰援香港。但是，如果同样的事

情发生在当下,结局又是如何呢?

(一)

国际游资选择香港的联系汇率机制为突破口来攻击香港的经济,首先在外汇市场上用美元兑入大量港币布局,继而在股市、期货市场上同时发起攻击。为何要采取这样的战术?这要从香港联系汇率制下的货币发行基金结构说起。

香港联系汇率制的核心是,政府设定一个港币与美元的固定汇率,即7.85港元兑换1美元。这个固定汇率允许存在0.25左右的浮动区间,美元兑港元的上限是7.78,下限是7.75;当外汇市场的汇率波动,触及7.78的上限时,说明市场存在这么一种放弃港元追逐美元的需求,香港金管局就必须相应地抛出美元,回收港币。

当市场汇率触及7.75的下限时,说明市场的需求或投机者的目标是追逐港币,不要美元。香港金管局就必须向市场投放港币,回收美元。这如同一架天平的两侧,一边是美元,一边是港币,它们在1∶7.78的兑换率下是平衡的,无论是任何一边的货币筹码增加或减少,香港金管局都必须相应地进行反向增加或减少的操作,使之继续保持平衡。

香港自1983年开始采用联系汇率制度,有三家发钞银行,它们每发行7.8港元均需向香港金管局交出1美元作为发钞保证金;同时香港金管局承诺在7.75港元兑1美元的水平,向持牌银行买入美元(强方兑换保证),以及在7.85港元兑1美元的水平向持牌银行出售美元(弱方兑换保证)。就是说,当港元汇率逼近7.75水平,这意味着一旦外汇市场内没有其他的参与者买入美元,香港金管局就必须履行强方兑换保证,以7.75的水平买入美元卖出港元。

为什么金管局能够控制住这个联系汇率形成机制的市场呢?这是因为港币发行的量是由香港金管局掌握的,其用于投放市场的港币数量是以手中持有的美元为依据的。当然,金管局也可以超额(甚至超过手中美元的限量)向市场大量投放港币,但对外总要宣称自己有1∶7.78港币比率的美元拿在手中。

此外,港币发行盯住的锚货币是美联储发行的,在港元与美元匹配中的美元方面,就不是香港金管局能够掌握的,因此流入香港的美元是一个变量,可以很大,也有可能很小。当然,香港市场的美元存款存在的形式,又分为两部分,一部分是香港的政府、机构和个人有支配权的,这部分是香港的资产;另一部分是借来的,或者是国际游资,人家自己进来的,那就称之为香港的负债了。

这种港币与美元的转换以一个固定比例给确定下来,看似天衣无缝,实际上却是暗藏杀机。香港当局投放港币后收上来的美元是货币发行储备基金,目前算作外汇基金的一部分,有几千亿,这个外汇基金的运作是保密的。假如将其全部作为存款放在银行,备付市场兑换的需求,那么它一定很亏,因为美元存款自2008年美联储的降息行动以来,利率一直很低;如果把这部分美元全部投入到高收益的固定投资上也不行,万一市场出现抛售港币追逐美元的时候,金管局手中的这部分固定资产的投资又不能立刻变现,那就会产生支付危机。也就是说,联系汇率制度天平另一侧的美元突然间被人抽走,或者突然间被人大量地摆了上去,而香港金管局没有及时进行相应的操作,天平就会严重倾斜。

正是由于进出香港的美元是一个不确定的变量,不是香港金管局能够把控的,这就给香港金管局要维持固定汇率留下了一个可能遭遇冲击的缺口。例如,忽然有大量的美元充斥香港市场,要求兑换港币,香港金管局必须立刻照单全收这些美元,并投放相应数额的港币;反之,市场的机构持有大量的港币要求兑换美元,香港金管局也同样要满足这种兑换需求。

正确的做法是,在无息的银行存款放一点备付,金融术语叫作头寸;中间收益的国债放一点,股市里放一点;高收益与高风险的直接投资也做一部分。这样才能顾及安全、流动、盈利的资产分布原则。

但市场是瞬息万变的,流入香港的美元是一个难以把握的变量。假如这个变量在某个时段被市场的机构预先兑换了大量的港币拿在手中,然后又在另一个时段忽然集中地大量抛出,向香港金管局索要美元,令香港金管局应付市场兑换美元的头寸枯竭,动用外汇基金中其他高收益的一部分投资又来不及变现。这就是联系汇率制的危机,或者叫流动性危机了。

如果这个港币兑美元的交易得不到满足,市场上的汇率必然冲破7.78的上限,那么,美元与港币的联系汇率机制就崩溃了。联系汇率崩溃的结果是,本币就像脱锚的小船在风浪中漂泊,港币大幅贬值,股市、债市、期货市场跟随大幅下挫，各种以港币表示的动产不动产的价格就要重新估值，整个经济一片混乱，那就是金融危机爆发了。

（二）

当年索罗斯攻击香港的套路，国际炒家对香港的汇市、股市的攻击方法是：先在股市上下单做空，然后在同业市场上借入港元，再到汇市上大量抛出，令香港政府做一个反向动作，被动性地买入港币抛出美元；如果此刻港元抛售量大于香港政府的买入量，就能达到打压港币汇率的目的；炒家们再以压低了的汇率归还借入的港元，赚取差价。而此刻这些机构大量借入港币的行为将促使金管局抽紧银根，继而拉高同业市场的利率，令投机者借入港币的成本大幅暴涨的同时也会令股市大跌，因而炒家们又可以在预先沽空的股指期货上获利。

在香港，港币与美元挂钩，商业银行港币的发行量与其本身上交给香港金管局的美元存储量相对应，当市场上有多于实际需求的港币抛出，香港政府一定要用等量的美元收回来。但是，政府手中那些大量的港币发行储备金——以美元现汇的方式拿在手中是不合适的，必须进行分散投资，投资的兑现有一定的时间与程序，于是便引出了流动性问题。因此，国际炒家攻击的依据是香港政府外汇储备的变现能力是否完善，正是瞄准流动性问题。

就当年中国内地的情况而言，由于实行全面的外汇管制，因此，中央政府并无人民币汇率被国际炒家攻击之忧，大可放心地腾出手来，调动巨量的外汇储备南下驰援香港的货币兑换危机之战。

而索罗斯兵败香港有两大因素，其一是中国政府动用了国家外汇储备对香港进行支持；其二是在此轮东南亚金融风暴中，国际炒家的战线拉得太长，在俄罗斯债务危机发生的时候受到牵连。美国的一家基金公司 LTCM 于 1998 年 8 月，在俄罗斯市场上以 22 亿美元作为抵押，买入了高达 12500 亿美元的衍生工具，其杠杆比例高达 568 倍。当俄罗斯宣布债务违约后，LTCM 公司濒临破产。这一事件在资本市场上引发连锁反应，令量子基金的后院失火。1998 年 9 月，索罗斯统领的基金只好收手，饮恨退出香港市场。

现在来看，当年香港政府击退国际外汇炒家的两大因素已经不存在。首先，人民币国际化的步伐正在加快，尽管中国的外汇储备达到了史无前例的3.8万亿美元，但中国自己的对外负债也在增多，风险敞口也在加大。其次，当年美国基金公司LTCM在俄罗斯市场失手引发的连锁反应，也是不可能再次出现的小概率事件了。

2013年10月，美国的量子基金管理人索罗斯旧地重游来到香港。他在中国的《财经》杂志上发表文章道：中国应该尽快地"解放人民币"，废除资本管制。他认为，日本、美国在经历数次金融危机后变得更加强壮，中国又怕什么呢？他呼吁，"中国目前拥有世界上最大的外汇储备，而且是世界第二大经济体，中国在今天就应该开始人民币自由兑换，并实施利率自由化，不仅如此，还应该同时完全开放所有的金融市场——包括股票市场、债券市场、利率市场等一切市场"。

（三）

对于香港这样的小型经济体，货币M2占GDP的比重高达300%以上，大幅高于量化宽松下的美国、日本、欧洲，过度的货币资金充斥市场，不仅引起了楼市、股市、CPI的上涨，还为经济的剧烈波动埋下伏笔。

同时，作为人民币离岸金融中心的香港，面对的已经不仅仅是美元、英镑、日元这些传统的国际货币的输入或流走的考验，同时也将面对着作为世界第一大货币发行体——中国央行发行的巨量人民币流入香港的考验。

在香港，通常货币的流入（交易）有两种形式，其一是本港居民出于外汇交易套利的考虑，将其本身持有的货币，如港币、美元、日元、英镑等，在某个时间段内兑换成其他货币，当然也可以兑换成人民币。由于这个市场的港币流通量是有一个适宜度的，因此，货币发行当局对市场上本币的流通量——也就是市场对港币的需求量，总是维持在一个合理的范围内，过多就买入、过少就投放（抛出）。

在某个时间段里，香港居民的存款资金为10万亿元港币。假设这个数量是香港本币的需求量，其中还包含有港币、美元、日元等各种本外币存款。而如果这些外币是香港居民通过贸易或非贸易手段赚取的利润，是伴随着GDP的增加而增长的，就不会对香港的货币体系带来冲击。

| 金融情报学 |

一种情形是，当部分居民认为持有人民币可以带来较好的汇兑收益和利息收入时，他们或许会将手中的一部分（假设为1/10）本币或外币转换成为人民币；假设人民币与港币的兑换率是1:1，则香港市场的货币存款表现为等值1万亿港元的人民币存款加9万亿港币的本外币存款。由于其人民币的持有者依旧为本港居民，因此，整个市场的货币总量是不变的，只是各种货币在市场的占有比率发生变化而已。

另一种情形是，当某种货币以非居民持有的外来资本的形式流入香港的货币市场时，在其流入量达到一定程度之后，则会引起市场的剧烈波动。

此时，货币当局必须抛出港币，来应对这个巨量的外来货币对本币兑换的需求。例如，1997年，索罗斯的量子基金携带巨额的美元来香港市场投机炒作，便是将美元兑换港币。因此，为了维护固定汇率，当时香港金管局必须吸纳美元、投放港币。

假设有相当于10万亿港币的人民币流入香港市场，由于这个货币的持有者是非本港居民，此刻香港市场的货币存量为等值10万亿港币的人民币加10万亿港币（即港币表示的等额外币）。而这笔外来的人民币要在香港进行投机或投资，必然有兑换成港币的需求。香港金融市场的货币是自由兑换的，因此，香港金管局必须抛出10万亿的港币来满足市场需求，于是香港市场的港币存量为20万亿元。

但香港金管局投放港币的前提条件是吸纳等额美元（按固定汇率1:7.8），因此必须要引入相当于10万亿港币的美元（作为兑换的中介货币）进入香港。

当然，香港各大商业银行作为人民币与港币的兑换中介，可以立刻向海外市场借入等值10万亿港币的美元来向香港金管局兑换港币，转身再将这些港币兑换给那些外来的人民币持有者，这样才能完成人民币与港币的兑换。这样，香港货币市场资金存量一下就变成了20万亿的港币加上作为港币兑换人民币中介的等值10万亿港币的美元。此刻，这三部分的所有权是这样的：第一个10万亿港币是香港居民持有；第二个等值10万亿港币的人民币是中国内地居民持有；第三个等值10万亿港币的美元在香港金管局的手中。加上原来的10万港币的发行基金，于是，整个香港地区的货币总量等值40万亿港元。

第十章 | 香港的金融情报

当然，也会出现另一种情况：中国内地居民的这笔人民币（相当于10万亿港币）在香港银行兑换成港币后，香港的银行再拿这笔人民币直接向香港的中银集团兑换美元（而不是向海外借入美元），中银香港拿到这笔人民币的同时也必须付出等值的美元。这相当于国家的外汇储备减少了等值10万亿港币的美元。而这一笔美元被香港的商业银行在充当货币兑换中介后获取，也可以在金管局兑换为港币。因此，同样的结果是，香港市场有20万亿港币加上等值20万亿港币的美元。

如果由中国内地南下的这笔巨额人民币，在香港进行的货币兑换过程是有序进行的，也就是说，市场平和地接受了这笔巨额的外来资金。因此，它仅仅造成资金的投放大于市场的需求（过多的货币投放将促使香港的动产与不动产、市场物价有所上升），但并没有对香港的金融市场造成大起大伏的冲击。

然而，假如市场上有强烈的人民币货币贬值因素存在，或某个突发事件导致这种人民币与港币的兑换是突然发生而不为香港货币监管当局所预知，则肯定会引发金融市场的动荡，甚至连股市、期货市场也受到影响。

我们也可以这样合理地假设：当这些进入香港的非居民拿到兑换的10万亿港币后，又想向香港金管局兑换成美元，而金管局手中的（美元）外汇基金是分散投资的，一时拿不出那么多的美元现汇头寸来吸纳这笔巨额的港币，于是也会产生流动性危机，联系汇率制就面临着严峻的考验了。

假如上述等值10万亿港币的人民币涌入香港时，美国的索罗斯及其同党们也携等值10万亿港币的美元（为叙述方便，特意设定这个金额）前来发起攻击行动。那么，香港货币市场的总量为：本港居民的10万亿港元，中国内地居民南下的等值10万亿港元的人民币，商业银行在海外借入的等值10万亿港币的美元（已经作为发钞储备的等值10万亿港币的美元在香港金管局的手中），另外还有美国索罗斯带进来的等值10万亿港币的美元。因此此刻，香港的货币市场总额相当于40万亿港元。

假设此时市场货币总额与前述的40万亿港元并无差异，权当索罗斯携入的等值10万亿港币的美元是作为人民币与港币的兑换中介而进入了香港金管局库房而已（即金管局吸纳索罗斯的等值10万亿港币的美元、向市场抛出10

万亿的港币）。从货币的总量上看是相等的，但重大区别在于，这等值10万亿港币的美元并不是前述的本港商业银行借进来的美元，它的持有者并非香港居民，而是美国人。

由于货币持有者的身份不同，因此其支配货币的权力也是不同的，其调动货币的目的也是不同的。

我们也可以进一步假设：假如1997年索罗斯发动攻击香港之役开打后，又恰逢另一股巨额的自由兑换货币（人民币）流入香港；又或者在将来的某一天，当索罗斯发现已经有等值10万亿港币的人民币进入香港，于是他立即调来等值10万亿港币的美元攻击香港，在股市期货市场上买入抛出，或与这批人民币的持有者一起，以相当于20万亿港币的外币在货币市场上兑换港币。那么，香港政府对这样的局面也是非常难以把控的。

有人会说，上述的假设纯属笔者的杜撰，就算索罗斯及同党们有可能再携等值10万亿港币的美元来攻击香港，但怎么可能有那么多的人民币流向香港呢？

然而，根据中国人民银行公布的数据，中国内地的货币总量M2是150万亿元人民币，其中居民存款是80万亿元，企业存款是70万亿元。我们保守地估计其中的1/15，也就是10万亿元的人民币在中国内地的资本管制取消后，流入香港是有可能的。

（四）

上述假设中，索罗斯量子基金有等值10万亿港币的美元，按1:7.8汇率，相当于1.3万亿的美元，那么国际上的游资，或者说欧美的各类对冲基金手中真的有那么多筹码吗？

据资料显示，世界排名第一的基金为Bridgewater Pure Alpha，该基金成立于1975年，自从成立以来，给投资者赚取了450亿美元，目前管理规模为823亿美元。排名第二的是索罗斯管理的量子基金，成立于1973年，目前以family office形式管理自己的资金，成立以来给投资者带来428亿美元回报，目前管理规模为290亿美元。索罗斯量子基金虽只有290亿美元的规模，但由于其在需要时可通过杠杆融资等手段取得相当于几百亿甚至上千亿资金的投资效应，因而已经成为国际金融市场中一股举足轻重的力量。

另据《巴伦周刊》报道，美国基金数据库公司 eVestment 表示，全美对冲基金业管理的资产总规模早在 2016 年 4 月就创造了一个新的历史高点，随后在 5 月继续突破，并在该行业历史上首次超过了 3 万亿美元。eVestment 预测，对冲基金业的资产规模有望在 2018 年飙升至 5.8 万亿美元，几乎为当前总规模的两倍。

香港金融管理局的资料披露，2016 年 9 月公布的官方外汇储备资产为 3625 亿美元，相当于香港流通货币的 7 倍。换言之，如今外汇基金与港币流通量的比为 1:7，即如今市面上有 1 亿元的流通港币，香港政府后面有等值 7 亿港币的美元在支撑着。看似头寸充足、保付完善、固若金汤，平常市场上的小打小闹已经不需要中央政府的国家外汇储备救援了。

但在可以预见的特殊情况下，将来香港政府与外来货币投机基金的对决，必然将中国央行手中的外汇储备拖入其中参战。此时，市场中的博弈筹码有一个上限，那就是香港政府发行港币的数量，要看中国的国家外汇储备还能拿得出多少来支援香港了。依据上面的推演，香港本地的货币投放与储备是平衡的，多出来的是南下的等值 10 万亿港币的人民币以及海外进入的美元，共 20 万亿港币。因此，中国央行至少必须拿出 20 万亿港币来平抑这个市场，而 2016 年年底我国的国家外汇储备仅仅为 3.01 万亿美元，还不包括应当扣除的负债（外债）。

如果国际炒家的目标是人民币，那么，从逻辑上说，这个双方博弈对决的筹码就是香港市场或者加上海外市场的人民币的存量，再加上以外币表示的中国对外负债的数量。这还没有将国内企业居民手中的人民币存款有可能跟风炒作、抛售人民币的数量计入。

2016 年年底，香港市场的人民币存款已经降到 7000 亿左右。这好办，中国银行动用 1000 亿美元就可以将这些存量货币吸干。

但假如是前述的资本项目开放后，有 10 万亿的人民币进入香港，则中国央行必须拿出 1.42 万亿的美元来应付。

尽管国家的外汇储备有 3.01 万亿美元（2016 年年底数据），但应付兑换的头寸——变现极强的美债的持有也就大约有1.2万亿美元，看似有2000万美元的缺口。

可上述假设还没有将我国的外债、外商投资等对外负债的总量计入。如果在此关键时刻遇上外商撤资，对外偿还债务，这两块加起来即便只有1万亿美元要求兑付，中国的外汇储备的头寸也是不够的，必须抛售海外资产来还债。

上述假设的条件，实际上是人民币与美元在香港市场的对决，甚至可以说是中美的世纪大决战，胜则人民币雄风大振，称霸欧美，荣登世界货币的宝座；败则中国经济遭重创，3.01万亿美元的外汇（储备）要还给别人，还会伴随金融危机的到来。

如果上述的假设与推演成立的话，那么香港作为人民币离岸金融中心的前景是不容乐观的，同时也提醒我们，对香港货币市场变化的战略情报的研究有待深入和提高。

附　录

一、参考文献

[1] 谢尔曼·肯特（Sherman Kent）．战略情报：为美国世界政策服务．金城出版社，2012年1月第1版．

[2] 艾伯拉姆·N. 舒尔斯基（Abram N. Shulsky）、加里·J. 斯密特（Gary J. Schmitt）．无声的战争：认识情报世界．金城出版社，2011年5月第1版．

[3] 艾伦·杜勒斯（Allen W. Dulles）．情报术：间谍大师杜勒斯论情报的搜集处理．金城出版社，2014年1月第1版．

[4] 理查德·内德·勒博（Richard Ned Lebow）．国家为何而战．上海人民出版社，2014年1月出版．

[5] 乔纳森·科申纳（Richard Ned Lebow）．货币与强制：国际货币权力的政治经济学．上海人民出版社，2013年10月第1版．

[6] 弗朗西斯·加文（Francis J. Gavin）．黄金、美元与权力：国际货币关系的政治（1958—1971）．社会科学文献出版社，2011年8月第1版．

[7] 罗伯特·克拉克（Robert M. Clark）．情报分析：以目标为中心的方法．金城出版社，2013年10月第1版．

[8] 闫晋中．军事情报学．时事出版社，2003年8月第2版．

[9] 欧阳卫民．金融情报机构．中国金融出版社，2005年9月第1版．

[10] 刘鹤．两次全球大危机的比较研究．中国经济出版社，2013年2月第1版．

[11] 陈立夫．陈立夫回忆录：成败之鉴．正中书局，1994年6月第1版．

[12] 反洗钱岗位培训标准系列教材编委会．反洗钱操作实务．中国金融出版社，2013年8月第1版．

[13] 中国日报网 http://www.chinanews.com

[14] 新华网 http://news.xinhuanet.com

[15] 新京报 http://news.xinhuanet.com

[16] 21世纪财经网 http://finance.21cn.com

[17] 新浪财经 http://finance.sina.com.cn

[18] 中国新闻网 http://www.chinanews.com

[19] 财经网 http://misc.caijing.com.cn

[20] 财新网 http://finance.caixin.com

[21] 中国科学院管理、决策与信息系统重点实验室网 http://madis.iss.ac.cn

[22] 人民网 http://finance.people.com.cn

[23] 和讯网 http://bank.hexun.com

[24] 参考消息网 http://cankaoxiaoxi.com

[25] 中国政府网 http://www.gov.cn/

[26] 美国国家档案网站 www.nara.gov

[27] 艾格蒙特集团 https://www.egmontgroup.org

[28] 华尔街见闻 http://wallstreetcn.com

[29] 香港金融管理局网 http://www.hkma.gov.hk

二、政策法规

1. 政务信息工作暂行办法（国办发〔1995〕第53号）

第一章 总则

第一条 为了适应建立社会主义市场经济体制和政府管理职能转变的需要，实现全国政府系统政务信息工作规范化、制度化，制定本办法。

第二条 政务信息工作是各级政府及其部门的办公厅（室）的一项重要工作，其主要任务是：反映政府工作及社会、经济发展中的重要情况，为政府把握全局、科学决策和实施领导提供及时、准确、全面的信息服务。

第三条 政务信息工作必须坚持党的基本路线，遵守宪法、法律、法规，坚持实事求是的原则。

第四条 政务信息工作坚持分层次服务，以为本级政府服务为重点，努力为上级和下级政府服务。

第五条 政务信息工作应当围绕政府的中心工作和社会、经济发展中的重点、难点、热点问题，反映在建立社会主义市场经济体制进程中出现的新情况。

第六条 各级政府及其部门应当加强对政务信息工作的领导，提出要求，交代任务，做好协调，支持和指导本级政府或者本部门的办公厅（室）发挥整体功能，做好政务信息工作。

第二章 政务信息机构

第七条 省、自治区、直辖市人民政府和国务院各部门的办公厅（室）应当稳定并完善负责政务信息工作的机构，加强对本地区或者本系统所属单位政务信息工作的指导。

第八条 负责政务信息工作的机构履行下列主要职责：

（一）依据党和国家的方针、政策，结合本地区、本部门的工作部署，研究制定政务信息工作计划，并组织实施；

（二）做好信息的采集、筛选、加工、传送、反馈和存储等日常工作；

（三）结合政府的中心工作和领导关心的问题，以及从信息中发现的重要问题，组织信息调研，提供有情况、有分析的专题信息；

（四）为政府实施信息引导服务；

（五）组织开展政务信息工作经验交流，了解和指导下级单位的政务信息工作；

（六）组织本地区、本部门政务信息工作人员的业务培训。

第九条 政务信息网络是政务信息工作的基础，信息联系点是政务信息网络的组成部分。各级政府及其部门应当根据本地区或者本部门的实际情况和需要，逐步建立和完善政务信息网络。

第三章 政务信息队伍

第十条 政务信息队伍由专职、兼职和特聘的政务信息工作人员组成。县级以上各级人民政府办公厅（室）应当配备专职政务信息工作人员。专职政务信息工作人员的人数由本级政府或者本部门的办公厅（室）根据工作需要在编制范围内确定。

第十一条 政务信息工作人员应当具备下列基本条件：

（一）努力学习马列主义、毛泽东思想和邓小平同志建设有中国特色社会主义的理论，热爱政务信息工作，有较强的事业心和责任感，作风正派，实事求是；

（二）熟悉党的路线、方针、政策，熟悉政府或者部门的主要业务工作；

（三）掌握政务信息工作的基本知识和工作技能，具备一定的经济、科技和法律等方面的基本知识；

（四）具有较强的综合分析能力、文字表达能力和组织协调能力；

（五）严格遵守党和国家的保密制度。

第四章 政务信息工作制度

第十二条 下级政府应当及时向上级政府报送信息。政府各部门应当及时向本级政府和上级部门报送信息。下级政府或者部门对上级政府或者部门专门要求报送的信息，必须严格按照要求报送。

第十三条 上级政府和部门的办公厅（室），应当适时向下级政府或者部门的办公厅（室）通报信息报送参考要点和采用情况。

第十四条 各级政府及其部门负责政务信息工作的机构根据需要组织相互之间的信息交流，在依法保守秘密的前提下，实现信息资源共享。

第十五条 下级政府或者部门负责政务信息工作的机构向上级政府或者部门负责政务信息工作的机构报送的信息，必须经本级政府或者本部门的办公厅（室）分管领导审核、签发；必要时，报本级政府或者本部门分管领导审核、签发。

第十六条 对在政务信息工作中成绩突出的单位和个人，给予奖励。

第五章 政务信息质量

第十七条 政务信息应当符合下列要求：

（一）反映的事件应当真实可靠，有根有据。重大事件上报前，应当核实。

（二）信息中的事例、数字、单位应当力求准确。

（三）急事、要事和突发性事件应当迅速报送；必要时，应当连续报送。

（四）实事求是，有喜报喜，有忧报忧，防止以偏概全。

（五）主题鲜明，文题相符，言简意赅，力求用简练的文字和有代表性的数据反映事物的概貌和发展趋势。

（六）反映本地区、本部门的新情况、新问题、新思路、新举措、新经验，应当有新意。

（七）反映情况和问题力求有一定的深度，透过事物的表象，揭示事物的本质和深层次问题，努力做到有情况、有分析、有预测、有建议，既有定性分析，又有定量分析。

（八）适应科学决策和领导需要。

第六章 政务信息工作手段

第十八条 各级政府及其部门应当加强政务信息工作现代化手段的建设，保证政务信息工作的正常开展，实现信息迅速、准确、安全地处理、传递和存储。

第十九条 各级政府及其部门应当建立严格的网络设备管理、维护和值班制度，保持网络设备的正常运行和信息传输的畅通。

第二十条 省、自治区、直辖市人民政府和国务院各部门的办公厅（室）应当逐步建立电子数据资料库，收集、整理和存储本地区或者本系统的基本的和重要的数据资料，以适应随时调用和信息共享的需要。

第二十一条 省、自治区、直辖市人民政府和国务院有关部门的办公厅（室）应当管好、用好计算机远程工作站，严格遵守国家有关安全、保密的规定。

第七章 附则

第二十二条 本办法由国务院办公厅秘书局负责解释，并根据施行情况适时修订。

第二十三条 本办法自1995年11月1日起施行。

2. 中国人民银行政务信息工作管理办法（2005年8月16日 银办发〔2005〕210号）

第一章 总则

第一条 为使人民银行政务信息工作制度化、规范化，更好地发挥政务信息工作在沟通情况，反映问题，交流经验，支持决策等方面的作用，根据《中华人民共和国中国人民银行法》、国务院办公厅《政务信息工作暂行办法》及其他规定，制定本办法。

第二条 人民银行政务信息工作要紧紧围绕中心工作，全面客观、及时准确反映货币政策、金融稳定和金融服务的新情况、新问题和新经验，反映经济运行和社会发展情况，为人民银行全面履行职能服务；开展政务信息调查研究，为实行科学民主决策服务；关注法规、规章制度建设及其贯彻执行情况，为依法行政服务；注重反映内部行政监督情况，为加强行政监督服务；发挥沟通情况、指导工作的作用，为提高行政效能服务。

第三条 人民银行政务信息报送的基本内容是：对党中央、国务院及总行重要决策的反映及贯彻落实的思路、部署和措施；党中央、国务院及总行领导同志重要批示的贯彻落实情况；在贯彻落实重要决策和重要批示中遇到的突出困难、问题及相关建议；在制定和执行货币政策、维护金融稳定、开拓金融市场和提供金融服务过程中的新思路和新方法；工作中遇到的新情况、新问题；重要经济金融动态及重大突发事件；阶段性工作总结、报告及其他综合信息。

第四条 政务信息工作是人民银行办公厅及各司局、直属企事业单位和分支行办公室（综合处）的一项重要工作。政务信息工作必须坚持服务决策，服从大局；报送的信息必须真实准确，全面客观；信息处理灵敏高效，快捷畅通。

人民银行各级领导要加强对本单位政务信息工作的领导，建立健全政务信息网络体系，完善信息报送机制，做好协调工作，确保信息渠道快捷畅通。

第二章　组织与管理

第五条　政务信息工作归口人民银行办公厅管理。

各司局、直属企事业单位及分支行的内部简报和刊物需要直接报送中共中央办公厅（以下简称中办）和国务院办公厅（以下简称国办）的，须经人民银行办公厅审核同意。

第六条　各司局、直属企事业单位及分支行的政务信息工作由办公室（综合处）负责。分支行办公室要设立政务信息部门或岗位，配备专职的工作人员。

各单位主管办公室（综合处）的领导对政务信息工作负领导责任；各司局、直属企事业单位及分支行的负责人对本单位政务信息工作负总责。

第七条　各司局、直属企事业单位及分支行政务信息工作的主要任务是：围绕人民银行中心工作，结合本地区、本单位的实际情况，做好信息的收集、整理、传送和反馈工作；同时结合人民银行中心工作，组织调查研究，提供专题信息。

第八条　分支行向地方政府和有关部门报送、披露信息，必须经本单位负责人批准。报送、披露敏感信息须经有管理权的上级单位批准同意。

第三章　信息报送

第九条　信息报送要实事求是。

第十条　信息的质量必须符合全面、及时、准确、规范的要求。

（一）要全面反映事物的概貌和发展趋势，提示事物的内在联系，展现事态发展的全过程；

（二）涉及的情况、数据要有时效性、可比性；

（三）反映的事件要真实可靠，有根有据，信息中的事例、数字和计量单位力求准确；

（四）行文要主题鲜明，文题相符，言简意赅，字词规范，要素齐全，逻辑严密，条理清楚；

（五）反映的新情况、新问题、新思路、新举措、新经验，应当有新意。

第十一条　突发事件信息的报送要严格按照人民银行突发事件应急处置的相关规定执行，不得延误。

第十二条　充分发挥计算机业务信息及网络的作用，提高信息工作效率。各单位应尽可能通过内部计算机网络的应用系统报送信息。

第四章　工作制度

第十三条　建立信息联络员制度。各单位办公室（综合处）指定专人作为总行信息工作联络员。

第十四条　联络员应具备的基本条件：热爱本职工作和信息工作，有较强的事业心和责任感；掌握货币政策、金融稳定和金融服务的有关业务知识；掌握信息工作的基本知识和工作技能；具有较强的综合分析能力和文字表达能力；自觉遵守有关保密制度。

第十五条　联络员的职责：协助本单位主管领导抓好信息报送工作；保持与人民银行办公厅的密切联系，每日至少两次定时查阅信息收报情况，做到信息畅通，反应灵敏；编发、初审、上报本单位的业务信息，保证本单位信息上报不断档；迅速收集党中央、国务院和总行有关重大政策法规发布后社会各方面的反映，并及时报告。

第十六条　各单位要为信息联络员创造有利的工作环境和条件。

各单位要为从事信息工作的机构或岗位配置专用的计算机及网络设备，确保信息传递渠道通畅。

信息联络员根据工作需要可查阅有关业务文件，参加有关业务性会议，查询有关业务资料及参与相关调查研究活动。

各单位要支持保护信息员和有关部门的信息报送工作，对敢于如实报送问题信息的部门和信息员，不能歧视和打击报复。

第十七条　为更好地支持决策，提高信息资源的利用效率，建立协商选题制度。

（一）各单位要认真完成中办、国办等上级单位的约稿，约稿的信息须按要求时限上报。

（二）人民银行办公厅根据行领导的要求及总行的工作重点，不定期地将信息重点选题下发有关单位，由有关单位围绕这些选题开展工作、组织调研并提出报告。

（三）各单位于年初将本单位的工作安排、选题建议以标题形式通过内部计算机网络系统报送人民银行办公厅。人民银行办公厅据此向有关单位提出信息约稿或组织专门调研。

第十八条　各单位要有计划、有组织地搞好信息调研，根据人民银行中心工作的要求，结合本单位的工作、业务特点，确定信息调研题目。调研题目要反映经济金融运行中的热点、难点和敏感点，抓住具有典型性、苗头性、倾向性的问题。

各单位办公室（综合处）要主动介入业务工作，全面掌握本单位的工作动态。对重要的及总行、人民银行党委急需的调研题目，有关司局和分支行应组织统一调研，发挥系统优势。

第十九条　建立信息上报审核制度。各单位对报送的信息应进行认真审核，确保上报的信息准确无误。各司局提供信息时，要经司局负责人审核。各分行、营业管理部及各省会（首府）城市中心支行向总行报送信息，必须经办公室负责人审核、签发，必要时应报主管行领导审核、签发。

第二十条　实行信息共享制度。各司局、直属企事业单位、分行、营业管理部、省会

(首府)城市中心支行和其他信息直报点在向人民银行办公厅报送信息的同时,应根据所报信息的内容抄送总行有关司局。

人民银行办公厅编发的信息在遵守相关保密及政务信息规定的前提下,尽可能让各司局、分行、营业管理部、省会(首府)城市中心支行及其他直报单位阅知。

第五章　信息载体

第二十一条　对各单位报送的有价值的信息材料,人民银行办公厅按信息的性质和类别,选择《中国人民银行上报信息》、《中国人民银行专报信息》、《金融简报》、《参阅件》等信息载体上报中办、国办、行领导,或通过《送阅信息》送分管行领导、相关司局参阅。

第二十二条　《中国人民银行上报信息》分别通过传真、政府专网向中办、国办报送,以便党中央、国务院领导能及时了解人民银行工作。

《中国人民银行上报信息》报送内容主要包括:金融运行中重大情况和问题;金融运行的主要指标;人民银行的日常工作;其他需要通过中办、国办有关信息刊物反映的情况。

第二十三条　《中国人民银行专报信息》分别通过传真、政府专网向中办、国办报送,或印发后专报行领导参阅。

《中国人民银行专报信息》报送内容主要包括:对党中央、国务院重大决策、重要金融法规执行情况的反馈;领导重要批示落实情况;国务院重要工作中涉及人民银行的工作完成情况及问题;人民银行一段时期的主要工作、金融运行中的突发事件,以及各司局、分支行的调研和工作成果等。

第二十四条　《金融简报》主要是人民银行向党中央、国务院、全国人大、政协等领导机关和国务院有关部委、金融机构、人民银行系统反映金融重要情况和主要金融工作。发送范围可以根据《金融简报》具体内容作相应调整。分支行可根据《金融简报》授权翻印发送辖区内相关金融机构等。

《金融简报》报送内容主要包括:党中央、国务院领导批转的需要人民银行转送金融机构的材料;金融运行基本情况;金融宏观调控重要举措及相关背景分析;人民银行对经济金融运行的基本判断和政策建议;金融改革与开放的进展情况;金融热点问题分析;金融运行中需要中央和国务院了解的问题;行领导在各种业务会议上的讲话和重要外事活动会谈纪要等。

第二十五条　《参阅件》主要发送行领导、各司局、直属企事业单位、各分行、营业管理部、省会(首府)城市中心支行或其他相关机构。

《参阅件》反映的主要内容包括:总行各司局、分支行工作人员的调研报告、政策建议;国外的情况反映和研究报告;分支行上报信息摘编及工作动态等。

第二十六条 《送阅信息》发送范围为反映信息涉及的主管行领导、相关司局,根据需要抄送分支行。

《送阅信息》主要是反映分支行政策建议、工作中的难点及其他需要业务司局了解掌握的工作动态、金融经济运行状况等。

第二十七条 随着电子政务的发展,人民银行应充分利用计算机网络系统,在人民银行系统内部网上建设人民银行信息网,作为共享信息、支持决策的主要平台。

第六章 质量评价及奖罚

第二十八条 信息工作要建立信息反馈、评价制度。人民银行办公厅按季反馈各单位信息报送及采用情况,年末以信息的采用情况及质量为依据进行质量评价。各司局、分支行应将政务信息工作作为处室考核的重要内容,根据评价结果对成绩突出的部门和有关人员进行奖励。

第二十九条 通过人民银行电子邮件系统和内部网络向人民银行办公厅报送的动态类信息,人民银行各司局提供的信息不得少于《人民银行信息工作流程表》中规定的内容;各分行每月不得少于30条;营业管理部、省会(首府)城市中心支行每月不得少于10条;其他信息直报点每月不得少于5条。达不到规定上报条数的,酌情扣减质量评价分值。

第三十条 各单位要在信息调研的基础上,报送有情况、有分析、有建议的调研分析报告。各分行每月报送的综合类信息调研报告不少于2篇;业务司局、营业管理部、省会(首府)城市中心支行及其他信息直报点每月报送的综合类信息调研报告不少于1篇。

第三十一条 被人民银行办公厅采用的动态信息,每条加1分;综合信息,每条加10分。

总行领导作出批示的动态信息,每条加5分;综合信息,每条加10分。

经人民银行办公厅摘报,被中办、国办采用的动态信息,每条加5分;综合信息,每条加10分。

中央、国务院领导同志作出批示的动态信息,每条加10分;综合信息,每条加20分。

领导同志对信息指示表扬的,每条加20分。

以上质量评价分值可重复累积。

第三十二条 未经批准,擅自披露敏感信息,造成重大、负面社会影响或者严重后果的,要追究有关人员和有关领导的责任,扣减相关单位质量评价分值。

第三十三条 对迟报、漏报、瞒报、错报重要信息的,追究有关人员的责任,扣减相关单位质量评价分值,进行通报批评。对造成严重后果的,要追究相关人员和领导的责任。

第七章 附则

第三十四条 本办法发布之前施行的有关政务信息工作的办法、规定，与本办法相抵触或不一致的，一律以本办法为准。

本办法由人民银行办公厅负责解释。

人民银行各分支行可参照本办法制定适合本单位实际的政务信息工作管理办法。

第三十五条 本办法自发布之日起施行。

3.《×省政府办公厅关于进一步加强政务信息工作的意见》(×政办发〔2011〕73号)

各市、县（市、区）人民政府，省各委办厅局，省各直属单位：

近年来，全省政务信息工作围绕中心，服务大局，积极反映经济社会发展中的新情况、新问题，为各级人民政府科学民主决策，推动工作落实发挥了重要作用。在又好又快推进"两个率先"、共同创造更加美好生活的新征程中，各级人民政府更需要大量的对决策有重要参考价值的信息，更需要政府系统办公室(厅)提供优质高效的信息服务。为适应新形势、新任务的要求，现就进一步加强政务信息工作提出如下意见：

一、充分认识新时期加强政务信息工作的重要意义

（一）又好又快推进"两个率先"，对政务信息工作提出新要求。"十二五"时期，是我省加快推进"两个率先"的关键期。按照中央对我省发展的最新要求和省委十一届十次全会的部署，政府工作必须紧扣主题主线，认真贯彻"六个注重"，深入实施"六大战略"，全面落实"八项工程"，扎实抓好大事实事，确保完成各项任务。这就需要从更高层次上，把政务信息作为问政于民、问需于民、问计于民的重要渠道，作为反映新思路、新举措和新经验的重要平台，作为政府科学决策、制定政策、指导工作的重要依据。

（二）经济社会转型发展，使政务信息工作面临新课题。当前，我省既处于发展的重要战略机遇期，又处于社会矛盾凸显期。经济发展具备很多有利条件，但各种不确定、不稳定、不可预测因素增加。我省社会建设和管理虽然取得了很大成绩，但在就业、教育、住房、医疗卫生、环境保护、社会保障、收入分配等方面，还存在不少热点、难点问题，各类突发事件多发频发。各级人民政府面临更加纷繁复杂的工作局面。政府系统办公室(厅)是汇集各种政务信息的主渠道，及时反映经济社会发展中出现的新情况、新问题，及时反映重要社情民意特别是苗头性、倾向性问题，责任更大，任务更重。

（三）建设人民满意的服务型政府，为政务信息工作增添新动力。近年来，各级人民

政府自身改革和建设不断取得新进展，但与人民群众的新期待相比，还存在一些不足和薄弱环节，加快建设人民满意的服务型政府仍需不懈努力。政府系统办公室（厅）要充分发挥参谋助手作用，积极提供有效信息，使政府作出的决策、采取的举措更符合客观实际和规律，更符合广大人民群众的意愿和利益。

二、进一步提高政务信息工作服务大局的水平

（一）坚持及时、准确、全面报送信息的基本原则。及时，就是善于捕捉和把握时机，保证信息的时效性，确保第一时间报送第一手材料，一般不得迟于新闻媒体。准确，就是经得起实践的检验，确保信息的真实性。全面，就是反映事物的全貌，保证信息的完整性，坚持喜忧兼报的基本要求，鼓励支持如实报忧。

（二）紧紧围绕政府中心工作和需求报送信息。及时准确反映党中央、国务院和省委、省政府重大决策部署及领导同志重要指示、批示的贯彻落实情况，反映经济社会运行中的重大动态，反映事关全局的倾向性、苗头性问题，反映重要的社情民意，反映贯彻执行国家和省有关政策过程中遇到的新情况、新问题及建议，反映各地、各部门创造性实践和工作经验，反映可供借鉴的外省（区、市）工作新思路、新举措。要从政府中心工作和需求的角度，对各类信息进行筛选、分析、综合，既要防止不加选择地报送，又要避免漏报各级人民政府需要了解的信息。

（三）加强信息深度开发和综合利用。善于对大量零散、孤立的信息进行归纳整理，综合提炼，集零为整，变缺为全，化浅为深，使之成为对政府决策有重要参考作用的信息。要把调查研究作为做好信息工作的基本功，围绕重大问题深入调研，充分反映一线实际，反映人民群众呼声，反映基层生动实践和新鲜经验。调研信息材料要做到有情况、有问题、有事例、有数据、有分析、有建议。

（四）进一步规范突发事件和应急管理信息报告工作。健全完善突发事件和应急管理工作信息报送制度，严格按照国家和省有关规定，及时、准确、全面报送相关信息。对省应急管理办公室或省政府总值班室要求报送的突发事件信息，应迅速处理，并在2小时内报告相关信息。对突发事件和应急管理信息报送工作进行考核、通报和表彰，对迟报、漏报、谎报、瞒报的予以通报批评，对造成后果的依法追究相关单位和人员的责任。

三、切实加强对政务信息工作的组织领导

（一）坚持把政务信息工作作为政府系统办公室（厅）的重要职责。各级人民政府要把信息工作摆上重要位置，指导和支持办公室（厅）开展信息工作。政府系统办公室（厅）要切实增强使命感和责任感，主要负责人要亲自过问，分管负责人要具体抓，持续不断地

提供高质量的信息。政府系统办公室（厅）在向本级政府报送信息的同时，应当积极主动地向上级报送信息。省各综合部门和各市人民政府办公室（厅）、县级信息直报点要坚持每天报送，并且每月至少报送2篇调研类信息。

（二）完善政务信息工作制度。完善政务信息考评制度，每年考核评比先进单位和个人，进行通报表彰；完善政务信息网络活动制度，每年采取适当形式，开展信息业务交流，通报情况、推动工作；完善政务信息培训、信息报送要点预告和政务信息保密等制度。

（三）进一步加强信息网络建设。健全政务信息工作机构，加强基层直报点的动态管理。可从经济界、金融界、教育界、文化界、科技界专家学者以及企业家、基层干部、社区管理工作者、工人农民代表，新型社会组织和行业协会中聘请政府特约信息员，建立政府"智囊团""思想库"。进一步加强信息报送网络基础设施建设，确保网络高效安全运行。

（四）造就一支高素质的政务信息工作队伍。挑选政治素质好、熟悉党的方针和政府工作、具有较好的综合分析及文字表达能力、思想敏锐、吃苦耐劳的人员，充实加强信息工作力量，并保持信息工作队伍进出适度、充满活力。省级机关及各直属单位办公室要安排专门人员从事信息工作。各级领导要在政治、工作、生活上关心信息工作人员，加大培养和使用力度，提供各种工作便利条件。广大政务信息工作人员要勤奋学习，提高政策理论水平，不断增强对信息的敏感性和判断力，共同推动全省政务信息工作再上新台阶。

三、全球智库排行榜

（根据2015年数据）

排名	国家	机构名称
01	美国	卡内基国际和平基金会
02	比利时	布勒哲尔
03	美国	传统基金会
04	英国	查塔姆社（皇家国际事务研究所）
05	瑞典	斯德哥尔摩国际和平研究所
06	美国	布鲁金斯学会

07	德国	康拉德·阿登纳基金会
08	美国	伍德罗·威尔逊国际学者中心
09	中国	国务院发展研究中心
10	英国	国际战略研究所
11	日本	公益财团法人日本国际问题研究所
12	日本	防卫研究所
13	美国	外交关系委员会
14	英国	海外发展研究所
15	日本	独立行政法人日本贸易振兴机构亚洲经济研究所
16	韩国	科学技术政策研究院
17	英国	欧洲改革中心
18	德国	生态研究所
19	美国	战略与国际研究中心
20	德国	贝塔斯曼基金会
21	韩国	韩国环境政策研究院
22	日本	东北大学东北亚研究中心
23	中国	中国国际问题研究院
24	瑞士	日内瓦安全政策中心
25	德国	德国发展研究所
26	意大利	意大利国际政治学研究院
27	美国	东西方中心
28		亚洲开发银行研究所
29	意大利	国际事务研究院
30	韩国	国立外交院外交事务和国家安全研究所
31	巴西	热图利奥·瓦加斯基金会
32	德国	慕尼黑大学莱布尼茨伊福经济研究所
33	日本	公益财团法人地球环境战略研究机构
34	西班牙	皇家埃尔卡诺研究院
35	中国	中国现代国际关系研究院
36	比利时	国际危机小组

36	日本	公益财团法人东京财团
38	美国	彼得森国际经济研究所
39	日本	独立行政法人经济产业研究所
40	法国	政治创新基金会
40	中国	中国国际经济交流中心
42	加拿大	费雷泽研究所
43	希腊	希腊欧洲与外交政策基金会
44	日本	株式会社三菱综合研究所
45	比利时	欧洲国际政治经济研究中心
46	美国	新美国安全中心
47	瑞士	瑞士和平基金会
48	阿根廷	阿根廷国际关系委员会
48	美国	未来资源研究所
50	挪威	奥斯陆和平研究院
51	比利时	欧洲政策中心
51	美国	世界资源研究所
53	德国	科学与政治基金会德国国际政治与安全研究所
54	日本	国立研究开发法人产业技术综合研究所
55	德国	基尔大学世界经济研究所
56	智利	公共研究中心
57	阿塞拜疆	经济与社会发展中心
57	以色列	国家安全研究所
59	印度	德里政策集团
59	印度	能源与资源研究所
59	中国	国家发展和改革委员会宏观经济研究院
62	美国	预算和政策优先研究中心
62	美国	斯坦福大学胡佛研究所
62	南非	非洲建设性解决争端研究中心
65	土耳其	萨班大学伊斯坦布尔政策中心
66	智利	拉美研究公司

67	波兰	社会与经济研究中心
67	美国	美国和平研究所
67	南非	南非国际事务研究所
67	中国	商务部国际贸易经济合作研究院
71	吉尔吉斯斯坦	中亚自由市场研究所
72	美国	美洲国家对话组织
73	荷兰	荷兰克林根达尔国际关系研究院
73	意大利	埃尼·恩里科·马特艾基金会
75	比利时	艾格蒙皇家国际关系研究所
76	阿根廷	公平与增长公共政策实施中心
77	德国	德国外交政策学会
78	韩国	韩国开发研究院
79	巴西	费尔南多·恩里克·卡多佐研究所
80	澳大利亚	洛伊国际政策研究所
81	新加坡	东南亚研究所
82	芬兰	芬兰国际事务研究院
83	意大利	欧洲—地中海气候变化研究中心
84	中国	清华大学国情研究院
85	加拿大	麦克唐纳·劳里埃研究所
86	美国	城市研究所
87	德国	黑森和平与冲突研究基金会
87	德国	波茨坦气候影响研究所
87	中国	中国人民大学国家发展与战略研究院
90	美国	世界政治研究所
91	韩国	峨山政策研究院
92	荷兰	欧洲发展政策管理中心
93	埃及	经济研究论坛
94	智利	自由与发展学会
95	巴西	巴西国际关系中心
96	中国	北京大学国家发展研究院

| 金融情报学 |

97		世界银行研究所
98	德国	弗里德里希·瑙曼自由基金会
99	韩国	韩国教育课程评价院
100	美国	兰德公司

四、埃格蒙特集团：全球金融情报机构名录

欧洲

希腊	反洗钱反恐怖主义融资和资金来源调查局（HELLENIC FIU）
克罗地亚	金融情报部反洗钱办公室（AMLO）
奥地利	奥地利金融情报部（A-FIU）
比利时	比利时金融情报处理中心（CTIF-CFI）
爱尔兰	欺诈调查局（MLIU）
西班牙	反洗钱和金融犯罪委员会执行中心（SEPBLAC）
捷克	金融分析部（FAU-CR）
立陶宛	内务部税务警察局反洗钱处（FCIS）
马耳他	金融情报分析部（FIAU）
保加利亚	国家安全局金融情报署（FID-SANS）
芬兰	金融情报室（RAP）
卢森堡	金融情报部（FIU-LUX）
爱沙尼亚	爱沙尼亚金融情报部（MLIB）
冰岛	冰岛金融情报部（FIU-ICE）
荷兰	荷兰金融情报部（FIU-NL）
德国	德国金融情报部（BKA）
挪威	挪威金融情报部（EFE）
意大利	意大利金融情报部（UIF）
斯洛伐克	国家刑事事务局金融情报部（FSJ）
葡萄牙	葡萄牙金融情报部（UIF）
波兰	金融信息监察总部（GIFI）
匈牙利	匈牙利金融情报部（HFIU）

法国	信息处理和打击非法金融网络行动处（TRACF IN）
瑞典	国家金融情报局（NFIS）
罗马尼亚	国家反洗钱办事处（ONPCSB）
斯洛文尼亚	反洗钱办事处（OMLP）
拉脱维亚	反洗钱犯罪活动收益控制办公室（KD）
丹麦	丹麦金融情报部（FIU Denmark）
英国	英国金融情报部（FCA）
塞浦路斯	反洗钱机构（MOKAS）
塞尔维亚	反洗钱预防管理机构（APML）
黑山共和国	防止洗钱和恐怖主义融资行政局（APMLTF）
土耳其	金融犯罪调查委员会（MASAK）
梵蒂冈	金融信息管理局（AIF）
圣马力诺	金融情报局（FIA San Marino）
波斯尼亚和黑塞哥维那	金融情报部（FID）
马其顿	金融情报室（FIO）
根西岛	金融情报局（FIS）
列支敦士登	列支敦士登金融情报部（EFFI）
科索沃	科索沃金融情报室（NJIF-K）
亚美尼亚	金融监察中心（FMC）
阿塞拜疆	金融监察处（FMS-AZ）
格鲁吉亚	格鲁吉亚金融监督处（FMS）
阿尔巴尼亚	反洗钱总局（GDPML）
直布罗陀	直布罗陀金融情报部（GCID GFIU）
马恩岛	马恩岛金融犯罪部（FCU-IOM）
以色列	以色列洗钱与恐怖主义金融监察局（IMPA）
瑞士	瑞士洗钱报告处（MROS）
摩尔多瓦	反洗钱办事处（SPCSB）
摩纳哥	金融网络信息及监测服务厅（SICCFIN）
新泽西	泽西州警察和海关联合金融犯罪部（FCU-Jersey）
乌克兰	乌克兰国家金融监督机构（SFMS）

美洲

巴巴多斯	巴巴多斯金融情报部((FIU-Barbados)
巴西	金融管理委员会(COAF)
巴拿马	巴拿马金融分析部(UAF-Panama)
美国(哥伦比亚特区)	金融犯罪执法网(FinCEN)
阿根廷	阿根廷金融情报部(UIF)
百慕大	百慕大金融情报局(FIA)
特克斯和凯科斯群岛	特克斯和凯科斯群岛金融犯罪局(FCU)
圣卢西亚	金融情报局(FIA-St. Lucia)
库拉索	库拉索岛金融情报部(FIU-Curaçao)
巴哈马	巴哈马金融情报部(FIU-Bahamas)
伯利兹	伯利兹金融情报部(FIU-Belize)
多米尼加	多米尼克金融情报处(FIU-Dominica)
格林纳达	格林纳达金融情报部(FIU-Grenada)
秘鲁	秘鲁金融情报部(FIU-Peru)
墨西哥	墨西哥金融情报室(FIU-Mexico)
巴拉圭	巴拉圭金融情报部(UAF-SEPRELAD)
萨尔瓦多	萨尔瓦多金融调查部(UIF-El Salvador)
牙买加	金融调查科(FID)
开曼群岛	金融报告机构(FRA)
加拿大	加拿大金融交易与报告分析中心(FINTRAC-CANAFE)
安圭拉	洗钱报告机构(MLRA)
委内瑞拉	国家金融情报室(UNIF)
哥伦比亚	金融信息分析部(UIAF)
玻利维亚	金融调查部(UIF-Bolivia)

亚洲和大洋洲

菲律宾	反洗钱委员会(AMLC)
泰国	泰国反洗钱办事处(AMLO)
孟加拉国	孟加拉国金融情报部(BFIU)

柬埔寨	柬埔寨金融情报部（CAFIU）
库克群岛	库克群岛金融情报部（CIFIU）
马绍尔群岛	国内金融情报部（DFIU）
斐济	斐济金融情报部（Fiji-FIU）
尼泊尔	金融信息部（FIU-Nepal）
马来西亚	马来西亚金融情报部（UPWBNM）
文莱	文莱达鲁萨兰国金融情报部（FIE, AMBD）
斯里兰卡	斯里兰卡金融情报部（Sri Lanka FIU）
印度	印度金融情报部（FIU-IND）
阿富汗	阿富汗金融交易与报告分析中心（FinTRACA）
印度尼西亚	印度尼西亚金融交易报告与分析中心（PPATK）
日本	日本金融情报中心（JAFIC）
中国香港	联合金融情报室（JFIU）
韩国	韩国金融情报部（KoFIU）
蒙古	蒙古财政情报部（FIU-Mongolia）
新西兰	新西兰警察金融情报部（NZ-Police FIU）
纽埃	纽埃金融情报部（Niue FIU）
萨摩亚	萨摩亚金融情报部（SFIU）
所罗门群岛	所罗门群岛金融情报部（SIFIU）
新加坡	异常交易报告处（STRO）
澳大利亚	澳大利亚交易报告与分析中心（AUSTRAC）
瓦努阿图	瓦努阿图金融情报部（FIU-Vanuatu）

非洲

纳米比亚	金融情报中心（FIC）
南非	金融情报中心（FIC）
毛里求斯	毛里求斯金融情报部（FIU-Mauritius）
马拉维	马拉维金融情报部（FIU-Malawi）
塞舌尔	塞舌尔金融情报部（Seychelles FIU）
坦桑尼亚	坦桑尼亚金融情报部（FIU）

加纳	加纳金融情报中心（FIC）
喀麦隆	国家金融调查机构（NAFI）
加蓬	国家金融调查机构（ANIF）
尼日尔	尼日尔国家金融情报处理部（CENTIF-Niger）
马里	国家金融情报处理部（CENTIF-Mali）
塞内加尔	国家金融情报处理部（CENTIF）
尼日利亚	尼日利亚金融情报部（NFIU）
布基纳法索	国家财务信息处理部（CENTIF-BF）
多哥	多哥金融情报部（CENTIF-Togo）
约旦	反洗钱和反恐怖主义融资部（AMLU-Jordan）
阿拉伯联合酋长国	反洗钱和疑案组（AMLSCU）
叙利亚	反洗钱与反恐怖主义融资委员会（CMLC）
埃及	埃及反洗钱与恐怖主义融资部（EMLCU）
摩洛哥	金融信息处理部（UTRF）
巴林	金融情报局（FID）
阿尔及利亚	金融情报处理部（CTRF）
卡塔尔	卡塔尔金融信息部（QFIU）
沙特阿拉伯	沙特阿拉伯金融调查部（SAFIU）
黎巴嫩	特别调查委员会（SIC）
突尼斯	突尼斯金融分析委员会（CTAF）

金城出版社
国家安全与保密参考书目
策划：朱策英

《情报研究与分析入门》 ［美］杰罗姆·克劳泽 原著 ［美］简·戈德曼 改编

简介：本书全面探讨了情报研究与分析的各个阶段，重点讨论了情报研究的规范程序和适用的分析方法工具、模型，优秀情报分析人员的必备特质，以及如何提升情报产品的质量。这部国防情报学经典力作，享誉业界40载，堪称美国情报培训的"红宝书"，是情报研究与分析入门必备教材。它既适合国家安全、情报工作的从业者学习，也可供相关研究人士参阅。

《战略情报的批判性思维》 ［美］凯瑟琳·弗森 伦道夫·弗森 著

简介：本书关注如何在情报工作中应用批判性思维，系统阐述了20个重点问题，介绍了其中的各种实用技巧与工具，以及简单易懂的解决办法。作者还通过政治、经济、军事、信息技术和健康管理等方面的情报分析案例，帮助读者加强对战略情报批判性思维实践应用的理解。这是一部情报工作者高效思考力指南，情报分析的三大黄金标杆教科书之一。

《情报搜集技术》 ［美］罗伯特·克拉克 著

简介：本书是首部系统论述情报搜集技术的专著，集中讨论了各种技术搜集手段，情报搜集中特征的基本概念，为实现情报目的而进行特征搜集的传感器和搜集平台，以及情报搜集策略与管理问题；还重点探讨了情报搜集技术在国家安全领域的三大用途，读者从中可以一窥美国情报界强大的情报搜集能力、发展动向及维护国家安全的最新思维。

《情报：从秘密到政策》 ［美］马克·洛文塔尔 著

简介：本书详细阐述情报的概念、历史、流程、搜集、分析、反情报、隐蔽行动等问题，重点讨论情报在美国国家安全决策中的重要作用。书中还介绍了美国情报工作的发展，勾勒出美国情报界的内部机制，探讨了情报工作的伦理与道德问题，简要概述了世界主要大国的情报机构情况。本作品享有极高声誉，多次再版修订，已成为全美外交、国关、国安、情报等诸多学科的权威教材，长期被哥伦比亚大学、斯坦福大学、麻省理工等知名学府选用和推荐。

《情报分析心理学》 ［美］小理查兹·J.霍耶尔 著

简介：本书主要探讨了人类在判断不完整或模糊信息过程中的认知心理问题，以及这些不可避免的问题如何对情报分析产生影响，而我们又怎样有效克服这些影响。全书由思维机制、思维工具、认知偏见和情报分析的改进等四部分组成。作为中情局权威理论家的代表作，本书既是美国情报机构培训员工的经典教科书，也是中情局情报官员的必备参考读物，无数次再版加印。

《情报分析：以目标为中心的方法》 ［美］罗伯特·克拉克 著

简介：针对美国情报界在"9·11事件"和伊拉克战争中的情报失误，作者创造性地提出运用"以目标为中心"的情报分析方法，完善情报分析的逻辑过程，形成"确定目标—问题分解—建立模型—评估数据—填充模型—进行预测"的情报分析流程。全书涵盖了情报分析中的各类关键问题，如情报周期、反情报、情报分类、征候与预警、情报模型、情报来源、情报搜集、情报评估、担止与欺骗、预测方法、团队互动，等等，称得上是一部名副其实的情报分析教科书。

《斯诺登档案：世界头号通缉犯的内幕故事》（修订版） ［英］卢克·哈丁 著

简介：本书对"斯诺登事件"进行了全面介绍和解读。它详细追踪了斯诺登的泄密动机、获取机密文件的方式、媒体的报道过程及事件的后续发展，讲述了事件背后各方的博弈较量与攻防策略，披露了美英等国监控全球的手段和规模。作为该事件的全球首部权威著作，本书不仅曝光了西方国家的安全战略秘密，而且还披露了他们怎样监控中国的内幕。无论个人、企业和国家，都可从书中获得启迪和警示。

《二战后的美国对外政策》 ［美］史蒂文·胡克 约翰·斯帕尼尔 著

简介：本书是国际研究协会（ISA）外交政策分会前会长的担纲力作，堪称美国外交政策研究的经典。作者将美国置于全球背景下，系统讲述了1945年二战结束后该国对外战略的重大发展与变化，深刻剖析了其外交政策的决策机制，揭示了其对外战略的形成过程与规律。通过本书，读者可以了解美国对外政策的根源和复杂性，深入理解其对外战略的全景图。全书涵盖了美国的对外政策变迁史、外交案例分析、全球争霸史、国际反恐发展史等等内容。

《谁来监管泄密者？：国家安全与新闻自由的冲突》 ［美］盖里·罗斯 著

简介：2010年"维基揭秘事件"，2013年"斯诺登泄密事件"……据统计，近年媒体泄密在所有未授权信息泄露中比例最高，对国家安全和利益影响也最甚。通过美国政府历史上重大的泄密案例和事件，作者探讨了未授权信息泄露背后的动机、代价、法律困境和解决之道，以期望提醒全美情报系统：对手是如何获取美国情报的，对手获得情报后会取得怎样的优势。本书内容具有较强的时代性，在互联网信息时代普及国家安全意识的目的十分明显，对我国相关读者同样具备较强的借鉴意义。

《情报术：间谍大师杜勒斯论情报的搜集处理》 ［美］艾伦·杜勒斯 著

简介：本书作者以第一人称的视角展开，着重阐述了情报的实用技巧——情报如何搜集和处理，以及形成的结果怎样为制定国家政策服务。本书是"间谍大师"、中情局任期最长局长、美国现代情报系统缔造者杜勒斯的收官之作。凭借美国战略情报局与中情局的独特任职优势，作者娴熟地将情报学知识、亲身经历和各种间谍事件与趣闻轶事有机融为一体，具备极高的可读性。

《骗中骗：克格勃与中情局的无声战争》 ［美］爱德华·爱泼斯坦 著

简介：本书以美国反间谍头目詹姆斯·安格尔顿之死为缘起，追踪了苏联从建国伊始到冷战末期"欺骗对手"的各种行动，以及美国是如何应对和接招的。通过中情局与克格勃在情报与反情报上的较量，作者向读者呈现了一场看不见硝烟的战争。本书是西方反情报代表作，既可作为饭后茶余之消遣，亦能当作国家安全研究的重要资料。

《全民监控：大数据时代的安全与隐私困境》 ［英］约翰·帕克 著

简介：阿桑奇、斯诺登等的接连爆料警示我们，"全民监控"的时代已经来临。为了获得全方位的监控能力，西方国家利用闭路系统、窃听设备、身份识别技术、定位追踪装置等随时随地监视民众。全书涉及国家安全、信息安全、个人隐私等问题，为人们敲响了监控无处不在的警钟。本书案例丰富、数据翔实、语言生动，是读者迅速掌握隐私与信息安全知识的必读之作。

《网络战：信息空间攻防历史、案例与未来》　　　[美]保罗·沙克瑞恩　等著

简介：通过梳理各种经典案例，本书系统探讨了网络战历史、现实和未来。以跨学科的研究方法，作者有机融合理论与实例，涵盖了从个人、组织机构到国家的网络安全问题，细致阐述了网络空间的生存之道。全书语言生动，通俗易懂，既可供信息技术与军事人士研读，也是普通读者的必读佳作。

《秘密情报与公共政策：保密、民主和决策》　　　[美]帕特·霍尔特　著

简介：本书围绕保密与民主这一核心，重点探讨了国家安全情报怎样为国家政策服务，以及政策实施过程中如何通过公共控制机制等对公众进行保密或公开，以及如何进行监督管理。全书讲述了美国安全情报的起源与演变，介绍了与国家安全政策制定相关的四大情报活动，穿插了一些情报利用、误用、滥用等的经典案例，并展望了情报和政策两者的未来关系。

《国家安全与情报政策研究：美国安全体系的起源、思维和架构》

[美]伯特·查普曼　著

简介：本书总结和收集了大量以美国为主的世界各国家安全政策资料，既有公开的政府管理机构文件和网络资源，也有解密的安全政策文件，还有对独立组织与智囊机构研究文章、专著和期刊的评介。作者重点介绍了美国国家安全思想和架构的起源和发展历程，以及作为其国家安全基石的情报政策的历史变迁，还涉及其他一些国家和地区的相关内容。本书具有极强的资料性和实用性，是一部研究国家安全历史和知识的重要案头书。

《恐怖主义如何终结：恐怖活动的衰退与消亡》　　　[美]奥德丽·克罗宁　著

简介：了解恐怖运动如何被铲除或消灭的规律和历史经验，有助于加速终结恐怖组织，同时减少不必要的恐惧与过度反应。通过精心研究各种恐怖组织，本书总结出终结恐怖组织的六种模式，分别系统、深入地加以论述，辅以大量实际数据、案例研究和图表作支撑。本书极具历史性、实践性和经典性，论证严谨，是反恐领域的一部不可多得的标杆性读物。

《21世纪犯罪情报：公共安全从业者指南》　　　[美]理查德·赖特　等主编

简介：本书全面、系统、深入地介绍了以美国为主的西方国家犯罪情报工作的过去、现在和未来，论述了犯罪情报工作的思想、流程、方法、工具和实践。全书内容丰富、逻辑清晰、史料翔实、案例适用。在理论上，它揭示了犯罪情报工作的基本规律；在实践上，它提供了犯罪情报工作的方法工具。

《数据与监控：信息安全的隐形之战》　　　[美]布鲁斯·施奈尔　著

简介：在西方世界，大量的个人数据会被政府和企业监控，用于分析与控制人们；政治自由与公平、商业公平与平等，甚至隐私以及安全等都因监控岌岌可危。本书对政府、企业和民众分别给出切实可行的建议，探讨如何才能有效应对监控，保护信息安全和隐私。作者被誉为信息领域的"安全教父"。

《金融情报学》　　　王幸平　著

简介：冷战结束以来，金融博弈变成世界大国较量的重要手段，金融安全已是国家安全体系的重要部分。金融市场中，大至国家政府，小到金融机构，要掌握主动、赢得先机，高质量的金融情报就不可或缺。由此，金融情报学应运而生。本书探讨了金融情报的概念，金融情报的搜集、撰写和分析，金融情报人员的定位，金融情报机构与金融决策机构的关系，以及金融反情报等等。全书思想丰沛，案例多样，构建了一套专业情报学框架，对金融理论创新和国家安全研究均有参考价值。

奥斯卡获奖导演奥利弗·斯通
携高智商惊悚片《斯诺登》震撼来袭！

导演：奥利弗·斯通（代表作《野战排》《刺杀肯尼迪》）
主演：约瑟夫·高登-莱维特（主演《盗梦空间》）谢琳·伍德蕾（主演《分歧者》）尼古拉斯·凯奇（主演《灵魂战车》）扎克瑞·昆图（主演《星际迷航》）汤姆·威尔金森（参演《布达佩斯大饭店》）……

原著
细节更丰满
视野更宏大

20岁，参军；22岁，加入中情局；26岁，加入国安局；29岁，遭通缉；30岁，避难俄罗斯；31岁，被二度提名诺奖……监听、阴谋、真相、亡命天涯……爱国者、叛徒、间谍、黑客、英雄、通缉犯……反全民监控斗士的真实写照，一部现实版的《谍影重重》！

他，身材瘦小、书生气十足，却敢于背叛强大的美国情报机构；他，一个狂热的IT极客，却从坚定的反泄密者变成最大的泄密者；他，和善内向、不善言辞，却秉持是非观念不做沉默的大多数；他，拥有舒适的生活、优厚的工作，却毅然放弃一切涉险曝光惊天丑闻……

"斯诺登事件"首部权威著作
反全民监控第一斗士另类传记

斯诺登档案：世界头号通缉犯的内幕故事（修订版）
作者：[英]卢克·哈丁（Luke Harding）
译者：何星 周仁华 等
定价：39.80元
ISBN：978-7-5155-1368-3

● 中文版全球同步重装上市 《卫报》国际团队倾情奉献
● 《纽约时报》《华盛顿邮报》《金融时报》推荐佳作
⊙ 反监控第一斗士的快意人生
⊙ 棱镜门事件台前幕后全追踪
⊙ 200小时深度访谈 200000份机密文件 2000000字相关资料……